图书在版编目(CIP)数据

泉州践行"晋江经验"的新发展新启示/中国社会科学院"'晋江经验'新发展新启示"课题组著.—北京:中国社会科学出版社,2018.1
ISBN 978 - 7 - 5203 - 1950 - 8

Ⅰ.①泉… Ⅱ.①中… Ⅲ.①社会主义建设成就—泉州 Ⅳ.①D619.573

中国版本图书馆 CIP 数据核字(2018)第 004736 号

出 版 人	赵剑英	
选题策划	夏 侠	
责任编辑	杨晓芳	
责任校对	李 妲	
责任印制	王 超	

出 版	中国社会科学出版社	
社 址	北京鼓楼西大街甲 158 号	
邮 编	100720	
网 址	http://www.csspw.cn	
发 行 部	010 - 84083685	
门 市 部	010 - 84029450	
经 销	新华书店及其他书店	

印 刷	北京君升印刷有限公司	
装 订	廊坊市广阳区广增装订厂	
版 次	2018 年 1 月第 1 版	
印 次	2018 年 1 月第 1 次印刷	

开 本	710×1000 1/16	
印 张	22.5	
字 数	358 千字	
定 价	95.00 元	

泉州市政区示意图

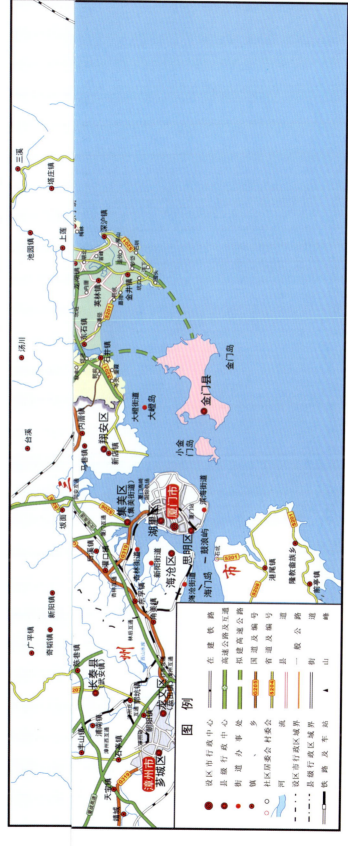

前　言

　　党的十九大把习近平新时代中国特色社会主义思想确立为我们党必须长期坚持的指导思想，实现了马克思主义中国化的又一次重大理论飞跃。这一伟大飞跃不是一夜间凭空产生的，它与中国特色社会主义伟大实践密不可分，与这一新思想的主要创立者习近平同志的奋斗经历密不可分，它的创立体现了理论逻辑、历史逻辑、实践逻辑的高度统一。

　　15 年前，时任福建省省长的习近平同志七下晋江，总结提炼出"六个始终坚持"和"处理好五大关系"的"晋江经验"，解密了"晋江奇迹"。15 年来，包括晋江在内的泉州各县（市、区）扎实践行"晋江经验"，坚持以人民为中心的发展思想不动摇，坚持经济建设中心工作不动摇，坚持经济社会全面发展、协调发展不动摇，统筹推进"五位一体"总体布局，协调推进"四个全面"战略布局，深入贯彻"五大发展理念"，使泉州连续 18 年经济总量居福建各地市首位，成为福建全省经济的领头羊，经济建设、政治建设、社会建设、文化建设、生态建设和党的建设等各方面取得了令人瞩目的骄人成就。

　　为深入总结泉州践行"晋江经验" 15 年来的新发展新启示，深入总结泉州贯彻十八大以来以习近平同志为核心的党中央治国理政思想的新发展新启示，深入总结泉州人民在中国特色社会主义发展道路的大胆探索和成功实践中的新发展新启示，中国社会科学院组织了"'晋江经验'新发展新启示"课题组，深入调查研究，力图从"晋江经验" 15 年来在泉州的新实践新发展这一个侧面，追寻习近平新时代中国特色社会主义思想创立的历史渊源和实践脉络，挖掘和展示泉州在经济社会发展各方面的一些好做法好经验，以期能够给全国其他地区更好地贯彻落实十九大精神和深入领会习近平新时代中国特色社会主义思想，提供宝贵经验和有益借鉴。

本书是课题组集体合作的成果。具体分工为：主题研究报告"泉州市践行'晋江经验'的新发展新启示"：马克思主义研究院樊建新、彭五堂；第一章"泉州经济发展历程与特征"：工业经济研究所陈耀、崔志新；第二章"坚守实体经济，践行创新发展"：工业经济研究所贺俊；第三章"以市场为导向，激发民营经济活力"：马克思主义研究院彭五堂；第四章"产业集群转型升级，区域合作开放发展"：工业经济研究所叶振宇；第五章"构建有为政府，助力经济腾飞"：马克思主义研究院张福军；第六章"坚持平衡发展、共建共享，以"四个融合"探索美好生活"晋江经验""：社会学研究所王春光、杨典、梁晨；第七章"坚持继承创新并举，发展繁荣现代文化"：马克思主义研究院刘志昌；第八章"坚持生态立市，恪守绿色发展"：农村发展研究所王昌海；第九章"全面从严治党，铸造泉州腾飞的坚强领导核心"：马克思主义研究院戴立兴。樊建新负责全书的策划、设计和修改定稿。马克思主义研究院齐建国负责协调联络工作。

由衷感谢泉州市各级党委和政府在课题组调研期间给予的大力支持和帮助，无论是领导介绍、部门座谈，还是企业走访、专家访谈，都有求必应，特别是，泉州市各级党委和政府部门为课题组提供了大量翔实的文献资料，这些文献资料有不少被课题组使用，成为本书的重要内容。书稿修改期间，泉州市委办、市政府办、市委政研室、市委组织部、市委宣传部、市发改委、市经信委、市民政局、市文广新局、市统计局、市环保局、晋江市委等单位提出了详细修改意见。因此，本书也是课题组与泉州各级党委和政府通力合作的结果。特别感谢泉州市社科联和晋江市委宣传部为课题组做好调研尽心尽责地做了大量周到细致的工作，从他们身上，可以看到泉州党政干部一丝不苟干事创业的精神面貌，这种精神面貌也是"晋江经验"不可或缺的重要组成部分。感谢中国社科出版社的编辑，他们加班加点，为本书的尽快面世付出了辛勤的汗水。

在本书即将付梓之际，课题组既欣喜激动又忐忑不安。激动的是，在党的十九大胜利闭幕不久，能够推出一本反映泉州践行"晋江经验"15 年改革发展成就和经验启示的献礼之作，课题组感到无上光荣；不安的是，因课题组能力和水平所限，加上调研时间短暂，对泉州各方面情况的了解和把握还不够深入，对泉州践行"晋江经验"的成就和启示的概括和提炼必然有不够全面、不够精准之处，书中的一些判断、一些观点也肯定有值得商榷之处，因此，课题组真诚欢迎广大读者特别是泉州人民批评指正。

　　调研时间虽然不长，但课题组同志们已经被泉州这片改革的热土深深吸引。课题组学者们将继续关注泉州的发展，继续研究泉州的实践。期待泉州在践行"晋江经验"、建设"五个泉州"、争当"新福建"建设"领头羊"上再创辉煌，在全面建成小康社会、实现中华民族伟大复兴中国梦目标的征程中不断做出新贡献！

　　　　中国社会科学院"'晋江经验'新发展新启示"课题组
　　　　　　　　樊建新　　　2017 年 12 月 5 日

目　　录

主题研究报告：泉州市践行"晋江经验"的新发展新启示

一 泉州市践行"晋江经验"15年来取得的骄人成就

从1988年到2005年，习近平同志在福建工作了17年，进行了大量的实践探索和理论思考，取得了极其丰硕的成果，成为新时代中国特色社会主义思想的重要来源。晋江市作为福建省乃至全国经济增长最为迅速的地区，引起习近平同志的高度关注。在福建工作期间，他先后七次到晋江调研视察，探寻"晋江奇迹"背后的成功发展规律。

2002年6月，时任福建省省长的习近平同志在深入调研的基础上，将晋江经济社会持续快速发展的成功经验提炼概括为"六个始终坚持"和"处理好五大关系"的"晋江经验"，即："始终坚持以发展社会生产力为改革和发展的根本方向，始终坚持以市场为导向发展经济，始终坚持在顽强拼搏中取胜，始终坚持以诚信促进市场经济的健康发展，始终坚持立足本地优势和选择符合自身条件的最佳方式加快经济发展，始终坚持加强政府对市场经济的引导和服务"；"处理好有形通道和无形通道的关系，处理好发展中小企业和大企业之间的关系，处理好发展高新技术产业和传统产业的关系，处理好工业化和城市化的关系，处理好发展市场经济与建设新型服务型政府之间的关系。"习近平同志指出，"晋江经验"是晋江人民对有中国特色社会主义发展道路的大胆探索和成功实践。

15年来，在党中央各项方针政策的正确指引下，在福建省委、省政府的大力支持下，泉州市各级党委、政府、企业和社团深入领会"六个始终坚持"和"正确处理好五大关系"的精神实质，扎实践行"晋江经验"，积极探索具有自己特色的新型工业化、城市化发展道路，统筹推进"五位一体"总体布局，协调推进"四个全面"战略布局，深入贯彻"五大发展理念"，融入全省"再上新台阶，建设新福建"部署，全力推动"创新、智造、海丝、美丽、幸福"的现代化泉州建设，不断解放思想、开拓进取，加快推进全面建成小康社会进程，经济建设、社会建设、文化建设、生态建设以及党的建设等各个方面都取得了令人瞩目的成就。

1. 经济持续快速发展，人民生活跨越小康

2016 年，泉州市地区生产总值达到 6646.63 亿元，经济总量连续 18 年保持福建省第一。按不变价格计算，2016 年泉州经济总量在 2002 年的基础上翻了两番多，年均增长 12.8%，明显高于全国平均水平。在经济总量排名福建省前十的县级单位（包括县级市）中，泉州市占据 4 席（晋江、南安、惠安、石狮），而晋江市更是高居前列，自 1994 年以来连续 23 年名列福建全省"十强"县（市）之首。同时，晋江自 2001 年以来连续 16 年始终稳居全国县域经济基本竞争力百强县（市）前十行列，且自 2012 年起已连续 5 年高居全国百强县（市）第五位。2016 年，泉州市人均 GDP 达到 77784 元（按常住人口计算），比全国平均水平高出约 45%，较 2002 年增长 3.67 倍，年均增长 11.64%。按照世界银行标准，人均 GDP 介于 4126—12735 美元为中等偏上收入水平，泉州市人均 GDP 根据年平均汇率折算约为 11710 美元，已经达到中等偏上收入的顶部，接近高收入水平。

2. 产业集群不断壮大，转型升级稳步推进

多年来，泉州市委、市政府通过积极引导和周密规划，推动主导产业规模化、集群化发展。目前泉州市已经形成特色产业集群 20 多个，其中，纺织服装、鞋业、建材家居、机械装备、石化产业 5 个产业集群每个年产值均超过 1000 亿元，建材家居和纺织服装年产值更是超过 2000 亿元。进入新世纪以来，泉州深入实施"品牌兴市"、"资本强市"战略，推动企业走品牌化发展之路，鼓励龙头企业通过改制上市，做大做强，带动整个产业集群的发展。到 2016 年底，泉州市累计拥有 46 项中国名牌产品，居全国地级市第二位；拥有 152 件中国驰名商标，居全国地级市首位；共有境内外上市企业 101 家，上市公司数量位居全省首位，初步形成了资本市场上的"泉州板块"。民营企业中涌现出恒

安、安踏等一大批具有品牌、营销、技术和资本复合优势的行业龙头企业。十八大以来，泉州大力实施创新驱动战略，率先推行"泉州制造2025"和"数控一代"等智能制造示范工程，在促进传统产业转型升级的同时，推动制造业向高端延伸和跨界融合。纺织服装和纸制品等传统行业的智能化和自动化程度大幅提高，IT产业、集成电路、石墨烯等高端产业和新型产业已初具规模。

3. 改革开放先行先试，海丝起点内引外联

泉州被列为全国18个改革开放典型地区之一，获批国家金融服务实体经济综合改革试验区、全国民营经济综合改革试点地区、"中国制造2025"试点示范城市、国家级台商投资区和综合保税区、泉州高新技术产业园区，承接超百项国家、省级改革试点，形成具有泉州特色的改革品牌。在全国率先建成中小微企业信用信息交换共享平台，小微企业信贷覆盖率比金改前提高20.8％，"无间贷"模式在全国推广。发挥财政资金的撬动效应，设立运营产业投资基金及新兴产业、集成电路、高新技术等子基金，助推产业升级。作为"21世纪海上丝绸之路先行区"、"海上合作战略支点"，泉州积极对接中央"一带一路"建设，着力推动海丝重要门户建设，加快培育面向"海上丝绸之路"沿线国家及地区的开放新优势，密切双向经贸文化合作；加快推动泉州购跨境电商平台建设、投资贸易自由化和便利化、国际产能合作；晋江陆地港开创了民营企业从事港口运作的新模式，建成港口物流、供应链金融、跨境电子商务、专业交易市场"四位一体"的公共服务体系，为泉州乃至海西经济区开辟了内引外联的国际贸易大通道。

4. 城乡一体保障均等，以人为本开放包容

泉州市在城乡一体化进程中，始终坚持城乡统筹发展的原则，大力推进国家新型城镇化综合改革，编制环泉州湾城乡一体化规划。近年来，泉州市以习近平总书记在"晋江推进新型城镇化试点工作"的批示精神为指导，以人为本、因地制宜探索"城市现代化""产城融合""大城关""特色新市镇""美丽乡村"等5种新型城镇化模式，加快推动工业化与城市化互促共进、协调发展，推进农业转移人口市民化。晋江市将城乡交通网络建设、农村基础设施建设、农村环境和设施建设、城乡产业布局等全部纳入城乡统一建设规划，促进城乡公共服务的均等

化，实现城乡在国民待遇上的一致，让城里人、农村人享有公平、优质的民生保障，实现从"身份剪刀差"到"幸福全覆盖"的转变。2012年，晋江市出台了《晋江市流动人口落户管理实施意见（试行）》，全面放开流动人口落户，截至2016年底累计已有28467人落户；晋江市还通过居住证制度实现了基本公共服务向常住人口全覆盖，在就学保障、住房保障和医疗保障等方面，做到了常住人口同城同待遇。目前持证者享有的市民化待遇增加至30项，基本实现了"保障全覆盖，待遇均等化"，使外来人口"进得来、留得住、融得入"，走出了一条富有特色的外来人口本地化道路。

5. 文化建设多措并举，泉州精神凝聚力量

泉州历史文化资源丰富，是国务院首批公布的历史文化名城，联合国教科文组织确认的全球首个"世界多元文化展示中心"，中国首个东亚文化之都，被誉为"世界宗教博物馆""戏曲之乡""木偶之城""南音之都"。近年来，泉州坚持以文兴市，在发展文化产业、建设公共文化服务体系、培育城市精神的过程中，注重发挥文化资源优势，弘扬优秀传统文化与发展现代文化相结合，积极推动古泉州（刺桐）史迹申遗，积极推动国家城市"双修"试点，把传统建筑群保护与开发相结合，延续城市历史文脉，打造城市精神，积极探索具有泉州特色的现代文化产业和事业发展道路。发挥泉州产业集群和"品牌之都"优势，深入挖掘地方特色产业的文化资源，结合求知、研学、商务等旅游新元素，打造时尚工旅、滨海雕艺文化、"茶＋旅""香＋旅""瓷＋旅""石＋旅"等六大特色产业集群；主动融入"一带一路"建设，全力打造"清新福建·海丝泉州"旅游品牌；努力实施"万千百十"文化惠民服务工程，丰富群众文化生活。在新的历史时期，泉州人继承和发扬闽南文化的优秀传统，凝练升华为开放包容、爱拼敢赢、重义求利的泉州精神，为泉州经济社会发展提供了强大的精神动力。在改革开放中成长起来的新一代企业家，在推进泉州经济发展的同时，积极为泉州社会事业发展贡献力量。晋江市慈善总会2002年成立至今，募集善款31.4亿多元，累计投入13.7亿元开展各类慈善活动和慈善公益项目建设。

6. 生态建设成效突出，环境质量全面改善

进入新世纪，泉州市各级政府下大力气治理污染和保护环境，持续

开展植树造林、清水净海、环卫保洁、治污减排"四大行动"，生态环境持续改善。"十二五"以来，泉州市通过了国家环保模范城市复核验收，市本级和 10 个县（市、区）先后获得国家生态市、县、区命名，生态建设和各项环境保护工作持续走在福建省前列（环保责任书考核全省"四连冠"、总量减排全省"三连冠"、流域整治全省"五连冠"、环境监察工作全省"三连冠"）。全市生态环境质量优良并持续向好，市区空气质量优良率 98.9%，各县（市、区）空气质量继续保持优良水平。晋江水系、洛阳江水系及 13 个县级及以上集中式饮用水水源地水质达标率均为 100%。近岸海域功能区水质达标率 84.6%。城市功能区、区域及道路交通声环境质量总体保持较好水平，较好地实现了环保与发展的相辅相成和相互促进。

7. 党建工作思路开阔，非公党建成绩斐然

泉州历届市委始终把抓好党建工作作为第一责任，把党建作为做好一切工作的根本保障，坚持党要管党、从严治党，确保了把党的领导核心作用落到实处。泉州市各级党委坚持党建工作与中心工作一同谋划、一同考核，健全党建工作长效机制，确保党的建设各项部署落到实处。各级党委围绕项目目标任务，细化工作方案，推动项目建设高质量按时序开展。2015 年以来，深入实施党建工作项目化管理，从项目生成、组织实施、过程监督、成果评估和总结推广五个方面建立机制，推动党建工作从"软任务"变成"硬指标"、从"虚功"变成"实做"、从"定性"变成"定量"，以项目带动全面从严治党各项目标任务落到实处。两年来累计实施市级项目 107 个（其中已完成项目 43 个、在建项目 64 个）、县级项目 314 个。泉州市各级党委十分重视非公企业党建。2011 年，泉州市总结提出非公企业党建的"三五"工作机制，认为抓好非公企业党建工作的前提是明确"五个引领"目标任务，目的是通过"政治引领"，推动企业在国家法律法规允许的条件下实现科学发展、跨越发展、长远发展。晋江市委聚焦产业布局和企业发展，找准与非公企业党建相适应的机制、模式和方法。2004 年设立市委非公企业工委，非公党建作为基层党建的一个门类单列来抓，进入"抓覆盖"和"抓作为"并重的新阶段。2012 年以来，随着企业大规模向园区、产业集群集中，晋江以"园区党建"为重点、以"同业党建"为牵引，

致力推动非公党建成为企业创新转型的红色动能，增进企业主的价值认同和意识认同。目前全市非公企业党组织发展到 1194 个，组织覆盖率达到 81.9%。2003 年，泉州市被中央党建工领导小组确定为全国非公有制企业党建工作联系点，承担为中央抓党建提供"泉州样本"的重大责任。

二　泉州市践行"晋江经验"的新发展新启示

我国地域广袤，东中西部发展差异较大。泉州作为东南沿海发达地区，较早面临十九大报告所说的"不平衡不充分发展"的问题，也较早为破解这一问题进行了有益探索，走出了一条"创新引领，率先实现东部地区优化发展"（十九大报告语）的路子。可以说，泉州人民对"晋江经验"的成功实践，体现了中国特色社会主义进入新时代的发展要求，为全国各地贯彻落实十九大精神和深入领会习近平新时代中国特色社会主义思想，顺利推进经济社会全面协调发展提供了宝贵经验和有益借鉴。

1. 以实体经济为主体，夯实发展基础

实体经济是一个国家经济实力乃至综合实力的根本体现。习近平总书记指出，不论经济发展到什么时候，实体经济都是我国经济发展、在国际经济竞争中赢得主动的根基。泉州市辉煌的发展成就正是得益于对实体经济的高度重视。改革开放近 40 年来，不管形势如何变化，泉州市各级党委和政府始终把发展经济的着力点放在实体经济上，坚定不移地抓实体经济，把做大做强实体经济作为经济工作的根本目标。坚持以实体经济为主体，是泉州市国民经济持续健康发展的根本，是泉州新型工业化道路的内核，是"晋江经验"的精髓。泉州的发展起步于实体经济，兴盛于实体经济，成为中国实体经济坚守者中的典型代表。2016 年泉州市工业增加值占 GDP 的比重达 52.36%，工业对经济增长的贡献率达 49.6%，其中制造业增加值占规模以上工业增加值九成以上。在当前实体经济发展困难重重的严峻形势下，泉州市委市政府一方面鼓励广大企业认清形势，耐得住寂寞，不忘初心，努力坚守本业，打造属于自己的"百年老店"；另一方面积极出台多种政策措施帮助企业渡过难关。2015 年，泉州市率先出台《关于加强信贷服务支持实体经济发展八条措施的通知》，通过综合运用延长贷款期限、合理评估抵质押物价值、降低贷款利率等八项措施力促泉州实体经济渡过难关、健康发展。十八大以来，泉州人充分发扬爱拼敢赢的泉州精神，坚持新发展理念，积极推动产业升级，推动"匠心智造"，引导产业向"智能制造"转型，通过全域动员，弘扬工匠精神，扎实推进实体经济稳步提升。面对产业升级新形势，积极推进"数控一代"示范工程、"泉州制造2025"。以智能制造为突破口，聚焦产业创新，致力解决人才技术集聚不足的历史问题，实施"大院大所大平台计划"，先后引进中科院海西装备研究所、海峡碳烯产业技术研究院、华中科大智能制造研究院等30多家技术创新平台，调整原有的粗放型发展模式，朝先进制造业与智能化方向发展，实现由低成本竞争优势向质量效益竞争优势转变，打造泉州制造品牌，以产品领先带动产业发展，推动传统产业高端化、高新技术产业化、新兴产业规模化，争创制造和创造双重优势，做大做强制造业。

2. 以市场为导向，激发民营经济活力

民营经济机制灵活，市场适应能力强，是我国经济社会发展的重要基础。习近平总书记在参加全国政协十二届四次会议联组讨论时明确宣布，非公有制经济在我国经济社会发展中的地位和作用没有变，我们鼓励、支持、引导非公有制经济发展的方针政策没有变，我们致力于为非公有制经济发展营造良好环境和提供更多机会的方针政策没有变。各地区各部门要从实际出发，细化、量化政策措施，制定相关配套举措，推动各项政策落地、落细、落实，让民营企业真正从政策中增强获得感。十九大报告进一步指出："支持民营企业发展，激发各类市场主体活力"；"激发和保护企业家精神，鼓励更多社会主体投身创新创业。"泉州市之所以能用较少的资源，创造出较大的经济总量和较快的发展速度，与放手发展民营经济、实体经济分不开。民营经济是泉州市经济的主体和经济发展最主要的推动力量。改革开放以来，泉州市民营经济一马当先，以年均超过30%的速度增长了30多年，成为泉州市经济崛起的最主要支柱。目前，民营经济贡献了泉州80%以上的GDP和财政收入、80%以上的就业机会。经过多年的快速发展，泉州市民营经济演化出一批具有国际竞争力的特色产业集群；淘炼出一批具有全国影响乃至国际影响的行业龙头企业；打造出一批闻名全国的品牌产品；涌现出一大批目光远大、意志坚定、具有现代经营意识和开拓进取精神的优秀企业家。在泉州市民营经济崛起过程中，泉州市各级党委和政府既不"缺位"，也不"越位"，而是主动服务，积极引导和扶持民营经济健康发展。一是转变角色定位。坚持"有所为有所不为"的原则，强化为市场主体服务的意识，不断探索和加快政府职能转变，从无所不能、无所不包，到"背后使力""共同发力"，逐渐从"推手"到"助手""放手"转变。二是突出改革引领。主动承接国家和省级改革试点，深化国家级民营经济综合配套改革，一手抓"政策高地建设"，一手抓"制度创新建设"，充分激发了民营经济活力和创造力。三是搭建窗口平台。从过去的"招商引资"和"招企建业"，变成"招引服务"和"建造环境"，积极构建政产学研资介为一体的公共服务平台体系，让各种市场要素更公平、更合理、更方便地为全社会所享用。

3. 以产业集群为核心，打造发展优势

十九大报告提出，"促进我国产业迈向全球价值链中高端，培育若干世界级先进制造业集群。"泉州市发展经济的一个成功经验，就是以品牌化、高端化为重点，主动规划和培育产业集群，引导产业集群化发展。泉州市始终立足本地实际，突破传统的比较优势思路，从"三来一补"起步，经历了贴牌加工、自主品牌生产循序渐进升级的过程，同时也经历了从"满天星星"到"一镇一品"，再到专业化、特色化工业园，从大办企业到形成产业再到发展产业集群，探索出一条以发展产业集群促进工业化和城市化"双轮驱动"的道路。产业集群化发展强化了规模化发展带来的市场效应、议价能力，以及产业链不同环节间的协同效应，降低了企业综合运营成本，形成强大的竞争优势。如泉州的纺织服装产业集群形成了涵盖纺织原料、纺纱织布、漂染整理、成衣加工、辅料生产、研发设计、市场营销等各领域相对完整的产业链，相关生产经营企业超过一万家，纺织服装产量占到全省的六成以上，年产值超过两千亿元，涌现出海天、百宏、七匹狼、劲霸等知名品牌和行业龙头企业，成为我国重要的纺织服装生产基地、集散基地和出口基地。石狮已经成为全球性服装加工贸易产业链的重要一环，是我国五大服装跨国采购基地之一。

在产业集群成长过程中，泉州市各级党委和政府扮演着十分重要的角色。一是引路人。在不同发展阶段，因势利导，提出不同发展战略，帮助企业找方向、定航标。二是推车手。企业发展遇到困难、瓶颈，政府及时帮一把、扶一把、推一把。正是在这样的一次次助推下，企业甩开包袱、放开手脚、轻装上阵。三是服务员。政府把更多精力放在优服务、造环境上，把"政府想做的"和"企业想要的"有机结合，通过简政放权和审批制度改革，激发市场活力。

4. 以海丝起点为依托，扩大发展视野

十九大报告指出："开放带来进步，封闭必然落后。"泉州经济的持续快速发展在很大程度上得益于对外开放。泉州是古代海上丝绸之路重要起点、我国著名的侨乡，海外华侨网络非常发达。泉州对外开放具有悠久历史。改革开放初期，泉州市晋江、石狮等地区大胆利用侨资、侨力，开始兴办"三来一补"和"三资"企业，在全国率先发展外向型经济。随着泉州晋江机场、泉州港等口岸基础设施的建成以及国家级台商投资区和综合保税区的设立，泉州对外开放条件和环境发生了巨大的变化。泉州市各级党委和政府利用当地优越的开放发展环境，一方面积极创造条件把外资外企"引进来"；另一方面积极助力本地企业"走出去"。通过广泛联系侨领侨商侨亲、泉籍社团等活动，涵养新华人华侨、华裔新生代资源；充分发挥联合国海陆丝绸之路城市联盟工商理事会作用，积极做大海丝朋友圈，建立海陆丝路沿线国家和地区的联盟城市经贸互动合作机制；通过组织企业赴境外参展、开展经贸洽谈和市场考察活动，帮助企业开辟境外营销网络；通过各地商会牵头，组织企业赴境外投资考察，寻找海外发展机会。十八大以来，泉州市积极落实国家"一带一路"建设，率先提出建设"21世纪海丝先行区"，成功举办了"东亚文化之都2014泉州活动年"、第14届亚洲艺术节、海上丝绸之路国际艺术节等大型活动，积极拓展面向"海上丝绸之路"沿线国家及地区的开放空间，促进泉州与"一带一路"沿线国家和地区的经贸文化合作，积极构筑对外开放的新高地。

5. 以研发创新为支撑，提升发展层级

十九大报告指出："创新是引领发展的第一动力。"泉州市把这一精神贯彻到推动经济转型升级的具体工作中。近年来,泉州市坚持自主创新的战略导向,以创新带动经济转型升级。首先,通过加大研发投入,提升自主创新能力。"十二五"期间,泉州市研发经费支出占地区生产总值比重提高 0.46 个百分点,实现全国科技进步先进市"九连冠"。晋江市作为制造业大市,"十二五"期间持续加大技术研发力度,采取多种措施鼓励企业开展技术创新。2015 年—2016 年,晋江市研发投入占全市 GDP 的比重由 2.42% 增加 2.6%。其次,大力引进外部创新资源,打造高水平科技创新平台。突破单位性质、编制、指标及地域等限制,采取"一院一策",引进国内高校、科研院所来泉设立高端科技创新平台。泉州市先后与中科院等单位合作建立了中科院海西研究院装备制造研究所、中纺院海西分院、泉州华中科大智能制造研究院、福建(泉州)哈工大工程技术研究院等等 36 个高端创新平台,形成政产学研用紧密协作机制。第三,聚集创新资源要素。一是培育众创空间。构建从众创空间、孵化器、加速器到产业园区的创新创业孵化链条,有效激发全市大众创业、万众创新活力。二是有效集聚高层次科技创新人才。实施"海纳百川"高端人才集聚计划、科技创业创新领军人才评选等人才政策,落实相关补助资金。充分发挥技术公共服务平台"磁场作用",集聚行业专家和创新团队。第四,搞好科技创新服务。营造推动产业转型升级和科技创新的良好政策环境,不断优化创新创业发展环境;加快构建覆盖创新全链条的金融服务体系,推进国家高新区科技金融服务中心建设;建立财政科技投入逐年增长机制,加大资金整合力度;支持天使投资、创业投资发展,培育发展天使投资群体;加强知识产权保护,完善知识产权保护政策法规体系;倡导尊重科学、尊重知识、尊重人才的社会风气,弘扬用于创业创富的社会价值取向。

6. 以城乡一体为目标,均衡发展水平

泉州坚持以人民为中心,统筹城乡协调发展,推动经济社会全面发展。近年来,泉州市委、市政府统筹规划,加快推进城乡一体化发展。在泉州各个县市区中,晋江市在统筹城乡发展方面走在了前列。第一,晋江市提出"全市一城"的概念,突出同城同步,推动城乡建设一体化。将全市 649 平方公里作为一个城来统一规划,确立"全市一城、一主两辅"的空间发展格局,统筹城乡基础设施配套建设,推进城镇交通、水利、电力、环保等重大基础设施向农村延伸，推动城乡道路、供水污水管网无缝对接，促进城乡基础设施共建共享。真正做到全市乡村道路"硬化"，主要交通干线及村路灯"亮化"，主要乡村和工业聚集区路旁"绿化"，农村垃圾处理达到"净化"。第二，建立了城乡一体的公共服务体制，推动城市公共资源向农村覆盖。2015年起，晋江实施城乡社区公共服务设施提升工程，在全市范围内选取30个提升项目，按照社区"十个一"服务设施要求，在建设行动计划期限内，完成社区组织办公场所、社区公共服务中心等社区公共服务设施提升项目建设。第三，大力推进社会保障改革，建立城乡一体的社会保障配置机制。推动城市公共优势资源向农村覆盖，实行城乡低保、新农合、城乡居民养老等社保"城乡一体化"，让农民享有与城镇居民一样的社保待遇。2010年，晋江新型农村养老保险在福建省率先实现城乡全覆盖。

7. 以开放包容为中心，重塑发展理念

闽南传统文化具有重乡崇祖的哲学观、爱拼敢赢的气质观、重义求利的价值观、山海交融的行为观等特质，具有多元性、开拓性、务实性、包容性、海洋性等特点。历史上泉州人长期与多个国家和民族进行贸易往来和文化交流，促进了泉州多元宗教和多元文化的和谐共生、交流交融和多元一体文化格局的形成，铸就了泉州人开放包容、海纳百川、互利共赢的文化特质和发展理念。在改革开放的新时代，这些文化特质和发展理念成了支撑泉州经济社会全面发展的重要精神资源，也塑造了当代泉州人开放包容的发展观。第一，在经济发展过程中，泉州的民营企业家破除了家族企业"肥水不流外人田"的小农观念，通过引进职业经理人，在管理体制上实现了从家族管理向现代公司治理的转变；通过改制上市，在企业制度上完成了从股份合作制企业向现代公众企业的转变。这两次制度变革奠定了泉州民营企业脱颖而出做大做强的制度基础。第二，在社会建设过程中，以晋江市为代表的泉州各级党委政府打破城乡区隔，全面推行城乡一体化，做到了"城里人农村人一个样"；通过开放户籍推动了外来人口本地化进程；通过"居住证"制度实现了基本公共服务向常住人口全覆盖。这些平等、包容的惠民政策为吸引外来人口，满足泉州市企业的用工需求提供了极大帮助。第三，泉州慈善文化和慈善事业的繁荣是泉州人践行包容发展理念的重要体现。

晋江市慈善总会自 2002 年 12 月 18 日成立以来，累计募集善款 31.4 亿多元，累计投入 13.7 亿元开展"解困、助学、助行、助听、复明、慈善安居、荧屏文化、扶助被征地低保人员养老保险、扶助低保人员参与新型农村合作医疗工程、关爱母亲工程"等慈善活动和慈善公益项目建设。

8. 以改善生态为抓手，提高发展质量

十九大报告指出："我们要建设的现代化是人与自然和谐共生的现代化，既要创造更多物质财富和精神财富以满足人民日益增长的美好生活需要，也要提供更多优质生态产品以满足人民日益增长的优美生态环境需要。"泉州市委市政府 2003 年就提出"生态立市""环保立市"的发展理念，先后出台了 30 余份政策文件，全力抓好生态环境保护与建设，深入推进产业结构转型升级、"江河湖海"整治、严厉查处环境违法违规行为、环境保护基础设施建设、环境风险防范、全民环境保护意识培育等重点工作。第一，通过体制创新，强化环保责任。2016 年先后成立以市委书记任组长、市长任常务副组长的市生态文明建设领导小组和市国家生态文明试验区建设领导小组，全面统筹泉州生态文明重大问题研究、重大战略部署、重大政策制定；安溪、永春、德化等生态重点保护区从 2014 年起取消 GDP 考核，建立突出生态建设的个性化政策绩效考核体系。第二，运用市场化手段解决生态环保问题。2005 年在全省率先实施流域上下游补偿机制，每年由晋江、洛阳江流域下游水资源受益地区财政出资，对上游地区水资源保护项目建设进行补偿；形成排污有偿使用和交易工作机制，2015 年在全省率先成功举行排污权专场交易；推进企业环境污染责任保险试点工作，探索"政府推进、市场运作"的环污险新模式；鼓励社会资本参与生态环境保护与建设，初步建立投资主体多元化、运营主体企业化、运营管理市场化、垃圾污水处理产业化的投资运营机制。第三，坚持底线思维，开发与保护并重。根据福建省统一部署，开展生态保护红线划定；深入实施生态功能区划战略，制定出台生态功能区划方案，划定各生态功能小区，明确各小区的生态功能主导功能、辅助功能以及各小区的生态保育和建设方向；加强全市水资源大统筹，集全市之力实施"七库连通"水利工程、白濑水利枢纽工程，根本解决水资源短缺问题；严守产业发展的生态底线，从 2007 年起，在晋江、洛阳江流域严格实行"区划限批"和"两江"流域"四不批"政策；划定建设用地边界、生态控制线、产业区块线，划分城乡建设用地、非城乡建设用地、有条件建设区、生态用地等用地大类，明确各类用地的管控边界，编制完成《泉州市"多规合一"规划》，形成了泉州市统一的空间规划"一张图"。第四，坚持环保倒逼，推动产业绿色转型。加快推进节能环保产业转型升级，编制出台《泉州市节能环保转型升级路线图》；强化重污染企业的集中治理和管控，重污染企业迁入园区集中治理，污染治理设施均由专业运营公司管理；狠抓工业企业清洁生产，实施全方位清洁化改造；抓循环经济建设。建设 1 个国家循环经济示范城市，2 个国家级循环经济试点单位、2 个省级循环经济试点县、7 个省级循环经济试点园区和 50 家省级循环经济示范企业，循环经济"国字号"列福建省之最。第五，切实加大环保投入。市、县两级财政预算内环保支出比例每年都在提升。"十二五"以来，泉州市已累计投入生态环境保护与建设资金 2174 亿元。

9. 以"亲""清"关系为基础，净化发展环境

十九大报告强调，要"构建亲清新型政商关系，促进非公有制经济健康发展和非公有制经济人士健康成长。"泉州坚持以"亲""清"关系为基础，促进政商良性互动，积极打造有为政府。泉州民营经济发达，素有"民营特区"之称，能否正确处理好政商关系，推进政商良性互动，关系到民营经济乃至泉州经济整体的长久发展。多年来，泉州市各级党委和政府在处理政府与市场的关系、政府与企业的关系过程中，始终秉持既不缺位，又不越位；既要相互亲近，又要清白交往的原则，积极引导和助推民营企业发展，打造有为政府，在泉州经济持续快速发展过程中发挥了十分重要的作用。第一，"亲"字当头，主动站前，助推企业发展。一是主动了解企业需求，泉州市将"政企互动"上升到制度层面，搭建起党委、政府与商会、企业沟通协商的重要平台；二是主动宣传各项惠企政策，对企业发展予以政策支持；三是主动推进金融服务，帮助企业解决资金问题；四是主动助推人才提质，解决企业人才智力问题；五是主动服务科技创新，激发企业创新转型活力；六是主动加强联系协作，完善商事调解机制。第二，

"清"字把关，严守底线，廉政工作不放松。一是，建"清"制，以制度建设为新型政商关系保驾护航；二是吹"清"风，加强学习牢固树立正确价值观；三是立"清"志，树干部个人党风廉政责任状。第三，"通"字显效，发挥商企能量，服务经济社会发展。一是"通"商路，全面激发商会活力，扩大泉州品牌影响，全面搭建商会平台网络，构筑好政府与商界的桥梁纽带；二是"通"富路，回归创业引进来，实力企业拓疆走出去；三是"通"善路，引导企业承担社会责任，促进和谐稳定。

10. 以加强党建为保障，把握发展方向

十九大将"坚持党对一切工作的领导"作为新时代坚持和发展中国特色社会主义十四个基本方略之首，强调要"提高党把方向、谋大局、定政策、促改革的能力和定力，确保党始终总揽全局、协调各方。"泉州市始终坚持和强化党对经济社会发展的全方位领导，始终坚持把党的建设与泉州发展紧密结合起来，理清思路、科学决策，为经济社会发展确定了正确的方向。泉州所取得的卓越成就，无不体现着全市各级党组织的坚强领导。第一，党的领导为泉州发展把关定向。改革开放以来泉州历次党代会都能够做到集思广益，高瞻远瞩，正确地规划了未来几年的发展方向和发展战略，为泉州经济社会的健康发展奠定了坚实的基础。第二，在服务企业中体现党的领导。"晋江经验"本质上就是党委、政府引导支持企业创业创新的经验。长期以来，泉州市委、市政府精准把握党建工作与推动产业转型、深化改革、完成年度目标、保持社会安定稳定等工作的契合点，把党建工作优势转化为经济社会发展的强大动力。第三，创造"晋江经验"的组织保证。泉州市之所以能够创造"奇迹"，离不开扎实有效的党建工作。拿晋江来说，晋江始终践行党的群众路线，致力推进"有温度"的思想政治建设，增强基层党组织的向心力、凝聚力、号召力，为晋江经济社会发展凝聚力量；晋江始终把选人用人作为关系晋江发展的关键，15 年来，晋江不断打破部门界限，统一整合、统一调配、综合使用、优化配置干部资源，锻造了一支坚强有力的干部队伍；晋江始终牢牢把握巩固村级党组织领导核心地位，超前研判农村工业化向农村城镇化的演进脉络，以党建创新引领社会治理创新；晋江始终聚焦产业布局和企业发展，不断找准与非公企业党建与之相适应的机制、模式和方法；晋江始终致力创造最灵活的机制、最优越的环境，不断集聚、不断激发各类人才创新创业的活力和激情。总之，泉州市委在经济社会发展中，充分发挥了统揽全局、协调各方的领导核心，不断加强自身建设，为泉州的持续腾飞锻造了坚强的政治保证。

第一章　泉州经济发展历程与特征

改革开放以来，晋江干部群众齐心协力、勇于探索，积极应对各种严峻挑战，促使经济持续快速发展，创造出了"晋江经验"，并在泉州范围内大力推广践行，形成"泉州现象"。从发展历程上看，大致分为三个阶段，即乡村工业化起步时期、"晋江经验"形成时期和"晋江经验"传承创新时期。从习近平同志提出"晋江经验"起，泉州凭借"敢拼、爱拼、善拼"的精神，通过改革推动质量提升、创新引领转型升级、开放激发市场活力，使泉州经济发展取得了辉煌成就，经济稳步增长、结构持续优化、城乡统筹发展、民生大幅改善、开放水平提高、智慧绿色崛起。在传承创新过程中，泉州市为"晋江经验"赋予了新的内涵，形成了适应和引领经济新常态的典型区域发展道路，其突出特征是：重视实体经济支撑，激发民营经济活力，打造区域特色集群，依托海丝外向发展，推进有为政府引导，坚持创新引领未来。深入总结泉州践行"晋江经验"、创造"泉州现象"的实践和探索，对建设建设现代化经济体系、解决发展不平衡不充分突出问题，有着重要的启示和借鉴意义，并为福建乃至全国经济发展提供可复制经验

第一节　经济发展历程与成就

一　经济发展阶段

以"晋江经验"产生和发展为主要线索，可以将泉州经济发展分为三个阶段，第一阶段为探索发展时期，主要是改革开放到党的"十四大"之前，解放思想，大胆实践，走出一条经济快速成长的发展道路；第二阶段为"晋江经验"形成时期，主要是从晋江1992年"撤县设

市"到 2002 年时任福建省省长的习近平同志提出"晋江经验",在中央确立社会主义市场经济新体制后,晋江人"敢为人先",主动探索,形成了"始终坚持以发展社会生产力为改革和发展的根本方向"等"六个始终坚持"和"处理好五大关系"的宝贵经验;第三阶段为"晋江经验"传承创新时期,主要是从"晋江经验"推广至今,泉州市广大干部群众对"晋江经验"进行广泛实践,并在此基础上不断适应新形势创新发展。也可以将泉州经济发展阶段概括为,"晋江经验"形成前期、"晋江经验"形成时期和"晋江经验"形成后期三个发展阶段。

1. 第一阶段:乡村工业化起步时期

改革开放以前,由于泉州地处海防前线,国家投资少,经济长期处于以农业为主的自给、半自给状态,经济总量居福建全省地市倒数第二。改革开放以后,泉州人民高举邓小平理论伟大旗帜,立足侨乡"闲房、闲资、闲散劳动力"多的特点,联户集资兴办乡镇企业,引进利用外资,善于抓住机遇,爱拼敢赢,大胆实践,经历"三来一补"起步、乡镇企业铺路、"三资"企业上路、成片开发迈大步、区域经济展宏图的经济发展阶段,晋江市地区生产总值(GDP)从 1978 年 1.45 亿元快速上升到 1992 年 33.6 亿元,同期,泉州市 GDP 从 7.79 亿元也快速上升到 127.12 亿元,为全市经济发展奠定了良好的基础。

2. 第二阶段:"晋江经验"形成时期

党的"十四大"明确提出建立社会主义市场经济体制,泉州、晋江开始了社会主义市场经济的大胆探索,构建市场体系和运行机制,打牢市场经济发展的市场基础,走出一条"市场调节为主,外向型经济为主,股份合作制为主,多种经济成分共同发展"的具有侨乡特色的经济建设路子,由此进入了经济高速发展时期。晋江于 1991 年首次跻身进入全国综合实力百强县(市)之列,排名第 55 位,1992 年升至第 24 位,1994 年升至第 15 位,2000 年跃入前十(第 10 位),2002 年位居第 6 位。泉州市 GDP 从 1992 年 127.12 亿元上升到 2002 年 1080.75 亿元,按不变价格计算,十年间翻了 6.13 倍,经济实力平均每两年上一个台阶,1999 年经济总量即跃升为福建省第一位。泉州成为福建省乃至全国发展最快、最具活力的地区之一,进入发展新阶段。这一巨大成绩的背后是晋江和泉州所创造出的"晋江经验"和"泉州现象"。

2002 年 6 月,时任福建省省长的习近平同志到晋江调研,并将此调研思考整理提炼,撰写成《研究借鉴晋江经验,加快县域经济发展》一文,文中提出"'晋江经验'是地方主动探索中国特色社会主义发展道路的积极实践",并在全省总结推广"晋江经验",总结了"六个始终坚持"① 和"处理好五大关系"②,为晋江、泉州实现新一轮跨越指明了方向,从此成为引领晋江、泉州乃至福建省及全国各地加快改革发展的一个标杆。

3. 第三阶段:"晋江经验"传承创新时期

2002 年"晋江经验"形成后,站在新的发展起点上,晋江始终不忘初心,继续开拓进取,泉州政企各界、海内外乡贤、基层群众全面学习"晋江经验",进入"晋江经验"传承创新时期。

2008 年以来,晋江市围绕科学发展的主题主线每年举办千人企业家大会,从不同角度扶持促进企业发展,全力助推"晋江经验"新发展。

2011 年 4 月,福建省委、省政府在晋江召开加快县域经济发展工作会议,号召全省学习借鉴"晋江经验",并对晋江提出建设"转型升级先行区、城乡统筹示范区"的新要求、新任务。

党的"十八大"以来,泉州市更加积极践行"晋江经验",扎实推进"创新、智造、海丝、美丽、幸福"的现代化泉州建设(即"五个泉州"建设),转型创新步伐加快,各县(市、区)充分结合自身实际,传承与创新"晋江经验",努力成为全省、全国的先进典型。

2014 年,福建省委在晋江召开全省新型城镇化现场会,提出学习推广晋江新型城镇化经验。"十二五"期间,全面加快转型,晋江实施 21 项国家级改革试点,新型城镇化工作得到习近平总书记重要批示。居住证制度、农村宅基地、文化保护、社会综合治理、生态文明建设等

----

① 六个始终坚持:始终坚持以发展社会生产力为改革和发展的根本方向、始终坚持以市场为导向发展经济、始终坚持在顽强拼搏中取胜、始终坚持以诚信促进市场经济的健康发展、始终坚持立足本地优势选择最佳方式加快经济发展、始终坚持加强政府对市场经济发展的引导和服务。

② 处理好五大关系:处理好有形通道和无形通道的关系、处理好发展中小企业和大企业之间的关系、处理好发展高新技术产业和传统产业的关系、处理好工业化和城市化的关系、处理好发展市场经济与建设新型服务型政府之间的关系。

重点领域改革，为全省全国不断提供"晋江方案"，晋江成为全国改革"试验田"。

2016 年 8 月，晋江市委按照"晋江经验"的内涵，为晋江未来描绘"国际化创新型品质城市"的新蓝图，立足晋江新的发展阶段特征，全力推进"人才强市"、"新型城镇化"、"国际化"三大战略。紧紧围绕中央"四个全面"战略布局，坚持发展第一要务，牢固树立、自觉践行"创新、协调、绿色、开放、共享"五大发展理念，以创新转型、跨越发展为主线，全力打造国际化创新型品质城市，丰富"晋江经验"，在"新福建"和"五个泉州"建设中持续当标兵、走前列。

"晋江经验"不仅仅是晋江的发展动力，也为泉州、福建乃至全国的发展提供启示。泉州作为"晋江经验"的坚定实践者和受益者，与时俱进大力弘扬新时期"晋江经验"，有力推动泉州从经济大市向经济强市迈进。在此过程中，泉州也以实实在在的成绩成效，不断赋予"晋江经验"新的内涵。

二 经济发展成就

在党中央各项方针政策的正确指引下，在福建省委、省政府的指导支持下，泉州不断解放思想、扩大开放，进一步深入领会"六个始终坚持"和"正确处理好五大关系"所蕴含的真谛和要义。特别是，党的"十八大"以来，泉州市按照中央部署，统筹推进"五位一体"总体布局，协调推进"四个全面"战略布局，深入贯彻五大发展理念，积极探索新型工业化、新型城市化发展道路，加快推进全面建设小康社会进程，更好地适应、把握、引领发展新常态，以新进展、新成就彰显"晋江经验"在泉州的新成效。

1. 经济持续向好，人均水平快速提升

综合实力显著增强，经济保持中高速增长。据统计（图 1 - 1），2016 年，泉州市实现地区生产总值 6646.63 亿元，按不变价格计算，比 1978 年经济总量翻了十番多，年均增长率达到了 16.28%[①]，远高于同期全国、全省平均水平；自 2002 年"晋江经验"践行以来，经济总量翻了

---

① 本章涉及的增长速度均按不变价格计算。

两番多，GDP 年均增长达到 12.8%，其中"十二五"期间在全国经济普遍进入下行的大背景下，GDP 年均增长仍达到两位数（11.2%）；一般公共预算收入达 424.08 亿元，较上年增长 9.2%；截至 2016 年，泉州市经济总量已连续 18 年保持全省第一。在福建省最富十个县市排行中，泉州市占有四个席位，分别为晋江市、南安县、惠安县、石狮市，而晋江市高居榜首。其中，2016 年晋江市实现地区生产总值 1744.24 亿元，总量占泉州市的 1/4、福建省的 1/16；按不变价格计算，2002 年至 2016年，晋江 GDP 年均增长 12.9%，其中，"十二五"期间达到 15.4%。

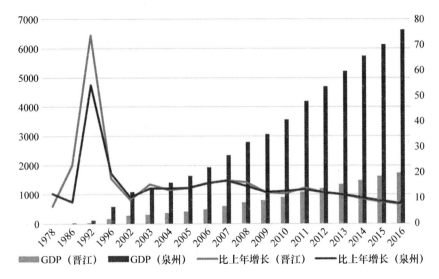

图 1-1　1978—2016 年泉州地区生产总值及其增长速度（亿元、%）

数据来源：相关年份《泉州统计年鉴》

经济增长水平迈入中高级阶段。2016 年，泉州市人均 GDP 达 77784 元（按常住人口计算），较 2002 年增长 3.67 倍，年均增长 11.64%，"十二五"期间年均增长 10.27%；根据年平均汇率折合为 11710 美元。其中，晋江市人均 GDP 达 83938 元，"十二五"期间年均增长 10.11%；泉港区人均 GDP 位居泉州市各县（市、区）排名第一，达 125508 元，"十一五"期间年均增速最快，达到 18.64%，"十二五"期间年均增长 8.62%；石狮市人均 GDP 为 103035 元，"十二五"期间年均增长 10.61%（见表 1-1）。参照世界银行划分贫富程度标准，泉州市经济发展水平处于世界中等偏上水平，按照现有的发展速度，泉州市很快就将达到世界高收入水平，在泉州各县（市、区）中，晋江市、惠安县也已处于中等偏上水平，而泉港区、石狮市、鲤城区、丰泽区已达到高收入水平[①]。

表 1-1　　2010—2016 年泉州市排名前六的人均 GDP 及其增长速度（元）

	泉州市	晋江市	泉港区	石狮市	惠安县	鲤城区	丰泽区
2002	14526	17786	11650	21127	15506	—	—
2003	16124	19968	14046	23181	16711	25603	22893
2004	18452	22281	16297	26921	17974	27515	25738
2005	21313	24987	20370	30510	20375	31826	29832
2006	24823	28542	25412	35233	23608	36925	35225
2007	29775	33416	31864	41506	28610	43501	42696
2008	35209	38953	40735	48571	33130	49693	50514
2009	38249	41694	47508	52615	36618	53396	55176
2010	43959	46126	60906	58527	42295	59214	61622
2011	51413	54657	77914	67214	51359	64786	63449
2012	57002	60034	91334	76827	56904	70414	70001
2013	62657	66898	92768	86594	64221	76652	75751
2014	68254	72645	106453	95350	70846	80329	80118
2015	72421	78227	102743	99526	75766	87672	85725
2016	77784	83938	125508	103035	82383	95353	91713
"十一五" 年均增幅（%）	13.41	11.50	18.64	12.97	13.77	11.75	13.70
"十二五" 年均增幅（%）	10.27	10.11	8.62	10.61	11.01	8.65	8.66
2016 年折合美元（美元）	11710	12637	18895	15512	12403	14355	13807
发展水平	中等偏上	中等偏上	高收入	高收入	中等偏上	高收入	高收入

数据来源：相关年份《泉州统计年鉴》

[①] 人均 GDP 低于 1045 美元为低收入水平；1045—4125 美元为中等偏下收入水平；4126—12735 美元为中等偏上收入水平；高于 12736 美元为高收入水平。

地均产出程度较高，集约高效发展取得明显成效。2016 年，泉州市地均生产总值为 6117 万元/平方公里，分别是全国 7.89 倍、福建省 2.60 倍，较 2002 年增长 4.38 倍，年均增长 12.77%；地均公共预算收入为 390.29 亿元/平方公里，分别是全国的 2.35 倍、福建省的 1.10 倍，按现价计算，较 2002 年增长 9.16 倍，年均增长 18.01%。泉州市产值密度及经济发达水平（或密度）明显高于全省及全国的水平，各县（市、区）也在不断探索高度城市化地区的土地节约集约利用新模式和新机制，晋江市、石狮市、鲤城区及丰泽区的单位用地产出发展较好。统计显示，2016 年，晋江市地均生产总值为 27154 万元/平方公里，分别是全国的 35.03 倍、福建的 11.56 倍、泉州的 4.44 倍，较 2002 年增长 4.43 倍，年均增长 12.85%；鲤城区在各区排名中位居首位，地均生产总值为 76596 万元/平方公里，分别是全国的 98.82 倍、福建的 32.61 倍、泉州的 12.52 倍；石狮市在县（市）排名中位居首位，地均生产总值为 44011 万元/平方公里，分别是全国的 56.78 倍、福建的 18.73 倍、泉州的 7.19 倍（见图 1-2）。

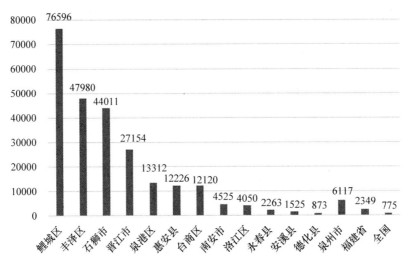

图 1-2 2016 年泉州市各地区的地均 GDP（万元/平方公里）

数据来源：泉州市统计局网站公布数据

2. 新旧动能转换加快，产业结构不断优化

第三产业稳中有进，产业结构迈向中高端。"十二五"期间，泉州市三次产业年均分别增长 2.1%、12.8% 和 9.3%，三次产业结构由 2010 年的 3.7：60.2：36.1 调整为 2016 年的 3.0：58.7：38.3。三次产业对经济增长的贡献率分别为 0.8%、55.2% 和 44.0%，其中，第一产业和第二产业较 2002 年分别下降 0.9 个百分点和 8.4 个百分点，而第三产业较 2002 年提升 9.3 个百分点。2016 年，晋江市第一、二、三产业完成增加值分别为 20.96 亿元、1087.47 亿元和 635.81 亿元，较上年分别增长 3.3%、6.5% 和 10.2%（见图 1-3）。其中，第三产业增速比 GDP 和工业增加值的增速分别高出 2.4 个百分点和 3.7 个百分点；占 GDP 比重达 36.5%，较上年提升 1.4 个百分点；对 GDP 的贡献率达 46.3%，较上年提升 12.7 个百分点，拉动 GDP 增长 3.6 个百分点。

创新动力持续加强，转型升级成效显著。2016 年，泉州市共有 72 项产值 5000 万元以上的项目列入省级工业新增长点项目，累计新增产值 171.92 亿元。"十二五"期间，泉州市研究与开发（R&D）经费支出占 GDP 比重提升 0.42 个百分点，2016 年专利申请量为 5.4 万件，年末每万人口发明专利拥有量为 4.58 件，实现全国科技进步先进市"九连冠"。在三次产业中，第一产业投资较上年增长 60.5%，其中农林牧渔业增加值为 203.42 亿元，增长 2.4%，新增农业龙头企业 81 家，农民合作社、家庭农场、专业大户等新型经营主体 5000 家。第二产业投资较上年增长 18.0%，其中在新兴产业中，新一代信息技术产业增加值为 48.23 亿元，增长 26.7%，生物医药产业增加值为 13.21 亿元，增长 14.1%[①]。第三产业投资较上年增长 5.0%，其中现代服务业集中的其他服务业增加值为 797.28 亿元，增长 19.3%，增速明显快于金融业、住宿和餐饮、批零等传统服务业。产业结构发展态势良好，现代农业和现代服务业等新兴行业加快发展，传统产业与新兴产业增长动能平稳接续，形成新旧混合动能协调发展的良好格局。

---

① 本章中新兴产业数据仅涵盖规模以上工业企业的数据。

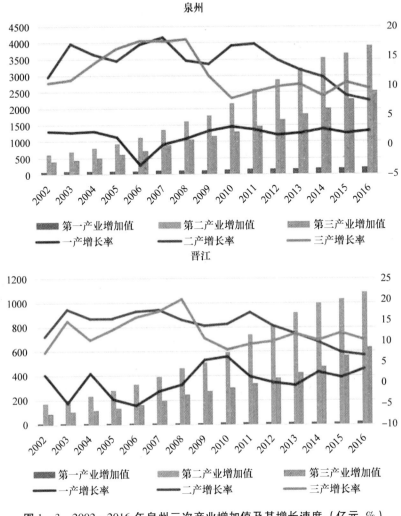

图 1 - 3 2002—2016 年泉州三次产业增加值及其增长速度（亿元、%）

数据来源：相关年份《泉州统计年鉴》

3. 统筹城乡一体发展，全域城市化水平跃升

现代海湾型城市正逐步成型，统筹融合中绽放新颜。泉州市域城市
环湾、向湾、同城化发展步伐较快，推进"全域城市化"、"产城融合"、
"大城关"、"美丽乡村"、"农村新型社区"、"特色小镇"等发展模式，
推动晋江、德化、石狮、永春等新型城镇化进程，22 个小城市培育试点

实施项目 675 个，完成投资 383.3 亿元，新增国家和省级特色小镇 6 个。晋江市在全国率先开展新型城镇化建设，并成为全国综合试点，经济发达镇、镇级"小城市"、小城镇等系列改革稳步实施，建成现代小区 65 个，成功培育各级"美丽乡村" 65 个，金井镇围头村获评"中国最美休闲乡村"，新型城镇化得到习近平总书记批示肯定；泉港区入选国家产城融合示范区；德化县开展全省首个统筹城乡发展试点县建设；石狮市加快开展全域一体化空间统筹规划；永春县在全省率先启动推广美丽乡村建设，建设规范列入国家标准样板。加快新农村建设、新型城镇化建设、户籍制度改革，有序推进农业转移人口市民化，户籍人口城镇化率加快提高。统计显示，2016 年，泉州市城镇常住人口 553.4 万人，城镇化率达 64.5%，分别高于全国 7.15 个百分点、福建 0.9 个百分点，较 2002 年提升 23.2 个百分点；晋江市、德化县、石狮市和永春县的城镇化建设步伐较快，城镇化率分别为 65.2%、73.6%、78% 和 60.5%。

城乡居民收入持续增收，且逐步均衡化发展。坚持在经济增长的同时实现居民收入同步增长。泉州正加快形成城乡发展一体化新格局，城乡要素配置趋向合理化，多渠道增加农民收入。2016 年，泉州市居民人均可支配收入 30855 元，同比增长 7.6%，城镇居民人均可支配收入 39656 元，同比增长 6.4%，农村居民人均可支配收入 17179 元，同比增长 8.3%；城乡居民家庭恩格尔系数分别为 33.8% 和 37.5%，比 2002 年分别下降了 9.4 个百分点、6.4 个百分点。2016 年，晋江市城镇居民人均可支配收入、农民人均纯收入分别达到 42597 元和 19882 元，较上年分别增长 6.4%、9.4%，"十二五"期间年均分别增长 10.8%、11.9%。晋江市城镇和农村居民人均可支配收入比为 2.14：1，泉州为 2.31：1，福建为 2.40：1。这表明，农村居民人均可支配收入增速明显快于城镇，城乡居民收入差距正逐步缩小，全市城乡一体化程度明显提升，居民的生活进一步改善，已达到富裕水平。

城乡交通条件全面改善，城市功能在更新改造中显著提升。泉州市不断拓展基础设施建设空间、完善基础设施网络，推进基础设施领域基本公共服务均等化，促进区域城乡协调发展，环城高速闭合成环，实现县县通高速，迈入亿吨大港、国际机场行列。晋江市加快建设"152030"快速交通圈，初步形成"市际互联、市域通畅、市区便捷"

的综合交通体系，公路密度提高到每百平方公里 368 公里，建成区人均道路面积提高到 25.3 平方米，基本建成城乡一体的通讯、信息、交通、能源、供水和垃圾转运处理网络，实现市镇村三级网格化管理，初步形成"大城管"工作格局。石狮市完成"四纵二横"道路改造工程，实施交通质量提升行动，新建及改扩建道路 97 条、总长 135.2 公里，市区主次干道"白改黑"率达 95%。德化县投入 34.26 亿元，用于高速公路、国省道、县乡村道建设，新增通车里程 331 公里。

4. 全力做大民生福祉，提高共建共享实效

惠民利民工程加快推进，教育服务均等化程度明显提升。把教育事业放在优先位置，加快教育现代化，办好人民满意的教育。泉州市全面完成义务教育学校标准化和"校安"工程建设，全面实现县域义务教育发展基本均衡，新增中小学学位 9 万个、公办幼儿园学位 7.5 万个，在全国率先实现外省籍学生在流入地参加高考。晋江市新增校舍建筑面积 85 万平方米、学位 3.55 万个，公办幼儿园达到每镇 2 所，公办高中全部实现省达标；石狮市率先基本实现教育现代化。2016 年，泉州市高中阶段在校生 22.99 万人，较 2002 年增长 11.51%；普通初中 213 所，初中在校生 25.26 万人，较 2002 年增长 14.48%；全市小学 1342 所，在校学生 71.79 万人，幼儿园 1459 所，在园幼儿 36.51 万人，学前三年入园率 97.44%，较 2002 年提升 18.94 个百分点；在泉州就读外来务工人员子女义务教育阶段达 36.57 万人，较上年增长 3.25%。

公共服务实现新突破，民生福祉迈上新台阶。始终把人民利益摆在至高无上的地位，让改革发展成果更多更公平惠及全体人民。泉州市加快构建现代公共文化服务体系示范区，健全覆盖城乡、延伸基层的基本公共服务体系，全面放开落户限制，新办理居住证 59 万张，同等享受基本公共服务；在全省率先实行新农保、城居保和被征地人员养老保障"三保合一"和新农合全覆盖，城乡医疗保险、养老保险加快从制度全覆盖走向人群全覆盖。2016 年，泉州市社会保障和就业支出为 48.99 亿元，同比增长 4.2%；医疗卫生与计划生育支出为 61.55 亿元，同比增长 7.0%，医药卫生体制改革全面推进，新增医疗机构床位 1.1 万张，建设农村老年体育活动中心 20 个；城镇新增就业人员 13.67 万人，年末城镇登记失业率为 1.28%，全年培训农村劳动力 4.4 万人，有

2564 名下岗人员实现了再就业，农村劳动力转移就业 6 万人。晋江市财政统筹投入 69.25 亿元用于民生建设，占本级支出 66.2%；每千人医疗卫生机构床位数、卫生技术人员数分别增加到 4.56 张、5.13 人①；在全省实现"七个率先"②。德化县财政民生支出为 21.92 亿元，占一般公共预算支出比重达 82.2%，较上年提升 2.36 个百分点。石狮市投入 123.8 亿元用于民生事业，占财政支出的 61.0%；建成三级医疗卫生服务网络，实现县域内就诊率达 90.0%；低保、新农合、城居保标准和覆盖率保持全省县市前列。

5. 深化改革扩大开放，构筑对外开放新格局

改革开放实现新突破，区域资本市场更加活跃。泉州市被列为全国 18 个改革开放典型地区之一，获批国家"金改区"、"民综改革试点"、国家级台商投资区和综合保税区、泉州高新技术产业园区，承接超百项国家、省级改革试点，形成具有泉州特色的改革品牌。在全国率先建成中小微企业信用信息交换共享平台，小微企业信贷覆盖率比金改前提高 20.8 个百分点，帮助授信 300 多亿元，"无间贷"模式在全国推广。发挥财政资金的撬动效应，设立运营产业投资基金及新兴产业、集成电路、高新技术等子基金。

"海丝先行区"建设稳步推进，先行先试拓展对外开放合作新空间。泉州市在国家"一带一路"战略规划中被列为"21 世纪海上丝绸之路先行区"、"海上合作战略支点"。"十八大"以来，泉州市积极对接国家"一带一路"战略，加快培育面向"海丝"沿线国家及地区的开放新优势，密切双向经贸文化合作。2016 年，泉州市与"海丝"沿线国家和地区贸易额超 120 亿美元（折合 797.08 亿元人民币），赴沿线国家和地区投资 2.73 亿美元（折合 18.13 亿元），与丹麦、土耳其、挪威等国家建立友好城市关系；晋江国际机场旅客吞吐量达 379.3 万人次；肖厝、斗尾、泉州湾、围头湾和深沪湾五大港区是国务院批准的对外开放港口，

---

① 对应"十二五"预测目标口径，按户籍人口测算。

② 七个率先：率先实行新农合跨省异地结报；率先实现被征地人员养老保险"即征即保"；率先把治安巡逻队配到村一级，"两抢"案件从日均 17 起下降到 0.5 起；率先推行"居住证"制度，110 万外来创业务工人员享受 30 项市民待遇；率先实行公办高中和中职学校免学费，每年有 4 万名学生受益；率先实行乡村医生养老保障制度；率先实行城乡环卫保洁一体化。

开通了 80 多条航线，完成港口吞吐量 1.26 亿吨、集装箱 204.5 万标箱。

开放水平不断提高，对外经贸规模扩大。泉州市加快推动泉州购跨境电商平台建设、投资贸易自由化和便利化、国际产能合作，支持有条件、有实力的企业到海外设立工业园区，开展收购、兼并等各项活动。2016 年，受国际市场需求减弱影响，泉州市进出口总额（海关数）1541.0 亿元，较上年下降 8.0%，其中，出口总额 1072.7 亿元，较上年下降 5.0%，进口总额 468.3 亿元，较上年下降 14.3%，进出口顺差 604.4 亿元，出口总额降幅明显低于进口。但从"十二五"期间看，进出口年均增长 17.24%，比"十一五"提升了 1.86 个百分点；泉州市进出口总额占福建省的比重为 14.9%，较 2002 年占比提升了 7.31 个百分点（见图 1-4）。2016 年，泉州市新签外商直接投资合同项目 124 项，共签对外经济技术合作合同金额 50534.62 万元，按美元计价为 7608 万美元，较上年增长 74.3%；批准境外投资企业 55 家，境外投资总额 151.25 亿元，按美元计价为 22.77 亿美元，较上年增长 284.0%。

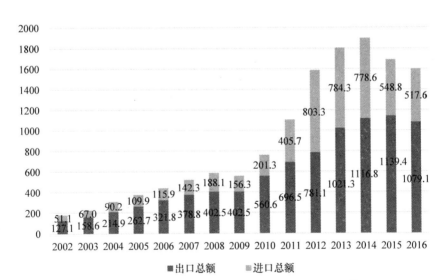

图 1-4 2002—2016 年泉州进出口总额（亿元）①

数据来源：相关年份《泉州统计年鉴》

---

① 2002—2016 年的进口总额、出口总额数据采用人民币对美元平均汇率计算所得。

6. 生态文明建设扎实推进，绿色发展成效显著

构筑承载力强的生态环境，加快推进国家生态市建设。自 2003 年泉州市提出生态立市、环保立市发展理念以来，先后出台了 30 多份政策文件，全力抓好生态环境保护与建设，推进节能减排、"江河湖海"整治、水土流失治理等重点工作。截至 2016 年，泉州市及鲤城区、丰泽区、洛江区、晋江市、石狮市、永春县、南安市、惠安县、安溪县、德化县等 10 个县（市、区）获得国家生态市、生态县（市、区）命名，全市共有 111 个国家级生态乡镇，1659 个市级以上生态村。晋江市建立了相对完善的生态建设工作格局和生态规划体系，初步形成生态文明制度框架体系，被评为国家级海洋生态文明示范区，荣获"国家园林城市"称号。石狮市实现宜居指数达 80 分以上，资源承载度得到较大提升，基本建成宜居城市。永春县在全省首创"生态优先、统筹资源，多元治水、综合治理"模式，创建国家级生态乡镇 20 个、市级以上生态村 188 个，建设农村生活污水处理设施 150 座；实施旧村复垦 5224 亩，交易指标 14.9 亿元；森林覆盖率达 69.5%。

节能降耗和资源保护成效明显，生态环境质量持续向好。泉州市能源资源开发利用效率大幅提高，能耗和水耗、建设用地、碳排放总量得到有效控制，主要污染物排放总量大幅减少。泉州市在全省率先启动排污权交易，率先实行最严格水资源管理制度，成为全国节水型社会建设试点；碳排放权交易市场投入运行，探索发展"绿色金融"，试点排污权质押贷款。2016 年，泉州市节能环保支出为 9.59 亿元，单位生产总值能耗为 0.520 吨标准煤/万元，较上年下降 6.93%；城市生活垃圾无害化处理率为 98.6%；城市污水处理率为 91.21%；森林覆盖率为 58.7%；"十二五"期间，累计投入重点流域和近海水域治理资金近 80 亿元，完成 552 个整治项目。晋江市在加强经济建设的同时高度重视节能降耗工作，通过淘汰落后产能、强化节能减排技术改造等措施，调整能源消费结构，提高能源利用效率，加快经济发展向绿色低碳化转变。2015 年，晋江市规模以上工业增加值能耗下降 8.8%，下降率连续四年超过百分之五（2012—2014 年分别下降 5.6%、8.0%、6.4%）；2016 年，工业废气排放量为 897.54 亿立方米，393 个村（社区）已全部完成通水，自来水普及率达到 91.75%；生活污水处理规模达到 30.5 万吨/日，市区生活污水处理率达到88.7%。

第二节 经济发展的鲜明特征

在中央和福建省的正确领导下，泉州市各级党委、政府的高度重视，充分发扬当地干部群众"爱拼敢赢"的开拓精神，不断攻坚克难、突破创新，走出一条独具特色的区域发展道路，创造出一个个经济奇迹。泉州成功实践"晋江经验"的鲜明特点可概括为，重视实体经济支撑、激发民营经济活力、打造区域特色集群、依托海丝外向发展、推进有为政府引导、坚持创新引领未来等六个方面。

一 重视实体经济支撑

实体经济是社会财富的根本源泉，也是经济发展的重要基石。十九大报告强调，必须把经济的着力点放在实体经济上，把提高供给体系质量作为主攻方向。改革开放以来，实体经济为泉州、晋江的经济发展做出了突出的贡献。重视发展实业，推动实体经济稳健发展，避免经济"脱实向虚"，是泉州发展的一个重要特征。

1. 坚定信心不动摇，始终坚守发展实业

泉州市经济之所以韧性好、潜力足、回旋空间大，最关键的始终坚守投资实业、发展实业，将传统产业视为传家宝，专注最核心、最擅长的事，集中力量发展优势产业。以晋江市为例，晋江的发展起步于实体经济，兴盛于实体经济，在一些传统行业不景气时并没有轻易放弃，几十年坚守"服装、制鞋、食品、纸制品、医药、轻工"等实体行业，并不断推进这些行业企业的技术改造和科技创新，创造了"晋江奇迹"，也成为中国实体经济坚守者中的典型代表。像恒安、安踏等30多年坚守实业不动摇，发展成为国内行业的"领头羊"。工业是实体经济的主体。2016年泉州市工业增加值占GDP比重为52.36%，较上年增长7.4%，工业对经济增长的贡献率达49.6%。晋江市实体经济对GDP贡献占比达60%以上，规模以上工业增加值达907.53亿元，占GDP比重52.03%，比泉州高6.1个百分点。泉州、晋江经济增长得益于实体产业部门增长的拉动机制。十八大以来，习近平总书记多次强调，必须发展实体经济，不能"脱实向虚"。在 2017 年全国"两会"期间，习近平总书记再次指出，不论经济发展到什么时候，实体经济都是我国经济发展、在国际竞争中赢得主动的根基。

2. 坚持诚信经营，重视大品牌建设

诚信为"天"，是一个企业赖以生存的生命线。始终以诚为本、以信服人，共同维护良好的商业生态。泉州企业始终坚持把守法诚信作为立业之本，以守法诚信的形象，赢得良好的社会口碑，从而提升产业整体对外竞争力。倡导企业质量唯上，树立"质量是准则、质量是责任"的理念，坚持诚信经营，实施品牌发展战略和技术标准战略，扎实推进品牌建设。泉州在推动智能制造的同时，不仅引导企业把产品质量当成"生命线"，更把品牌质量当成制造强市的"生命线"。晋江拥有驰名商标 42 个，经历了"质量立市"到"品牌兴市"再到"品牌之都"的发展历程。泉州获批创建"全国质量强市示范城市"，成为继厦门、福州之后福建省第三个获批创建的城市。在权威机构发布的 2016 年全国品牌价值评价中，泉州有 45 个品牌上榜，居全国地级市之首，如恒安的品牌价值位列企业品牌轻工类第二，匹克体育用品的品牌价值位列自主创新品牌第三，安溪铁观音的区域品牌价值蝉联茶叶类全国首位，做优了"泉州商品品牌"。

3. 争创制造与创造双重优势，做大做强制造业

制造业是实体经济的重要组成部分。泉州作为首例地方样板及实践范例，充分发挥爱拼敢赢精神，推动"匠心智造"，引导产业往"智能制造"转型，通过全域动员，弘扬匠心精神，扎实推进实体经济稳步提升。面对产业升级新形势，积极推进"数控一代"示范工程、"泉州制造 2025"。2015 年 4 月，李克强总理在泉州考察时，充分肯定泉州实施"数控一代"示范工程、"泉州制造 2025"的成效，勉励泉州在推进"中国制造 2025"中继续走在全国前列。2016 年正式获工信部批复创建"中国制造 2050"试点示范市。晋江、泉州制造业增加值占规模以上工业增加值均超九成，主导产业增加值占比达八成左右。以智能制造为突破口，调整原有的粗放型发展模式，促进其朝先进制造业与智能化方向发展，实现由低成本竞争优势向质量效益竞争优势转变，打造泉州制造品牌，以产品领先带动产业发展，推动传统产业高端化、高新技

术产业化、新兴产业规模化，争创制造和创造双重优势，做大做强制造业。从泉州的发展来看，要素投入的驱动作用明显，主要利用技术供给驱动相关产业发展，带动制造业发展。

二 激发民营经济活力

十九大报告指出，要支持民营企业发展，激发各类市场主体活力，要努力实现更高质量、更有效率、更加公平、更可持续的发展。民营经济是引领晋江、泉州新常态的主角。充分挖掘民营经济的巨大潜力，以市场化激发发展活力，提高民营企业科技水平，弘扬泉商精神，汇聚加快发展民营经济的力量。

1. 坚持以市场为导向，释放民营资本活力

泉州民营经济增加值占全市 GDP 的 80% 以上。当前，民营经济普遍面临产能过剩、有效需求不振等问题，造成民营企业不堪重负。泉州市针对这些问题，不断深化供给侧结构性改革，建立企业兼并重组服务，完善现代企业制度，全力化解产能过剩、成本过高、资金过紧的问题，坚持市场化推进"三去一降一补"，促进民营经济质量调优向好。晋江市全面激发民营经济活力和创造力，实行市场准入"负面清单"管理模式，鼓励民间资本以多种形式进入不同行业和领域，培育发展混合所有制经济；围绕"泉州金改"加快发展民间金融，引导民营资本参与设立民营金融机构。可见，单纯的内生增长动力受到经济大环境的影响，民营经济发展到一定阶段会因某种因素而停滞，民营经济稳步发展，需要释放民营资本活力及提升投资效率。这种以市场为主要动力机制的资源配置模式，有利于正确认识地区优势，发挥民营经济优势，合理配置资源，提高地区民营经济的积极性。

2. 加快产业转型升级，推动民营经济提质增效

技术改造提升传统民营产业、发展新兴产业并重，立足本地优势促进产业转型升级。2014 年，习近平总书记在福建考察时指出，"产业优"是福建科学发展、跨越发展的新定位①。泉州从本地和自身的实际

---

① 2014 年 11 月，习近平总书记在福建考察时，提出了建设"机制活、产业优、百姓富、生态美"新福建的要求。

出发，研究制定了 17 个重点产业转型升级路线图①，选择发展战略新兴产业和技术改造提升传统产业，积极引导新技术扩散应用，发挥技术中心和公共技术平台作为企业创新发展的主要推动力的作用，为大批传统产业注入新内涵。晋江出台了转型升级三年行动方案，制定了加快建设具有区域影响力科技创新中心的实施意见，围绕改造提升传统产业、培育发展新兴产业，以机制体制的创新激发产业转型的活力，着力促进优势传统产业转型升级、提质增效，加快形成竞争新优势，进一步提升民营实体经济发展水平。可见，产业转型升级实际上是区域内部产业部门的更替，或是已经形成部门结构的转变，这种转变一般与产业部门的创新分不开，特别是当前面临传统产业竞争优势下降和产业结构调整优化的压力，需要加快传统民营产业生产要素的部门转移与新技术的应用同时发生，技术水平提高将拉动民营经济增长的新局面。

3. "二次创业"引领民企蝶变，提高民营经济整体竞争力

"一次创业"为泉州发展奠定了最坚实的经济基础，而"二次创业"则是加快泉州民营经济转型由量变到质变的一个关键点。泉州市各县（市、区）以民营企业"二次创业"为契机，引导企业振奋精神，积极向外学习，敢于在工艺、品质上改革，让更多企业在转变发展中创造新优势，实现更为高起点上的新一轮创业。晋江市积极引导企业，从内在竞争力上下功夫，全力服务企业"二次创业"，启动了民营企业"二次创业"三年行动，出台了一系列奖励扶持政策，为"二次创业"营造了良好的制度环境，重点扶持第三产业和自主创新两大部分，为现代物流业、金融服务业、文化创意及科研机构建设等提供帮助；在"二次创业"浪潮中，提出了"五个回归"，即产能的回归、税源的回归、总部的回归、财富的回归和人气的回归，以吸引更多晋江籍企业家"回归创业"，吸引更多的中外企业在晋江发展。泉州市紧扣民营企业"二次创业"，向"微笑曲线"两端延伸，有选择地引进适合本地传统优势产业所衍伸出的品牌营销、区域总部等项目，着眼于转变提升，依托现

---

① 17 个重点产业：纺织鞋服产业、石油化工产业、机械装备产业、建材家居产业、食品产业、工艺制品产业、纸业制品产业、新一代信息技术产业、新材料产业、新能源产业、节能环保产业、生物医药产业、现代物流产业、创新金融产业、电子商务产业、旅游休闲产业、文化创意产业。

有基础，在科学发展观的指引下跨越发展，强化危机意识，让泉州、晋江的企业家们时刻处于拼搏的状态当中，充分发挥企业家的才能，始终领跑民营经济发展。

三 打造区域特色集群

泉州产业集群呈现出区域化发展趋势，具有因地制宜区域特色。各县（市、区）利用本身的优势，充分发展特色型产业集群，荣获"中国鞋都"（晋江）、"中国纺织服装产业基地"（晋江）、"中国休闲服装名城"（石狮）、"中国民间艺术品之都"（鲤城）、"中国建材之乡"（南安）、"中国石雕之都"（惠安）、"中国芦柑之乡"（永春）、"中国陶瓷之乡"（德化）、"中国乌龙茶之乡"（安溪）等，体现了区域化特色集群的特征。

1. 加快产业集群发展，发挥主导产业高端引领

集聚集约发展是提高产业核心竞争力的有效途径，工业园区成为产业集聚和块状经济升级的新平台。泉州市在做强工业园区支撑平台方面可圈可点，比如强力推进泉州台商投资区、泉州高新区产业转移园区和特色园区建设。泉州发展成为福建省最具产业竞争力的集聚区，出现了比较成功的产业集群实践，并形成了特定区域与产业相融合的集群发展模式。泉州按照"抓龙头、铸链条、建集群"思路，形成纺织服装、鞋业、石油化工、装备制造、建筑建材5个千亿元产业集群。泉州工业产值超万亿元，机械装备产业产值已迈入千亿产业集群，涌现出一批行业龙头骨干企业，产业集群优势明显。晋江建成纺织服装和制鞋2个千亿产业集群，建材陶瓷、食品饮料、纸制品、装备制造、化纤5个百亿产业集群。这些主导产业作为地区经济形象、获取利益的产业，它们的发展水平一定程度上决定着整个区域经济发展水平。主导产业的选择往往以地区生产专业化为前提，这种专业化会促进产业集聚区形成，而产业集聚所带来的外部经济效应、节约空间交易成本，也是泉州、晋江向心力的主要来源。

2. 组织企业抱团发展，有效做大产业集群经济

泉州市着力引导企业加强产业联盟、技术创新联盟建设，成立中小企业联盟，共享产业优势资源抱团发展。如晋江著龙国际集团联合鞋服

产业链制造商、渠道商，创新组建了企业营销联盟，联盟成员可以从联盟渠道获得产品订单。按泉州市"万家企业手拉手"三年行动方案，中小企业与产业集群龙头企业配套协作，不断壮大产业集群，2015 年泉州市企业对接产能 712 亿元。泉州多家装备企业展开内部配套对接，抱团协作发展，共促泉州装备制造产业集群经济。泉州成立产业技术创新联盟，如光电产业、水产品深加工产业、日用陶瓷产业、水暖器材产业、聚氨酯产业、伞具产业、永春香产业、永春老醋产业、军民融合产业等产业技术创新战略联盟。泉州市的这些做法符合资源基础理论。这一理论认为，产业联盟是企业获取外部资源的重要手段，联盟形式采取长补短的抱团发展方式，整合优势生产资源、挖掘更多市场资源、集聚优质客户资源，发挥聚合优势和裂变效应，实现共赢发展。

3. 依托支柱优势产业，搭建协作配套全产业链

泉州产业链专业化分工协作，建立了基于"数控一代"产业链、政策链基础之上的创新链，以创新链促进产业链的填平、补强、延伸，实现产业的成功转型和创新发展。泉州产业集群协作紧密，比如，晋江体育运动产业形成配套完善的产业集群，创业氛围浓厚，产业链上下游合作紧密。晋江拥有 3000 多家鞋业企业，其中专门为成品鞋配套生产鞋底、鞋面、皮革等的专业厂家达 1500 多家，形成了鞋成品、鞋机、鞋材等企业相互配套的一条龙生产协作体系。泉州产业经历了由点到线，由线到链，依托支柱产业吸附功能形成更大的集聚效应和规模效应，通过产业分工协作、配套，形成特色产业集群的全产业链。从产业链空间分布特点来看，为了获取集聚经济效益和地域产业分工效益，企业逐步聚集到适合其发展的优区位，不同的产业部门由于各具特点而在空间上趋于分散，"循优推移"会促使产业链的企业和产业部门得到合理的布局。

四　依托"海丝"外向发展

在世界经济趋向一体化的今天，加强对外交往成为势在必行的发展趋势。十九大报告中指出，开放带来进步，封闭必然落后。发展外向型经济，扩大区域间经贸合作，是促进泉州经济快速增长的主要因素。依托"海上丝绸之路"搭建面向国际市场的发展平台，将泉州企业打入

国际市场。

1. 打好新"侨牌"，助企业走出去

泉州市充分发挥华侨华人在建设"海丝"战略支点城市中的优势力量，通过海外侨亲商脉助力泉商发展。作为全国著名侨乡和台湾汉族同胞主要祖籍地之一，泉州拥有近950万泉州籍华侨华人分布在世界130多个国家和地区，其中，90%居住在"海丝"沿线；港澳同胞76万人，台湾同胞900万人。改革开放近四十年来，旅外侨亲在推动泉州经济社会发展中发挥重要作用，成为泉州与世界密切联系的纽带和桥梁。在经济发展新常态下，泉州通过凝聚"侨心"、"侨智"、"侨力"，发挥"侨"的优势，抓住"一带一路"战略机遇，不断壮大优质海丝朋友圈，加强海外侨亲交流与联系，搭建交流合作服务平台，加快企业"走出去"步伐，厚植经贸合作共同利益。晋江组织有品牌、技术、核心竞争力的企业"走出去"，建设异地生产基地等合作，参与国际市场竞争。"侨"优势的发挥，关键在于构建一个健康有序的社会网络，利用商会、侨联等社团组织凝心聚力，特别是发挥华人华侨跨区域社会网络的优势。

2. 扩大外贸规模，拓展合作渠道

构建立足"海丝"的开放型经济体系，支持和引导优势企业在继续做大存量的基础上，对外实行功能性的拓展和扩张。泉州市主动对接自贸区建设总体布局，突出泉州对港澳台和海丝优势，探索符合国际投资贸易规则的体制集合改革创新，有序引导泉州民营企业拓展海外市场，推动优势产业集群"走出去"开展产能合作。加快承载"海丝"贸易的相关园区和服务平台建设，探索与"海丝"沿线国家和地区在泉州共建产业合作园区、制造基地、服务专业区等，引导海内外泉商抱团开拓国际市场，开展"品牌泉州境外行"活动。晋江许多企业与"海丝"沿线特别是东南亚和中东有着很好的合作基础，有利于深度融入、挖掘和重组新的贸易投资空间。通过"海丝"外向发展，为泉州企业发展提供了更多的机会，促使区域间经贸合作更快更好发展，区域关系更趋紧密。

3. 培育新型贸易方式，推动跨境电商发展

发展外贸新业态，推动外贸商业模式发展，大力引导发展跨境电

商、旅游购物等外贸新型业态，培育外贸竞争新优势。泉州市顺应"互联网＋"融合发展趋势，加快培育"互联网＋"等新经济业态，创建"国家电子商务示范城市"，引导企业参与跨境电商。晋江市举办 APEC 电子商务工商联盟论坛，成立"全国跨境电商产业合作"联盟，创建晋江国际陆地港跨境通关服务中心、跨境电商洪山园、龙头企业电商中心等，实现电商交易额达 900 亿元。泉州发挥国际邮件分拣中心支撑效应，引进中兴海丝路跨境电商平台。泉州支持出口加工区快易通等外贸电商平台建设，争创跨境电商综合试验区，打造成为跨境电子商务集散中心。2016 年泉州跨境电商报关单量为 407 万件，贸易额为 8825.39 万美元（折合 5.86 亿元），是 2015 年全年贸易的五倍多，位居全省第一。泉州纷纷加快跨境电商等新型贸易业态的发展，为区域经济发展提供新的动力和空间。

五 推进有为政府引导

十九大报告强调，转变政府职能，深化简政放权，创新监管方式，增强政府公信力和执行力，建设人民满意的服务型政府。泉州坚持以经济建设为中心，从实际出发，加快新型的服务型政府，充分扮演好"服务者"的角色，提升政府服务效能，实现经济社会持续快速健康发展。

1. 强化服务意识，构建服务型政府

改革开放以来，泉州各级党委、政府始终重视推进政府机构改革，将所思所想转变为实际服务意识、服务举措，加大简政放权和审批提速力度，创新行政管理方式，尽量放权于企业和市场，稳步提高政府服务效能进一步打造服务型政府。比如，晋江启动"简政放权、放开搞活"主题的政府机构改革、行政审批制度改革，落实企业信息公示制度等商事制度改革，率先推行"先证后照"、"三证合一"、"一照一码"，公布小城镇机构改革试点镇政府权责清单，构建"市镇村"三级便民服务体系，提高政府行政效能，市审批服务中心即办率提高到 80.36%。泉州深化"放管服"改革，减少前置审批和中介服务事项 124 项，取消各类证照证明材料 541 件，清理规范行政审批申报得到国务院表扬推广。泉州市各级政府的做法体现在，始终遵循市场规律，紧紧围绕建设服务型政府这一根本价值定位，努力推进政府职能转变，构建优质高效便捷的服务平台。

2. 加强政企携手，共创民企乐园

长期以来，政企互动，从企业中来到企业中去，是泉州的优良传统。泉州始终坚持加强政府对市场经济发展的引导和服务，支持民营企业发展。从晋江的经验看，许多大企业的发展都离不开政府的扶持和培养。可以说，良好的政企互动，推动泉州成为民营经济发展的乐园，也为经济的跨越发展提供了有力保障。泉州打造更为优良的企业发展及投资创业环境，加大对小微型企业的帮扶力度，设立企业转型升级专项资金，为企业搭建更多的"产业综合体"，持续抓好"回归创业工程"，集中开展"促进项目落地帮扶企业发展"行动，营造集中精力抓发展、抓服务的良好氛围。泉州努力构建新型政商关系，在服务民营企业的发展中，探索企业、市场和政府三者之间的良性互动关系，重视运用市场机制谋发展，将完善市场功能与构建服务型政府相结合，市场发挥配置资源的作用，企业是市场的主体，政府是服务的主体。

3. 因势利导解难题，助力企业发展

泉州市各级政府梳理出影响企业发展的共性和个性问题，建立强有力的帮扶网络，编印《扶持企业发展，促进经济增长措施》的政策汇编，帮助企业用好各级惠企政策，突破企业发展"瓶颈"。针对企业整体管理水平不高问题，启动企业改制上市"121 工程"，"一企一策"帮助企业解决上市相关问题，新三板出现"泉州板块"、"晋江板块"，泉州上市企业达 100 家，其中来自晋江的有 46 家，占泉州的近半比例；针对中小企业融资难的问题，设立金融办，出台创建海西金融改革创新先导示范区工作方案，创新金融平台建设，强化政银企对接，加快区域性股权交易市场建设，天交所泉州区域运营中心落户晋江；针对留工难的问题，为了吸引留住外来务工人员，以他们的需求和利益保护为出发点设计社会政策，放宽落户条件，稳步推进外来人口市民化，解决农民工子女入学难等问题；针对制造业设计难的问题，搭建行业交流平台，晋江政府推出的国际工业设计园，投用不到一年就为 1000 多家制造企业解决了设计难题。总之，泉州各级政府各部门总动员，深入一线调研企业运行、经营等情况及所面临的问题，开展因企施策、因行业扶持、因项目服务的措施，促进企业发展全面提速。

六 坚持创新引领未来

将改革创新作为推动经济转型升级的引擎,是破解经济发展难题的根本出路。十九大报告中指出,创新是引领发展的第一动力,是建设现代化经济体系的战略支撑。泉州凝聚科技力量,不断创新以保持发展技术优势,推动由传统的"制造基地"向"制造名城"升级,打造经济发展新引擎。

1. 发挥科技创新引领,支持企业全方位创新

党的十八大以来,泉州各县(市、区)深入践行五大发展理念,大力开展"支持企业全方位创新"行动,推动传统产业抢占"微笑曲线"高端环节。加大科技投入力量,2016 年泉州市科技支出占一般公共预算支出比重为 2.2% 。积极引导和鼓励传统产业融入高新科技、文化创意、工业设计等创新元素开展产品创新,延伸技改、研发、创意、营销等产业利益链,引领"制造基地"向"创造基地"升级。全面推进产品、品牌、管理、商业模式、产业组织创新,以创新突破瓶颈,以创新形成新的竞争优势。晋江荣膺全国科技进步先进市"七连冠",入选首批"国家知识产权强县工程"。晋江传统的制造业,正经由高新技术转型打造,转变为一个全方位的以制造为前端、以服务为后端的新型产业链条。创新是推动经济发展的根本动力,企业是创新的主体,企业创新效率取决于科技发明和科技进步状况,科技进步速度、规模和方向决定着企业技术创新。利用技术的外部性阐述经济增长,阿罗模型最早将技术进步看作内生变量,它假定技术进步或生产率提高是资本积累的副产品,即投资产生溢出效应,从而将技术进步内生化,使其具有正的外部性。

2. 引进和培养创新型人才,强化人才支撑

人力资本是经济增长的主要因素。坚持吸引与培育并重,加快集聚创新人才。实施"海纳百川"高端人才集聚计划,完善人才培养机制,优化引才聚才环境,全力打造创新人才高地,为"泉州制造2025"提供有力的人才支撑。泉州市各级政府大力引进创新创业人才,创新"人才+项目+团队"引才方式,着力解决紧缺急需的高层次人才及人才团队。泉州市加强产业技术人才培养,与高等院校合作办学,培养实用

型、复合型技术人才，推动安溪、泉港分别与福建农林大学、福建师范大学合作建立茶学院、石化研究院。举办晋台经贸人才合作交流活动，实施泉州人才"港湾计划"、晋江高层次人才"海峡计划"、企业家素质提升行动"领航计划"、高技能人才"振兴计划"、大学生"创客"公寓计划、青年人才生根计划等，着力帮助企业引进高层次创新型人才。大力培养创新型人才成为实现经济发展、科技进步的一个重要举措。

3. 积极推进协同创新，构建共建共享平台

协同创新成为科技创新发展的重要形式，由企业、科研机构、大学等不同的创新主体共同参与、协作分工，充分利用创新资源，健全创新合作机制，实施有效的产学研协同，有利于推进区域创新，促进地区技术进步和产业升级，提升经济发展质量和区域竞争力。泉州市实施产学研协同创新"燎原计划"和"蓝火计划"，设立"协同创新专项资金"，探索推进民营新型科研机构建设，着力激发产学研用结合的体制机制本身的创新。围绕支柱产业，建设技术研发的科研院所和公共技术服务平台，如泉州"数控一代"科技创新中心、中科院海西研究院泉州装备制造研究所、泉州华中科技大学智能制造研究院、福建（泉州）哈工大工程技术研究院、厦门大学泉州先进制造技术协同创新中心及企业技术中心等平台，服务全市各行各业。针对本地企业技术需求，有效引导科研平台围绕本地行业转型升级实际、紧扣本地企业科技攻关开展研发，建设新一批智能制造和服务型制造的产业基地，有效地为"泉州制造2025"提供有力的技术支撑。

第三节　未来发展展望

"晋江经验"的广泛实践和创新，为泉州、福建乃至全国发展积累了宝贵经验，为探索区域经济发展做出了重要贡献。面对当前经济下行和改革创新的双重压力，结合当前泉州经济发展的实际，我们对泉州未来的发展提出参考性政策建议。

1. 加快产业转型升级，进一步提升发展的质量和效益

泉州当前还在推进传统产业的转型升级，新兴产业和现代服务业的

支撑贡献还偏小，绝对量占比还不够高，项目接续推进效应还不明显，新旧增长动能转换仍需时日。2016 年，晋江市五大新兴支柱产业[①]产值占工业总产值的比重为 10.1%，泉州市新兴产业增加值占规模以上工业增加值的比重仅为 2.0%[②]，与传统产业相比，新兴产业需大力发展。可见，泉州正处在转型升级、跨越发展的关键时期，应立足现有的产业基础，鼓励当地产业转型升级，利用高新技术改造传统产业，加快传统产业智能化，以信息化培育发展新动能，抓住晋江集成电路产业发展的有利契机，重点发展新一代信息技术、生物与医药、新材料、新能源、节能环保等新兴产业，促进新兴产业规模化发展，加快发展现代服务业，提升服务业发展质量和水平。

2. 突破中小企业发展困境，引导企业全面提升

中小企业是泉州的特色，也是泉州的优势，在泉州经济发展中具有不可忽略的重要作用。2016 年，泉州市中小企业工业增加值达 2126.27 亿元，占规模以上工业增加值的比重为 69.65%。泉州拥有良好的企业发展基础，但中小企业面临的问题也很突出，未来需要重点解决中小企业创新能力不足、用工矛盾突出、融资结构不合理及成本高等问题，进一步完善服务体系。针对泉州中小企业发展困境，全力寻求破解方法，促进泉州中小企业"专精特新"全面发展。应依托优势主导产业，筛选一批主营业务突出、竞争力强的中小企业，加快推进中小企业产业集聚及市场拓展力度，构建"以大代小"企业协同发展机制，扶持和培育小微型企业创业创新示范基地，挖掘大众创业等政策利好，充分利用中小企业公共服务平台和行业协会等资源，提高中小企业互联网和信息技术应用能力，积极推动中小企业融资模式创新，有效解决中小企业融资难题，促进中小企业稳健发展、全面提升。

3. 充分发挥政府引导作用，加速特色园区产业集聚

产业集聚有助于生产效率提高、竞争力增强，而产业园区作为产业集聚的高端载体，加速特色园区产业集聚，形成更多支撑区域发展增长

---

① 晋江五大新兴产业：智能装备及机械制造业、新材料业、光伏电子业、海洋上物业、汽车制造及零部件。

② 新兴产业仅涵盖规模以上新一代信息技术行业和生物医药行业的工业企业。

　　坚守实体经济，建设现代产业新体系。坚持以实体经济为主导，是泉州市国民经济持续健康发展的根本，是泉州新型工业化道路的内核，是"泉州现象"的精髓。改革开放前，晋江的经济结构以农业为主，1978 年三次产业的比例结构调整为 38.6：32.8：28.6。改革开放后，晋江大力发展第二产业和第三产业，2001 年调整为 8.2：56.3：35.5。到 2016 年，泉州市实现地区生产总值（GDP）6646.63 亿元，其中，第二产业增加值达到 3903.85 亿元，占国民经济的比重高达 58.7%；工业实现增加值 3480.31 亿元，增长 7.4%，工业对经济增长的贡献率高达49.6%。2016 年，第一、二、三产业对泉州 GDP 增长的贡献率分别为 0.8%、55.2% 和 44%，分别拉动 GDP 增长 0.1、4.4 和 3.5 个百分点，三次产业比例调整为 3.0：58.7：38.3。以传统产业、特色产业和战略性新兴产业为主体的制造业产业体系不断完善，形成了传统产业不断升级、特色产业蓬勃发展、新兴产业快速成长的良好局面。

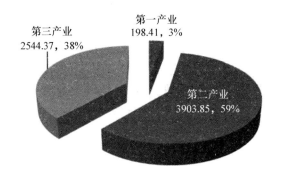

图 2 - 1　泉州市 2016 年三次产业结构（增加值；亿元）

数据来源：《2016 年泉州市国民经济和社会发展统计公报》

　　企业家坚守实业，政府力促实业，使得以工业为核心的实体经济始终在泉州国民经济中占据主导地位。多年来，晋江牢牢守住"实体经济"这一"传家宝"，成就了产业基地、品牌之都，也造就了一大批行业的佼佼者、领头雁。在实业成为新一轮"风口"的时代，政府积极引导广大企业认清形势，耐得住寂寞，不忘初心，匠心智造，打造属于自己的"百年老店"，加快改造提升实体产业。2015 年，在全国实体经济面临去产能的严峻形势下，泉州市率先出台《关于加强信贷服务支持实体经济发展八条措施的通知》,通过综合运用延长贷款期限、合理评估抵质押物价值、降低贷款利率、切实做好转贷续贷工作、大力提高信贷审批效率、加强政府增信服务、加大不良贷款处置力度、严厉打击恶意逃废债行为等八项措施力促泉州实体经济渡过难关、健康发展。

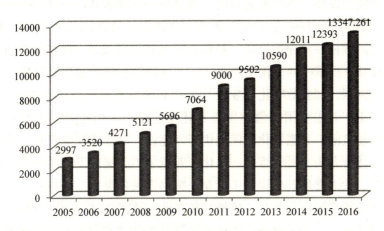

图2-2　泉州历年工业总产值（亿元）

数据来源:《泉州市统计手册历年》

　　根植实体,传统产业不断焕发新活力。以生产服装、鞋帽以及当地有一定资源的陶瓷、建材等为主的传统产业,是晋江长期形成的优势产业,是改革开放以来推动晋江快速工业化的主导和支柱产业。进入新世纪后,面对传统产品日趋激烈的市场竞争和产业结构调整优化的压力,泉州从本地和自身的实际出发,选择了改造提升传统产业和发展高新技术产业并重的发展道路。只有落后的企业,没有落后的产业。晋江始终着力提高产品的高新技术含量,促进传统产业转型升级。也正因此,2008年国际金融危机以来,沿海一些地方出现传统产业"倒闭潮"、产业空心化等现象的时候,泉州的传统产业却仍然能够保持良好的发展势头①。目前,泉州多项工业制成品产量居世界和全国首位,是全国运动鞋、雨伞、拉链的最大产地,男装、食品、建材等行业也在全国占有重要位置。

---

　　① "晋江经验"的新拓展——新华社"晋江经验"采访的提纲,2013年2月24日。

石墨烯、特种陶瓷、功能性产品、光伏新材料等。新能源产业以优化能源利用方式和效率为核心，积极发挥资源优势和产业基础，提高技术水平，重点发展光伏发电、新型环保电池、风能等领域。节能环保产业的重点是抓住绿色经济、低碳经济、循环经济发展机遇，坚持能源节约、资源综合利用和环境治理并重的清洁生产模式，重点发展大气、水污染防治和节能新技术、新装备、新产品，加快形成节能和环保装备、材料及技术服务的产业链。生物医药产业主要以产业集聚区、产业园、产业链为主要抓手，以重大项目为支撑，带动产业规模化发展，重点发展培育药用天然植物、现代中药、功能性食品以及新型海洋医药等①。

表 2-1　　　　　　　　　　　　新兴产业发展路线图

产业	发展目标	发展方向及重点	支撑平台	园区（基地）	重点项目
新一代信息技术	建设国家级信息产业基地。	①新一代信息网络产业②电子核心基础产品③高端软件和新兴信息服务业	福建省物联网科学研究院、泉州微波技术研究院、泉州市云计算物联网公共服务中心、石狮甲骨文纺织服装创新发展云等。	泉州高新区（江南园、石狮园）、泉州开发区电子信息特色产业基地、中国国际信息技术（福建）产业园、泉州软件园等。	丰泽、洛江对讲机"模转数"产业化、德润电子、飞通海洋船舶北斗卫星导航系统及通讯设备生产基地、锐驰智能家居等。
生物与新医药	建设成为海西重要的生物医药产业基地、特色重要制剂基地。	①生物医药②生物医学工程③生物农业④生物制造⑤生物服务	永春生物医药公共服务平台、石狮海洋生物科技信息服务平台等。	永春生物与新医药产业基地、石狮海洋生物科技园区、晋江海洋生物科技园等。	华宝海洋生物扩建、克利贝尔、永燠灵芝生物、三安植物工厂等。
新材料	建设新材料产业化基地，促进新材料产业集聚发展。	①新型功能材料②先进结构材料③高性能复合材料④共性基础材料	数控一代产业技术创新战略联盟、中关村科技服务业产业联盟海西基地等。	泉州台商投资区新材料集中区、德化高性能陶瓷材料产业基地、泉港新材料高新科技园区等。	辉锐纳米碳薄膜太阳能电容电极材料、火炬电子高端陶瓷电容器介质陶瓷粉料、信和高端涂料项目、铂阳精工CIG靶材研发及生产项目等。

① 《中央、省、市支持促进企业发展政策汇编》（七），泉州市经济和信息化委员会，2016年2月。

续表

产业	发展目标	发展方向及重点	支撑平台	园区（基地）	重点项目
新能源	初步建成特色鲜明、重点突出的专业园区,形成在国际国内具有一定影响力的新能源产业集群。	①风能 ②太阳能 ③生物质能	国家大学科技园福建分园、半导体照明技术应用工程研究中心、海西光电信息产业技术成果对接推广平台等。	泉州（南安）光电信息产业基地、安溪（湖头）光电产业园、晋江光电信息产业园等。	阳光大地光伏太阳能电池、晶安光电、钧石能源高效光伏电池产业化、港坤新能源、永春外山风力发电项目等。
节能环保	建设一批国家级、省级新兴节能环保产业基地和工业园区。	①高效节能产业 ②先进环保技术 ③资源循环利用	泉州环科所、排污权交易中心、华侨大学环保所等	福建海西再生资源产业园、泉港石化产业循环经济示范区、石狮新型染整产业循环发展园、德化国家循环化改造示范试点园区、德化国家资源综合利用"双百工程"示范基地等。	南安大理石粉循环经济、石狮鸿山循环经济、德化矿山尾渣和陶瓷废弃物再利用项目等。

晋江市在不断夯实传统产业的同时,也积极培育战略性新兴产业和高新技术产业,打造发展新动能。近年来,晋江瞄准高端、新型产业方向,推动集成电路、智能装备、光伏电子等产业链项目落地,壮大新兴产业集群。晋江市按照"一个产业、一张路线图、一只基金、一份政策、一个创新平台"的思路,深化供给侧结构性改革,营造链条完整、配套齐全、要素完备的产业生态,有力支撑战略性新兴产业培育发展。以集成电路为例,晋江将集成电路产业作为产业结构调整的关键突破口和产业转型升级的最大突围点,作为落实国家创新驱动战略的重要一步,举全市之力打造这一被誉为"工业粮食"、前景无可限量的"芯"产业。在一批重大项目的带动下,晋江集成电路产业链招商稳步推进,已对接全球范围内一大批产业链关联企业,范围涵盖 IC 设计、制造、封装测试、装备材料和终端应用等环节。同时,晋江充分发挥目标规模500 亿元安芯产业投资基金的撬动作用,积极开展国际并购,发展Ⅲ-Ⅴ族化合物半导体产业群,全力打造全球重要内存生产基地。晋江布局战略性新兴产业,不是传统意义上的"腾笼换鸟",而是打造全新产业

生态，助力"鸟儿"飞得更高。选择发展集成电路，是由晋江的产业基础决定的。近年来，智能化可穿戴设备成为纺织服装、体育用品等行业企业的新选择，包括安踏、361度、柒牌等行业龙头均参与其中，而在智能化穿戴设备中，芯片就是最重要的部分。"十二五"期间，晋江市战略性新兴产业产值从200亿元增长到425亿元，年均增速17.1%。而随着晋华、石墨烯等产业项目的投产，晋江战略性新兴产业的地位将更加突出。

三 特色产业蓬勃发展

食品、工艺制品和纸业印刷是泉州的三大特色产业。在食品产业方面，泉州市围绕建设全国休闲食品饮料基地，发展高附加值营养健康食品饮料、功能性食品、海洋食品、地方特色食品、保健食品，推动现代先进加工技术装备应用，建立食品质量可追溯系统和食品安全体系。在工艺制品方面，泉州市围绕建设全国特色工艺品基地，加快工艺制品产业和文化创意产业融合，完善集设计、生产、原辅料配套、创新培训、销售展示、旅游观光等于一体的专业化产业链，打响"世界陶瓷之都"、"世界石雕之都"、"中国香都"品牌。在纸业印刷方面，泉州市围绕建设全国纸业印刷基地，加快调整纸制品产品结构，延长生活用纸、产业用纸、文化用纸等产业链条，提升集群化发展水平。印刷业重点发展节能环保型产品、新兴智能产品、多层复合高档软包装印刷和即时印刷、按需印刷、个性化印刷、远程印刷等新型业态。

整合特色产业和旅游资源，打造"1＋N"大旅游模式。泉州具有自己独特的历史文化底蕴，曾荣获"中国首批历史文化名城（1982年）"、"海上丝绸之路起点城市"（1991年，联合国教科文组织认定）、"世界多元文化展示中心"（2002年，联合国教科文组织指定）、"东亚文化之都"（2013年）四大文化品牌①。文化旅游是泉州市规划发展的特色产业之一。比如，在百崎回族乡的百崎湖畔，建设世界级主体公园"海上丝绸之路艺术园·亚洲园"，展现"新海丝"风貌。以清源山品

---

① 周建标：泉州发展"1＋N"大旅游模式及路径选择，《泉州地改市30周年暨"五个泉州"建设研讨会论文集》，泉州学林2016，增刊I

牌（5A 级景区）为龙头、以泉州古城为载体,建设融合"闽南文化、海丝文化、都市休闲文化"为一体的都市旅游产业集群,展示泉州多元宗教文化、海上丝路史迹等等。以晋江市国家体育产业基地为龙头,开展泉南滨海运动旅游、建设晋江石狮海岸旅游区,积极发展邮轮游艇、体育旅游等高端旅游产品。以茶都香都瓷都品牌为龙头,建设泉西生态旅游产业集群:作为中国茶都的安溪开辟了生态旅游精品路线（茶都文化观光游、茶都朝圣生态游）,供游客访茶休闲,如今成为中国三大茶文化黄金旅游线路之一;作为中国香都的永春开展文化创意游和生态游;作为中国瓷都的德化打造了"瓷都文化体验游"、"生态休闲度假游"、"宗教养生游"等 3 条旅游精品路线①。

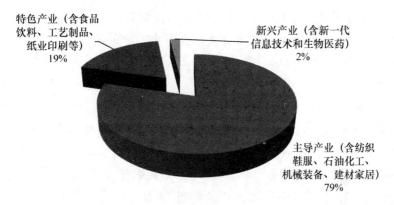

图 2－3 泉州市制造业产业体系
数据来源:《2016 年泉州市国民经济和社会发展统计公报》

四　智能制造深度融合

随着近年来以信息技术为依托的智能制造革命的兴起,泉州和晋江市抓住这一机遇,全面推进"数控一代"示范工程和建设"中国制造 2025"示范基地为契机。2016 年 11 月,泉州市成功获得工信部批准创建"中国制造 2025"城市试点示范城市,成为全国第二个、福建省第一个创建试点示范城市。泉州市以试点示范城市为契机,着力推进智能

---

① 周建标:《泉州发展"1＋N"大旅游模式及路径选择》,《泉州地改市 30 周年暨"五个泉州"建设研讨会论文集》,《泉州学林（2016）》,（增刊 I）。

制造。一是积极支持智能制造示范基地建设。对获取国家级智能制造试点示范基地和省级试点示范项目的县（市、区），分别一次性给予 500 万元和 300 万元的奖励；对获取国家智能制造试点示范项目和智能制造试点专项项目，一次性给予实施单位 200 万元奖励；对获得省级智能制造企业试点示范的企业，一次性给予 50 万元奖励。各县（市、区）根据各自特色产业组织实施智能制造示范项目，全面提升产业装备数控化、智能化水平，发展一批数字化、智能化工厂（车间），对新确认为智能工厂、数字化车间的，分别给予不超过 100 万元和 50 万元补助。对本地企业采用列入泉州"数控一代"示范项目产品的，购买数量为 10 台（套）以内和 11—50 台（套）的，分别对每台（套）按采购发票总价的 20% 和 15% 给予不超过 300 万元补助（市、县各承担 30% 和 70%）；购买数量为 51—100 台（套）的视同省级技术改造重点项目，省际财政对每台（套）案采购发票总价的 5% 给予补助，市、县两级再给予共 5% 的补助（市、县各承担 30% 和 70%），单个企业补助不超过 500 万元。二是强化基础共性关键技术攻关。重点支持国产数控系统开发，工业机器人伺服电机、减速器、控制器等关键零部件共性关键技术开发及系统集成，自动化控制和智能装备、关键智能基础件、重大智能成套装备开发，技术成果产业化及转移转化，行业示范应用以及创新与服务体系建设，对实施企业或单位给予不超过 200 万元补助。对在原理、结构、性能等方面有较大创新的首台（套）数控装备，按其开发费用的 30% 给予不超过 100 万元补助。鼓励机械装备企业创建研发、检测机构，对被确定为市级重点示范企业一次性给予不超过 50 万元的奖励。三是大力支持技术改造。鼓励企业应用数控技术和智能装备进行智能化技术改造，选择一批成长性较好的企业，对其智能化技术改造项目按设备投资额的 5% 给予不超过 250 万元补助；对省级龙头企业和高成长企业智能化技术改造项目、优势企业建设智能制造样板工厂（车间），均按设备投资额的 8% 给予不超过 1000 万元补助；支持企业采用省内行业紧缺、技术水平达到国内领先的关键重大智能装备与系统，按设备购买价格的 30% 给予不超过 500 万元补助。四是加快两化深度融合。对首次通过两化融合管理体系评定的企业，每家一次性给予不超过 20 万元奖励；对市两化融合示范建设项目，择优按不高于项目与信息化相关软硬件投资额的 5% 给予不超过 50 万元补助；对公共服务平台建设项目，择优按不高于项目与信息化相关软硬件投资额的 10% 给予不超过 100 万元补助。

　　泉州传统产业把以智能工厂为代表的流程制造、以数字化车间为代表的离散制造、以信息技术深度嵌入为代表的智能装备和产品等六方面作为主攻方向。2015 年，泉州市在纺织鞋服、建筑建材、食品饮料、机械装备、造纸印刷等传统行业，建设了一批"数控一代"生产示范线。在制鞋、水暖卫浴、石材加工等传统产业建设了多条基于数控技术的自动化生产线。在纺织轻编、生活用纸、茶叶加工、日用陶瓷滚压及成形等领域，也建立了数控应用自动化生产线。截至 2015 年底，已有超过 1000 家泉州传统制造企业和劳动密集型企业应用数控技术和数控产品，泉州市企业采用国产数控技术和伺服系统达 1000 多套。2015 年，泉州通过推进"数控一代"，使采用数控机械的企业平均减少劳动力用工 20%—30%，同时使得产品质量与标准化程度更高，大大推动了传统产业的转型升级。截至 2017 年 4 月，泉州市已有 1800 多家规模以上企业参与数控一代、智能一代工程，占全市规模以上工业企业数的 40%。这些企业减少劳动用工 30%，国产替代进口的装备降低成本 50%，缩短产品开发周期 40%。九牧厨卫公司自主研发应用的陶瓷智能生产设备拥有 100 多项专利，生产马桶从注浆到坯体由原来的 8 小时缩减到 30 分钟，产品合格率由 68% 提升到 96%。

　　泉州市各市县区纷纷根据各自的产业优势，加快推进智能制造与优势产业的深度融合。例如，晋江立足于传统产业的"互联网＋"，通过推进智能制造促进产品的差异化和个性化，生产过程的智能化，以及管理渠道的扁平化。在差异化方面，通过建立产学研对接平台，为制造业导入差异创意元素提供载体支撑。在生产的智能化方面，晋江市目前已拥有先进数控设备及自动化生产线超 24000 台（套），规模以上企业数控化率在 2016 年达到 39%，实现了质量效率双提高、成本能耗双降低的目标。在管理渠道方面，晋江市企业积极推进互联网＋战略，实现自身从物料供给、生产经营控制到销售渠道全价值链上的转型变革。从生产运营来说，晋江市先后有超过 40% 的规模以上企业导入精益管理模式，部分企业相继在产品研发、生产、销售、服务等环节实现信息采集、加工和管理的系统化、网络化、集成化。从营销方面来说,晋江市从政策上鼓励扶持企业建设电商平台、应用电子商务拓展营销渠道。目前有80%规模以上企业已涉足电子商务,传统优势企业纷纷通过电子商务推动商业模式转型,打造线上交易、线下体验的新型营销体系。一些企业运用"互联网+"改造产业的动作很快,比如盼盼携手用友软件启动企业信息化变革;百宏、龙峰的智能化生产线,聚赢数控全球首条"晴雨伞伞中棒自动化装配系统"等,引发了行业的"全新革命"。

第二节　创新创业驱动,开拓创新发展新格局

一　坚持自主创新导向

近些年来,泉州市坚持自主创新的战略导向,以创新促进经济转型升级步伐。首先,以促进传统产业转型升级和战略性新兴产业培育发展为目标,为创新发展提供产业基础。制造业是创新的土壤。泉州在巩固壮大传统产业基础上,大力培育新产业、新技术、新平台、新业态、新模式,逐步实现由产业低端环节向高端环节转型,粗放型增长方式向集约型增长方式转变。泉州和福州、厦门三个高新技术产业开发区获批建设国家自主创新示范区。以晋江为例,近年来,晋江科技投入不断加大,创新能力持续提高。晋江市全社会研发投入持续加大,占全市GDP比重由2011年的2.42%增加到2015年的2.6%。科技经费在技术创新中发挥扶持、示范和带动作用,2011—2015年累计下达本级科技项目1134项,市财政投入科技项目经费13229万元,带动企业自身科技投入394752.32万元。研发费用加计扣除等政策实施效果明显,共有51家企业304个项目获得税收减免,额度达到17000万元。科技创新奖励力度加大,2011—2015年共奖励488个单位694个科技创新项目,奖励资金累计达8699.25万元;专利申报资助奖励7433件,合计兑现资助奖励金额达到2734.71万元,科技对创新的支撑带动作用越来越明显。第三,重大成果不断涌现,创新效率持续提升。2011—2015年累计获得科学技术奖286项,其中国家级奖项3项、省级奖项20项、泉州市级奖项96项、本市级奖项167项;开展组织科技成果评审176项,其中技术水平达国际先进15项,国内领先120项,国内先进41项。知

识产权保护工作不断推进，创新效率持续提升。2011 年至 2015 年，全市专利申请量 23089 件（发明专利 2258 件、实用新型 8645 件、外观设计 12186 件），专利授权量 18037 件（发明专利 747 件、实用新型 7310 件、外观设计 9980 件），申请量和授权量位居福建省县级市前列，万人发明专利拥有量从 0.3 件提升至 3.81 件。

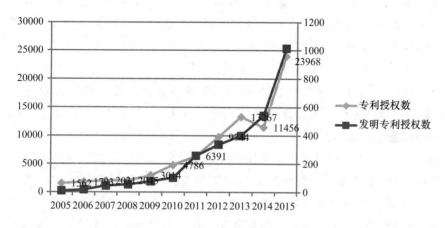

图 2 - 4　泉州市专利授权量（件）

数据来源：《2016 年泉州市统计年鉴》

　　其次，以国家自主创新示范区为抓手，形成本地化的自主创新能力。近年来，特别是在"互联网＋"模式变革和产能过剩的大背景下，泉州、晋江虽然在后端营销、品牌发展等比较优势明显，但人才技术储备不足、老机制与新要素结合不起来的问题非常突出。为此，泉州以科技创新为核心带动全面创新，紧抓国家自主创新示范区建设机遇，制定"泉州制造 2025"发展纲要，实施智能制造、服务型制造和提升质量品牌三个专项行动，主动学习深圳、中关村体制机制创新，大力培育新产业、新技术、新平台、新业态，打造自主创新的泉州模式：一是凸显泉州特色。立足制造业基础，实施产业创新领跑战略，加快传统产业改造升级，助推战略新兴产业发展。立足民营优势，发挥示范区与"金改区""民综改革试点"等多区叠加效应，深化"放管服"改革，让创新型企业轻装上阵。立足侨台资源，打好"海丝""海峡"品牌，加强与沿线国家、地区科技交流，为区域开放式合作探索经验。二是加快重点探索。精准配套政策，营造好引才、留才环境，集聚创新第一要素；发挥财政资金乘数效应，撬动社会资本投入；实行以增加知识价值为导向的分配政策，让科研人员"名利双收"；三是壮大创新主体。截至 2015 年底，晋江市培育各类科技示范企业 597 家，其中国家火炬计划重点高新技术企业累计 7 家、省级高新技术企业累计 91 家，国家级创新型企业 1 家、省级创新型企业 34 家、省级创新型试点企业 44 家、省科技型企业 246 家、泉州市级以上知识产权试点示范企业 48 家、泉州市"科技小巨人"企业 126 家。

最后，坚持自主创新导向的产业政策。"十二五"期间，晋江市先后制定出台《关于深化科技体制改革加快创新体系建设的实施意见》、《关于大力推进科技创新能力建设的若干意见》、《关于实施自主创新战略建设创新型晋江的决定》、《晋江市建设科技创新型城市试点工作实施纲要》、《晋江市科学技术奖励规定》（修订）、《关于加快实施晋江市智能制造 2025 的若干意见》等科技政策文件，以及《晋江市大力推进科技创新能力建设奖励扶持政策操作规程》、《晋江市科学技术奖励规定操作规程》等实施细则，强化政策导向，营造推动产业转型升级和科技创新的良好政策环境，不断优化创新创业发展环境。加快构建覆盖创新全链条的金融服务体系，推进国家高新区科技金融服务中心建设。建立财政科技投入逐年增长机制，加大资金整合力度。支持天使投资、创业投资发展，培育发展天使投资群体。加强知识产权保护，完善知识产权保护政策法规体系。倡导尊重科学、尊重知识、尊重人才的社会风气，弘扬用于创业创富的社会价值取向。

二 开拓市场拉动路径

以市场需求为根本，通过商业化导向的自主创新切实提高创新效率，构建自主创新、产业优势和市场需求良性互动的自主创新路径。仅仅从工业研发强度数据看，泉州的制造业企业研发投入强度并不高，但一大批民营企业为主体的泉州企业却具有极强的生存能力和持续的发展能力，这表明，泉州企业自主创新的一个重要特征是，不"为创新而创新"，而是真正瞄准消费者需求进行持续创新和能够创造机制的创新。泉州企业家有很强的市场把握能力，总能以独到的视角和敏锐的嗅觉，在市场风浪中创新发展、勇立潮头。泉州企业家善于将技术创新与产品创新深入融合。泉州企业主动对接境内外科研院校、创意机构资源,导入差异创意元素,让产品迅速嫁接科技创新资源,让产品更具多元化、个性化、高端化特色。比如晋江石墨烯产业技术研究院与龙峰、信泰等联合开发功能面料,与劲霸、柒牌等合作开发石墨烯功能服装,与贵人鸟合作研发出重量仅 120 克的超轻跑鞋。由于泉州企业的自主创新战略具有强烈的市场导向,因此泉州的自主创新也具有鲜明的差异化和微创新的特征。泉州企业家坚信,"传统企业也可以是高新企业。"泉州市政府不断加大力度引导企业增强研发创新投入,在各个细分行业打造了一批差异化的"独角兽企业",有效推动了传统企业高新化。与此同时,泉州企业注重从小处着眼进行创新,贴近用户需求心理,快速出击,不断试错,让技术能力快速转化为产品创新,成为"微创新"的典范。

以品牌价值实现创新价值。根据熊彼特的创新理论,创新不仅仅包括技术发明,更是技术发明的商业化过程和价值实现过程。晋江的技术创新最终体现为产品创新,技术创新能力最终体现为卓越的市场品牌价值。2016 年,国家质检总局委托中国品牌建设促进会组织开展的"2016 年中国品牌价值评价"活动,根据有形资产、质量、服务、技术创新、无形资产五要素评价模型和指标体系,采用多周期超额收益法或溢价法进行测算企业和产品的品牌价值。在最终遴选的上亿品牌榜单中,泉州共有 17 家企业品牌、3 家产品品牌和 24 家自主创新品牌进入上亿榜单,上榜数量居全国地级市首位。在企业品牌榜单中,福建恒安集团有限公司以 522.05 亿元的品牌价值位列轻工类全国第二;九牧集团有限公司以 32.17 亿元的品牌价值位列轻工类第八;固美金属有限公司以 6.3 亿元的品牌价值位列建筑装饰类第八;八马茶业有限公司以 6.34 亿元的品牌价值位列农业类第八;金冠(中国)食品有限公司以 15.81 亿元的品牌价值位列食品加工类第九;雅客(中国)有限公司以 12.43 亿元的品牌价值位列食品加工类第十。在自主创新品牌榜单中,福建泉州匹克体育用品有限公司以 50.57 亿元的品牌价值位列第三;乔丹体育股份有限公司以 49.36 亿元的品牌价值位列第五。在地理标志产品榜单中,福建占据 3 项,其中,安溪铁观音以 1424.38 亿元的区域品牌价值蝉联茶叶类全国首位。

突出政府的"制度性市场"对技术创新的拉动作用。与一些地区单纯依赖税收优惠、财政补贴等方式激励技术创新的政策思路不同,泉州及其各市县区灵活应用政府采购拉动自主创新。例如,为鼓励技术创新和战略性新兴产业发展,晋江市政府规定,对属于政府采购范围的晋江市新兴产业新产品,一律列入政府采购目录,并予以优先采购。组织实施晋江新兴产业新产品应用示范工程,鼓励晋江企业优先采购晋江新兴产业新产品。晋江企业采购列入晋江新兴产业新产品应用示范工程的新兴产业新产品,且采购列入晋江新兴产业新产品应用示范工程的新兴产业新产品金额达到《晋江市人民政府关于促进传统产业转型升级的若干意见》规定额度的,除可按规定申请采购本地设备、原辅材料奖励政策外,再另行一次性增加 10 万元的资金奖励。晋江企业采购列入晋江新兴产业新产品应用示范工程的新兴产业新产品属于智能装备产业园入园企业生产的智能设备的,可自行选择申报本条政策资金或申报《关于促进智能装备产业园发展八条措施的通知》涉及的"鼓励企业购置智能产业园生产的智能设备"政策资金。

三 打造开放创新模式

近年来,泉州市进一步把握新常态下的创新趋势,基于开放创新的理念对国内外的科技资源进行整合。近年来,泉州市政府先后引进中国科学院、中国工程院等国家级科研院所来泉建设科研机构,大力引导产学研合作共建新型科研平台,建成企业研发中心 64 个、研究院所 18 个、院士专家工作站(博士后工作站)9 个,有效提升了科技创新公共服务能力。近年来,围绕加快智能制造技术的创新和应用,泉州市重点以数控技术为突破,围绕数控技术的发展推进科技资源的整合,形成"产学研用"紧密互动的创新机制。在建设全国首个"数控一代"科技创新中心、福建省首个工业机器人创新园和一批与产业紧密结合的新型研究机构的基础上,截至 2015 年 12 月,泉州共引入 17 个高校科研平台,已吸引 600 多位电子信息、装备制造和系统集成领域的高层次人才,其中院士 15 人,在泉州的各类企业中开展数控科研的精准服务。泉州市还建立了多个"数控一代"公共服务平台,包括中国科学院海西研究院泉州装备制造研究所、泉州华中科技大学智能制造研究院、泉州晋江哈工大机器人研究院、福建哈工大机器人研究中心、睿能纺织产业数字化技术研究与应用创新中心、中国航天二院智慧云制造公共服务平台、南京工业大学泉州智能机器人中心、微柏工业机器人技术研究与应用创新中心、福州大学泉州数控技术协同创新中心、国防科学技术大学泉州工业技术研究中心与高精度数控制造研发平台、华侨大学泉州数控一代技术创新与服务中心、厦门大学泉州先进制造技术协同创新中心等机构,有效促进了国内外创新资源与泉州产业需求的有效对接和转化利用。晋江自古以来,就有"造舟通异域"的创业传统。随着企业技术能力的提升,近年来,泉州企业在强调自主创新的同时,更加注重通过整合和利用国际资源在更高水平推进创新。例如,恒安携手 IBM、SAP 深化管理变革,安踏实施国际化、多品牌并购战略,361°设立海外研发中心,乔丹携手中国服装设计师协会承办运动装备设计大赛,利郎组建国际化研发团队等,在开放创新中做大做强自己。

开放创新模式显著提升了泉州的自主创新能力。近年来,泉州市基于开放创新模式建设的科研机构共研发数控装备新品种 100 多个,推广应用国产数控系统 2000 多套,新增专利申请量近 3000 件。其中,中科院海西研究院泉州装备制造研究所组成 7 个课题组为企业服务。泉州华中科技大学智能制造研究院选取了鞋服、水暖和石材等行业龙头企业合作建设智能化车间和自动化生产线。泉州智能制造研究院、泉州装备研究所、哈工大工业机器人研究中心与嘉泰、海天、黑金刚、瑜鼎等企业在多主轴、多通道数控机床、折弯机控制系统、智能机器人开发方面取得重要突破。泉州装备制造研究所与南方路机、本益实业、浔兴拉链等合作开展高端数控装备项目研发与示范应用。哈尔滨工业大学机器人研究所专家团队为泉州企业"量身定制"了 70 多套自动化技术改造解决方案,如哈工大机器人研究中心为副派园公司、晋成公司、华宇公司等企业设计安装的食品自动除渣系统、自动包装生产线、自动断线检测系统等大幅提升了企业的运营效率。此外,中国航天二院智慧云制造公共服务平台、国防科大高精度数控制造研发平台、厦门大学等高校和科研单位的常驻专家组也经常深入企业对接指导。

四 完善区域创新体系

培育新型创新主体。鼓励企业与高等院校、科研机构、全国学会共建各级各类研发中心,对新认定的国家级、省级工程研究中心、工程实验室,市产业转型升级引导资金分别给予100万元、50万元的资金补助。鼓励综合运用购买服务、资金补助、无偿资助、业务奖励等方式,支持研发设计、科技中介、金融服务、中试孵化、成果交易、认证检测等中小企业公共服务平台建设。支持成立泉州市众创空间联盟、科技服务业产业联盟、技术转移公共服务机构,经市科技局认定每家给予10万元的资金支持。对经认定新成立的博士后科研工作站,市人社局给予30万元的资金补助。建立创业项目库、创业信息交流平台和创业者信息管理服务系统,整合创业创新信息资源并实施集中发布。

打造共性技术平台。移植复制中关村创业大街运作模式,大规模推进创新载体布局建设。加快中科院海西研究院泉州装备制造研究所、国家数控系统工程技术研究中心泉州分中心、华中科技大学泉州智能制造研究院、中纺院、中国皮革和制革研究院、中国食品研究院泉州分院等科研与公共服务平台建设,建立常态化对接机制。加快高新技术创业服务中心、大学科技园、软件园、留学生创业园等科技企业孵化器培育,鼓励企业技术平台对外开放,强化资源共享。加强公共检测、认证等平台建设,力争每个主导产业、特色产业和新兴产业均形成一个以上共性技术服务平台。

构建紧密的创新网络。推动产学研相结合的协同创新,支持企业联合科研院所、高等学校建立产业技术创新战略联盟。加快科技中介服务体系建设,新建一批专业化、高水平的科技中介机构。加快新技术、新工艺、新产品的转化与应用,建设一批科技成果转化服务中心和科技资源共享与交易云服务平台。促进创业创新资源开放共享。推动各级财政补助建设的企业技术中心、工程研究中心、工程实验室等科研基础设施,以及利用财政资金购置的重大科学仪器设备按照成本价向创业创新企业开放。鼓励和引导高等院校、科研机构和企事业单位向社会开放共享各类实习基地、仪器设施、专业技术服务平台、加工车间等资源和设施。建立和健全科研设施、仪器设备和科技文献等资源向创客企业开放的运行机制。市科技局探索以创新券的形式对小微企业有偿使用高等院校、科研机构、企事业单位的专业仪器设备、检验检测设备的费用给予补助。

建立知识产权保护和服务体系。建立创业创新专利申请绿色通道，每年评选奖励一批技术水平高、经济和社会效益显著的优秀专利项目。鼓励专利转化实施及企业购买专利技术，对在泉州境内注册具有法人资格的企业购买高等院校、科研机构职务专利技术交易额单项达20万元—200万元，属非关联交易并实施转化的，市知识产权局按技术交易额的5%给予补助。深入推进企业开展专利权质押融资工作，市财政每年安排100万元以上，用于企业专利权质押贷款贴息，每家企业贴息资金最高30万元。建设全市专利转移转化、专利价值分析以及信息发布等运营公共服务平台，鼓励企业或中介服务机构参与专利技术交易公共服务平台建设。加大知识产权保护力度，及时受理企业专利侵权纠纷处理请求，缩短侵权处理周期；加强专利、商标等知识产权侵权案件执法，完善跨地区、跨部门案件通报协查和信息共享、案件移交等制度。

建设众创示范空间，完善创业金融体系。构建市场化的众创空间，支持引导城区老旧工业区改造，充分利用闲置工业厂房、商务科研楼宇、仓库等载体，打造投资促进、培训辅导、宣传营销、专业服务、创客孵化、咨询交流等创新创业孵化器，推广创客空间、创业咖啡、创新工场、星创天地等新兴孵化模式。加快完善现有产业园区、高新技术产业基地、孵化器、科技金融服务中心等创新创业平台的服务功能，打造一批低成本、便利化、全要素、开放式的众创空间。不断完善创业融资渠道：设立市产业股权投资基金，各县（市、区）设立县级产业股权投资基金，以产业股权投资基金作为发起人，吸引知名股权投资管理机构、金融机构和社会资本参与设立新兴产业股权投资基金，支持项目孵化期、种子期、初创期中小微企业和众创空间平台发展，鼓励符合条件的互联网和高新技术创业创新企业到境内外资本市场上市，推动上市公司与暂不符合上市条件的互联网和高新技术创业创新企业对接合作，优先将创业创新企业纳入市级场外市场挂牌后备企业资源库，支持创业创新企业在"新三板"和海峡股权泉州交易中心挂牌交易；加大融资担保力度。推动建立"政府融资担保机构为主、民营融资担保机构为辅"的担保行业发展模式。

专栏 2－1：泉州"装备智造众创空间"创新众创模式

2016 年 3 月，福建首家装备制造行业众创空间在泉州成立。

泉州"装备智造众创空间"主要依托泉州装备协会及泉州装备智造产业联盟开展工作，具有专业性、公益性和众智性的特点。

专业性体现在，该项目在泉州市科技局指导下，以服务高端装备制造业创新创业为主体，以提升泉州装备制造业的智能化和协同发展水平为主要目的，集中泉州装备协会的优势服务资源，引进装备制造业需要的智能化改造、信息化提升、技术转移转化、管理咨询、媒体宣传、品牌推广、法律服务、安全生产技术等相关服务机构入驻，通过龙头企业、金融、媒体、科研、创客等多方协同，打造产学研用紧密结合的众创空间，首期使用面积可达 1000 平方米以上，由办公区和公共服务区组成。

公益性体现在，该平台由泉州装备协会这一非营利组织机构创建运营，并具有双向促进作用，一方面可为创客提供低成本、全方位、专业化服务，推进相关成果向现实生产力转化，增强实体经济发展新动能；另一方面可促进人才、技术、资本等各类创新要素的高效配置和有效集成，推进泉州装备制造产业链创新链深度融合，不断提升服务行业的创新能力和水平。

众智性体现在通过服务平台分担和解决产业的难点难题，包括众包和众扶。众包，指借助互联网等手段，将传统由特定企业和机构完成的任务向自愿参与的所有企业和个人进行分工，最大限度利用大众力量，以更高的效率、更低的成本满足生产及生活服务需求，促进生产方式变革，开拓集智创新、便捷创业、灵活就业的新途径。众扶，表现在通过政府和公益机构支持、企业帮扶援助、个人互助互扶等多种方式，共助小微企业和创业者成长，构建创业创新发展的良好生态。

第三节　经验启示与未来展望

一　经验启示

党的十八大以来,面对国内外经济环境发生的一系列变化,以习近平同志为核心的党中央高瞻远瞩,科学准确把握当前我国经济社会运行中的新问题和新趋势,以供给侧结构性改革作为我国经济社会发展转型的战略方向,全面推进中国特色社会主义事业和中华民族伟大复兴的重任。泉州市和晋江市近年来社会经济发展取得了瞩目的成绩,其根本原因是认真、科学、全面践行了党的十八大精神,立足本地实际情况并充分发挥自身的比较优势,探索出了新时代下经济社会协调创新的发展之路。泉州市和晋江市的发展经验主要体现在如下几方面:

第一,积极探索新型工业化发展道路,促进实体经济发展。学术研究表明,。工业化是一个国家或地区实现发展繁荣的根本动力,也是现代经济增长的本质。以制造业为代表的实体部门对经济的平稳增长和运行具有重要意义。习近平总书记2002年在总结"晋江经验"时就指出,晋江经济社会发展的思路之一就是始终坚持以发展社会生产力为改革和发展的根本方向,坚持发展以民营经济为主体的实体经济,促进经济迅速发展壮大。

2002年以来,泉州市上下沿着"六个始终坚持"的方向,积极探索新型工业化、城市化发展道路,加快推进全面建设小康社会进程,经济社会发展进入了一个崭新的阶段。在巩固壮大传统产业基础上,大力培育新产业、新技术、新平台、新业态、新模式,逐步实现由产业低端环节向高端环节转型,粗放型增长方式向集约型增长方式转变。作为泉州经济的重要组成部分,晋江市的工业化进程和产业结构调整同样取得了快速发展的表现,工业产值不断上升,产业结构比例日趋合理。其次,构筑完善配套、协调发展的产业体系。泉州、晋江市在经济改革实践中立足集群经济的现状,实现了工业和服务业、轻工业和重工业协调发展、相互配套的产业结构格局。泉州市在产业、基地、市场联动发展基础上,进一步按照"抓龙头、铸链条、建集群"思路,完善扶持产业集群、产业链发展的政策措施,推动产业集群上下游企业协作配套、构建公共服务平台、完善专业市场体系。

泉州市和晋江市始终将实体经济作为发展的支撑，紧紧围绕实体经济来推动工业化和产业结构调整升级。泉州市从四个方面为制造业的发展提供全方位的保障，即总量稳增长、结构促优化、企业创品牌、财税多支持。在工业稳增长方面，泉州市强化工业运行调度，全面提升服务企业的能力和水平，逐步完善工业运行调度协调机制，对工业企业反映需省、市协调解决的困难问题，及时做好协调、反馈、督促、上报工作。鼓励企业增产增效，支持企业开拓市场，扶持中小微企业的发展：对工业企业的能源使用按照不同等级进行补贴或奖励，激励企业降成本、提效率。切实解决中小企业发展中面临的各种困难和瓶颈，对各类中小微企业，特别是为产业集群龙头企业协作配套的企业，从资金、技术和信息等各方面予以扶持和鼓励。在结构优化方面，泉州市通过支持企业技术改造和发展新兴产业来推动产业转型升级。采用设立基金、补助、融资租赁等多种方式，重点支持优势企业围绕"两化"深度融合、提高生产效率、提升产品技术含量和附加值。积极发展"数控一代"和"工业机器人"产业，实施传统优势产业关键核心技术、行业共性技术、公共平台等科技专项，发展工业机器人产业。在企业创品牌方面，泉州市着力推动企业品牌建设、支持企业参与标准化建设、强化知识产权运用与保护。

第二，以新技术革命为契机，推动产业高端化融合发展。内生增长理论认为，技术进步是长期经济增长的动力源泉。技术进步对经济增长的推动作用，反映在产业层面就是促进新兴产业、新兴业态的不断涌现，进而不断创造新的经济增长引擎。泉州市和晋江市牢牢抓住当前新一轮革命带来的技术成果，通过一系列举措实现科技成果的产业化应用，推动产业高端化融合发展。其中以智能制造、提升质量品牌和服务型制造三方面为主攻方向，实现重点突破。以智能制造为突破口提升制造业生产效率和产业竞争力。鼓励企业研发数字化绿色化智能产品；促进制造过程自动化智能化，应用一系列新技术来提高关键生产制造工艺的自动化和智能化水平，提高工艺流程适应多品种、中小批量柔性生产的能力，为定制化规模生产打好基础。

以质量提升带动传统产业转型升级，以标准优化带动产品质量提升。以科研机构和社会性组织为龙头,强化质量基础建设,加快关键领域标准制修订工作,取得产业发展话语权;重点培育并创建国际互认、国家认可的国家级检测中心和重点实验室,开展检验、检测和认证评价工作。推行卓越绩效模式、六西格玛、精益生产等先进质量管理方法。提升质量品牌效益,创建"全国知名品牌创建示范区",打造产品品牌、企业品牌、城市品牌;加大自主品牌宣传,提高品牌知名度和影响力,促进优秀自主品牌走出国门,打造国际知名品牌。

以发展服务型制造促进产业融合,形成制造业和服务业互动增强的产业成长机制。推进定制化生产模式,支持企业改造业务流程和管理流程,建立柔性和快速响应机制,突进产品多样化和定制化的生产模式,满足市场的个性化需求和快速反应,实现个性化定制生产与现代化工业大生产协同的战略转变。推动商业模式转型,促进企业向终端市场驱动的以快速反应、高可得性、低库存管理为核心的服务型制造管理模式转变。鼓励制造企业向系统集成商转变,深化产业融合、细化产业分工,增强服务功能,推动制造企业服务化,促进产业模式从以产品制造为核心,向产品、服务和整体解决方案转变。发展现代物流服务,推进制造业与物流业联动发展,发挥以陆地港服务为龙头的现代物流对泉州制造业的支撑作用,扩大泉州产品影响力和辐射力。提升工业设计发展水平,以创新设计提升产品附加值和市场竞争力,支持传统工业转型升级和发展方式转变。加快完善金融服务体系,推进产业转型升级全过程金融服务,鼓励行业龙头企业通过金融服务实行生产模式创新、组织模式创新与商业模式创新。

第三,坚持创新驱动战略,为经济发展提供新动能。供给侧结构性改革的实质,是在市场发挥资源配置决定性作用的基础上,激发市场主体的创新精神和创新能力,实现各生产要素的再配置、企业生产效率的进步、产业结构的优化以及国民收入的持续提高。我国经济已进入工业化后期,增长方式正在由数量扩张转向质量提升、由要素驱动向创新驱动。创新驱动战略对于我国经济社会发展具有重大而深远的意义,泉州市和晋江市紧紧围绕企业创新能力、协同创新机制和公共创新平台建设,推进创新驱动发展战略。引导企业坚持市场化导向的自主创新。鼓励企业加大研发投入,提高企业家的自主创新意识,支持有条件的企业自建研发中心或工程技术中心。通过以企业为主体、产学研合作的协同创新，研制中高端产品，采用先进技术，改进工艺设备。引导企业积极参与国家级项目的研发，吸引国家级科研或军工项目落地泉州。支持企业进行引进技术消化吸收再创新和集成创新，支持企业开展原始创新、技术创新以及管理模式创新。

构建协同创新机制，完善创新网络。加强政产学研金用结合，建立以政府为主导、企业和高校、科研院所深度合作、社会力量积极参与的协同创新机制。设立"协同创新专项资金"，围绕产业经济发展需求开展研发，推动科技创新。鼓励高校在泉州建立分院、科教园、研究院；推动企业、大学、研究机构建立产业技术创新战略联盟和标准联盟，建立优势互补、利益共享、风险共担的协作机制和新型合作组织。加强国家科技合作，加强与制造业发达国家的技术和人员交流。做好制造业关键共性技术攻关，解决产业发展重大科技需求和关键技术难点，提高科技创新能力。

建设公共创新平台，不断完善区域创新体系，形成本地化的创新能力。与高校、研究院合作，推进公共研发和检测中心、企业技术中心、工程技术研究中心、生产力促进中心、高新技术孵化和产业化基地、研究实验基地与大型科学仪器设备共享平台、院士专家工作基地、博士后工作站等公共创新平台建设。积极争取国家级创新平台、国家重点实验室、工程技术中心等落户泉州。基于开放创新模式整合外部科技资源，形成本地化的自主创新能力。

二　未来展望

泉州市、晋江市在推进现代化建设、实现经济社会转型发展的道路上取得了令人瞩目的成绩。但与此同时，随着我国经济进入新常态发展阶段，随着国内外产业竞争环境和技术经济范式的转换，一些深层次、结构性的矛盾日益凸显：

第一、推进结构调整与维持经济增速的两难问题。一方面，新动能的培育需要较长的时间，另一方面，新兴产业的增长发展又需要较为宽松的地区经济增长环境。新旧动能转换与保持较快经济增长速度之间的矛盾是未来泉州和晋江转型升级面临的首要问题。当前泉州市整体上处于工业化中后期,纺织服装、鞋业等传统产业对经济增长的拉动作用正在减弱,面临着增长动力的转换,亟需开启以科技引领为主的制造业结构升级,亟需提升现代服务业比重,推动产业体系向高端演进,保持经济平稳较快增长。但目前,将高新技术产业培育成为优势主导产业尚需要较长时期。考虑到泉州市传统产业体量庞大,即便高新技术产业能够获得高速率增长,也难以在短期内实现工业增长驱动力的更替。同时,泉州市的服务业后发劣势较为明显,短期内也难以较快增长。泉州市研发设计、外贸营销、港口物流等高端服务业在过去的十多年内发育相对滞后,错过了"蓝海"发展阶段,又面临周边城市的"虹吸效应",相关业态的发育空间受到严重挤压,增加了产业培育的难度。由于现代服务业领域的市场准入门槛高,特别是银行、通信等行业多由国有资本经营,社会资本难以进入,导致泉州市民营资本优势难以充分发挥。

第二,市场倒逼创新与原始创新能力不足的两难问题。随着传统消费市场日趋饱和,高端市场和新兴市场的发展亟需企业技术能力、特别是原始创新能力的提升,但大量中小企业创新能力不足的问题仍然十分突出。一是大量企业还没有形成自主创新能力。在经济下行的压力下,广大中小企业往往难以承受创新的"转换成本"和"沉没成本",加上天使投资、科技保险等风险化解机制不够健全,许多企业存在路径依赖和创新惰性。二是公共平台支撑不足。多数中小企业不具备独立开展R&D活动的实力,亟需依托产业集群的研发公共服务平台支持,但由于泉州市多数平台的运作管理或者依赖政府或者依托一两家龙头企业,受制于相对单一的"投入——产出"机制,现有研发平台的公共服务功能难以充分激活,对中小企业创新的支撑带动作用有限。三是高端研发人才缺乏,由于泉州市整体上城市现代化水平较低,同时缺乏一流高等院校和科研院所等能够集聚高层次人才的平台,因而民营企业很难引入和留住技术创新所需要的高端人才,导致企业创新要素支撑不足。

第三,民间资本活跃与有效投资不足的两难问题。一方面,泉州累积了雄厚的民间资本,流动性宽裕。另一方面,泉州的有效投资依然不足,社会投资的结构配比不合理。一是新增投资来源不足。贷款投放与经济体量不成比例,2014 年泉州 GDP 与贷款余额的比值(1:0.86)远低于全国(1:1.36)、全省(1:1.25)水平,企业"融资难、融资贵"的问题未得到彻底解决。二是投资驱动型的经济增长格局没有改变改变，甚至有所强化。近年来，泉州社会投资效果系数（新增 GDP 与固定资产投资总量的比值）急剧下降，泉州每新增 1 亿元 GDP 所需的投资由 6 年前的 2.06 亿元，提高到 2014 年的 5.71 亿元，增长 1.77 倍（福州、厦门同期分别增长 1.23 倍、0.23 倍），泉州的投资效率下降最快，提示泉州市可能存在相当程度的重复建设、粗放管理等低效率投资行为。

第四，要素红利弱化与保持区域竞争力的两难问题。一方面，制造业要素成本上升，拉高了市场主体的经营成本，使得工业经济效益增速明显放缓。随着经济规模的膨胀和空间开发的推进，土地等要素愈加稀缺，价格不断攀升。同时，劳动力价格迅速上扬，使得曾经支撑制造业粗放增长的"人口红利"不复存在。市场竞争加剧和要素成本上升吞噬了多数的企业利润。另一方面，泉州的政策优势渐趋弱化，周边区域竞争产生的"虹吸效应"使得新项目引入难度加大。厦门、福州等省内城市空间距离相近，与泉州的城市定位存在交叉，在招商选资、人才、旅游等方面对泉州构成竞争，弱化了泉州对海内外投资者的吸引力。目前，虽然泉州出口加工区有望获批升格为综合保税区，也正在争取部分自贸区政策在泉州市率先复制推广，但随着省会福州、特区厦门获批建设自贸区，泉州与周边城市的政策落差逐步扩大，客观上加大了泉州市重大项目引进接续的难度。

通过回顾和总结泉州晋江近年来的发展历程和经验，针对泉州晋江经济发展中仍然存在的问题，我们认为应重点从如下几方面进行改进：

第一，深化要素市场改革，为传统产业转型升级和新兴产业成长提供基础，进而实现经济转型时期的平稳快速增长。从产业结构状况看，泉州市目前突出的问题在于服务业特别是金融、电信等生产性服务业的发展相对滞后，从而对新兴产业的支持能力有所欠缺，进而影响到新兴产业从传统产业那里"接力"。针对这种状况，泉州市应加快推进资本市场改革。比如，为民间资本进入银行业提供切实的制度保障或激励举措，为企业的信贷融资提供更加优越的市场环境。鼓励本地金融部门发展多元化和多渠道的投资机制、吸引外部资本的进入，内外结合为企业特别是工业制造业企业缓解和解决投融资困难的局面。进一步简政放权、减少行政审批及其他不必要的手续,为企业经营降低交易成本。对传统产业应从三方面进行扶持,一是结合企业实际情况进行技术扶持和改造,从纵向上延长产品生命周期、横向上拓宽产品多元化和差异化特质。二是与企业进行合作,根据从业人员的实际情况进行技能知识方面的培训,提高劳动力的人力资本水平,进而提高其竞争力。第三,对一些产能过剩或比较优势逐渐殆尽的行业,应充分发挥泉州和晋江作为"海丝"起点城市和侨乡的优势,为这些行业中的企业"走出去"提供机遇和支持。促进本土企业走出去将对泉州和晋江产生两方面的经济效益,一是可以"腾笼换鸟"、促进资源向新兴产业配置进而实现主导产业的接替,二是通过逆向技术溢出、带动出口和就业等效应,"走出去"企业可以促进泉州和晋江的经济发展。对新兴产业应从如下几方面进行扶持:一是通过减免税负的途径降低企业生产成本、提高企业效率和产业竞争力,进而为新兴产业的规模化发展提供契机。二是继续完善新兴产业的基础设施配套和上下游产业配套建设,通过外部规模经济效应促进新兴产业的做大做强。三是在推进产业融合发展与数字化、智能化、绿色化转型的同时,防范相关领域急功冒进的倾向或泡沫化风险,规范产业组织和市场结构,营造健康有序的市场竞争环境。四是加强新兴产业在区域间的协同合作、合理布局产业资源,进一步促进集群式发展。

第二,进一步坚持和深化市场导向的自主创新机制,为企业创新营造更加完善的制度环境和政策支持。创新是科学技术成果的商业化、产业化运用,因而需要充分发挥市场机制的作用。泉州和晋江市在自主创新战略的道路上已经取得了较为突出的成绩,对企业的创新发展也出台了较多的扶持激励措施。但如上所述,新兴产业作为创新发展的着力点需要防范相关风险,从这个角度来说,对创新内涵和实质的把握也同样面临类似的问题。泉州和晋江数量众多的中小企业,其创新模式或创新路径与大企业、龙头企业之间是存在差异的,而不同产业之间又存在差异。因而,政府在日后激发企业创新的政策方面应更具针对性和市场导向性,避免"一刀切"式的做法或倾向。比如,对于抗风险能力较差的中小企业来说,创新的着力点应放在两方面:一是通过相应的保障机制或渠道,如投资机构、政府、银行等为其提供风险基金,解决融资问题并降低其风险规避的倾向；二是从企业能力或市场状况来说，中小企业开展的一般是边际上的渐进式创新，而这种创新一般是隐性的。因此，政府相关部门在日后应就本地中小企业的实际发展状况进行更加详细的调研摸查，以发现其创新过程中的需求并做出相应的帮助扶持。此外，针对实用型人才缺口较大的现象，泉州市在日后应做好两方面工作。一是在深入了解企业和产业发展需求的基础上，从外部吸引实用型人才来填补缺口，并为其提供户籍、教育、医疗等方面的市场化待遇，使其可以安心在泉州工作。二是从长远角度看，应加强本地实用型人才的培养，如成立技术人才培训基地或学校、增加技术培训教育的财政支出等等。在创新公共服务平台建设方面，除了要继续立足"产学研用"一体化的战略外，还要加强中小企业与大企业之间的联系和互动，比如通过联合研发、联合技术攻关等形式，以此促进创新平台成果对中小企业的适用性。在此过程中，泉州市政府可以为企业之间的沟通互动提供必要的协助和服务工作。

第三章 以市场为导向，
激发民营经济活力

党的十九大报告再一次重申："必须坚持和完善我国社会主义基本经济制度和分配制度，毫不动摇巩固和发展公有制经济，毫不动摇鼓励、支持、引导非公有制经济发展，使市场在资源配置中起决定性作用，更好发挥政府作用。"①。民营经济作为我国社会主义市场经济的重要组成部分，在过去40年得到长足发展，为中国经济持续高速增长作出巨大贡献。这一点在泉州市表现尤为突出。可以说，创造"晋江奇迹"的主角，是民营经济；推动泉州经济腾飞的主动力，依然是民营经济。民营经济的健康发展既有赖于开放、有序的市场环境，也有赖于政府的合理引导。泉州民营经济的发展壮大，正是泉州市各级党委和政府在市场导向基础上对民营经济大力扶持和引导的结果。

第一节 民营经济唱主角

一 泉州市民营经济发展的辉煌成就

从1999年到2016年，泉州市地区生产总值连续18年位居福建省首位，这一辉煌成就的取得，首先应归功于泉州市民营经济的快速发展。泉州市民营经济的发展成就，可以通过以下事实和数据反映出来。

---

① 《中国共产党第十九次全国代表大会文件汇编》，人民出版社2017年版，第17—18页。

表3-1　　　　　　泉州市规模以上工业企业中非公经济工业
增加值及占比（2002—2015）

	工业增加值合计（亿元）	非公经济工业增加值*（亿元）	占比（%）
2002 年	217.79	176.76	81.16
2003 年	336.68	281.73	83.68
2004 年	503.39	459.98	91.38
2005 年	645.46	597.27	92.53
2006 年	793.22	749.78	94.52
2007 年	1037.39	977.36	94.21
2008 年	1352.21	1293.14	95.63
2009 年	1440.65	1375.82	95.50
2010 年	1826.2	1754.9	96.10
2011 年	2270.99	2213.3	97.46
2012 年	2186.69	2114.72	96.71
2013 年	2515.85	2478.42	98.51
2014 年	2798.11	2787.32	99.61
2015 年	2840.3	2830.47	99.65

＊表中的非公经济工业增加值指全部工业增加值减去国有经济和集体经济工业增加值之后的余额。

　　数据来源：泉州统计信息网

　　第一，民营经济创造了泉州市绝大部分的产值、利税和就业机会。改革开放以来，泉州市民营经济一马当先，以年均超过30%的速度持续增长了30多年，从而使泉州市从福建省经济总量倒数第二，人均收入倒数第一的落后地区（1978 年）一跃而成为经济总量位居全省第一的经济发达地区。截至 2016 年底，全市工商登记民营企业 17.34 万家，个体工商户 40.25 万户。2016 年，泉州市实现民营经济增加值 5326.29亿元，占泉州市地区生产总值的 80.14%。2015 年，泉州市非公经济完成固定资产投资 2542.55 亿元，占全部固定资产投资总额的 73.1%。民营经济当之无愧地成为泉州市经济活动的主角。表 3-1 和表 3-2 中的非公经济包括混合所有制经济、私营经济、个体经济和外资经济等多种成分,但除了混合所有制经济中的国有股份不属于民营经济外,其他都可以划归民营经济的范畴。从泉州市的实际情况看,前者占比并不高,所以非公经济中的主体是民营经济。从表3-1我们可以推断出,泉州市民营经济在工业中不仅占据主导地位,而且其地位还在逐年加强。表3-2的数据表明,在工业部门,泉州市民营经济贡献了绝大部分利税收入,这从另一个侧面反映了泉州市民营经济的地位和作用。此外,民营经济还是泉州市就业的主渠道。从表3-3可以看出,从2003年到2014年,泉州市民营企业就业人数始终占到全部从业人员的80%左右。

表3-2 泉州市工业部门非公企业利税收入及占比(2002—2014)

	利税总额合计（亿元）	非公经济利税*（亿元）	占比（％）
2002 年	77.7	56.82	73.13
2003 年	117.04	90.53	77.35
2004 年	150.29	132.89	88.42
2005 年	169.35	155.1	91.59
2006 年	281.15	267.77	95.24
2007 年	425.78	393.54	92.43
2008 年	564.82	553.27	97.96
2009 年	636.53	616.45	96.85
2010 年	901.89	876.59	97.19
2011 年	1110.83	1089.67	98.10
2012 年	1024.03	995.09	97.17
2013 年	1098.69	1079.24	98.23
2014 年	1191.01	1186.53	99.62

＊非公经济利税计算方法与表3-1相同。

数据来源:泉州统计信息网

第二,泉州市民营经济形成了一批极具竞争力的产业集群。目前,泉州市已经形成纺织服装、鞋业、建筑建材、机械装备、石化产业、食品饮料、工艺制品、纸业印刷、光电产业等产业集群。除了石化产业外，其他产业中民营企业均占据绝对主导地位。其中，纺织服装、鞋业、建材家居、机械装备、石化产业 5 个产业集群每个年产值均超过 1000 亿元，建材家居和纺织服装年产值更是超过 2000 亿元。这些产业集群不仅规模大，而且产业链完整，因而具有极强的整体竞争优势。如晋江、石狮的纺织服装产业集群，目前已经覆盖从化纤、纺纱、织造、漂染、成衣加工生产到辅料生产和市场营销的所有领域，共有相关生产企业近万家，纺织服装产量占到全省的六成以上，成为具有国际竞争力的产业基地。再如晋江市的制鞋业集群，大到制鞋的机器设备，小到鞋钉鞋扣，制鞋需要的各种设备及原材料应有尽有，花样品种齐全。完整的产业链为产业规模化、集群化发展创造了良好条件。目前晋江市运动鞋和旅游鞋的产量约占全国总产量的 40%，世界总产量的 20%，被誉为"中国鞋都"。

表3　　　　　　泉州市民营企业就业人数及占比（2003—2014）

	全社会从业人员	民营企业从业人员 *	占比（%）
2003 年	3892988	3221925	82.76
2004 年	4144569	3345724	80.73
2005 年	4171542	3340450	80.08
2006 年	4642725	3725538	80.24
2007 年	4621098	3691074	79.87
2008 年	4894758	3917915	80.04
2009 年	5055558	4072428	80.55
2010 年	5215957	4223084	80.96
2011 年	5706733	4494641	78.76
2012 年	5808704	4651081	80.07
2013 年	5789397	4825318	83.35
2014 年	5879974	4972582	84.57

* 民营企业从业人员是根据《泉州统计年鉴（2016）》相关数据计算得出的，计算方法是：民营企业从业人员 = 全社会从业人员 - 城镇国有单位从业人员 - 城镇集体单位从业人员 - 港澳台投资单位从业人员 - 外商投资单位从业人员。数据不完全准确，但大体近似。

数据来源：《泉州统计年鉴（2016）》

第三，淘炼出一批具有全国影响乃至国际影响的行业龙头企业。泉州市的每个产业集群都拥有 1 家乃至几家经营规模大、市场占有率高、竞争能力强的龙头企业。如纸业的恒安集团，它是目前国内最大的生活用纸和妇幼卫生用品制造商，在全国拥有 40 余家独立法人公司，拥有固定资产 200 多亿元，生产和销售网络遍布全国，它的主导产品七度空间、安尔乐、安乐卫生巾、安儿乐婴儿纸尿裤、心相印纸品都是行业知名度极高的品牌，市场占有率连年居全国同行前茅。再如鞋业的安踏集团，它是全国最大的运动鞋生产和销售企业，在中国内地拥有 8600 家专卖店，2015 年销售收入突破 100 亿元，成为中国首个营业收入破百亿的运动品牌。与安踏类似的知名运动品牌龙头企业还有特步、361°、匹克、贵人鸟、乔丹、鸿星尔克等。此外，像纺织行业的百宏、海天等，服装行业的七匹狼、劲霸、利郎、九牧王、柒牌等，都是全国范围内该行业的领军企业。

第四，培养和锻炼出一支优秀的企业家人才队伍。经过 30 多年的市场磨炼，泉州市民营企业当中一批目光远大、意志坚定、具有现代经营意识和开拓进取精神的企业家脱颖而出。他们不仅为自己打出一片天地，而且还带动了整个行业在当地的集群发展。不仅如此，他们还把现代法人治理模式引入企业，实现了家族企业向具有完善法人治理结构的现代企业的转型，从而为企业的长远发展打下了坚实的基础。如恒安集团的许连捷、安踏集团的丁世忠、七匹狼集团的周少雄、劲霸男装股份有限公司的洪忠信、达利园集团的许世辉，等等。可以说，这样一支高素质的企业家队伍是支撑泉州经济发展的最宝贵资源。

二　从草根起步到转型升级和开放发展

泉州市民营经济是从无到有、从小到大、从贴牌加工到自主品牌经营一步步发展起来的。这一过程大体上可以划分为以下 5 个发展阶段。[1]

第一阶段（1978 年—1985 年）：侨乡"三闲"起步，乡镇企业铺

---

① 此处的阶段划分部分内容参考了时任福建省长的习近平于 2002 年 10 月 5 日在《福建日报》发表的文章《研究借鉴晋江经验 加快构建三条战略通道——关于晋江经济持续快速发展的调查与思考》，以及徐钢主编的《泉州民营经济概论》第一章，中国书籍出版社 2013 年版。

路。改革开放初期,福建晋江地区(当时还没有撤地建市)的农民根据侨乡"闲房多、闲钱多、闲劳动力多"的特点,联户集资兴办乡镇企业,将闲散的资源组合起来形成现实的生产力,促进了当地商品经济的快速发展。晋江县(今天的晋江市)的陈埭镇在1984年产值就突破1亿元,是福建省第一个亿元镇,被誉为"乡镇企业一枝花"。在榜样的带动和激励下,晋江各地纷纷兴办乡镇企业,承接外商的来料加工、来样加工、来建装配,进行补偿贸易。到1985年,泉州市乡镇企业发展到2.3万家,从业人员45万人,乡镇企业总产值达到16.6亿元,超过了农业。

第二阶段(1986年—1991年):三资企业上路,外向经济迈大步。1986年晋江地区撤销,改名为泉州市。市委市政府充分发挥侨乡海外亲朋多、关系广的优势,积极引进侨资,嫁接乡镇企业,同时大力发展三资企业。到1991年,全市累计批准三资企业1418家,实际利用外资2.85亿美元。这一阶段服装、制鞋等支柱产业开始快速发展,其中的一些企业开始组建企业集团,逐步发展成为行业骨干。

第三阶段(1992年—1998年):市场经济正名,家族企业改制。党的十四大确立了社会主义市场经济的目标模式,为多种所有制成分的共同发展提供了制度和政策保障。泉州市抓住被国家列为首批全国综合配套改革试点城市的大好机遇,全面推进国有企业股份制改革,大力发展多种所有制经济。通过实施"规模经营、科技兴企、市场拓展、结构调整、争创名牌、制度创新"六大战略,鼓励民营企业走股份化、集团化、集约化的发展道路,引导民营企业由家族式管理向现代企业制度转变。在产业发展方面,地方政府推动产业集中布局,引导以企业向专业园区集中,逐步形成了各具特色的产业集群。这一时期也是泉州民营经济发展最快的时期。

第四阶段(1998年—2003年):抓质量拼市场,树品牌创优势。1998年东南亚经济危机爆发后,市场供求格局发生了根本性的转变,无论是国际市场还是国内市场,都出现了供大于求的状况。改革开放以来市场供不应求、只要有产品就不愁卖的局面从此一去不复返了。这对于新时期中国的民营企业来说,是一种全新的挑战。如何在日趋激烈的市场竞争中胜出,这是每一个民营企业家必须要考虑的问题。他们清醒地认识到,市场总体供过于求,优胜劣汰将是一种常态。在这种情况下,只有真正满足消费者需求的产品才有市场。经过 10 年的快速发展,中国普通民众的生活已经从温饱阶段发展到追求生活质量阶段。相应地,主流需求已经从价廉转向物美,市场竞争方式也从拼价格为主转向拼质量为主。面对市场的变化,泉州市政府和企业都把提升产品质量作为突破口,选择了通过提升质量、创立品牌确立竞争优势的发展战略。泉州市委市政府在"九五"期间提出"质量立市"战略,在"十五"期间提出"品牌兴市"战略,并出台了一系列具体政策,鼓励和引导企业一方面通过技术改造提升产品质量,另一方面通过创建品牌和品牌营销,确立自己的质量标识,提高自己产品的美誉度和识别度,从而形成自己独特的竞争优势。这一战略非常成功。在短短几年时间,泉州市一大批品牌企业脱颖而出,闻名全国。从 2001 年到 2005 年,泉州市申报中国名牌、国家免检、福建省名牌产品的企业从 52 家增加到 174 家。到 2006 年,全市拥有 47 项中国名牌产品、139 项国家免检产品、291 项福建省名牌产品。在市场供求逆转的大环境下,泉州市工业总产值仍然保持着近 20% 的高增长率。泉州市民营经济不仅在激烈的市场竞争中以质取胜,站稳了脚跟,而且快速发展壮大。

第五阶段（2004 年至今）：改制上市、转型升级、开放发展。2004 年,福建省政府提出建设海峡西岸经济区的战略构想,得到国家的支持。泉州市抓住这一机遇,推动民营企业转型升级。一方面,在政府的鼓励下,民营企业通过设备更新、技术创新和技术改造,提高了节能减排能力,逐步转向低碳环保、可持续发展的道路,从而有效缓解了资源能源短缺和用工紧缺带来的压力;另一方面,在政府的引导下,民营企业通过管理创新和企业治理结构改造,从投资者管理模式向职业经理管理模式转变,使企业治理规范化,从而提升企业的管理效率。在此基础上,政府鼓励有实力、有条件的龙头企业通过上市,从家族企业转型为现代企业,为企业的规范管理和长远发展打下坚实基础。2010 年,泉州市启动改制上市"121 工程",提出用 3 至 5 年时间,完成企业改制 1000 家,上市后备企业 200 家,实现上市企业 100 家。截至 2016 年底,泉州市民营企业在国内外证券市场上市的有 101 家,位居全国地级市前列。

党的十八大以来，泉州市民营企业开展"二次创业"。他们在低成本优势不再、外向型优势削弱、侨台优势消退、先行优势被赶超的严峻形势面前，毫不妥协，毫不动摇地发展实体经济，坚定不移地加快了技术创新和产业升级步伐。通过工业化和信息化融合，推动制造业从中低端制造向智能制造和高端制造转变。海天、恒安、百宏等行业龙头企业率先在生产过程引入机器人，推广智能化控制，自动化生产，取得良好的经济效益。2016年，泉州市获评"中国制造2025"试点示范城市，市政府出台加快产业升级行动方案，启动了新一轮企业技术改造专项行动计划，并牵头组织实施纺织鞋服、机械装备、建材家居、食品产业、纸业印刷、新一代信息技术和现代物流等7个重点产业转型升级路线图，并加强了"数控一代"生产示范线的研发和智能制造示范建设。与此同时，民营企业不断加大研发投入，引进高端人才，与国际知名设计团队签订长期战略合作协议，借力国际设计资源提升设计能力，提高自主创新能力，提高产品的科技和智力含量。政府也努力打通制造企业与研发机构、创新产品的对接转化通道，政企共同推动企业产品向多元化、个性化、高端化特色转型升级。例如安踏的呼吸网3.0科技跑鞋、361°智能童鞋、特步的智能跑鞋、柒牌的智能夹克衫，以及利郎的"敦煌"、"青花瓷"、"不朽的梵高"主题男装，等等。

随着国家"一带一路"倡议的实施，泉州市作为海上丝绸之路的起点，走在了开放发展的前列。近年来，泉州市民营经济"走出去"，在海外投资设厂的队伍越来越壮大，泉州商人的足迹遍布东南亚、中东和欧美地区。截至2016年底，泉州市累计备案企业赴境外投资项目289个，投资总额32.6亿美元，而没有通过商务部门备案的海外投资项目数量超过1500个，投资总额超过80亿美元。

三　始终坚持以市场为导向——泉州市民营经济成功的基石

2002年6月，时任福建省省长的习近平专程到晋江市调研总结当地经济快速崛起的成功经验。2002年8月20日，他在《人民日报》发表题为《研究借鉴晋江经验加快县域经济发展——关于晋江经济持续快速发展的调查与思考》的文章，总结和宣传"晋江经验"。习近平指出:"晋江经济改革开放以来之所以能够持续、快速、健康发展,除了党的基本路线的指导、改革开放的时代环境和党中央、国务院及上级的正确领导等重要因素外,就其自身而言,关键在于晋江的广大干部群众勇于探索,走出了一条'以市场经济为主、外向型经济为主、股份合作制为主,多种经济成份共同发展'的经济发展道路。有关专家称之为'晋江模式'。"在文章,他总结了晋江经验的 5 点启示,其中的第一点就是始终坚持以市场为导向发展经济。晋江民营经济作为泉州市民营经济的杰出代表,正是在市场经济大潮中,审时度势,顽强拼搏,才取得辉煌的成就。十九大报告提出:"经济体制改革必须以完善产权制度和要素市场化配置为重点,实现产权有效激励、要素自由流动、价格反应灵活、竞争公平有序、企业优胜劣汰。"① 上述要求既是过去近 40 年我国经济改革发展成功经验的总结,也为下一步深化经济体制改革指明了方向。

市场经济最显著的特点,就是变化。在市场上,没有一成不变的东西。随着时间、地点、条件的改变,市场价格和供求随时都在发生变化。在市场中经营的企业,只有随着市场节奏的变化,不断地调整自己的策略和方向,才能避免遭受挫折,甚至被淘汰的命运,才有可能不断发展壮大自己。所谓以市场为导向,就是要适应市场的变化,及时作出合理应对。泉州市民营经济持续近 40 年的快速发展,正是主动适应市场变化的结果。

民营企业是市场经济的天然主体,它们对市场反应是最为灵敏。泉州市的民营企业在这一点上表现得尤为突出。泉州市民营经济的起步,就是一群不甘贫穷落后的农民,敏锐地发现市场机会并迅速做出反应的结果。晋江、石狮纺织服装产业的兴起就是一个生动的例子。

晋江是著名的侨乡。改革开放初期,当地一些侨属侨眷把海外寄回来的服装偷偷拿到市场上出售。同国内服装相比,这类服装款式新颖、色彩多样,很受消费者的欢迎,这些人通过出售洋服装取得了丰厚的收益。晋江当地的一些农民从中看到了商机,于是开办家庭作坊,仿制洋服装。他们利用海外乡亲的信息和渠道,获得生产服装的原材料和技

---

① 《中国共产党第十九次全国代表大会文件汇编》,人民出版社 2017 年版,第 27 页。

术，走出一条"市场—原料——技术"的发展道路。在很短的时间内，一大批服装生产企业像雨后春笋般发展起来。服装生产的兴起吸引了大量的海外来料、来样加工业务，这反过来进一步促进了当地服装生产的扩张。到1988年，光石狮市就有1300多家工业企业，其中70%是服装加工企业，全市有1万多家商业店铺，形成了一个"服装城"，其产品销售到全国各地，并且成为福建省重要的出口产品。服装产业起步的时候，晋江本地（石狮市于1987年12月从晋江县分立，由原属晋江县的石狮镇等3个镇组成）既不生产原料，也不生产相关的机器设备，晋江人完全是凭着对市场的敏锐感觉，利用海外资源，"无中生有"地打造出一个产值上千亿的纺织服装产业集群。

进入21世纪后，中国的市场状况发生了根本性的变化。随着中国加入WTO，市场开放程度大幅提高，大量的国外产品和国外资本涌入国内市场，国内市场逐步由"卖方市场"转变为"买方市场"。泉州市民营企业也遇到了前所未有的销售困难。在这种情况下，泉州市民营企业主动求变，在努力提升产品质量的同时，花大力气创建自主品牌。通过品牌培育和市场分销网络的开发建设，拓展全国市场，在市场形势不利的条件下仍然保持高速成长，并一举确立了自己在行业中的龙头地位。运动品牌龙头企业安踏的成功就是一个典型案例。

安踏鞋业有限公司创立于1991年。和晋江市众多的运动鞋生产企业一样，最初安踏也主要是为跨国公司生产运动鞋，没有自主品牌意识，业绩也不突出。从1997年开始，安踏实施品牌战略，进行了VI系统（视觉识别系统）建设，逐步规范商标使用。为了提高品牌知名度，扩大品牌影响，1999年，安踏公司与中国国家乒乓球队签订协议，以每年80万元的代言费聘请世界冠军孔令辉出任安踏品牌形象代言人，同一年，以孔令辉为形象代言人的电视广告出现在CCTV-5上，安踏为CCTV-5支付的广告费一年高达300万元。而安踏当时刚刚建起第二条生产线，每条生产线的年利润只有100万元左右。可见安踏为品牌营销下了多大的决心，付出多大的代价。强大的广告营销使安踏这个在晋江本地都鲜为人知的小品牌一跃成为全国知名度极高的品牌。高品牌知名度也迅速转化为高市场认知度。安踏电视广告播出2个月后，全国各地的订单蜂拥而来，安踏的销售收入从2001年的1亿元飞升到2006

年的 12.5 亿元。在巨大的成功面前,安踏"永不止步"("永不止步"是安踏的品牌口号)。2009 年,安踏成为中国奥委会合作伙伴,为中国国家体育代表团提供服装等装备赞助。安踏牌运动装也伴随着中国体育健儿出现在 2010 年广州亚运会、2012 年伦敦奥运会、2016 年巴西里约奥运会,并通过电视、网络等传媒,进入全球体育爱好者的视野。高强度的广告宣传极大地提高了品牌知名度,有效地拉升了产品的市场占有率和公司的业绩。

在加大广告宣传力度的同时,安踏公司还特别注重销售渠道的建设和销售终端的培育。安踏采取独立分销商策略,即安踏在全国各地设立分销商,分销商与安踏公司无股权关系,各分销商自行或委聘第三方零售运营商管理分散于全国各地的授权安踏零售店铺网络。所有安踏零售店均以"安踏"品牌经营,店面格局一致,并只出售安踏产品。从 2006 年到 2016 年,安踏在中国内地的零售店数量翻了一番多,达到 8860 家。强大的营销手段和健全的销售渠道使得安踏在短短几年的时间就跃居国内运动品牌的榜首。2015 年,安踏成为国内首个销售收入过百亿的运动品牌,2016 年,安踏集团销售收入达 133.5 亿元。安踏品牌连续 7 年获得全国运动鞋市场综合占有率第一名。

近年来,电子商务快速崛起,网络销售发展势头迅猛,在某些领域大有取代实体店的势头。眼光敏锐的泉州市民营企业家当然不会错过这一潮流,纷纷搭建电子商务平台,开通网上商店,整合线上线下资源,开发手机 APP,等等。他们通过多种方式和手段抓住机会做强做大自己。运动时尚品牌特步的电子商务创新就是一个典范。

特步(中国)有限公司成立于 2001 年。2009 年公司开始布局电商,并制定了特步电商 5 年战略规划(2010 年—2014 年),详细规定了每一年的具体目标和任务,并持续动态更新。到 2014 年,公司的电子商务的发展目标是:精益敏捷供应链,产品周周上新、周周翻单,线上线下移动融合,打造专业团队,提升协同作战能力。公司电商的长远目标是:推动上中下游高效协同,快速反应;线上线下全面融合,以消费者为核心的线上线下移动多品牌全面整合与推广;进一步完善多点多仓布局,尝试平台化运营,敏捷 SCM(供应链管理)成为公司核心竞争力,等等。最终目标是把特步建设成为传统品牌在电子商务领域的标杆。为了落实电商战略，公司领导多次亲自组织研讨，并邀请天猫、京东、当当等行业巨头的领导专程来公司交流。2009 年 12 月，公司在淘宝商城开设旗舰店；2010 年 5 月，公司与淘宝网签订了合作协定，通过与淘宝网的合作，增强电子商务分销平台，拓展营销管道。为了强化特步品牌的网络营销，特步电商与天猫、腾讯、京东、当当、人人网、CCTV－5、湖南卫视、安徽卫视等很多平台进行线上线下跨界合作，资源互换，并启动了线上/线下多品牌战略布局战略。在无线平台建设方面，特步电商在 2013 年下半年组建无线项目运营团队，逐步形成了近10 人的核心运营团队，横向项目参与人员达 50 人。涵盖手机淘宝特步官方旗舰店、特步童装旗舰店、特步户外旗舰店等多个店铺，以及腾讯微店、手机京东、手机官网、特步 APP 等多个移动电商子项目。在O2O（线上到线下）大发展的背景下，公司于 2013 年启动特步 O2O 项目，首先实现全国多点多仓就近发货。公司与阿里、腾讯合作，成为两大互联网平台的 KA（关键客户）发展客户，借助两大平台，联合线下店铺，实现线上人流到线下，快递包裹送到家等场景，解决线下店铺因为缺码断货等原因错失成交机会，也大幅度提升线上的消费体验，真正实现线上选款线下体验成交。为了满足客户的个性化需求，特步电商于2012 年开发了 DIY（自己动手做）设计器，客户可以利用 DIY 设计器对产品进行全方位定制，提出自己对产品功能、结构、性质、外形等方面的独特需求，公司依据 DIY 信息为消费者"量身定做"个性化产品。为了减少线上线下冲突，2011 年公司与淘鞋网合作，推出"步步庚心"系列限量版网络定制款潮鞋，开创了电商款先河，取得了极大成功。在短短半年时间里，销售额超过 2000 万元。从 2013 年起，公司大量提供网络特供商品，打造网络子品牌，抢占互联网市场。经过几年的拼搏创新，公司电商连年高速成长。2013 年度，公司成为 ECC 腾讯电商运动户外年度成交亚军。同年，公司荣获中国电子商务运营模式创新奖，是体育行业唯一一家。

注重客户需求，紧跟市场变化，这是泉州民营企业快速崛起的秘诀，也是他们能够持续发展的关键。

第二节 品牌建设创优势

一 "品牌之都"名不虚传

当一个人或一个家庭的生活度过温饱阶段,就会追求符合自己个性的高质量的商品和服务。对大多数消费者来说,他们既没有时间,也没有可能去一件件地检查甄别,那么如何在万千商品中识别出自己需要的东西呢? 在过去,往往是消费者口口相传,使那些产品质量好、服务周到的商家在消费者当中建立起良好声誉,于是就有了所谓的"老字号"。"老字号"其实就是一种品牌效应。品牌是一个信号,它告诉消费者它的产品非同一般;品牌是一种承诺,它承诺自己的产品一定让消费者满意;品牌是一种责任,它是商家对自己的产品负责到底的态度;品牌是一种担当,它是商家敢于担保自己的产品值得信赖的自信。也正因为如此,消费者愿意为品牌商品付出更高的价格,或者在同等价格前提下,优先选择品牌商品,这就是品牌溢价。

在现代市场经济中,一个产业的发展,从最初的群雄蜂起,市场鱼龙混杂,最终往往会演变到少数龙头企业占据大部分市场份额的阶段,只有到了这个阶段,市场发育才到了相对稳定成熟的阶段。而少数龙头企业就是凭借强大的品牌效应和较高的市场份额获得高于行业平均利润率的丰厚回报。因此,在现代市场竞争中,一些目光远大的企业有意识地通过品牌建设,抢占市场先机,从而奠定了企业做大做强的基础。

20 世纪 90 年代末以来,泉州市的民营企业在政府的鼓励和扶持下,通过品牌营销战略,成功地打造出一大批知名品牌和知名企业。这些品牌企业不仅自身成为行业的龙头企业,而且带动当地同类企业和整个产业链的发展,形成了具有全国乃至全球影响的产业集群。品牌建设成为泉州市民营经济做大做强的关键一步。

截至 2016 年 2 月,泉州市拥有有效注册商标 19.8 万件,平均每2.5 个市场主体就拥有一件商标。到 2016 年底,泉州市累计拥有 46 项中国名牌产品,居全国地级市第二位;拥有 152 件中国驰名商标,居全国地级市首位;拥有 266 项福建名牌产品,数量占全省的 20%。泉州市下属的南安市被批准为"全国水暖卫浴知名品牌创建示范区",晋江市获批筹建"全国运动鞋服知名品牌创建示范区"。泉州市先后荣获中国品牌经济城市、中国优秀创新型城市、感动世界的中国品牌城市,成为名副其实的"品牌之都"。从表3-4可以清楚地看出,泉州市纺织服装、制鞋、食品饮料、水暖器材、制伞等产业的中国名牌产品较多,如纺织服装和制鞋行业各有12个中国名牌产品,而上述产业集群也恰恰是泉州市在中国最具影响的几个产业集群。事实上,当一个行业发展在一定区域内形成集群时,企业之间相互竞争、相互学习、相互促进,容易形成一些高质量的名牌产品和实力强大的龙头企业;反过来,名牌产品和龙头企业提高了整个地区相关产品的知名度和行业整体竞争能力,对产业集群在该地区的发展会产生巨大的促进作用。泉州市的品牌建设战略就是一个成功的例子。

表3-4　　　　　　　泉州市中国名牌产品名单及所属行业

序号	企业名称	产品名称	所属行业
1	泉州海天轻纺有限公司	CoolDry 牌针织面料	纺织服装
2	福建凤竹纺织科技股份有限公司	凤竹牌针织面料	
3	晋江天守服装织造有限公司	天守牌人造革	
4	福建柒牌集团有限公司	柒（SEVEN）牌男西服套装	
5	九牧王（中国）有限公司	九牧王牌西裤	
6	虎都（中国）服饰有限公司	虎都牌西裤	
7	福建省石狮市威兰西服装发展有限公司	威兰西牌西裤	
8	福建宝德服饰有限公司	momoco 牌童装	
9	泉州格林服装有限公司	嗒嘀嗒牌童装	
10	盖奇（中国）织染服饰有限公司	GAIQI 牌 T 恤衫	
11	福建七匹狼实业股份有限公司	七匹狼 SEPTWOLVES 牌夹克衫	
12	劲霸（中国）有限公司	劲霸（K-boxing）牌夹克衫	

续表

序号	企业名称	产品名称	所属行业
13	福建石狮市福林鞋业有限公司	富贵鸟牌皮鞋	制鞋
14	泉州寰球鞋服有限公司	亚礼得牌旅游鞋	
15	安踏（中国）鞋业有限公司	安踏牌旅游鞋	
16	爱乐服装鞋业（福建）有限公司	爱乐牌旅游鞋	
17	泉州市三兴体育用品有限公司	特步牌旅游鞋	
18	三六一度（福建）体育用品有限公司	361°牌旅游鞋	
19	乔丹（中国）有限公司	乔丹牌旅游鞋	
20	爱奇（福建）鞋塑有限公司	金苹果（图形）牌旅游鞋	
21	福建贵人鸟体育用品有限公司	贵人鸟牌旅游鞋	
22	福建晋江德尔惠鞋业有限公司	德尔惠牌旅游鞋	
23	福建鸿星尔克体育用品有限公司	鸿星尔克ERKE（图形）牌旅游鞋	
24	福建匹克集团有限公司	PEAK牌旅游鞋	
25	福建金冠集团有限公司	金冠牌糖（糖果）	食品饮料
26	福建雅客食品有限公司	雅克牌（Yake及图）糖（糖果）	
27	蜡笔小新（福建）食品工业有限公司	蜡笔小新牌糖（果冻）	
28	福建亲亲股份有限公司	亲亲牌糖（果冻）	
29	福建福马食品集团有限公司	福马牌派类食品	
30	福建达利食品有限公司	达利园牌派类食品	
31	福建达利食品集团有限公司	达利牌饼干	
32	福建泉州市安记食品有限公司	安记牌复合调味品（香辛料调味品）	
33	福建省燕京惠泉啤酒股份有限公司	惠泉牌啤酒	
34	福建省辉煌水暖集团有限公司	辉煌水暖HHS牌陶瓷片密封水嘴	水暖器材
35	申鹭达集团有限公司	申鹭达牌陶瓷片密封水嘴	
36	中宇集团有限公司	"中宇""JOYOU"牌陶瓷片密封水嘴	
37	九牧集团有限公司	JOMOO九牧牌陶瓷片密封水嘴	
38	梅花伞业股份有限公司	梅花（及图）牌晴雨伞	制伞
39	晋江富隆洋伞有限公司	金欧牌晴雨伞	
40	晋江鸿盛雨具有限公司	雨中鸟牌晴雨伞	
41	福建雨丝梦洋伞实业有限公司空	Yusimeng（及图）牌晴雨伞	

续表

序号	企业名称	产品名称	所属行业
42	福建省佳美集团公司	佳美（及图）牌工艺陶瓷	陶瓷
43	福建冠福现代家用股份有限公司	冠福牌日用陶瓷（餐具、茶具）	
44	福建舒华体育用品有限公司	舒华牌室内健身器材（电动跑步机）	健身器材
45	福建恒达集团有限公司	AP艾派牌印刷本	纸业
46	福建省金鹿日化股份有限公司	金鹿牌盘式蚊香	日化

二 从仿牌到自主品牌发展

泉州市民营经济的品牌化发展是从最初的仿制洋货到贴牌加工再到自主创牌一步步发展而来的。[①] 20世纪80年代，泉州市大量的民营企业利用海外侨胞的信息优势，仿造国外的日用产品，销往全国各地。仿样加工为泉州市民营企业积累了资金、技术和设备。到90年代初，随着中国对外开放的进一步扩大，仿制洋货市场越来越小。泉州民营企业开始转而为国外企业代工，即贴牌加工。

贴牌加工虽然能够获得较为稳定的利润，经营风险相对较小，但是它也存在着致命的缺陷：第一，贴牌加工是"为他人作嫁衣裳"，具有很强的依附性。贴牌加工说白了，就是一个生产车间。用现代经营理念来看，它不仅只是全部生产经营活动过程的一个环节，而且按照"微笑曲线"理论，是附加值最低的一个环节。由于只是替其他企业生产产品，没有设计研发能力，也没有独立的营销体系，大多数代工企业受制于人，依附性很强，没有独立的市场地位，没有自主的发展方向。如果不改变代工经营模式，这样的企业无论经过多少年都不会有自己的市场"名分"。第二，贴牌加工由于缺少自己的品牌，难以做大做强。一个相对成熟的市场通常是垄断竞争市场或寡头垄断市场，市场上的主导企业通过提供差别化产品形成自己独特的竞争优势。这种具有自己特色的差别化产品往往通过品牌体现出来。对一些名牌产品来说，品牌溢价是

---

① 参见陆学艺主编：《晋江模式新发展：中国县域现代化道路探索》第三章第四节，社会科学文献出版社2007年版。

其利润的主要来源。它的独特功能、造型或其他特色是建立在自主研发设计的基础上的,具有自主知识产权并受到法律的保护。从市场经济发展的历史来看,品牌化发展是一个企业做大做强的必由之路。如果一个企业没有自己的品牌,没有自主知识产权,就连做跟随型企业都做不稳,更遑论做大做强。

也正是在贴牌加工过程中,泉州市的民营企业家深刻地体会到品牌的价值。一双名牌运动鞋,生产成本不过百元左右,而市场价格动辄数百元甚至上千元。1997年东南亚金融危机爆发后,国际订单急剧下降,代工企业一下子陷入困境,这更让这些企业的老板们痛切地感到没有自己的品牌,长期做贴牌加工是没有出路的,从而坚定了他们发展自主品牌的决心。

泉州市各级政府也清醒地认识到了这一点,及时出台了各种扶持政策,鼓励企业创建自己的品牌。1998年,晋江市明确提出"品牌立市"的发展战略,并召开全市企业大会讨论"品牌立市"战略,组织企业家外出考察学习品牌运作方式,并出台政策,对创牌企业进行重奖。2002年,晋江进一步提出打造"品牌之都"的口号,并出台了《晋江市人民政府关于调整充实打造品牌之都若干优惠政策的通知》,对获得中国名牌产品或中国驰名商标的企业,给予一次性奖励100万元(人民币);对获得福建省名牌产品或福建省著名商标的企业,给予一次性奖励5万元;对获得国家出口免验产品的企业,给予一次性奖励30万元(人民币);对获得国家免检产品的企业,给予一次性奖励20万元(人民币);对获得中国名牌产品或中国驰名商标的企业、上市公司、年出口总额超5000万美元的企业,提供地块供企业营建总部大厦,地价按基准地价的1/3收取;鼓励获得福建省名牌产品或福建省著名商标的企业在市区营建总部大厦,土地出让金返回20%给企业,等等。泉州市委、市政府也出台了《十五期间产业结构调整五个一批重点企业名单》、《关于争创驰名、著名商标和名牌产品工作的通知》、《泉州市关于产业结构优化升级的若干扶持措施》、《关于进一步提升民营经济发展水平的若干意见》等文件,引导和鼓励企业走"争创品牌"之路,塑造"品牌泉州"形象。

在政府的鼓励和支持下,泉州民营企业家放开手脚,各显神通,以再次创业的精神，踏上了品牌化发展的征程，并取得了辉煌的成就。著名男装品牌劲霸就是一个成功的典范。

劲霸男装股份有限公司创始于 1980 年。1989 年公司正式注册中文"劲霸"品牌；1992 年，公司注册了第一枚图形商标，但那时还没有明确的品牌发展意识。直到 1998 年，公司才跨出品牌经营的第一步。这一年，公司投入巨资导入 CIS 企业形象识别系统，对企业形象进行专业化设计，并正式启用中文"劲霸"、英文"K-Boxing"及"拳王"图形商标。2000 年，为了打造品牌形象，公司抛弃了传统的代理销售模式，开始推广特许专卖模式，统一品牌形象的专卖店开始在全国铺展。为了扩大品牌知名度，公司在 2002 年韩日世界杯期间投入近千万元在中央电视台等媒体播出广告，这是公司第一支品牌广告，取得了良好的效果，"劲霸"一下子成为大众耳熟能详的知名品牌。2006 年德国世界杯期间，尝到甜头的劲霸再度重拳出击，以 3800 万元的巨资取得了中央电视台 2006 年世界杯"射手榜"栏目冠名权，公司的知名度再次得到大幅提升。

公司的品牌战略取得了丰硕的成果。2003 年，劲霸男装入选中法文化年巴黎卢浮宫"中华民族服饰展演"，是入选的唯一一个中国男装品牌；2004 年，劲霸商标被认定为"中国驰名商标"，公司入选"中国最具生命力 100 强企业"；2005 年，劲霸夹克被评为"中国名牌"、"国家免检产品"，并以 10.31 亿元的品牌价值首度入选"中国 500 最具价值品牌"排行榜；2006 年，劲霸男装入选世界品牌实验室主板的"亚洲品牌 500 强"，成为唯一入选的中国商务休闲男装品牌；2007 年，劲霸被授予"中国服装行业年度十佳品牌"。

2007 年，公司完成股份制改造，正式命名为"劲霸男装股份有限公司"，并启动"第三次创业"，提出挺进中心城市的发展目标。同年，公司在广州设立"华南营销中心"，并将公司研发营销中心迁入上海。2007 年 11 月，劲霸以 8944 万元的价格，赢得"2008 年奥运会赛事直播中插套装广告"，并在北京奥运会开幕前一星期推出全新品牌标志"王者归来"。这一品牌营销战略再次取得巨大成功，2008 年，劲霸夹克位列全国夹克类商品市场销售量和销售额第一位。

除了电视广告，劲霸还通过公益活动、大型博展、产品发布会、灯箱、路牌等多种途径进行品牌宣传和推广。公司每年投入的宣传费用都有几千万元。

品牌的打造绝不仅仅是做广告提升知名度那么简单。任何一个持久的品牌，都首先需要得到大众认可的质量、工艺和服务等一系列内涵价值作支撑。劲霸在通过广告宣传等手段提升品牌知名度的同时，在提高产品质量和设计水平上下了更大的功夫。首先是把好原材料质量关，公司严格按照产品设计要求，选择质量上乘的品牌供应商，定点采购，先检验后使用，先小批量进货，后大批量采购，确保原材料无质量问题；其次是严把生产工序关，公司采用高效、快捷的全流程质量管理办法，实行层层负责制，让几十道工序的每位流水线操作员都负起质量责任，谁的工序出问题谁负责，为此公司制定了100多条奖惩措施，以此强化员工的质量意识；再次是严把质检关，各分厂、车间建立质量保证体系，严格把关，品质管理人员对每件即将出厂的成品进行全面检查，发现质量问题层层查找原因，追究责任，产品管理部对公司各生产环节进行高密度抽样检测。为提高检测效果，公司花费300多万元从意大利引进全套产品检测设备，从原材料、半成品到成品进行全方位的质量检测。在狠抓产品质量的同时，公司还努力改进生产装备。公司先后引进日本先进服装生产流水线、法国力克全套服装CAD。为了提高设计水平，公司在上海设立产品研发中心、信息中心、企划中心，以便更快更好地吸收欧美、韩日的服装设计精华，满足不同区域消费者的需求。公司每年推出新颖休闲男装近千款，坚持"每一款夹克，都有一处独创设计"的设计理念。公司的目标是把劲霸打造成"世界夹克第一品牌"。2011年，公司被中国纺织工业协会确立为首批首家"中国纺织服装品牌建设与供应链管理试点企业"。到2015年，劲霸男装连续第9次荣获夹克类商品市场销售额第一名。2016年，劲霸男装连续第13年入选"中国500最具价值品牌"，并以407.68亿元的品牌价值蝉联中国商务休闲男装第一品牌。

在品牌创建过程中，泉州市涌现出一大批像劲霸这样的品牌企业。仅仅在男装一个领域，除了劲霸，还有七匹狼、利郎、金豪雀、柒牌、九牧王、虎都、格林、富贵鸟、爱登堡等众多知名品牌。在运动品牌领域，泉州更是几乎囊括了除李宁外的所有知名品牌，如安踏、乔丹、特步、匹克、361°、鸿星尔克、贵人鸟、德尔惠、金莱克等，它们几乎包办了 CCTV－5 的广告，以至于 CCTV－5 一度被人们戏称为"晋江频道"。

泉州民营企业在品牌营销活动中的一个成功做法，是巧妙地利用公众对名人，特别是体育明星和影视明星的关注，请明星为自己产品代言。除了孔令辉为安踏代言，还有谢霆锋为特步代言、NBA 球星为匹克代言、孙红雷为七匹狼代言、陈道明为利郎代言、许晴为达利园蛋黄派代言、周迅为雅克食品代言，等等。这些名人广告不仅极大地提高了品牌的知名度，而且有效地促进了产品的销售。除了名人代言，泉州民企还有多种品牌营销方式。有的企业冠名一档媒体节目，如恒安集团冠名中国教育电视台的《职来职往》节目；有的企业赞助媒体的一项活动，如九牧卫浴赞助"同一首歌"演唱会，中宇卫浴赞助"欢乐中国行"综艺晚会；有的打造高规格的品牌生活体验馆，如中宇卫浴的展馆营销模式；有的通过举办赛事活动来提升知名度，如安溪铁观音的茶王赛；有的以展览方式宣传品牌，如德化陶瓷的国内外巡展；还有的通过打假来提升知名度，如七匹狼的打假活动，等等。

通过广告提高品牌知名度仅仅是品牌营销的一部分，它使消费者对品牌产品有了视觉感受。而一个品牌要想让消费者最终接受，就必须让消费者通过产品的使用，产生切身体验。首先要想方设法把产品送到消费者手中，这就需要培育覆盖全国的零售终端。零售终端建设是泉州民企特别重视的一个环节。多数企业通过区域代理商，在一定区域内铺设直销店或专卖店等零售终端，也有的企业实行特许专卖模式。目前泉州市品牌企业在全国建立区域代理商 1500 多处，各种形式的品牌专营店50 万家。

品牌营销仅仅是品牌化发展的第一步，一个品牌要做到可持续成长，既要有过硬的质量做保证，更需要不断地创新来维持消费者的忠诚度，并吸引更多的消费者。在努力提升品牌知名度的同时，泉州民营企业在产品质量的提高和研发创新能力的培育上持续不断地下功夫。首先，它们投入大量的资金进行设备更新和技术改造。2008 年，石狮市有 6 家服装企业成批更换了缝纫设备，有 3 家服装企业成批引进了电脑绣花设备，有 2 家服装企业采用电脑悬挂式吊架生产线。2009 年初，以泉州企业为主的 27 家福建纺织服装、鞋类企业组团赴德国、意大利、日本采购设备,累计购买各类设备 3000 多台,价值 6000 万美元。"十二五"期间,泉州市企业累计完成技术改造投资 2550.95 亿元,年均增长 29.9%。其次,泉州民企不断培育和提升研发创新能力。如安踏集团于 2005 年花费近千万元建立了国内首个高科技的运动科学实验室,公司每年的研发投入达到 2 亿多元,公司拥有各类专利 180 多项。恒安集团通过加大研发投入,提升产品质量,主打产品卫生巾从最初的"安乐"牌到"安尔乐"牌,再到"七度空间"牌,通过产品不断升级换代,连续多年保持国内市场占有率第一。截至 2016 年底,泉州市拥有国家级企业技术中心 8 家,省级企业技术中心 101 家,市级企业技术中心 79 家。

2008 年国际金融危机爆发后,世界经济进入深度调整期。受金融泡沫破裂的影响,国外资产价格相对较低。泉州一些民企抓住这一机会,通过收购国际品牌对产品结构进行升级,向中高端市场迈进。如安踏 2009 年斥资 5 亿港币收购了国际知名时尚运动品牌——FILA(斐乐),将产品定位在高端市场。2010 年,九牧王收购了美国休闲服饰品牌 FUN,并组建了外籍设计团队,通过对国际流行文化和潮流趋势的研究,将品牌进一步年轻化、个性化,把目标客户定位为中高端的青年消费群体。

2012 年以来,泉州市委、市政府提出民营企业"二次创业"的口号,推动企业加快转型升级步伐。其中的一项重要内容是创建国际品牌。为此泉州市委市政府出台政策,鼓励企业到境外注册商标、收购国际品牌,对单个商标新通过马德里商标注册的企业,给予最高不超过 10 万元的奖励;定期开展收购国际品牌案例评选,对获得优秀收购案例的企业,市政府给予一次性 100 万元奖励。在市委市政府的鼓励下,泉州民企加快了品牌国际化的进程。一方面,它们积极在境外注册商标,大力收购国际品牌。截至 2016 年底,泉州企业马德里商标国际注册数达到 824 件。品牌收购方面有贵人鸟收购篮球装备品牌"AND1"、安踏入股日本"迪桑特"公司等成功案例。另一方面,它们加快了国际市场的开拓。匹克是较早实施品牌国际化战略的企业之一。最初它把品牌国际化作为开拓国内市场的手段。近年来,它把重点转向国外市场的开拓。目前，匹克已在全球 160 多个国家和地区注册商标，海外代理销售网点达 200 多个，产品远销 80 多个国家和地区。2016 年，匹克的海外市场营收占总营业额的 23%。2016 年，恒安集团布局海外营销中心，设立洲际生产基地。安踏近几年也开始走国际化发展的道路，它通过整合 FILA 的销售渠道，完成了安踏品牌在全球 100 多个国家的布局。

三　品牌建设是适应市场变化、赢得竞争优势的关键

2016 年 6 月，国务院办公厅印发了《关于发挥品牌引领作用推动供需结构升级的意见》，其中指出："品牌是企业乃至国家竞争力的综合体现，代表着供给结构和需求结构的升级方向。"泉州市民营经济品牌化发展的成功，是这一观点的鲜活印证。

现代市场经济发展的历史反复表明，一个行业从诞生到成熟和相对稳定，基本上是一个从群雄并起、无序竞争状态到少数企业控制市场的垄断竞争或寡头垄断状态的过程，竞争手段也随之从价格竞争为主转向以品质和服务竞争为主。从早期的汽车、家电到今天的电脑、手机，莫不如此。纺织服装和制鞋行业基本上属于劳动密集型产业，规模效益和范围效益不显著，市场成熟状态一般是垄断竞争市场，商家通过提供具有一定特色的差别化产品，来争取目标客户群，在一定范围内获得竞争优势。但无论是寡头垄断市场，还是垄断竞争市场，利用品牌来标识自己的产品是一种普遍的竞争方式。从这个意义上说，品牌化发展是任何一个行业竞争发展的必然结果，谁在品牌化发展中捷足先登，谁就能够占得先机。泉州民营经济的成功，就在于它们比别人更早地洞察了产业发展演变的趋势，并且积极主动地适应这一趋势，率先转向品牌化经营。

十九大报告提出："促进我国产业迈向全球价值链中高端，培育若干世界级先进制造业集群。"[①] 泉州民营经济的成功实践表明，实现这一要求的有效途径是品牌化发展。通过品牌化发展，龙头企业不仅自身得以做大做强，而且带动了当地同类企业和相关上下游产业的发展，从而发展成为具有强大市场控制力的产业集群，形成集团化的竞争优势。

---

① 《中国共产党第十九次全国代表大会文件汇编》，人民出版社 2017 年版，第 25 页。

产业集群的形成反过来强化了规模化发展带来的市场效应、议价能力,以及产业链不同环节间的协同效应,降低了企业综合运营成本,进一步强化了集群的竞争优势。晋江市的运动品牌企业集群就是一个典型的例子。改革开放以来中国最早诞生的运动品牌是李宁牌。李宁的很多经营策略,如赞助中国体育团队、明星广告、渠道建设等,是非常正确的,也是非常领先的,以至于在很长时间里李宁在国内一枝独秀。但是在广东三水,甚至在佛山地区,始终没有形成一个以李宁为核心的体育产业集群。这么多年来,始终是李宁一家单打独斗。由于缺少规模效应,经营成本相对较高。而且当经营策略出现失误时,由于缺少对比,难以及时发现和纠正,以至于每一个错误都会付出很大的代价,这严重制约了李宁的发展。相反,晋江的运动品牌由于是集群经营,不仅运营成本相对较低,而且可以相互学习借鉴,共同提高,所以它们能够在很短的时间里共同崛起。

集群化的竞争优势一旦形成,就很难撼动。首先,集群化的成本优势和强大的市场扩张能力对后来者而言,都是一道无形的进入壁垒。近10年来,晋江的运动品牌企业一直以惊人的速度扩张,在中低端市场,几乎独霸全国。在晋江企业群崛起之后,国内再也没有出现一家具有全国影响的运动品牌企业。其次,集群内部企业之间的竞争是推动产业集群整体提升的内在动力。集群内部的企业之间是一种既合作又竞争的关系,一方面在诸如原材料和设备采购方面,它们相互合作,一致对外,形成强大的集体议价能力;另一方面,它们在技术创新、市场销售方等方面又存在利益对抗,因而明里暗里相互竞争,你追我赶,这客观上推动了整个产业集群的整体发展。无论是泉州的纺织服装、运动品牌,还是水暖器材,都是得益于集群内部企业之间的竞争,才最终整体做大做强的。

因此,从根本上说,泉州民营经济的成功,是泉州民企集群发展的成功,而产业集群的成功,在很大程度上是由于它们选择了品牌化发展的道路。

泉州市民营企业品牌化发展之所以取得成功,主要得益于以下几个因素。

第一,地方政府的高度重视和政策扶持。由于中国各级政府掌握着大量的资源，特别是最重要、最稀缺的资源，而且它对市场的干预往往是直接的，所以，政府的政策取向对一个地区的经济发展具有重大影响。例如，晋江市民营企业在品牌化发展过程中，处处可见政府的引导和推动作用。当东南亚金融危机爆发，境外订单锐减，许多民营企业彷徨无路时，市委市政府召开企业家大会进行公开讨论和动员，请专家学者讲解，取得企业家们的理解和支持，形成"品牌立市"的共识；当企业家苦于缺少品牌建设的经验时，政府组织企业家们外出学习一些著名品牌的运作方式；当企业家们信心不足时，政府出台政策，对创牌企业给予重奖；当国内市场逐渐饱和时，政府出台政策扶持企业创建国际品牌，等等。这一系列政策对晋江民营企业品牌化发展战略的成功无疑起到巨大的助推作用。

第二，企业家精神。它具体表现在3个方面：一是拼搏精神。一讲到"晋江经验"，人们总会提到闽南商人的爱拼敢赢的企业家精神。这确实是泉州企业家敢于冒险、敢为人先的创业精神的精准概括。这一点在花天价做广告这件事上表现得淋漓尽致。劲霸敢于拿出将近一半的家产购买央视2006年世界杯"射手榜"栏目冠名权；利郎在经营最为困难的时候，顶住压力，花巨资请明星代言自己的产品。正是这种敢于一搏的精神，才使泉州民营经济走在别人前面。二是永不满足的向上精神和创新精神。选择品牌化发展就是这种向上精神的一个真实写照。20世纪90年代，晋江的纺织服装和制鞋企业通过承揽境外企业的贴牌加工业务，已经积累了大量的财富。像安踏这样当时在晋江并不出名的企业，也有几百万的资产，这在当时绝对是一笔惊人的财富。如果他们满足于现状，或就此收手，小富即安，日子也会过得不错。但是他们没有满足现状，而是宁愿冒着可能失败、已经到手的财富付之东流的风险，不断创新，努力把企业做得更大，做得更强。这种永不满足，永远在路上的精神正是泉州民营经济能够在长达近40年时间里持续成长的不竭动力。三是专注本业的工匠精神。近年来，实体经济由于普遍过剩导致利润下滑，很多实体企业抵挡不住高回报的诱惑，置主业于不顾，转向房地产市场和资本市场，甚至连一些行业标杆企业也沦陷了。但是泉州的绝大部分民营企业，特别是行业龙头企业始终坚守本业，努力在行业内深耕。中低端市场饱和了，就努力向高端市场拓展；国内市场饱和了，就设法向国外市场拓展，但自始至终不放弃本业。这种坚守本业的精神是真正的企业家精神，因为他把企业作为一项事业来经营，而不仅仅是赚钱；他的目标是事业的发达，而不仅仅是丰厚的利润。这是企业家与商人的本质区别。恒安集团首席执行官，有"闽南企业教父"之称的著名企业家许连捷曾经说过，凭他的地位和人脉，圈一块地搞开发并不困难，但是他只想把卫生巾、卫生纸做好。也正是凭借着这种坚守精神，恒安集团才会有今天国内行业老大的地位。劲霸公司创始人洪肇明的人生座右铭是：一个人一辈子能把一件事做好就不得了。劲霸的广告语是"专注夹克30年"。可以想见，如果没有这种专注，绝不会有今天的劲霸。泉州品牌的集群式崛起，绝不是花巨资打广告就能够成就的，其背后的支撑性力量，正是这种专注本业的企业家精神。当前中国经济正处于转型升级的关键时期，企业家的坚守精神和创新能力将是决定转型成败的决定性因素之一。十九大报告明确提出要"激发和保护企业家精神，鼓励更多社会主体投身创新事业"，要"弘扬劳模精神和工匠精神"[①]。因此，学习和发扬泉州民营企业家爱拼敢赢、勇于创新的企业家精神具有重要的现实意义。

第三节　改制上市促转变

一　泉州市民营企业组织制度的演变

改革开放初期，晋江、石狮等地的农民采用联户集资、挂靠社队企业的办法，兴办起第一批乡镇企业。这些企业由私人出资，私人具体经营，自负盈亏，挂靠社队企业只是为了取得开展生产经营活动的合法身份。这些企业的出资者又是经营者，同时还是企业的主要劳动力，从实际情况看，它是一种松散的股份合作制性质的企业，是今天泉州市民营企业的源头。

联合集资的经营模式机制灵活，形式多样，能够有效地集聚和组合各种生产要素，在短时期内形成现实的生产力。在工业基础薄弱的晋江地区，它是推动乡镇企业起步的一种十分有效的形式。所以在很短时间

---

① 《中国共产党第十九次全国代表大会文件汇编》，人民出版社2017年版，第25页。

内晋江等地乡镇企业如"满天星"般遍地开花。据晋江县统计，1985年全县乡镇企业总数为 5581 家，其中联户集资企业 3997 家，占71.6%；乡镇企业就业人数 16.48 万，其中联户集资企业就业人数9.62 万人，占 58.4%；乡镇企业总收入 7.32 亿元，其中联户集资企业收入达 4.69 亿元，占 64%[①]。但是到了 20 世纪 80 年代中期，随着市场竞争的加剧，这种模式的缺陷逐步暴露出来。由于制度不规范，不健全，企业资产缺乏稳定性，如一些股东退出，导致企业建、拆频繁，不利于企业长远发展。为了解决这一问题，从 1986 年开始，晋江县委县政府一方面帮助联户集资企业完善各项规章制度，引导企业向规范的股份合作制过渡；另一方面又通过内引外联和嫁接外资，引进先进的管理制度和方法。许多民营企业改变了家庭作坊式的生产经营方式，开始建设标准厂房，建立规范的管理制度。通过对乡镇企业的管理改造，企业的组织架构趋于稳定，管理制度得到完善，逐步向现代企业过渡。

党的十五大之前，由于民营经济的政治和法律地位没有明确，泉州众多的民营企业通过挂靠集体企业的方式，戴上"红帽子"，从而获得体制的庇护。但是这种挂户经营的方式由于企业产权缺乏明确的法律保障，民营企业家心有顾虑，影响到他们投资的积极性；挂户者与挂靠企业之间的权利和责任划分不清楚，二者之间容易发生纠纷。随着民营经济政治和法律地位的落实，民营企业迫切要求摘掉"红帽子"。党的十四大之后，国家加大吸引外来投资的力度，对"三资企业"给予税收等优惠政策，泉州很多民营企业为了获得政策优惠，便以海外亲戚的名义投资办厂，或者通过海外亲戚虚假注资的方式，获得"三资企业"的身份，戴上了"洋帽子"。随着国家对"三资企业"优惠政策的取消，"洋帽子"好处没有了，而产权不清的问题却凸显出来。为了清除掉阻碍民企发展的这两顶"帽子"，晋江市于 1999 年 10 月召开了全市企业制度创新专题会议，成立晋江市企业改制工作领导小组，出台实施《关于甄别理顺企业经济性质的若干意见》和《关于扶持企业创新若干优惠政策》，引导企业甄别经济性质，理顺产权关系。到 2004 年底，晋江市基本完成了民营企业的"摘帽"工作，还原了民营企业的本来面

---

① http://www.51edu.com/guanli/baike/350582.html

目。为民营企业发展解除了后顾之忧。

进入 20 世纪 90 年代后，国内市场短缺的状况逐步发生改变，市场竞争日趋激烈。泉州民营企业规模小、经营分散，市场竞争力不强，而家族企业产权的封闭性成为民营企业做大做强的主要障碍。在这种情况下，泉州市政府和企业联手，共同推动民营企业通过兼并重组，扩大规模，向产销一体化、规模一体化或多元化的方向发展，以增强企业经营实力和市场竞争能力。一方面，鼓励家族式企业通过与其他企业合资、合作、联合、兼并，引入外部产权主体，将家族式企业改造成为以法人产权制度为核心的公司制企业。如 1998 年晋江 3 家公司通过联合重组，成立福建亲亲股份有限公司，短期内业绩得到大幅提升。另一方面，政府以建设成片开发区为载体，引导行业龙头企业通过强强联合或强弱联合，打造企业集团。1991 年，石狮市 60 余家企业以股份制形式联合组建了福建省第一家乡镇企业集团——新湖集团，取得了巨大成功。到 2001 年，泉州市共有企业集团 121 家，固定资产净值 88.45 亿元，实现产值 156.52 亿元，上缴税金 8.6 亿元，成为当地经济发展的骨干力量。在企业集团组建的同时，也加快了企业股份制改造的步伐，部分集团公司引入专家治理，并向社会公众增资扩股，股权分散化趋向日趋明显，企业治理结构逐步得到规范。泉州民营企业的兼并重组和公司制改造，为民营企业健康快速发展打下了扎实的制度基础，也为下一步通过上市向公众公司转型创造了条件。

二　政企合力推动民企上市

市场经济的发展历史表明，建立现代企业制度是市场经济条件下企业做大做强并实现长远稳定发展的最优制度选择，而在资本市场挂牌上市是推动企业转换经营机制、建立现代企业制度的有效途径。因为企业上市有非常严格和规范的制度要求和制度约束，如清晰的产权结构、规范的法人治理结构、严格的财务管理制度和信息披露制度，等等。企业要想获得上市带来的财富效应、融资效应、广告效应和人才效应等收益，利用资本市场发展壮大自己，首先要建立现代企业制度。所以上市客观上推动了企业组织制度向现代企业制度的转变。

在相当长时间，泉州市民营企业对于改制上市并不积极。在 2000

年之前，尽管泉州市的经济总量占到全福建省的四分之一，但无论是改制企业数量，还是上市企业数量都远远落在其他地区后面。截至2001年底，福建省股份制企业有249家，泉州只有27家，占比不到11%。这27家股份制企业中，绝大多数的总股本在1亿股以下，其中股本最大的不足3.2亿股，最小的仅2000万股。全省境内上市公司有42家，泉州只有福建豪胜和石狮新发2家，仅占不到5%；2家上市公司从我国主板股票市场筹集资金仅2亿多元，只占全省同期比例的2.3%。①究其原因，主要是泉州民营企业家观念滞后，资本运作意识不强。就连安踏集团总裁丁世忠在当时都认为既然公司不缺钱，就没必要进入资本市场，甚至对外来投资者都持拒斥态度。

2000年以后，随着《公司法》的颁布，泉州市的民营企业家们逐步认识到改制上市对企业做大做强的重要意义，主动加快了从股份合作制向现代公司制转变的步伐，积极为上市做准备。泉州市统计局企调队2004年对泉州市百家民营企业改制上市情况专项调查结果显示：67.1%的企业有意向改造为股份有限公司，改制后40%的企业有强烈上市愿望②。丁世忠也是在这个时候认识到企业发展到一定规模要进一步发展，就需要正规化和系统化的运营，就必须上市。上市不仅可以募集资金，还可以使公司治理规范化，消除家族企业的管理弊病，更易于吸引人才。特别是李宁公司于2004年成功上市后，更加坚定了安踏公司上市的决心。2007年7月，安踏在香港联交所成功上市。

泉州市委市政府也认识到，泉州民营经济到了需要改变的关键时候了。2001年3月，以市委书记、市长为首的泉州市党政代表团赴江苏、上海考察，围绕"增强经济发展后劲"，民营企业的改制以及上市等重大问题进行调查研究。通过调研，他们深切地感受到企业改制上市不仅对于促使企业制度创新，推动企业资本运作，增强企业发展后劲具有重大作用，而且对一个地区产业结构的调整以及影响力的扩大也有巨大的促进作用。因此，泉州市委市政府把鼓励和扶持民营企业改制上市作为

---

① 《泉州民企：上市的春天来了!?》，载《泉州晚报》海外版，2002年2月7日。http://www.qzwb.com/gb/content/2002-02/07/content_405564.htm

② http://finance.sina.com.cn/roll/20041217/10031232486.shtml

下一步工作的重要抓手。为此，市委市政府鼓励有条件的县（市、区）成立上市工作领导小组及办公室，具体落实有关企业改制上市的各项工作。2002 年初，市政府出台了《泉州市人民政府扶持企业上市的若干意见》，对政府相关部门服务企业上市提出了具体要求，并对上市企业在土地使用优惠、财政支持等方面作出具体规定。文件规定，进入辅导期的股份有限公司，辅导期满并通过验收的，市政府给予奖励 30 万元，以此提高企业上市的积极性。在政府的鼓励和推动下，泉州民企上市的步伐明显加快。2002 年—2004 年，泉州市共有 6 家企业在国内外上市，其中国内 3 家，香港 2 家，新加坡 1 家。2004 年，泉州市政府发布《利用资本市场促进经济发展的意见》，提出通过 3—5 年的努力，使泉州市成为利用资本市场比较活跃的地区，并形成独具特色和魅力的"泉州板块"的目标，并继续加大对优质企业改制上市的扶持力度，降低企业改制上市成本。如文件规定，进入辅导期的股份有限公司，同级地方财政对其辅导期年度及以后共三年内，每年上交企业所得税比前一年增长的地方分成部分，列入支出预算，作为扶持企业上市发展资金奖励给企业。2005 年—2009 年，泉州民企上市数量大幅增长，5 年间共有 29 家企业在境内外上市。

2008 年国际金融危机和经济危机爆发后，泉州市委市政府以此为契机，大力推动民营企业转型升级。鼓励和支持民营企业改制上市是其中的一项重要内容。2009 年，泉州市政府出台《泉州市人民政府关于进一步推进企业上市工作的若干意见》，要求加大力度，推进企业上市；强化措施，加大支持扶持；积极引导，支持项目落地；积极应对，加大社会保险和信贷支持。2010 年 2 月 24 日，泉州市委、市政府泉州市召集 1000 多名企业家，举行"推动企业上市提升管理水平"大会，会议鼓励企业积极利用资本市场，提升管理水平，推动泉州市从经济大市迈向经济强市。会上还对匹克、劲霸等 19 家上市和改制企业给予数百万元的重奖。市委书记在讲话中指出："我们鼓励上市，因为上市，企业将明晰产权，建立科学、透明、高效的现代管理制度，这是个转型升级、脱胎换骨的过程。我们鼓励上市，因为上市，企业将迅速打开融资的大门，为规模的扩张、长远的发展，提供更为强劲的动力。我们鼓励上市，因为上市，有利于企业广泛集聚优秀人才、先进技术和管理经验,加快突破'二次创业'的瓶颈制约。我们鼓励上市,因为上市,会带来企业家观念的更新、观念的提升、观念的现代化,将更好更快地实现企业家心中的梦想。"同日,市政府出台《泉州市人民政府关于进一步推进企业改制上市工作的意见》,进一步加大对民企改制上市的支持力度。如文件规定,市政府设立"扶持企业改制上市专项资金",由市财政在年度预算中安排,用于扶持企业改制上市;重点上市后备企业与具有证券从业资格的中介机构正式签订上市服务协议并改制为股份有限公司,在办理工商注册登记后,市政府给予 30 万元资金奖励;重点上市后备企业申请材料经中国证监会受理,市政府给予 50 万元资金奖励,等等。为了具体落实推动企业改制上市工作,泉州市启动实施企业改制上市"121 工程",提出用 3—5 年时间,累计完成改制企业 1000 家,培育上市后备企业 200 家,实现境内外上市企业 100 家。在政府的推动和支持下,泉州民营企业积极采取各种行动。2010 年—2012 年,泉州市企业上市达到高潮,3 年间共有 35 家企业在海内外上市。

党的十八大以来,泉州市委市政府继续推动民企上市工作。2015年 10 月,市工商局出台了《关于支持和服务企业上市发展的若干意见》,从放宽名称限制、组建集团、支持投资及并购重组、引导品牌战略等 10 个方面出台扶持政策。2016 年 4 月市政府发布的《泉州市"十三五"规划纲要》中,把推动企业上市作为深化金融服务实体经济改革的一项重要工作。2013 年—2016 年,泉州市又有 24 家企业在境内外上市。

三 改制上市的丰硕成果

多年来,泉州市委市政府把推动企业上市作为提升管理水平、促进产业转型升级的重要抓手,增强区域经济发展水平和综合竞争力的重要战略,推动泉州从经济大市迈向经济强市的重要动力,在思想上高度重视,政策上大力扶持。经过不懈努力,泉州市民企改制上市取得了丰硕成果。截至 2016 年底,泉州市共有境内外上市企业 101 家,其中境内A 股市场 19 家(上交所 9 家、深交所 10 家(中小板 9 家、创业板 1家)),境外 82 家(香港 36 家,台湾 5 家;新加坡 12 家、德国 7 家、韩国 6 家、马来西亚 5 家、美国 4 家、英国 3 家、澳大利亚 3 家、加拿大 1 家)。上市公司数量位居全省首位,在全国地级市中名列前茅。上市公司市值约 5000 亿元(境内上市公司约 1890 亿元、境外上市公司约 3100 亿元)。初步形成了资本市场上的"泉州板块"。其中,晋江市作为一个县级市,拥有 46 家上市企业,位居全国县级市首位。其中 6 家公司在国内 A 股上市,14 家公司在香港上市。46 家上市公司通过资本市场募集资金折合人民币约 390 亿元(其中首发融资金额折合人民币约 199 亿元),证券市场总市值超 2000 亿元。

改制上市对民营企业的发展产生了巨大的推动作用。对上市企业而言,通过改制上市给它们直接带来的好处主要有以下 3 个方面:

第一,拓宽了企业的融资渠道,为企业赢得了宝贵的发展机会。企业上市最直接的目的是融资。相较于银行贷款或发债等债券融资方式,上市融资作为股权融资,在融资的同时不会增加企业的债务负担,筹得的资金可以为企业改善生产经营条件或进行扩张提供必要的资金支持。对于正处于高速成长中的企业而言,上市融资带来的巨量资金为它们的顺利扩张提供了巨大的支持。

截至 2016 年底,泉州市 101 家上市公司累计融资额折合人民币达 672 亿元,其中,达利食品首发融资额最多,折合人民币超 73 亿元,安踏、百宏实业和九牧王均超过 25 亿元。这些资金为企业改进技术、开拓市场提供了强大的支持,为企业做大做强发挥了重大作用。以安踏体育为例。安踏体育于 2007 年 7 月在香港联交所上市,募集资金 31.68 亿港元。根据融资计划,募集资金的主要用途是市场推广和销售渠道建设,公司将投资 11 亿港元用于市场推广,5.5 亿港元用于零售业务扩张,4.4 亿港元发展区域销售办事处。募集到的资金约 2/3 用于市场营销方面,对公司未来的业务高速扩张发挥了重要作用。经过多年的努力,目前公司已经形成了单聚焦、多品牌、全渠道管理策略,并拥有完整的分销网络,包括街铺、商场、百货公司、奥特莱斯及电子商贸渠道。截至 2016 年底,公司公司在全国建立安踏专卖店(包括安踏儿童独立店)8860 家,比 2006 年增长了一倍多;FILA 专卖店(包括 FILA KIDS 独立店)802 家,DESCENTE 专卖店 6 家,实现了从大众市场到高端市场的全覆盖。强有力的营销策略和完善的销售渠道有力地助推了公司业绩的增长。从 2007 年到 2016 年,公司上市的 10 年间营业收入从 29.89 亿元（人民币）增长到 133.46 亿元（人民币），增长了 3 倍多。

第二，推动了企业从家族式管理向现代企业制度的转型。泉州市民营企业在联户集资起步过程中，主要依托家族纽带聚合资源，长期以来家族经营是民营企业主要的经营管理模式。但是随着企业规模的扩大和市场竞争的加剧，家族式管理越来越不适应，然而由于亲缘关系错综复杂，改革的难度很大。通过上市的方式来推动企业改革管理体制，则容易为大多数股东接受，因为上市带来的创业利润使所有股东受益，从而减少了改制的阻力。泉州市民营企业上市的实践也证明了这一点。例如恒安集团就是通过上市成功地实现了从家族式企业向现代企业制度的转变。恒安集团创业时，核心团队基本是熟人，很多人之间有亲戚关系，造成公司的管理层家族化严重。这种家族式管理对于科学决策及规范管理造成极大的负面影响，最终阻碍企业的长远发展。意识到这些问题，公司 CEO 许连捷主动提出了上市，主要目的是通过上市来建立规范的公司治理结构。1998 年公司在香港上市后，很多股东一夜之间成为百万富翁和千万富翁。公司上市后，开始大刀阔斧地改革管理体制，包括劝退一些到龄、业绩不佳的创业元老。仅在 1999 年上半年公司就劝退了 41 个创始人，包括许连捷的舅舅。2001 年，恒安花 560 万美元巨资聘请美国咨询公司汤姆斯，推动管控架构的调整，逐渐确立了"准事业部"的体系；2007 年，许连捷提出实施第二次管理变革，公司请来美国管理咨询公司博斯做目标管理；2014 年，恒安签约 IBM，以供应链转型为切入口，旨在打造大数据产业模式。通过不断改进公司管理体制，恒安的业绩实现了飞跃式增长。2005 年到 2015 年，集团的营业收入从 30.30 亿元（港币）增加到 244.50 亿（港币）；股票价格从 1998 年刚上市的 2.8 港币上涨到目前（2017 年 5 月 3 日）的 58 港币；总市值由 28 亿港币增长到 698.84 亿港币。

第三，提高了公司的商誉和品牌知名度，为公司业务的顺利开展创造了便利条件。由于资本市场对上市企业有较为严格的要求，能够满足上市条件并成功上市这一点本身就是对公司管理水平、经营业绩和发展潜力的肯定，因而上市本身就是对公司形象的一次重要宣传。这对于公司今后业务的开展具有极大的帮助。不仅如此，公司上市后，就成为广大投资者的投资对象,引起他们的广泛关注,十分有利于公司品牌知名度的提升。如九牧王、贵人鸟等企业通过在国内主板上市,其品牌知名度明显提升。

改制上市对泉州市经济的整体发展的产生了巨大的促进作用。近年来,泉州市委市政府以推动龙头企业改制上市为抓手,推动民营企业全面转型升级,取得了良好的效果。民企改制上市,对泉州市民营经济的整体带动作用非常明显,主要表现在以下两个方面。

第一,改制上市带动了产业集群的形成和整体发展。泉州民营企业上市呈现出非常鲜明的集群化特色。几个在国内处于优势地位的产业集群,其龙头企业纷纷上市。如纺织服装产业集群有金犀宝、华丰纺织、凤竹纺织、化纤科技、协胜协丰、百宏实业、福联面料、七匹狼、利郎、希尼亚、卡宾服饰、富贵鸟、九牧王、诺奇股份、虎都、格莱德等多达十几家上市企业;运动鞋服产业集群有安踏体育、特步体育、匹克体育、361度、贵人鸟、喜得龙、东亚运动等上市企业;食品饮料产业集群有惠泉啤酒、达利食品、蜡笔小新、安记食品、亲亲食品等上市企业。一方面,产业的龙头企业通过改制上市得到持续快速成长,进而带动了当地产业集群的形成和发展;另一方面,产业集群的整体发展,促进了龙头企业的发展壮大,使得更多的企业具备了上市的条件。这样,上市企业与产业集群之间形成一种正反馈机制,相互促进,共同发展,从而带动了当地经济的快速成长。

第二,改制上市推动了泉州市民营企业转型升级的进程。首先,上市加快了民营企业改制转型的步伐。根据规定,企业上市首先必须改制为股份有限公司,很多民营企业为了争取上市,把家族公司改制成为股份有限公司,使公司管理体制规范化。截至2016年底,泉州市改制和新设立的股份有限公司达到463家,居全省首位。其次,泉州市很多民营企业通过上市融资,加快了技术改造和升级的进度,它们利用资本市场平台,在并购重组、产融结合、智能化运用、"互联网+"等领域积极发挥示范带动作用,加快了相关行业整体技术升级进程。如皮革企业兴业科技2015年定向增发近8亿元,其中2.8亿元用于投资工业智能化技改项目,项目建成后预计每年能产生3800万元的利润。在上市企业最多的晋江市,上市企业的整体带动作用更为突出。目前,晋江上市企业行业类型已从最初的纺织服装、体育用品、造纸类等传统行业，拓展到建筑陶瓷、新能源、食品、伞业、机械、电子、网络游戏等多个行业。由于上市公司的示范作用，带动了一大批企业纷纷仿效、规范运作，促进晋江整体产业水平提升。全市有超过40%的规模以上企业导入精细管理模式，有超百家企业在产品设计开发、生产制造等环节导入综合性管理信息系统，2013至2015年间，全市累计实施晋江级企业重点技术改造项目507个。尤其是改制上市企业在智能制造、电子商务、模式创新、跨界融合等新领域先行先试，进一步激发了晋江产业活力。

第四节 面向未来开新局

一 泉州市民营经济转型升级面临的难题

十九大报告为我国未来几年产业结构调整指明了方向："支持传统产业优化升级，加快发展现代服务业，瞄准国际标准提高水平。"[①] 泉州市民营经济同样面临着进一步转型升级的艰巨任务，需要推动民营企业由做大向做强转变。我们认为，要实现泉州经济转型升级的重大目标，需要着力解决好以下两个事关全局的重大难题：

第一，主导产业偏低端导致发展后劲不足。泉州市民营经济是在不到40年的时间里，从无到有，从小到大，一步步发展起来。在产业选择上，它们抓住改革开放初期市场短缺的机会，发展资金、技术门槛较低的服装和制鞋等劳动密集型产业，并一步步做大。直到今天，纺织鞋服等产业依然是泉州市的主导产业之一。以晋江市为例，2016年，五大传统产业（纺织服装、制鞋、建筑陶瓷、食品饮料、纸制品及包装印刷）规模以上企业产值合计3070.1亿元，占全市规模以上工业产值的78.2%。而五大新兴产业（智能装备制造及机械制造、汽车制造及零部件、新材料、光伏电子、海洋生物）规模以上企业产值合计只有436.1亿元，仅占全市规模以上工业产值的11.1%。传统产业占比过高的状况给泉州市民营经济未来发展带来一系列不利影响。首先，由于传统产

---

① 《中国共产党第十九次全国代表大会文件汇编》，人民出版社2017年版，第24—25页。

业的市场发展空间越来越小，泉州市经济未来发展受到极大制约。纺织品、服装和食品属于基本生活资料，随着人们收入的提高，收入中这部分的开支占比越来越小。这意味着，随着中国经济的发展和公众生活水平的提高，上述产品市场需求的增长越来越低。这对相关产业未来的增长形成天花板式的限制。对于传统产业占主导的泉州而言，如果不能尽快完成产业升级，未来经济很难实现持续增长。其次，传统产业还面临着成本和环保方面的压力。传统产业多为劳动密集型产业，工资支出等劳动力成本是产品成本的主要部分。随着我国经济的发展和人口增长的放缓，劳动力成本上升是一个必然的趋势，特别是最近 10 年，中国劳动力成本上升很快，这在很大程度上削弱了传统产业的竞争力。此外，像纺织印染、建筑陶瓷和食品等产业属于高污染产业，可以想见，未来面临的环保压力将越来越大。第三，传统产业还面临着外部的竞争。来自外部的竞争主要有两个方面：一方面是来自国内中西部不发达地区的竞争，这些地区劳动力成本相对较低，导致传统产业有向中西部地区转移的趋势；另一方面是来自东南亚和非洲等不发达国家的竞争，近年来，许多跨国纺织服装和制鞋企业纷纷把工厂从中国等地转向上述地区，利用这些地区低廉的工资水平来降低成本，甚至泉州本地的一些企业也在东南亚地区建立生产基地，这对泉州市传统产业造成巨大冲击。上述三方面的不利影响如果不能正确应对，会严重抑制泉州民营经济的发展速度，削弱民营企业的发展后劲，甚至动摇泉州纺织鞋服等产业多年拼搏才确立的优势地位。

第二，高科技人才相对匮乏制约着高新技术产业的发展。在人类社会发展的不同阶段，经济发展所倚重的核心生产要素是不同的。在农耕时代，核心生产要素是土地；在传统工业时代，核心生产要素是资本（主要是机器设备）；在现代后工业时代，核心生产要素是人才（人力资本）。泉州经济目前正处于由传统产业向现代产业大规模转型升级的关键时期。2016 年 6 月，泉州市政府启动了全面推进"数控一代"示范工程和"泉州制造 2025"行动；2016 年底，泉州市正式获批"中国制造 2025"试点示范城市。在未来 10 年，泉州市将围绕智能制造、质量品质提升、服务型制造三大重点，加快工业化和信息化的深度融合，大力发展智能制造，助推产品、产业链乃至经济整体迈向中高端水平；

加快工业化和服务化深度融合，促进泉州制造业由生产性制造向服务型制造转变。而所有这一切要落到实处，离不开高科技人才的支持。目前看来，这恰恰是泉州的短板。一般来说，人才的来源有两个：内部培养和外部引进。内部培养需要当地有高水平的大学、研究机构以及相关的产业。泉州市到目前还没有一所排名在全国前 100 位的大学。水平相对较高的华侨大学，其理工学科却搬迁到厦门。就研究机构而言，泉州缺少国家级的专业研究机构，人才集聚不多；就高新技术企业而言，改革开放前泉州属于台海前线，国家很少投资，除了微波通信技术方面的企业有一定的基础，其他几乎都是空白。现有的高新技术企业成立时间短，规模小，人才积累有限。所以在短时间内，泉州市靠内部培养难以解决人才需求，特别是高端技术人才的需求。从外部引进人才也需要一系列的条件，除了优厚的报酬之外，还需要良好的工作和生活环境，以及先进的研究平台和较为浓厚的研究氛围。目前中国人才流动的一个显著趋势是人才向北京、上海、深圳这样的中心城市集聚。泉州作为一个三线城市，在吸引人才方面存在着明显的劣势。近年来泉州市虽然下大力气引进了中国科学院、华中科技大学、哈尔滨工业大学等专业技术公共服务平台 33 个，集聚电子信息、装备制造和系统集成方面的高层次人才 700 多人，但由于合作时间短、合作层次也较浅，总体来看，还是远不能满足泉州产业升级对人才的需求。

二 泉州市民营经济未来发展的建议

过去 40 年里，泉州市民营经济依靠侨乡独特的优势抢跑起全国，成功起步；又通过实施品牌战略，集群发展，率先做大做强；再通过改制上市，初步实现了企业的转型升级。坚持不懈的努力和正确的发展战略使得泉州民营经济保持持续的高速增长，并确立泉州民营经济在纺织服装和运动鞋服领域的国内领先优势。泉州民营企业这种爱拼敢赢，永不止步的创业精神，是它们做大做强的根本保证，所以我们有充分理由对泉州民营经济的未来发展满怀信心。问题永远会有，关键是能不能正视问题，有没有勇气解决问题。我们认为，泉州市委市政府可以通过以下发展思路来解决前面指出的两个问题。

第一，对于产业偏低端的问题，可以有短期、中期和长期的发展思路。短期内，传统产业的发展思路应该首先以做大为主，通过做大来做强。未来几年，随着中国贫困人口的减少和人民生活水平的不断提高，纺织鞋服等传统产业的中低端产品在国内仍有一定的发展空间。泉州民营企业应继续发挥品牌优势和价格优势，重点从需求端入手，在市场营销方面下功夫，进一步扩大国内市场的占有率。在拓展国内市场的同时，还应借助国家"一带一路"战略，积极向南亚、东南亚、南美和非洲等地区拓展市场。泉州市政府应主动做好与上述国家和地区政府的沟通和交流，并为企业提供相关的市场和法律等方面的信息服务，为产品进入当地市场铺路搭桥。通过扩大市场占有率，进一步稳固市场地位，为下一步的跨越式发展打下扎实基础。

中期内，泉州传统产业应该通过兼并重组，实现跨越式发展，每个行业形成几家具有市场控制力的领袖企业。目前泉州民营经济虽然已经形成不少知名度较高的品牌企业，但是同国际龙头企业相比，规模差距悬殊，赢利能力和研发能力都不在一个档次。从中长期看，传统企业进军高端市场是必然趋势，迟早要与国际大品牌展开面对面竞争。但是如果企业没有足够大的规模，没有足够的赢利能力，就不可能有足够的研发投入，而如果没有研发和自主创新，与国际大企业竞争就是一句空话。目前泉州传统产业企业小而多、小而散的情况仍很突出。规模以下工业企业数量占到全部工业企业的70%，而产值还不到全市工业产值的三成。泉州市政府应该下决心，推动传统产业通过兼并重组，争取用5年左右的时间，发展一些具有行业控制力的寡头企业。通过兼并重组，整合资源，加大研发投入，形成自主创新能力。兼并重组过程中，政府应鼓励企业借助资本市场，获得杠杆式的快速发展。在解决资金问题的同时，也促进企业转变产权结构，向现代企业方向发展，提高管理效率。

长期看，随着信息技术、新材料技术的不断突破和发展，传统产业可以通过与其他产业融合发展，逐步开发新功能，拓展新的发展空间。这种苗头目前已经显现，如贵人鸟公司利用新材料开发出石墨烯高分子抗菌鞋垫。这就要求传统行业的企业从长远考虑，加大研发力度，把重点放在供给端，通过研制新产品，开发新功能，提供新服务，来形成自己独特的竞争优势。政府应该鼓励传统行业的龙头企业加大研发力度，对开展研发活动的企业在资金、人才引进方面给予一定的政策优惠。

第二，关于高科技人才匮乏问题。泉州市政府也可以有短期和长期两种思路来努力弥补人才短板。短期内，应该把人才引进作为工作重点。针对泉州市"十三五"规划重点发展的新一代信息技术、生物与新医药、新材料、新能源、节能环保等新兴产业，应制定专门的人才引进计划，协调好企业、科研机构、教育、医疗等部门的关系，为引进的人才提供全方位的保障。人才引进可分为两类：一类是短期的项目制引进人才；另一类是长期工作的科研或技术服务人才。对于前者，重点做好薪酬待遇和科研条件保障；对于后者，重点是提高良好的发展平台和上升通道，当然还需要做好配偶就业、子女教育等方面的服务。

从长期看，泉州市应当立足于自主培养高科技人才。建议政府、企业和投资机构共同出资，仿效香港科技大学，尽快创办一所高水平的理工科大学，围绕泉州市产业发展目标，重点发展相关的院系和专业，从世界各地吸引高端人才，把产学研结合起来。此外，考虑到泉州市地理位置靠近厦门，在吸引人才方面又难以与厦门竞争的实际情况，可以通过省级层面的协调，或地方政府间的沟通，建立厦漳泉人才共享机制，发挥厦门区域性中心城市的优势，把它作为一个三地共建共享的人才基地。

第四章 产业集群转型升级，
区域合作开放发展

    泉州市是我国县域经济比较发达、民营经济富有活力的地区，产业集群在泉州市县域经济发展中扮演着重要的角色。泉州产业集群是从农村和乡镇起步的，具有各具特色、配套完善、品牌响亮等特点。改革开放以来，以晋江为代表的泉州民营企业发展模式就是农民在当时技能有限、资金不足、工艺水平低的情形下利用侨乡的闲散资金、闲房、闲散劳动力（简称"三闲"）资源，从传统农渔业转向工商业，从事技术门槛低、投资少、见效快、市场需求大的劳动密集型产业，从小作坊起步，由小到大，产销结合，内外互动，逐渐形成服装、鞋帽、建材、电子、机械、陶瓷、食品等十多个市场占有率高、品牌影响力大、中小企业主导的特色产业集群。进入 21 世纪，根据国家能源战略布局需要，泉州市在泉港区设立了大型的石油炼化基地，引进了中海油、中国中化、沙特阿美石油公司等大型石油化工企业投资设厂，在短短几年时间就已形成石化产业链上下游较为完整的产业集群。在产业集群壮大发展的过程中，泉州市产业发展空间经历了演进升级的过程中，不断适应了产业发展的需要。另一方面，在产业集群驱动县域经济发展中，泉州市越来越多的县（市、区）通过对口援助、产业转移等方式开展了各种形式的区域合作，同时加强对外开放平台建设和深入推进体制机制创新，大力建设"海丝先行区"。一批有实力、有渠道、有品牌的企业率先实施国际化战略，加快"走出去"步伐，成为国际市场的"泉州板块"。

第一节　集群经济成为县域发展动力

产业集群发展是经济活动地方化集中现象，从发达国家到发展中国家都存在这种现象。我国许多产业集群发端于县域，并最终发展成为县域经济的主力，泉州市就是产业集群驱动县域经济发展的代表。当前，在经济新常态的背景下，产业集群继续成为县域发展动力。泉州市发展产业集群经验是党的十九大报告提出我国培育若干个世界级产业集群的生动实践，必将为我国建设现代经济体系提供有益的启示。

一　产业集群驱动地方化经济

"产业集群"成为中文词汇不过是二十年的时间。产业集群是产业空间的一种组织形式，通常用于描述产业地理集中现象。产业集群之所以广泛存在，在于其可以从产业专业化和多样化中获得集聚的收益（Marshall，1890；Jacobs，1969）。格莱泽（Glaeser，2010）把马歇尔外部性归纳为货物运输、劳动力流动和知识传播成本的下降，他认为这三种类型的成本下降是外部经济的优势所在。迈克尔·波特（2002）认为全球竞争力优势很大程度来自于技术、知识、制度等因素空间高度集聚的地方化。王缉慈等（2010）认为，产业集群是指地理临近且相互联系的企业和机构，通过联系和互动而产生外部经济，从而降低了成本，并在相互信任和合作的学习氛围中有利于技术创新。从她的定义可以看出，地理临近、产业间联系和行为主体的互动是产业集群是否存在的三个基本特征。

晋江产业集群成长的历程是泉州民营经济壮大发展的缩影。改革开放四十年来，晋江始终立足本地实际，突破以比较优势谋发展的传统思路，从"三来一补"起步，经历了贴牌加工到自主品牌的循序渐进升级过程，也经历了从"满天星星"到"一镇一品"，再到专业化、特色化的工业园区，从大办企业到形成产业，再到发展产业集群，探索出一条以发展产业集群促进工业化和城市化"双轮驱动"的道路。如今，晋江已成为我国产业集群最为发达的县级市之一，也是全国知名品牌最多、上市公司数量最多的县级市之一。

截止到 2016 年底,晋江拥有纺织服装、制鞋、食品、建材陶瓷、纸制品及包装印刷、工程机械等产业集群,其中纺织服装和制鞋业两大集群产值超过千亿元,建材陶瓷业、食品饮料业、纸制品及包装印刷业三个集群产值超过百亿元,涌现出了安踏、361 度、恒安、鸿星尔克、七匹狼、劲霸等行业知名企业。尽管晋江地域面积不大,自然资源相当匮乏,但产业集群却从这个不占禀赋优势的地方成长起来,背后有许多值得深入研究的问题。晋江产业集群核心竞争优势在于核心企业、领军人物、控股资本及企业文化都具有很强的本土根植性、集群依存性和风险抵抗能力。各类市场主体、地方政府以及中介组织共同筑牢了内生成长性好、产业规模扩张快、市场响应能力强的"产业—基地—市场"生态链条,这个生态体系吸引了成千上万的草根企业家投身创业、抱团发展,从而推动集群产业链横向拓展、纵向延伸和协作配套、内联外引。

在集群成长的过程中,晋江市历届市委、市政府始终坚持政府与市场建立良性互动机制,始终坚守实体经济,始终扮演"三种"重要角色:一是引路人。在不同发展阶段,因势利导,提出不同发展战略,从"质量立市"、"集群上路",到"品牌上市",再到"创新驱动",每个关键节点、每个关键阶段,晋江市政府都审时度势、恰到好处地运用"政策杠杆",帮助企业找方向、定航标。二是推车手。每当企业发展遇到困难、瓶颈时,政府都及时帮一把、扶一把、推一把。如,晋江市委、市政府立足集群优势,建设特色专业园区、品牌工业园等产业平台,打造三创园、福州大学晋江科教园、洪山文创园等一大批科创、研发平台,引进 7 家"国字号"科研机构。正是在这样一次次的助推下,企业才能甩开包袱、放开手脚、轻装上阵。三是服务员。晋江市各级政府注重转变角色、转变职能,把更多精力放在优服务、造环境上,把"政府想做的"和"企业想要的"有机结合,通过多轮简政放权和审批制度改革,审批事项当场办结率提高到 80.4%,极大激发了市场活力。

晋江产业集群发展正是泉州县域经济逐渐壮大的过程。泉州市各地政府把产业集群作为发展特色经济的抓手,按照"抓龙头、铸链条、建集群"思路,完善扶持产业集群发展的政策措施,发挥行业龙头企业带动作用,启动"万家企业手拉手"三年行动,做好政策宣传引导,推动产业集群上下游企业协作配套,完善专业市场体系,强化要素调配保障。经过布局优化,泉州市目前已形成了石狮的服装,南安的建材、水暖,惠安的石雕,安溪的茶叶、藤铁工艺,永春的芦柑,德化的工艺陶瓷等县域特色产业集群。

专栏 4-1:泉州市代表性产业集群①

1. 纺织服装产业集群

泉州纺织服装产业集群经历过贸—工—技的升级过程,最初是石狮等地的农民收到了海外亲戚寄来的款式多样、色彩艳丽、质量不错的国外服装,由于自己穿不了那么多,于是选择通过街头摆摊或店铺对外出售,很受顾客欢迎。为此,一发不可收拾,越来越多的洋衣服通过各种渠道涌入石狮,顿时这里成为我国最大的服装批发市场,每天来自全国各地的经销商集聚到这里进货,呈现车水马龙景象。由于供不应求,当地一批有市场头脑的人开始转向从事服装生产加工,最初是仿制港台流行产品,充分利用海外的各种信息和渠道,紧跟海外流行时装的步调,及时推出最新款式的服装,自然受到市场的追捧。由于首批创业者获利颇丰,于是产生了非常强的创业示范效应,越来越多的人纷纷加入创业大军。同时,在整衣加工企业的带动下,有许多人进入了服装原辅料、纽扣、拉链、针线、缝纫设备等相关配套产业。与之相应,服装批发市场规模不断扩大,大街小巷出现数量众多、规模不一的服装批发市场,同时也出现许多更加专业的原辅料、纽扣、拉链等细分领域的批发市场,形成了以石狮服装城、国际轻纺城、世茂摩天城"三城一体"的中央商务区和以鸳鸯池布料市场、塔前服装辅料市场、洋下服装辅料面料综合市场、塔前服装机械市场为核心的纺织服装商贸区。专业批发市场与服装产业良性互动发展构成了服装产业集群最初的形式。随着数量众多的服装企业创办,来料加工、来样加工和仿制港台的流行产品出现规模化的趋势,形成"小商品、大市场、大创汇"的发展格局。服装产业也迅速从石狮扩散到泉州多个县市,服装企业在晋江、泉州中心城

---

① 根据泉州市有关部门提供的调研资料、《晋江模式新发展》《中国县域发展:晋江经验》《民营企业发展概论》等文献资料整理而成。

区、南安、惠安等地都有分布。而棉纺织、化纤丝织、混纺针织、色织、染整等上游产业链延伸,则为纺织服装产业集群蓬勃发展创造了更加有利的条件,石狮的祥芝、锦尚和鸿山成为三大染整集控区,晋江的东石、安海、青阳、龙湖和鲤城的东海等乡镇都分布服装上游配套产业,形成了涵盖纺织原料、纺纱织布、漂染整理、成衣加工、辅料生产、研发设计、市场营销等上下游衔接紧密、相对完整的产业链。近年来,随着大众消费行为转变和个性化需求兴起,泉州纺织服装产业开始探索"互联网+服装"的商业模式,融合了创意设计、个性化定制、电子商务等新业态为一体的多功能平台。目前,以石狮为中心的泉州纺织服装产业集群拥有纺织服装及配套行业企业1万多家,年产值超过1千亿元,是我国重要的纺织服装生产基地、集散基地和出口基地,石狮已经成为全球性服装加工贸易产业链的重要一环,是我国五大服装跨国采购基地之一。

2. 制鞋集群

晋江市陈埭镇是泉州鞋业集群的发源地,一家从事凉鞋生产企业开启了行业发展的先河,由于企业生产的产品供不应求,利润空间较大。成功的示范效应吸引了越来越多的人进行小作坊生产加工或者入伙成立相对规范的生产企业,于是各种款式的鞋子进入市场,迎合了急剧扩张的市场需求。一个又一个致富的故事就像水中的涟漪,一波一波地对外扩散,晋江便出现了一支相当规模的创业大军。同时,为了开辟国内市场,越来越多的晋江农民弃农从商,奔赴全国各地发展经销网络,为此形成了生产—专业市场—销售网络三者紧密结合的集群发展模式。同时,晋江制鞋集群从陈埭开始扩散到池店、西滨等周边乡镇,行业龙头企业发展带动更多的企业参与生产协作和关联配套,进而促进了鞋材、鞋机、磨具设计和加工等关联产业发展。目前,晋江已成为国内运动鞋产业链最为完整的生产基地。据统计,晋江市从事制鞋及相关配套产业的企业达到3000多家,规模以上制鞋企业404家,鞋类品种1000多个,涵盖了皮鞋、运动鞋、休闲鞋等产品,2016年实现产值1008.6亿元,其中旅游运动鞋年产量占全国40%、世界的20%,安踏、乔丹、361度、贵人鸟、匹克、特步等成为具有品牌优势的鞋服企业。

3. 建材陶瓷产业集群

泉州高岭土资源储藏量较大，分布较广，拥有悠久的陶瓷烧制历史。改革开放初期，原来从事日用陶瓷生产的国有和集体企业纷纷转向建筑陶瓷生产，特别是满足城乡建房需要的中低档瓷砖。晋江磁灶是泉州建筑陶瓷分布最为集中的乡镇，并扩散到了内坑、紫帽、永和、东石等周边乡镇，目前，晋江拥有规模以上建筑陶瓷企业 149 家，2016 年实现产值 422.1 亿元，代表性的企业有腾达、豪山、凤山、远东、品质、祥达、华宝、华泰等企业，产品远销海内外。晋江建筑陶瓷产业发展为周边县市同类产业发展提供示范作用。以南安水头为中心的石材加工产业集群具有企业数量多、规模大、品类多等特点。南安市拥有各类石材加工企业 1500 多家，其中规上石材加工企业 250 家，是国内最大石材的出口加工基地，尽管当地资源并不占优势，绝大多数石材初级产品从国外进口，但现阶段已发展成为我国乃至东亚地区规模最大、品类最多的石材出口加工基地。与晋江、南安不同，德化陶瓷产业集群发展具有非常悠久的历史，素有"世界陶瓷之都"的美誉，全县从事陶瓷生产企业数百家，陶瓷产业链比较完整，陶瓷产业园区成为福建省首个列入国家循环化改造示范试点的园区，产品出口导向非常明显。2016年全县陶瓷业 89 家规模以上企业累计完成工业产值 167.88 亿元，占全县工业总产值的 82%。①

4. 工程机械产业集群

工程机械产业是一个典型的专业分工较细、产业协作紧密、装配组装生产的行业。在地方政府、行业协会和重点企业的共同推动下，龙头企业通过"大手牵小手"带动本地中小微企业发展，实现中小微企业与龙头企业对接配套，形成了"毛坯铸锻—零部件生产—整机装配—产业服务"一体的完整产业链。中小微企业通过与龙头企业抱团合作找到了发展出路，而龙头企业则集中更多的精力从事关键零部件生产，主攻品牌和市场渠道，加大研发投入，加快转型升级。经过几年的努力，泉州市重点龙头企业都培育出一批与之紧密协作的中小微企业，经过磨合历练，形成了技术、标准、管理、利益共享的战略联盟，也使得产品综

---

① 德化县政府网。

合成本通过集聚效应而降低。目前，泉州市机械装备企业（含汽配）规模以上企业超过600家，是泉州市一个超千亿的产业集群，涌现出了南方路机、晋工机械、铁拓、建德、泉工、泉永等龙头企业。

5. 纸制品及包装印刷业

长期以来，晋江企业家敢于开拓，无中生有，尽管本地没有造纸基础，却敢于争先，进入了生活用纸产业，面向终端消费群体生产卫生巾、餐巾纸、手巾纸、专业纸、包装用品、尿不湿等各类纸制品，其中，以心相印、安尔乐、安乐为代表的纸制品品牌深入人心，成为家喻户晓的生活消费品。近年来，恒安集团积极探索企业管理改革，淘汰落后生产设备，引入自动化、智能化、信息化的生产设备，成为行业领军企业。在面临行业竞争激烈和成本升高的压力下，晋江传统纸制品及包装企业涅槃重生，主动实施"二次创业"，有些企业顺应资源循环利用的趋势，大力探索绿色转型之路，寻找纸原料的替代品；纸匠、宝树等包装企业打破传统纸包装的思路，在纸制品上添加艺术、科技、文化等诸多方面的创意元素，积极开拓纸玩具创意产业，设计生产出纸玩具、纸家具等产品，大大提高纸制品的附加值。在领头企业的带动下，一批又一批的企业前仆后继、敢于思变找出路，在较短时间内逐步恢复集群的生气。

6. 食品产业集群

泉州市地处闽南核心区，亚热带气候造就了当地及周边地区盛产各种亚热带水果和农产品。泉州食品产业早期是从农副产品初加工起步的，在20世纪80年代初期短缺经济的拉动和国家流通体制市场化改革的带动下，进入快速成长阶段。许多农民通过小作坊实现了资本的原始积累。有一批农副产品初加工企业从粮油加工、水果、水产品、茶叶等行业初级加工开始进入精深加工甚至跨入罐头、酿造、制糖、软饮料、茶叶加工、休闲食品等行业，培育出了达利、亲亲、盼盼、惠泉、八马、中绿、蜡笔小新、福马、喜多多等一批具有全国细分行业影响力的本土企业，同时也出现了一批立足福建市场的食品企业，如，乐当家、伍氏、快步、金冠、万弘海鲜、好彩头、雅客等企业，此外，还吸引了旺旺、加多宝、汇源等国内大型食品行业企业在本地区投资设厂。泉州食品产业集群的特点就是企业能适应消费市场快速变化并及时占领细分行业领域，同时又重视自有品牌的打造提升。跟纺织服装、制鞋等产业集群不同，泉州食品产业集群呈现大集中、小分散的布局特征，晋江主要以休闲食品为主，南安和泉港主要以粮油加工为主，惠安以食品和饮料为主，安溪和永春主要以茶叶精制为主。

二 融合发展活络城市化经济

客观地讲，产业集群是晋江乃至泉州地区产业发展的组织形式，也是产业生态的表现形式。产业集群保持较强的生命力既得益于各行业企业家的创新精神、企业间配套协作以及产业与市场互动关系，又得益于产业集群与城市环境融合发展，特别是城市配套功能、生产性服务业、城市商业环境、城市历史文化传承等外部环境因素。

1. 生产性服务业后发赶超

泉州市打破"工业大市"的传统发展思维，大力支持商贸、电子商务、金融服务、科创设计等生产性服务业发展，促进制造业与生产性服务业融合发展，积极为传统制造业转型升级改善发展条件和优化发展环境。许多学者也指出，晋江产业集群成功的法宝之一在于专业市场与产业集群形成了良性互动的紧密关系。正是这种关系的长期存在，使得企业节约了大量的生产和销售成本，也形成了对市场快速反应的能力。除此之外，金融服务、商务服务等行业为晋江企业创品牌、上市和走出融资危机创造了必要的支撑条件。

专栏4-2：晋江生产性服务业发展状况①

商贸业。晋江市现已形成了商贸流通、专业市场、现代物流三大行业齐头并进的良好局面，拥有限额以上的商贸企业672家、3A级以上物流企业23家、专业市场23个、大型商圈5个，2016年全市商贸物流业增加值达310亿元。晋江已建成万达、宝龙、SM等主题商圈以及阳光路时尚步行街、洪山路文化创意街、五店市等特色街区。晋江创办了

① 根据晋江市商务局等部门提供资料整理而成。

鞋博会、闽台食品交易会等国内外有影响力的专业展会，发布了"中国·晋江鞋业发展指数"，创建了国际鞋纺城、海峡五金机电城等知名的专业市场，鞋博会成交额年均增长16.26%，晋江国际鞋纺城将打造成为中国乃至亚太地区规模最大、品种最全、产品最新的千亿级交易额的原辅料市场。晋江也是海西物流基地，吸引进驻晋江的世界500强物流企业近10家，顺丰、申通等8家知名快递企业在晋江设立了省级分拨物流中心，传化公路港、普洛斯物流园等区域性物流园区先后落户晋江。

电子商务。在雄厚的产业集群基础上，晋江市电子商务产业迅猛发展，交易量年均增长30%以上。企业自发建设电商平台，"晋江购"、陆地港跨境通关平台正式上线，欧伦堡、少年牛仔HOO品牌、哈比熊等淘品牌，"SICIBAY"跨境淘品牌以及勾勾手、微云网络等第三方运营商进入良性发展阶段，阿里巴巴、京东商城、苏宁云商三大电商平台设立晋江馆，跨境电商洪山园和晋江鞋都电商创业园建成投入使用，成为电商企业的创业空间。

金融服务。为了适应企业多元化的资金需求，晋江市现有金融机构71家，准金融机构53家，2016年全市金融服务业增加值达到59亿元，形成了以银行、保险、证券、期货及小额贷款、融资担保、创投租赁等多业态并举的发展格局，

科创设计。晋江市先后引入"国字号"科研机构7家、高等院校3所、优秀创新创业团队26个，培育创意设计机构200多家、省级以上企业（工程）技术中心60家，加快建设三创园、国际工业设计园、集成电路产业园、陈埭新区创新中心、福州大学晋江科教园等五大科技创新载体。2016年全社会研发投入占GDP的比重达到2.62%。

文化旅游。晋江市是文化旅游和工业旅游齐头发展的城市，拥有世界级非物质文化遗产3项、国家级非物质文化遗产4项、国家级文物保护单位9处，3A级以上旅游景区5个，星级酒店18家（其中五星级酒店5家、四星级酒店6家）、旅行社27家，培育工业旅游示范点及观光工厂28个，2016年实现旅游综合收入136.5亿元。

体育健康服务。晋江市是一座知名的体育产业名城，拥有国家级体育用品品牌42枚、体育用品上市公司20家，体育社团83家，二级以

上医院 9 家，医疗服务业机构 923 家，先后举办过全国沙滩排球赛、国际自行车公开赛、中国羽毛球俱乐部超级联赛、国际半程马拉松等国内外大型赛事 7 项，是全国首个设立 CBA 主场和获批国家体育产业基地的县级市。

2. 城市转型发展

泉州市产业向中高端迈进的过程倒逼城市转型发展。以晋江为例，晋江市委、市政府遵循城市发展规律，抓住城市转型的关键节点，把提升城市品质作为城市转型发展优先突破的方向，提出建设国际化创新型品质城市，实施人才强市、新型城镇化和国际化三大战略，大力推进培育一个创新驱动核心动能、三大新产业和六大新增长区域（简称"136攻坚行动"）和产业、城市、民生、生态、三农、文化、开放等"七大品质提升工程"，着力构建"一主两辅、一轴两带、多点支撑"的城市发展新格局。经过这些年的不懈努力，晋江市城乡面貌焕然一新，市容市貌脱胎换骨，城市发展框架进一步拉开，全市精细化城市管理体系初步建立，呈现出现代化滨海国际城市的城市形象。城市转型发展给晋江带来的变化不仅表现为环境更优、城市更美、社会更和谐，还表现为产业更新、人才更多、创新更足。这些变化为产业集群转型升级和创新发展源源不断地注入新的动力。

专栏 4 - 3：晋江市"一主两辅、一轴两带、多点支撑"的发展格局①

"一主两辅"是指继续按照"一个主城区和晋西、晋南两个辅城区"的市域空间结构统筹"全市一城"发展，使晋江全域融入厦漳泉城镇联盟发展带。"一轴两带"是指打造"城市发展主轴"以及西南向主轴联动发展带和东南向主轴联动发展带，强化市域内联外接功能。多点支撑是指打造"三廊十一区"多业并举、多点支撑的增长格局，推

① 《晋江市国民经济和社会发展第十三个五年规划纲要》。

动城市、经济、社会全面跨越发展。其中"三廊十一区"主要是立足晋江各镇（街）地域优势条件和产业发展布局,统筹晋江全市发展。依托世纪大道中、南段两侧及罗裳片区、行政中心总部区等改造区域,致力打造驱动全市域转型发展的混合型、多业态创新示范区、中心活力区的主城创新活力走廊;依托滨江组团二期、城北组团、鞋都片区等北接泉州区域,致力打造泉州"陆家嘴"的环湾高端商务走廊;依托晋东南沿海大通道两侧,致力打造滨海运动休闲旅游目的地的滨海运动休闲走廊等。

第二节　园区经济实现创新升级

各类园区是产业发展的主要载体,是促进产业集聚高效发展的空间。改革开放以来,泉州市产业发展空间经历了四个阶段:第一阶段是产业空间1.0的阶段,主要表现为乡村工业"满天星"式发展,形成了村村点火、户户冒烟的形态。第二阶段是产业空间2.0的阶段,主要表现为企业入园发展,形成了"一区多园"的格局,并保留至今。第三阶段是产业空间3.0的阶段,主要表现为产城融合发展,产业园区内部或外围地区的城市配套跟进,出现了一些产业强、有活力、配套完善的特色产业新城。如今,泉州市正在探索产业空间4.0阶段,主要表现为产业虚拟空间与实体空间协同发展,既存在"互联网＋分散小微创业空间",又出现了三创（创业、创新、创意）齐发的新型产业布局形态。当前,泉州市产业园区正处于第二、第三和第四阶段并存的时期,这四个阶段客观反映了产业园区动态升级的过程,符合产业升级与城市转型的基本规律,是县域创新驱动发展的空间表现,是"四化"同步发展的需要。

一　产业空间1.0：乡镇企业高度分散布局

改革开放初期,社队企业成为晋江工业发展的主力军,他们经历了"农村包围城市"的发展历程。当时,近四千家乡镇企业如雨后春笋般诞生出来,绝大多数企业散落在农村,主要利用集体的闲置用房或自建的房屋从事简单加工生产,生产条件十分简陋。由于企业布局高度分散,用"村村点火、户户冒烟"形容并不为过。这就是当时客观条件下村民创业的现实之举。许多村庄是在第一批"吃螃蟹的人"的示范带领下,出现众多农民纷纷参与创业的现象,由于专业化分工深度越来越明显,最终演变为"一村一品"、"一镇一业"的块状布局形态。不可否认,乡镇企业高度分散布局不利于获得规模经济,也容易造成农村生产、生活和生态空间混杂、无序发展,环境污染严重。

二 产业空间2.0:产业园区集聚发展

建设产业园区,并以此为依托发展工业是我国改革开放以后探索出来的宝贵经验。晋江市产业园区建设就是为产业集群发展需要而开辟的空间,形成了以经济开发区为主体的"一区多园"和以国家级产业园区特色产业基地为依托的新兴产业发展空间两者并存的状态。晋江市是典型的人多地少的县级市,为了促进企业进入产业园区并实现集聚发展,通过退二进三、腾笼换鸟、空间换地等途径盘活土地存量、做优土地增量,取得了良好的效果。如,引导城区工业企业退城入园、利用腾退空间重点培育电商、文创设计等新型业态,发展专业市场、会展经济和总部经济,以此推动产业转型和园区差异化发展。又比如,晋江市探索"产城乡"开发模式,加快专业园区建设,使专业园区成为产业集群"领地",同时出台一系列专项支持政策,鼓励企业在现有土地上新建、翻建或加建生产厂房,向地下、向空中要发展空间,适当增加容积率和建筑密度,提高空间集约利用效率。

园区经济显然是产业集聚发展的结果,不仅有利于企业继续获得专业分工优势和产业链协作配套的好处,也有利于企业共同利用园区公共基础设施、共性技术服务平台、劳动力市场等方面好处。从晋江到泉州其他区县,都发生了企业向园区集中的过程,形成了县域"一区多园"的发展布局。截至目前,泉州市已拥有4个国家级经济技术开发区、10个省级开发和6个特色产业园区,基本覆盖了各县(市、区、管委会),同时建成了28个电商园区(基地),总面积超过280万平方米,入驻企业超过万家。

专栏 4 - 4: 晋江"一区多园"的基本概况①

(1)五里综合工业园。位于晋江市灵源街道、安海镇、永和镇交界处,总规划面积 24.7 平方公里。园区以发展高新技术产业和当地传统优势产业为主,优先发展电子信息、光电能源等高新技术产业,鼓励发展纺织、鞋服、机械加工、食品、精细化工等传统优势产业。

(2)安东生态工业园。位于晋江市东石镇、安海镇交界处,总规划面积 7.23 平方公里,重点发展环境友好型的轻型加工业,并与安平开发区、振东开发区连接成片,共同构成安海湾北侧工业发展带。

(3)东石台资产业园。位于晋江市东石镇西南侧沿海线、泉州"一湾两翼"总体规划区域内,与金门隔海相望,总规划面积 7.47 平方公里。该产业园区将按照以城市综合体形式进行规划、开发和运营,形成集商贸、物流、旅游、商务、房地产、高新技术产业等功能于一体、承接台湾高新技术产业转移的平台。

(4)英林服装贸易园。位于晋江市英林镇南部,北接晋南快速路英林连接线,总规划面积 1.67 平方公里,以中央商务区为轴,东西两侧特色工业区为两翼进行规划,建成以服装制造、商务贸易、配套服务、生活居住为主的综合工业功能区。

(5)新塘工贸园。位于晋江市新塘街道东部,与石狮市接壤,总规划面积 2.266 平方公里,重点发展服装、机械、纺织、纸制品等产业。

(6)省装备制造业基地金深园。位于晋江市金井镇与深沪镇交界处,总规划面积 16.4 平方公里。该园区按照"五高"原则,大力引进具有国际先进水平的技术装备制造企业,大力发展物流、研发等配套服务产业,构建一个规模优势明显、产业特色突出、创新创业活跃、配套体系完善、科技人才集聚的综合性生态型装备制造工业园。

(7)省装备制造业基地安内园。位于晋江市安海镇与内坑镇交界处,总规划面积 8.266 平方公里。这个园区以纺织机械、制鞋机械、石材机械等传统优势产业装备为基础,兼具科技研发、商务办公和生活居

---

① 根据晋江市经济开发区管委会提供的资料整理而成。

住的综合性、现代化省级装备制造业重点基地。

（8）中国包装印刷产业（晋江）基地。位于晋江市磁灶镇中部，东邻美旗城，北接泉州出口加工区，是国家级重点建设项目，总规划面积6.67平方公里，重点发展印刷产业和现代物流两大产业。

（9）深沪中小企业创业园。位于晋江市深沪镇，西接省装备制造业重点基地金深园，北临浔兴科技工业园，总规划面积1.87平方公里，重点为中小微企业提供创新创业平台，重点发展服装、拉链、包装、物流等产业。

（10）体育产业基地。位于晋江市沿海大道晋南段两侧，面积约67.48平方公里，重点打造成集运动、休闲、旅游、娱乐、商业、商务于一体的休闲产业带，建成全球体育装备制造业基地、国家级运动训练基地和全国体育赛事中心。

（11）食品产业园。地处罗山街道与永和镇交界处，紧邻五里工业区，规划面积11.5平方公里，以食品产业为主导，按照"两心、两轴、多片区"进行规划，包括商务培训服务中心、食品园北区服务中心、国际企业大道南北向发展轴、中部东西向综合服务轴、景观服务区、物流区、生态背景区等功能区。

（12）时尚服饰织造园。地处龙湖镇大深线两侧，规划面积12.17平方公里，分为南、北两大功能区，以织造、鞋服为主导，按照"一轴两心三带多片区"进行规划，包括龙狮路发展轴、综合服务中心、商务商贸中心、西溪景观带、市政走廊防护绿带、中心景观服务带、产业片区、生活片区及文创园。

（13）集成电路产业园（科学园）。位于新塘街道及罗山街道交界处，总规划面积404公顷，其中产业用地面积236公顷，将以集成电路上下游及相关配套产业链为核心，重点引进集成电路制造、封装测试等龙头企业及相关的科研服务平台。

三　产业空间3.0：产城融合发展

产业园区并不只是产业生存的载体，而是同时容纳产业和就业人口的空间。产城融合是传统产业园区转型升级的主要方向，是有效处理好产、城、人关系的突破口。在产城融合发展阶段,晋江市产业园区转型升级的确比泉州其他县(市、区)更为迫切。晋江市坚持"为民建城"的城市发展理念,以新型城镇化为引擎,突破产业园区发展的惯性思维,从2010年开始,大规模推进城市建设,逐步改变"城市不像城市、农村不像农村"的旧貌,实现从"业、城、人"向"人、城、业"转变,走出了一条城乡统筹、产城互动、节约集约、生态宜居、和谐发展的新型城镇化道路。

2012年以来,晋江市大胆创新,依托各类在建或已建的产业载体,按照以产兴城、以城促产、产城互动的产城融合发展要求,立足区域发展布局,强化龙头项目带动,大力培育打造功能凸显、配套齐全、产城一体的"六大新增长区域",使之成为全市产城融合发展的新高地。具体思路是:第一,建设"双创"活力走廊。按照国家众创空间发展的方向,晋江市以三创园、洪山文创园为核心载体,以世纪大道两侧重大设施配套为基础,已创立了一批便利化、全要素、多功能的众创空间,培育出科创孵化、文化创意、科技金融等新业态,逐渐形成混合型创新创业活力走廊。第二,建设高新产业聚集区。晋江市在促进传统产业转型升级的基础上,积极引进一批具有区域带动力强的重大产业项目,以晋华存储器集成电路项目为抓手,以发展全产业链为手段,以"三园一区"空间载体为依托,积极承接台湾集成电路技术转移,引进国际行业知名企业、研发团队和生产要素,建设国内一流、世界先进的高新技术产业聚集区。第三,建设"双高"道口经济区。晋江市谋划以高铁福厦客专泉州南站建设为契机和发挥福厦高铁晋江动车站、陆地港道口优势,将高铁、高速、机场、港口等综合立体交通优势有机结合起来,利用站点枢纽作用,积极融入厦漳泉同城化,重点发展高端商务、信息物流、跨境电商等业态,打造道口经济示范区。第四,建设科教产业集聚区。晋江市采取"借鸡生蛋"的思路,以福州大学晋江科教园为核心功能平台,吸引境内外科研院校、创新人才、高成长性企业集聚发展,促进科技成果与本土产业对接转化,培育孵化一批高新企业,形成产学研用一体的综合性创新高地。第五,建设综合保税区。晋江市充分利用陆地港、国际机场、港口等平台,同步复制推广省内外自贸区政策,拓展综保区功能延伸和强化资源整合,大力发展转口贸易、国际采购、保税物流等。第六,建设晋东新区。晋江市以国际鞋纺城、品牌工业城为核心平台,聚焦智能制造、专业市场、现代商贸、楼宇总部四大功能,促进滨江商务区和鞋都片区功能融合、辐射互动,规划建设具有区域竞争力的先进鞋业制造基地、商贸中心,带动形成功能完善、产服一体的产业新城。

为了提高产城融合的质量,晋江市坚持把提升城市品质、提高产业素质和留住人才作为城市发展优先突破的领域。具体做法是:第一,全面提升城市品质。晋江城市建设很长一段时间难以满足当地居民和外来务工人员追求更高质量的城市生活需要。为此,近年来,晋江市委、市政府坚持为民建城的理念,在城市规划、城市配套、城市安居、基础设施建设、小城镇建设等方面多管齐下,彻底改变工业城市的形象。同时,晋江市狠抓生态建设,实施了 33 条流域生态综合治理,划定了生态涵养区、禁建区 198 平方公里,明确了生态红线的范围,每年人工造林面积达 1 万亩,人均公园面积 11.39 平方米,市区绿化覆盖率达44.01%,荣膺国家园林城市和省级森林城市示范称号。第二,引进专业科研院所。晋江市坚持引智借智的思路,成功引进了中科院、中皮院、中纺院等七家"国字号"科研机构,这些科研平台的到来为晋江传统产业升级插上了再次腾飞的"翅膀",通过服务企业、联合攻关、转移技术等方式帮助一大批企业淘汰升级传统设备或工艺,使得企业效益明显上升。如,中皮院入驻晋江五年期间,已聚集 40 多名鞋革高层次人才,服务的晋江企业已经超过 300 家;中纺院入驻晋江以后,带来了 20 项重大科技成果在晋江落地转化,每年形成产值超 80 亿元。第三,大力引进各类高层次人才。晋江市率先建立"1 + N"人才政策体系,特别是针对高端紧缺关键人才,在享受普惠政策基础上,进一步实施倾斜政策,同时推动国际社区、国际医疗、国际学校等配套设施建设,为留住人才提供更好的生活居住环境。第四,积极搭建创业创新平台。

晋江市建设了一批创客空间、人才驿站,举办了海峡杯创新创业大赛、工业设计大赛、海峡两岸大学生创意设计工作坊等一系列创新活动,构筑各类众创平台吸引台湾青年创意人才,营造有利于聚才引才留才的氛围。

晋江市产城融合的先行做法已向泉州市其他区（县、市）扩散开来。南安、惠安、安溪等地都着手推动产业园区建设与新型城镇化互动发展，在产业园区内部或周边配套城市服务功能，配套发展居住小区、公共基础设施、生活服务等功能。同时，泉州市有些地方改变了以往单靠政府举债建设园区的做法，探索政府规划引导、社会多元投入、市场化开发运作、企业化管理的产业园区合作建设与委托运营新模式。

四 产业空间4.0：众创空间兴起

在众创空间兴起的时代，泉州市各级政府勇于创新，建设了一些引领未来发展的创新空间，泉州网商（虚拟）产业园区和晋江三创园就是典型的代表。这些创新空间跟传统产业园区具有本质的区别，它们服务功能更加强大，创业强度更高，创业活力更足，业态更丰富，发展模式更灵活多样。

泉州网商（虚拟）产业园区创立于2015年7月，是由中心园区、分园区、电商社区（村）三级园区共同组成，能够在商务、运营、产品分销、ODR①（电子商务在线非诉讼纠纷解决服务）、金融、技术、人才、信用八大方面为企业提供服务。泉州网商（虚拟）产业园区是采用一园多区、线上线下结合（O2O②）的立体型网格化布局。其中，中心园区位于泉州市中心城区，主要负责产业园集群企业托管服务、基础商务服务、运营服务、仓储物流服务、增值服务以及大泉州网供平台（名为"泉州购"）、集群注册和信用监管平台、众包协同平台等核心平台的建设运行，协调、指导各分园区的建设。分园区由各县（市、区）根据当地行业特点和实际情况组建而成，并由中心园区运营公司与当地政府、企业合作组建独立法人的运营公司，根据实际情况建设服装、鞋帽、建材、水暖、食品等专业网批市场和电商社区（村）。电商社区（村）是在条件成熟的社区、农村，依托利用闲置空房引导网商集聚经营而形成的网商集聚区，并由分园区为网店提供相应的工商注册、数据包下载、物流、仓储等商务运行配套服务。截至2016年底，泉州网商

---

① 是英文 Online Dispute Resolution 的简称，中文翻译为在线非诉讼纠纷解决。

② 是英文 Online to Offline 的简称，中文翻译为线上到线下。

（虚拟）产业园区已吸引了超过7000家个人或企业领证（营业执照）。

晋江市创新创业创意园（简称"三创园"）是晋江市深入实施创新驱动发展战略，针对本地产业特点和未来产业发展趋势而开发建设的"大众创新、万众创业"的综合载体。晋江市坚持高水平规划、高标准建设和高端发展定位，委托国际顶级咨询公司麦肯锡负责园区策划，按照海西"智玲·慧谷"的发展定位，以科技创新、科研孵化为主导，以引进高层次创新创业人才（团队）为核心，以孵化、培育、发展电子信息、软件信息、互联网＋、智能制造、节能环保、新材料、新能源、食品生物科技等产业为重点，培育壮大一批引领晋江中长期发展的高端高新产业。晋江三创园区采取"三区联动发展、五业混合经营"模式，最大化将就业、创业、产业、商业、物业五大元素融为一体，打造从园区到街区到社区的新型创业创新综合体，构建包括创客大街、科技创新孵化器、海归人才创业中心、研发设计中心在内的全链条、多方位科技创新创业生态圈，同时也建设了人才公寓、专家工作室、展示中心和人才活动中心。为了尽快吸引高端人才和创业团队，晋江市专门出台了包括公共研发机构扶持、优秀团队和项目扶持、优秀人才津补贴、科技创新奖励、培育自主知识产权奖励、孵化奖励、融资保障和租金优惠在内的一系列优惠政策，着力为三创园发展提供配套的政策保障。

第三节　合作经济探索新模式

区域合作和国际合作是最近十年来泉州市地方政府和企业分别探索出来的宝贵经验，前者是地方政府主导下的跨地区对口合作，贯彻落实区域协调发展战略，后者是企业自己闯出来的跨国产业和市场合作，充分体现了开放发展的基本理念。无论是地方政府还是企业都能够从合作中谋求共赢，从合作中开拓市场，从合作中寻求机会。

一　对口帮扶开创区域合作

泉州市产业集群发展带活了本地经济，同时也通过山海协作、产业转移与飞地园区建设、产业链跨地协作等途径拓展了产业发展空间，进而实现更大区域范围内产业链整合和产业竞争力的提升。

先富带动后富，是我国全面建设小康社会，实现共同富裕的路径之一。晋江市与长汀县建立山海协作的实践生动地阐释了邓小平同志的这一思想。2012年以来，根据上级政府的安排，晋江市与龙岩市长汀县建立了区域对口帮扶关系，又称山海协作模式。晋江市按照"政府推动、市场主导、优势互补、合作共赢"的原则，在产业协作、项目建设、人力资源、生态保护和新农村建设等方面加强对接，运用市场化机制探索产业协作新模式。具体做法包括：

一是开展深度、全面、可持续的产业对接合作。晋江市、长汀县充分发挥双方的优势，通过政府牵线搭桥，鼓励企业参与山海协作，在纺织服装、生态农业、农副产品加工、机械电子等方面开展广泛深入合作。这项区域对口帮扶协作吸引了安踏、盼盼等一批行业龙头企业参与，开启了政府引导、企业主导、市场化运作的产业协作模式。到2016年底，晋江在长汀投资企业达174家，年产值84亿元，年纳税2.5亿元。

二是共建产业载体。晋江市和长汀县着眼于优势互补，安排专项资金5000万元用于支持晋江（长汀）产业园建设。该产业园规划面积2000亩，已被确定为第一批省级山海协作共建产业园区和省级农副产品加工示范园区。目前，晋江（长汀）产业园已吸引了盼盼食品、经纬纺织、建豪食品、金怡丰等一批行业龙头企业入驻，共完成投资39.8亿元，成为山海协作从"输血"增力到"造血"强本的典型。在晋江（长汀）产业园的辐射带动下，长汀县河田镇迅速成为产业强、生态美、环境优的产城融合、山城特色的镇级小城市。

三是拓展合作领域。为了巩固对口帮扶效果，晋江市和长汀县经过务实协商，决定将合作领域从产业延伸到科技、人才、劳务、信息、贸易等多领域，把单纯的对口帮扶工作发展成"政、企、民"三维对接合作。2013年以来，晋江市委、市政府先后组织30多家产业龙头企业到长汀商务考察，长汀县也举行了专门的招商推介活动，此外，两地有关部门还多次组织两地企业组团参加"中国·海峡项目成果交易会"、"鞋博会"、"海博会"、"农博会"、"林博会"等省内重大展会。

四是深化人力资源合作。晋江市依托泉州轻工学院、泉州理工学院等高校，设立了"长汀班"，面向长汀县定向培训实用技术人才。同时，晋江市选派两名科级干部到晋江（长汀）产业园开展挂钩帮扶工作，先后接受长汀县两批共 16 人次到晋江市相关镇街、经济开发区、行政审批中心等部门挂职锻炼。通过两地干部人才交流，晋江市不仅为长汀县产业发展传经送宝，也为两地的产业转移协作缔结了牢固的地缘、商缘和人缘。

二 企业"走出去"深化国际合作

企业国际化经营是泉州产业集群走向成熟的一个标志，同时也是泉州集群市场网络从国内向国外延伸的一种表现。泉州市现已成为我国服装、鞋、伞、石材（含石雕）、卫浴、陶瓷等 6 个国家级外贸转型升级示范基地，海外市场成为这些工业品赖以生存的主要市场空间。经过多年激烈的市场竞争，晋江市鞋服、食品、伞业、建筑陶瓷等绝大多数产业集群生产出来的产品都具有较高的国际或国内市场占有率。尽管这些产品跟国外同类产品相比普遍处于中低端的位置，但随着后发赶超优势的发挥与技术工艺的升级、企业研发设计能力的提升以及品牌国际化战略实施，晋江市产业发展已出现了从中低端向中高端迈进的势头。越来越多的企业开始并购同行领先企业，收购海外同行知名品牌，到海外布局研发设计中心、市场营销网络和供应链网络。匹克集团开辟国际市场网络经验是泉州民营企业国际化的缩影。

晋江企业国际化运作的异军突起自然带动了泉州其他县（市、区）企业的跟进，于是我国企业"走出去"出现了一支由民营企业主导的"泉州军团"，如，恒安、安踏等企业在境外设立设计研发和营销中心，意大利斐乐、西班牙卡尔美、美国 FUN、万维等国外知名品牌被泉州企业收购。同时，泉州品牌国际化模式是值得国人称道的。泉州体育运动品牌在里约奥运等国际赛事上异彩光芒，让国人引以为豪。

专栏 4-5：匹克集团的国际化运营模式①

匹克作为享誉国内的五大知名运动品牌之一，却长期给许多消费者

---

① 本专栏是根据相关媒体报道整理而成。

有一种深刻的洋品牌形象，这与其国际化的定位是密不可分的。匹克集团长期致力于品牌的输出、本土化的营销和国际化的市场。跟国内其他知名的体育运动品牌相比，匹克的国际化道路走得更远，其做法具有借鉴意义。

一是加强与 MBA 中国、FIBA 全球、NBA 球星、知名体育赛事等方面合作。通过明星代言、电视广告、赛事广告、经费赞助等形式，匹克品牌不仅逐渐被海外消费者所接受，还树立良好的国际化品牌的形象。匹克的运动鞋和体育运动服装已成功地打开了国际篮球运动的大门。到目前，匹克系列运动产品已在 80 多个国家和地区站稳了脚跟，海外营销网络逐步建立起来，海外市场销售额占了企业产品销售总额的四分之一以上。

二是锁定特定市场。长期以来，匹克集团将北美、欧洲和中东作为三大海外目标市场，实施适合当地特点的销售策略和产品设计理念。匹克集团与西班牙代理商开展深度合作，使产品更能迎合当地消费者的需求。如，2014 年，匹克集团抓住西班牙举办首届篮球世界杯赛的机会，在当地设立了世界杯旗舰店，借此开设了中国运动品牌的海外展示窗口，同时以官方合作的身份作为赛事的合作品牌，受到球星和球迷的欢迎。同样，匹克集团与伊朗男篮保持长期的战略合作关系，并通过这种合作关系，成功地将产品打入伊朗市场，深受消费者的广泛认可。此外，匹克集团采取多管齐下的思路，通过设立更多的专卖店、运用本地媒体宣传、与体育官员和运动员建立良好的关系等方式建立了相对稳定的销售网络，也培育了一大批匹克的忠实消费者。

三是把"篮球、梦想、激情"作为公司品牌形象宣传推广的理念，实施单品牌突破。跟阿迪达斯不同，匹克侧重于篮球的风格，并逐渐向网球、足球等体育运动渗透。同时，匹克集团从倡导的理念出发，优先选择有潜力的篮球新人作为代言人，资助了包括 NBA、世界杯等在内的篮球体育赛事和有潜力的国家篮球队。此外，在广告宣传方面，"I Can Play"作为"篮球、梦想、激情"理念的内涵延伸，已是海内外"匹克迷"流行的广告词。

第四节　开放经济唱响新丝路

　　泉州是海上丝绸之路的起点、我国著名的侨乡，拥有遍布世界、发达的海外华侨华人网络。泉州市对外开放具有悠久的历史，留下了多元文化包容发展的历史积淀。改革开放初期，泉州市晋江、石狮等地区大胆利用侨资、侨力，兴办了一大批"三来一补"和"三资"企业，在全国率先发展外向型经济。随着晋江国际机场、泉州港、晋江陆地港等口岸设施和海关监管的到位，以及国家级台商投资区和出口加工区的设立，泉州市对外开放条件和环境发生了巨大的变化。近年来，泉州市积极贯彻落实"一带一路"倡议，率先提出了建设"21世纪海上丝绸之路先行区"，成功举办了"东亚文化之都2014泉州活动年"、第14届亚洲艺术节、海上丝绸之路国际艺术节等大型活动，积极拓展面向"海丝"沿线国家及地区的开放空间，促进泉州与"一带一路"沿线国家和地区的经贸往来和文化合作，积极构筑对外开放的新高地。泉州的探索践行了党的十九大精神，坚持打开国门搞建设，积极打造国际合作新平台。

一　开放高地：晋江陆地港的创新发展

　　晋江陆地港是泉州市建设海丝先行区的重点项目，总规划面积2500亩，总投资70亿元，规划建设通关监管区、公共服务区、综合保税区、商务配套区和采购交易区等五大功能区域，成为集港口、保税、快件、专业仓储、信息服务、交易、金融、商业配套等现代化物流服务功能于一体的内陆口岸，现已形成港口物流、供应链金融、跨境电子商务、专业交易市场"四位一体"的公共服务体系。同时，晋江陆地港是政企合作的创新探索，按照"政府支持、规划先行、市场运作、企业主体"的原则，由民营企业负责开发运营，将装箱、拆箱、保管、中转等港口业务功能和海关、检验检疫等相关政府职能向陆地港延伸，并适当赋予企业部分管理权限。晋江陆地港实现沿海港口服务功能的后移，并作为"货物集散中心"，与海港、空港、陆港多向无缝对接，带动了泉州地区乃至周边城市的企业就近完成进出口货物排载订舱、物流配送、直通关验收等手续,方便快捷,节约成本。

在各级政府的大力支持下,晋江陆地港已初具规模,现已成为汇聚国际陆港、保税物流、国际快件、跨境电商四大通关平台的内陆口岸。据统计,2016年,晋江陆地港服务了2000家外贸企业,一般贸易实现贸易额超过40亿美元,同比增长34.34%,累计集装箱吞吐量达30万TEU,同比增长38.92%,完成业务量占全省四个陆地港的90%以上,是仅次于义乌港的国内第二大内陆港。

晋江陆地港开创了民营企业从事港口运作的新模式,整合了泉州过于分散的港口资源,探索"超港口"发展模式,为泉州乃至海西经济区开辟了内引外联的国际贸易大通道。经过这些年的探索,晋江陆地港走出了一条具有地方特色的改革创新之路。主要做法是:

第一,通过整合港口资源构建外向型企业公共服务平台。从开始运营以来,晋江陆地港主动对接省内各口岸资源,并利用市场化手段进行有效整合,与省内11个外贸集装箱海港码头、3个空港口岸和1个铁路口岸实现无缝的业务衔接,进而整合了数百条国际航线资源,同时充分发挥了"货物集散中心"的功能,吸引了大量流失到广东、江苏、浙江的进出口货物通过福建口岸通关。

第二,发展跨境电商助力外贸转型升级。晋江陆地港创新实施了"三合一"跨境通关服务,建设了"泉州跨境电商通关服务中心"、"泉州国际快件监管中心"和"厦门邮政互换局晋江分中心"三大中心,并与晋江机场合作开通了国际货运功能。此外,晋江陆地港承建了泉州跨境通公共服务平台,搭建"网上丝绸之路",开辟海丝之路新通道,吸引了传统外贸企业、加工企业从一般贸易转向跨境电商贸易方式,探索跨境电商零售出口、B2B出口、直邮进口等多种模式,推动跨境电商、旅游购物、海外仓等新业态的发展。

第三,创新跨境物流模式。晋江陆地港推广实施多式联运,满足客户对海、陆、空、铁等不同运输方式间自由转换和多程运输的需求,如,晋江陆地港与晋江机场共同合作构建了空港口岸货运网络,开辟了晋江到香港、澳门、台北、马尼拉等空中物流通道。晋江陆地港首创全国"跨境电商+邮路运输"模式,实现跨境贸易电子商务货物与邮件物流配送无缝对接。此外,晋江陆地港还开通了晋江—广州/深圳跨境

"卡车航班",借助广州和深圳机场丰富国际航线资源,助力跨境电商B2B业务。

第四,建设多元业务板块相结合的外贸综合服务枢纽。在原有的业务板块基础上,晋江陆地港增加了冷链物流、外贸综合服务平台、陆港购等全新项目,不断完善功能,建设外贸综合服务枢纽。另一方面,晋江陆地港着力打造本地化的外贸综合服务企业,为外贸企业提供通关、报检、退税、结汇、物流、融资、信保、保理、供应链管理、海外仓和售后服务等一站式外贸全流程解决方案,从而整合原来过于分散的外贸交易服务资源。

二 开放枢纽:机场和港口的赶超发展

机场和港口是泉州市对外开放的"桥头堡",然而由于历史和体制原因,泉州市作为一个同时拥有机场和港口的城市却饱受煎熬,未能成为我国东南沿海的国际物流中心,当地的货物主要通过厦门、广州等城市出口到海外,不仅增加了企业物流成本,也严重影响了本地的对外开放环境改善。经过多年的积极争取和基础设施建设,泉州市晋江机场和港口的开放条件明显改善,具备较好的对外开放条件。

1. 泉州晋江机场艰难曲折中前行

泉州晋江机场建于1955年,是一座服务海防需要的军用机场。1993年底,经上级政府批准,晋江机场进行改造,1996年12月正式开通民用航班,最初的航线只有到北京、上海、广州等重点城市的国内航线。1998年12月开始,泉州晋江机场开通了泉州至香港的临时包机航班。2010年,泉州市启动晋江机场改扩建工程,强化口岸开放的配套设施条件。泉州市经历了15年的漫长申报工作和7次临时开放之后,2012年11月终于如愿以偿地获得国家验收,正式对外开放。泉州市海关、检验检疫局等部门在机场设立通关和检验检疫服务通道,方便了过境旅客和货物。如,泉州市检验检疫局采用电讯检疫、无障碍体温检测、电子监控等新的查验手段,极大地方便旅客通关检验检疫。2015年,泉州晋江机场境内外旅客吞吐量达到363.6万人次,2004—2015年期间年均增长30.6%,目前,泉州晋江机场已开通晋江至香港、澳门、日本大阪、泰国曼谷、菲律宾马尼拉和宿务、新加坡、台北等国际航线。

2. 千年古港复兴

泉州港又称刺桐港,曾是世界最大的国际贸易港口之一,与埃及的亚历山大港齐名。泉州港散布在不同湾区,形成不同的港口群,包括泉州湾的崇武港、蚶江港、石湖港、后渚港、洛阳港,深沪湾的祥芝港、永宁港、深沪港、福全港和围头湾的围头港、金井港、东石港、安海港、石井港。泉州虽有 500 多公里的海岸线,临海有肖厝、斗尾、秀涂、后渚、石湖、深沪、围头、石井 8 个港区作业区。虽然港区作业区很多,但开通的国际航线却很少。另一方面,由于海岸线长、开放点多、分布面广,致使泉州没有一个港区能形成规模效应,相应的港口通关、检验及中介服务也十分分散,这些都制约了港口对服务产业作用的发挥。对此,近年来,泉州市委、市政府着力推动"古港复兴"计划,加强港口资源整合,明确港口分工,弱化港口无序竞争,取得了一定的效果。据统计,2016 年泉州市港口货物吞吐量 12560.57 万吨,其中外贸货物吞吐量 3640.45 万吨,增长了 7.7%;集装箱吞吐量 209.15 万标箱,增长了 3.8%。泉州港已经开辟了多条国际航线,可以连接 30 多个国家和地区。

三　开放网络:"海上丝绸之路先行区"的探索

泉州是海上丝绸之路具有标志性的地方。在唐代,泉州是中国对外贸易的四大口岸之一,在宋元时期,"刺桐港"被称为"东方第一大港",已与 100 多个国家和地区建立通商贸易关系,呈现"市井十洲人"、"涨海声中万国商"的繁荣景象。联合国教科文组织将世界第一个多元文化展示中心定址于泉州,公认泉州为海上丝绸之路重要的起点城市。2015 年,泉州市在国家"一带一路"倡议规划中被列为"21 世纪海上丝绸之路先行区"和"海上合作战略支点"。目前,海上丝绸之路国际艺术节和海陆丝绸之路城市联盟工商理事会秘书处落户泉州。

泉州作为古代海上丝绸之路起点,承担着建设"21 世纪海上丝绸之路先行区"的光荣使命,拥有较好的基础条件和社会资源。近年来,泉州市社会各界围绕海丝先行区建设,敢闯敢拼,积累了许多宝贵的经验,主要是:

第一，开展经贸推介活动。泉州市有关部门借鉴国内外展会办会经验，举办"中国（泉州）海上丝绸之路国际品牌博览会"，吸引海内外客商参展。另一方面，泉州市工商联等有关单位先后组织企业代表团赴菲律宾、泰国、法国、波兰等国家开展经贸交流，累计组织2443家企业参加国内外158个国际知名展会，组织340家企业赴境外开展经贸洽谈和市场考察活动。此外，泉州市有关部门连续八年组织"品牌泉州境外行"活动，帮助企业开辟境外营销网络。

第二，支持企业对外投资活动。泉州市委、市政府把企业"走出去"作为落实"一带一路"倡议的突破口，各县（市、区）商会牵头组织企业赴境外投资考察，寻找海外商机。同时，在第一批"吃螃蟹"企业的带领下，一批纺织服装等行业企业到越南、柬埔寨等国家设立生产基地。还有一些企业到海外建设境外商品批发市场，如，由泉州企业家投资建设的"波兰中国福建商品城"已吸引了超过100家企业入驻。俄罗斯克拉斯诺达尔境外商品城项目建设已完成可行性研究，该项目将探索通过当地政府购买服务方式引进企业入驻。到2016年底，泉州市已累计备案企业赴境外投资项目289个，投资总额32.6亿美元；据估计，那些通过非正常渠道"走出去"的项目是经过商务部门备案数量的5倍以上，项目数超过1500个，投资总额超过80亿美元。

第三，加强"海上丝绸之路"基因保护。海上丝绸之路是泉州城市的魅力所在。泉州市已启动海丝申遗工作，高标准推进遗产点本体保护修缮和环境整治，力争尽快列入世界遗产名录。近年来，泉州市做足千年古城韵味，实施整体性保护、修缮式改造、家园式管理，推进古城保护"六大工程"，塑造"见人、见物、见生活"的活态场景。同时，泉州市统一规划，加强历史文化街区的梳理、保护和适度开发，找准保护利用"穴位"，精准定位展示主题，精心策划启动项目，精确导入民宿、文创、美食和徒步游、民俗节庆等业态，一点、一线、一片向外展示，规划建成世界海丝文化休闲旅游目的地。此外，泉州市各级政府重视闽南文化生态保护，加强名城名镇名村、历史街区、传统村落及历史建筑的保护利用，留住乡愁记忆。

第四，做大"海上丝绸之路"朋友圈。泉州市利用侨乡侨亲社会资源和对台优势，广泛联系侨领侨商侨亲、泉籍社团，加强南洋华裔族群寻根谒祖综合服务平台建设,涵养新华人华侨、华裔新生代资源。泉州市通过各类交流交往平台,结交"一带一路"沿线国家和地区的友好城市,深化与海丝沿线的教育、科技和文化交流,扩大海丝国际艺术节和世界闽南文化节的国际影响力。泉州市积极发挥中国(泉州)海上丝绸之路国际品牌博览会和泉州品牌境外行、海丝行等展会效应,推动泉籍华商跨国开展产能合作,通过联合海陆丝绸之路城市联盟工商理事会等平台,为泉州企业对外投资、海外商事调解等牵线搭桥。

第五节 经验启示

从集群经济、园区经济、合作经济到开放经济,充分见证了泉州县域经济发展的轨迹,是地方政府和企业家爱拼敢赢的表现。2012年以来,"晋江经验"新发展带来的溢出效应已渗透到泉州各个角落,成为推动泉州县域发展的新动力,成为实践党的十九大精神的先行样板。上文的总结和分析可以得出一些有益经验启示。

发展产业集群要抓住龙头企业。传统产业集群转型升级是县域创新驱动发展的主攻方向,是县域经济持续保持活力的主要途径。泉州市推动传统产业集群转型升级经验表明,在集群进入成熟的发展阶段和出现产值规模增长"天花板"效应的时候,地方政府要把握住在这个关键时期,抓住行业龙头企业这些"关键少数",支持其通过"手拉手"带动产业链配套企业和外协企业创新能力提升是非常必要、紧迫的。只有这样,集群内中小微企业才能渡过难关,也才能从龙头企业成长中取经,进而获得能力提升和存活机会。

大力发展生产性服务业可以补强县域经济发展的短板。泉州通过发展现代服务业补强县域创新驱动发展短板的经验表明,生产性服务业发展可以为产业集群转型升级注入创新活力。专业市场与产业集群长期形成了良性互动关系是泉州县域特色产业集群成功的法宝,这种关系可以帮助企业节约生产和销售成本以及获得快速的市场反应能力。除此之外,金融服务、商务服务、法律咨询、研发服务等行业快速发展为泉州地区集群企业创品牌、境内外上市、融资脱困、对外投资、技术升级等方面提供了不可缺少的支持。

产业园区动态升级是适应城市产业发展的需要。传统产业园区只是工业企业的集聚地，其功能难以适应现代产业工人的日益多样化需求。从泉州市产业园区动态升级路径看，因地制宜地探索产城融合模式，提高产业园区的城市服务配套功能，对现代产业工人具有宜居乐业的吸引力。同时，新一代信息技术正在改变传统产业布局形态和产业空间组织方式，创建一些开放共享、功能完善、管理规范的虚拟产业园区是顺应新兴业态布局趋势的需要。泉州市晋江、石狮等地立足当地产业集群发展现状和"企业家二代"、青年大学生等创业群体需求，建设地方化的众创空间，为年轻人从事"三创"活动提供开放、低价、共享、便利的空间。这种需求导向型的众创空间恰是县域创新驱动发展的新兴载体。

探索市场化开放模式是新形势发展开放型经济的方向。晋江陆地港市场化开放模式的探索是泉州县域创新驱动发展的一个缩影。民营企业作为陆地港投资方和运作方，充分发挥市场力量的创新作用，而地方政府敢于突破行政体制束缚，积极为这种市场化模式提供有效的配合和相应的制度安排，可以说，这是晋江陆地港运作成功的一个关键因素。晋江陆地港建设的实践证明对外开放平台是可以通过市场化手段实现正常运作的。

政府适时有为是"晋江经验"的成功关键。政府恰到时机地发挥积极有为的角色是泉州推进县域创新驱动发展的有力保障。从产业集群壮大发展的历程看，每到关键的时刻，地方政府都能及时进行角色调整、策略转变和服务企业，引导企业迈上升级的台阶，促进产业集群在转型中升级、在升级中提升竞争力。当然，地方政府始终坚持维护市场力量正常运转，尊重市场规律，与市场建立良性互动关系，这些正是泉州市当地政府的"超常之处"。

第五章 构建有为政府,助力经济腾飞

在现代经济理论中,作为最基本的两种资源配置方式,政府与市场之间不是此消彼长而是共生互补的关系,不是谁取代谁的问题而是有机协调相互促进的关系。改革开放以来,我国在积极探索发挥市场作用的同时,也一直在探索如何更好发挥政府的作用。不少地方在探索政府应该发挥什么样的作用,以及如何发挥作用方面,积累了不少好的经验。

作为市场化程度比较高的泉州地区,始终坚持经济政治客观发展的实践性原则,始终坚持政府与市场良性互动的价值性原则,更好地发挥政府在市场经济发展中的作用。泉州在历年党代会的报告中多次提出,切实把政府经济管理职能转到主要为市场主体服务和创造良好发展环境上来,这就体现政府在区域经济发展中所处的位置。换言之,要促进经济活力和区域经济发展,政府起着至关重要的作用。其中,晋江市政府从本区域的实际出发,以远见的卓识和胆量,创造性地开展工作,利用民营经济的崛起推进地方发展,使晋江这座沿海城市在闽东南地区拔地而起,走出一条构建中国特色的有为政府发展道路。习近平同志在总结晋江经验时特别强调,"始终坚持加强政府对市场经济发展的引导和服务①","各地学习借鉴晋江经验,就要像晋江市、镇两级政府那样,变以管理为主为以服务和引导为主,做到既不'越位',又不'缺位'、'错位'或'不到位',通过及时引导、优质服务和有效管理,来履行好各级党委、政府领导经济工作的历史责任,促进经济的加快发展。"②

---

① 习近平:《研究借鉴晋江经验 加快构建三条战略通道——关于晋江经济持续快速发展的调查与思考》,《福建日报》2002 年 10 月 4 日。

② 同上。

这为我们探索泉州市构建有为政府的经验与启示指明了方向。

第一节　构建有为政府，加强对市场经济
发展的引导和服务

一　市场经济体制探索期打破市场主体发展瓶颈

1978 年召开的党的十一届三中全会提出："应该坚决实行按经济规律办事，重视价值规律的作用。"并指出："现在我国经济管理体制的一个严重缺点是权力过于集中，应该有领导地大胆下放，让地方和工农企业在国家统一计划的指导下有更多的经营管理自主权。"接着，我国改革开放的总设计师邓小平同志明确提出："社会主义也可以搞市场经济"，"把这当作方法，不会影响整个社会主义。"第一次把市场经济同社会主义直接联系起来，于是波澜壮阔的改革开放号角在全国吹响。

改革开始之初的泉州市，积极响应国家改革开放的号召，经济上政策日益解放，但人们旧的思维方式和文化心理并没有同时解放，存在滞后效应，以至于一些地域在体制方面的条条框框并未及时拆除，政策的不连续性和不确定性所导致的随机偶然事件时有发生。在这种情形下，泉州政府壮士断腕，敢为人先，从本地实际出发打破经济发展的瓶颈，促成了一个使泉州历史、文化、经济和社会的潜在因素焕发出来的内在环境，推动本地经济的生存空间迅速扩张。

1. 推广联户集资办企业

改革开放初期的晋江地区国营企业和集体企业的基础十分薄弱，而单户农民创办企业的力量又不足，民营企业发展不快。陈埭公社的一些群众突破个体独资经营的不足，利用"三闲"起步（因为侨乡，不管是港澳，东南亚和海外一些乡亲，寄一些钱回来，留着叫"闲钱"；晋江人，不管人走到哪里，但是我的根还在晋江，他都会在晋江建立房子，也就是有"闲房"；改革开放刚开始，没有什么太多的活，所以有"闲人"，简称"三闲"），开始集资兴办企业，"联户集资企业"在晋江首次出现。这种具有股份合作性质企业的出现是群众的

自发创新。① 当时的晋江县政府很快认识到这类企业的竞争优势,以积极的态度支持陈埭群众集资办企业。1980 年晋江县委、县革委会领导总结陈埭公社集资办企业的经验,在政策不明朗,没有"书",没有"上"可借以参办的情况下,颁发了第一份有关发展乡镇企业的正式文件——《关于加快发展多种经营和社队企业若干问题的规定》②。在这份以"中共晋江县委员会"和"晋江县革命委员会"落款的(80)170号文件中,政府首次表态将不再干预家庭副业和集市贸易,放开生猪、水产品、木料集市贸易;对社队企业的产供销形式不再干涉,下放一些企业和项目给社队去办。③

一九八四年十二月陈埭镇工、农、副总产值达10297万元,首次突破亿元大关,成为福建省第一个亿元镇。十二月六日省委、省人民政府发来贺电,向陈埭镇党委、镇人民政府表示祝贺。十二月十五日,晋江地委、行署在晋江县城灯光球场举行隆重表彰大会。被福建省人民政府誉为"乡镇企业一枝花"的荣誉称号。

图 5 - 1　福建省政府授予陈埭镇"乡镇企业一枝花"荣誉称号

(80)170 号文件下达后,产生了重要的社会效应,民间从事工商活动办企业的做法受到了肯定,一个办厂高潮迅速兴起,许多农民走出

---

①　肖庆文:《政府诱导型创新:晋江市政府在民营企业制度创新中的作用解读》,《经济纵横》2007 年第 8 期。
②　贺东航:《地方政府与晋江民营经济的崛起》,《南洋问题研究》1999 年第 1 期。
③　参见中共晋江县委、晋江县革命委员会:(80)170 号文件。

传统经济结构的圈子,在商品经济领域中一显身手。在集资办厂最早而独树一帜的陈埭公社,受此影响,境内小工厂遍地并以几何级数向外扩展。1980 年底,晋江的工业总产值(18962 万元)首次超过了农业总产值(16818 万元),比 1979 年增加 42.5%。这份文件在晋江发展史上具有非常重要的意义,它给长期以来在夹缝中生存的晋江民营企业扬"名"正"气",提供了生存空间和发展机会,它表明当地政府决定选择以扶持体制外经济作为发展晋江经济的思路。① 因此,晋江在全县及时推广陈埭联户集资办企业的经验,将群众自发运作提升为政府主导推广,利用政府的号召力和组织资源,快速地在全市范围内掀起了一股兴办乡镇企业的热潮,并取得了经济的快速发展,对民营企业发展产生了巨大推动作用。

2. 为民营企业"化妆"

在晋江私营企业发展过程中,一个比较有趣而又独特的现象是,一些私营企业采取挂靠市属集体单位、镇级集体单位或村(居)委会等形式,将企业登记为集体所有制企业,即通常所说的戴"红帽子";还有的企业直接将企业登记为三资企业,在香港或者海外注册,戴上"洋帽子",而这类企业事实上生产场地仍然在国内,只是注册地不在国内。对晋江本地企业而言,这是一种节约成本使得收益最大化的创新方式,"戴帽子"的成本仅仅是向当地政府交一笔数额不大的管理费即可,却能在出口配额、税收、土地使用权和贷款等方面享受与其他类型企业平等的待遇。而晋江当地政府也意识到这种做法对本地企业来说存在的潜在收益,尽管政策上没有明确规定,但是默许这些做法,甚至主动帮助企业"化妆",为企业寻找挂靠单位,有意模糊产权。一时在晋江出现了几千家戴"红帽子"或"洋帽子"的私营企业,成为世界企业制度创新史上非常独特的一种现象。②

3. 引导民营企业嫁接外资、侨资

1987 年 9 月,党的十三大指出,"新的经济运行机制,总体上来说

① 贺东航:《地方政府与晋江民营经济的崛起》,《南洋问题研究》1999 年第 1 期。
② 肖庆文:《政府诱导型创新:晋江市政府在民营企业制度创新中的作用解读》,《经济纵横》2007 年第 8 期。

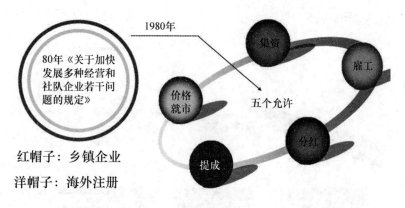

1980年

80年《关于加快
发展多种经营和
社队企业若干问
题的规定》

集资

雇工

价格
就市

五个允许

分红

提成

红帽子:乡镇企业

洋帽子:海外注册

图 5 - 2 (80) 170 号文件的内容及企业"戴帽子"的类别

应当是'国家调节市场,市场引导企业'的机制。"并明确提出,逐步
缩小指令性计划范围,扩大指导性计划范围,最终实现以间接控制为
主、计划与市场内在统一的模式。国家政策的平稳向好和政府调控方式
的转变,使得晋江的经济形势越来越好,绝大多数民营企业有了可观的
经济收入,开始进口设备,翻建厂房,扩大规模,大批民营企业涌向乡
镇政府,要求批地盖厂房。

在内资企业搞活的同时,晋江政府充分利用侨乡优势,鼓励企业拓
展"三来一补"(来料加工、来样加工、来件装配与补偿贸易的简称)
业务。晋江侨居海外的乡亲,利用当时国家的一个政策——"海外华侨
向国内赠送价值 10 万元以下的设备可以免税",纷纷向国内赠送了大批
的生产设备,办起了"三资企业",走上了外向型经济发展的路子。在
这种对外合作方式中,本地企业和人员不需投入任何资金,而产品由外
商包销,没有任何市场风险。随着"三来一补"企业的蓬勃发展,晋
江籍的侨胞对家乡投资的信心大增,而本地的一些民营企业在学到技术
和管理知识后,政府又开始不失时机地引导本地民营企业嫁接外资、侨
资,兴办中外合资企业。[①] 到 1991 年,晋江县共有"三资企业"518
家,总投资额 13.5 亿元,实际利用外资总额外汇人民币 11.56 亿元,

---

① 肖庆文:《政府诱导型创新:晋江市政府在民营企业制度创新中的作用解读》,《经济
纵横》2007 年第 8 期。

总产值达 8.68 亿元。①

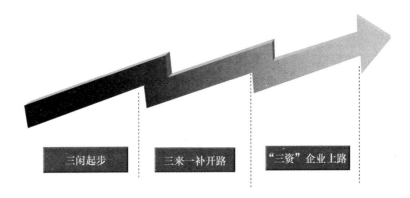

图 5 - 3　早期晋江企业合作形式演变路径

4. 用"四个有利"来评判"乡镇企业"

20 世纪 80 年代末 90 年代初，全国出现了姓"社"姓"资"问题的讨论，晋江当地有一些民营企业主推测是否与"土改时定成分类似"？"是否又要是划资本家成分"？由于存在变数，许多民营企业事实上已经停止业务，该投的资金不敢投，该上的项目不敢上，订单大幅减少②，但晋江政府为了稳定当地企业投资的信心，顶住舆论压力，提出了"四个有利"来评判"乡镇企业"：有利于发展生产；有利于增加社会就业机会，提高人民群众生活；有利于兴办企业事业和集体福利事业；有利于增加国家收入。③ 这与后来邓小平同志提出的"三个有利于"精神是相通的。

总之，从改革开放初期到 1992 年的邓小平南方讲话之前，虽然市场发展逐步被放开，但全国实行的是计划经济，晋江成为未被正式认可的"民办特区"，在探索市场经济发展等方面受到很大制约：改革初期民营企业夹缝求生；1981 年，国内股份制之争白热化，晋江企业雇工、分红、供销提成等成为敏感问题；1982 年初"三来一补"业务被叫停；1985 年

① 参见《1991 年晋江统计年鉴》。

② 贺东航：《地方政府与晋江民营经济的崛起》，《南洋问题研究》1999 年第 1 期。

③ 裘思：《晋江精神探索》，人民出版社 1995 年版，第 24 页。

"假药案"效应被放大;1989 年受到姓"社"姓"资"直接非议,以及国内一系列"治理整顿"政策引起的波折等等。但晋江政府顶住压力,因地制宜,及时调整政策,打破市场主体发展瓶颈,使得晋江民营企业并没有停下奋力创业的脚步。据统计,仅仅从 1981 年到 1985 年的这四年间,晋江联户集资企业数就增长 28 倍,总收入增长近 24 倍。[①]

二　市场经济体制初步建立期推动市场主体制度创新

1992 年初,邓小平同志在南方谈话中指出:"计划经济不等于社会主义,资本主义也有计划;市场经济不等于资本主义,社会主义也有市场",把计划和市场都作为发展生产力的手段。在此基础上,1992 年 10 月,党的十四大明确提出建立社会主义市场经济体制,"就是要使市场在社会主义国家宏观调控下对资源配置起基础性作用",这为长期纠结于"计划"和"市场"关系的改革开启了一个新的里程碑。可以说,1992 年是我国市场经济体制改革历程中的一个转折点,也是晋江民营经济发展难得的机遇年。1992 年晋江撤县建市,城市化建设使民营经济发展有了更大的平台依托,产生了愈来愈多的城市化效益,晋江的民营企业和企业家开始脱胎换骨。在这之后,当企业发展面临更趋激烈的市场竞争时,晋江市委、市政府及时引导企业转变经营方式,建立现代企业制度,加快企业技术创新,实施名牌战略,做大做强企业,显著提高了企业的整体素质和市场竞争力。[②]

1. 组建企业集团

1992 年前后,晋江市民营企业的规模普遍偏小,没有真正意义上的大企业。随着市场竞争的加剧,单打独斗的竞争会造成本地企业的内耗,也难以形成规模竞争优势。可是,当时晋江人"宁为鸡头,不做凤尾"、"人人想当老板"的传统习性使企业之间的联合变得非常困难,甚至已经做大的企业因为这些传统却被拆分成若干小企业。只见"星星"不见"月亮"的企业组织结构难以形成规模化发展,成为政府面

---

① 黄陵东、赵彬、王春光、严书翰等:《中国县域发展:晋江经验》,社会科学文献出版社 2012 年 12 月版,第 8 页。

② 习近平:《研究借鉴晋江经验 加快构建三条战略通道——关于晋江经济持续快速发展的调查与思考》,《福建日报》2002 年 10 月 4 日。

前急需解决的一个问题。经过晋江政府多次调研和反复讨论,逐步达成这样的共识,晋江的乡镇企业发展必须由"船小掉头快"尽快转向"船大好冲浪",即从依靠规模小、转产快的"家庭作坊式",转移到注重上规模、上水平、上档次上来。① 于是晋江政府出台了以下政策措施:一是扶持以优势名牌产品的企业为核心,发展紧密型和半紧密型的跨行业企业集团和企业群体;二是引导民营企业在与国有大中型企业科研单位内联的基础上嫁接外资,组建"中、中、外"(即本地资金、国内资金、国外资金)的结合型企业集团。

在政府政策鼓励和引导下,1991 年组建了晋江第一家企业集团。1994 年政府召开全市千家企业大会,提出"六五"规模工程,引导民营企业以优势产品为龙头,以骨干企业为核心,以资金为纽带,运用参股、控股、合资等灵活的形式,发展紧密型、半紧密型的企业集团。在企业集团化过程中,政府并没有取代企业,也没有拉郎配,而是通过提高企业主的认识,努力消除不利于大型企业和企业集团发展的各种行政障碍,在遵循客观经济规律的基础上出台鼓励性政策,促进企业跨地区、跨行业、跨所有制的自愿联合。②

2. 建立现代企业制度

党的十五大报告提出,非公有制经济是我国社会主义市场经济的重要组成部分。对个体、私营等非公有制经济要继续鼓励、引导,使之健康发展。这对满足人们多样化的需要,增加就业,促进国民经济的发展有重要作用,于是全国各地发展民营经济的热情空前高涨。然而,此时晋江市民营企业的发展却遇到发展瓶颈,原来为获得发展空间并且政府支持而戴上的"红帽子",当国家政策明朗后,产权不清晰的问题日益凸显,成为现代企业制度创新和企业可持续发展的障碍。对政府而言,收取的管理费有限,但对挂靠的集体企业却存在无限的责任风险,企业的债务可能转嫁到政府身上。对企业而言,国家因企业制度不同所采取的差别政策在改变,扭曲的制度性收益在不断降低。企业主对合法私有

---

① 贺东航:《地方政府与晋江民营经济的崛起》,《南洋问题研究》1999 年第 1 期。
② 肖庆文:《政府诱导型创新:晋江市政府在民营企业制度创新中的作用解读》,《经济纵横》2007 年第 8 期。

财产的安全已不担心，反而担心被"弄假成真"的集体企业。①

现代产权制度是与市场经济体制相适应、与所有制相联系的现代企业制度的核心制度。"归属清晰、权责明确、保护严格、流转顺畅"构成了现代产权制度的完整体系和法律关系。于是，晋江市政府提出，必须细致"甄别"企业性质，为企业恢复本来面貌，作为为企业做好服务工作的重中之重。为此，1998年晋江市专门召开企业制度创新专题会议，决定摘除众多企业的"红帽子"和"洋帽子"，按照产权所属甄别企业经济性质。

在此基础上，晋江政府大力倡导企业按照《公司法》的规定，实行公司化改造，引入现代企业制度。为加强企业制度创新工作，政府专门成立了企业改制工作领导小组，指导民营家族企业如何克服产权单一性和对外封闭性对企业的发展所形成的制度性障碍问题，解决影响企业对生产要素的吸纳能力、治理结构的合理性、管理和决策的科学性等问题。晋江市政府按照"积极引导、重点突破、分类指导、全面铺开"的原则，大力推进民营企业制度改革，积极推进股份制，规范股份合作制，鼓励企业进行资产重组，扶持骨干企业向社会增资扩股，努力实现产权的多元化。在产权多元化的基础上，在企业制度创新上实现质的突破，营造制度优势。政府鼓励民营企业与公有制企业通过联合、参股、兼并等形式，发展混合所有制企业。政府特别强调具备条件的企业与世界跨国公司合作，引进战略投资者，探索"以民引外，民外合璧"的新路子，意在通过资产的联姻，获取稀缺的现代企业运作经验、国际品牌、先进技术、销售渠道、管理理念和企业文化，在与制度先进的跨国公司的合作中加速本地民营企业的制度创新。②

第二节　构建有为政府，践行"晋江经验"的四个着力点

一　开展品牌运动，打造品牌之都

泉州品牌经济发展的历史，是一部锐意进取、不断创新的历史。泉

---

① 肖庆文：《政府诱导型创新：晋江政府在民营企业制度创新中的作用解读》，《经济纵横》2007年第8期。

② 同上。

州市各级政府善于审时度势,把握经济发展的态势和走向,充分发挥规划引导作用,将企业个体自发、分散的创立品牌行为,变成自觉、整体的行动。近年来,泉州通过大力发展品牌经济,走出了以品牌经济带动和引领实体经济发展的新路子,相继获得"中国鞋都"、"中国纺织产业基地"、"中国休闲服装名城"、"中国建材之乡"、"中国芦柑之乡"、"中国石雕之都"、"中国乌龙茶之乡"、"中国瓷都"等全国级品牌,先后荣膺"中国品牌经济城市"、"中国品牌之都"称号,又当选"东亚文化之都"。而众多的民营企业通过品牌化营销和品牌竞争优势,逐渐扩大了品牌的知名度、美誉度以及忠诚度,奠定了市场保障。① 正是泉州各级政府一系列战略决策和发展规划的制定和引导,使得泉州企业在发展壮大过程中,将品牌建设放在核心位置,持续不断地打造知名品牌,创造了众多闻名全国的品牌,成为名副其实的"品牌之都"。

1. 鼓励创牌争誉

根据不同时期的规划重点和企业创牌需求,泉州市各级政府主动适应新常态,充分发挥政策导向作用,鼓励企业争创品牌称誉。2015 年 5 月,晋江市出台了《关于促进传统产业转型升级的若干意见》,对获得"中国名牌农产品"、"中国驰名商标"(司法认定的除外)、"国家商标战略实施示范企业"、"地理标志商标"等称誉的企业,一次性奖励 30 万元。对获得"福建省名牌产品"、"福建省名牌农产品"、"福建省著名商标"、"福建省国际知名品牌"等称誉的企业,一次性奖励 5 万元。对获得中国质量奖、中国质量奖提名奖、福建省质量奖、泉州市质量奖的企业(组织或个人),分别一次性奖励 300 万元、200 万元、100 万元、50 万元。此外,在晋江各级政府引导品牌经济发展和带动产业升级的过程中,除了尽力提供发展条件外,还找到了能带动本地优势产业脱颖而出的龙头企业,并给予龙头企业政策上的大力扶持。依托龙头企业构建"金字塔"形的产业组织结构是晋江品牌经济快速发展和构建合理产业链的关键。②

---

① 晋江市市场监管局:《晋江市推进企业品牌发展》,2017 年 3 月。
② 靳涛、陈雯:《地方政府引导下的品牌带动战略与产业升级——基于"后晋江模式"发展经验的调研与再认识》,《福建论坛·人文社会科学版》2009 年第 7 期。

2. 引导商标注册

在泉州市政府的倡导和支持下，泉州市企业普遍重视对知识产权的保护，加强对商标注册的管理，并进行了详细的规划引导。一是精心培育，推动商标注册。截至 2016 年底，仅晋江市就拥有注册商标 68609 件，马德里国际商标 310 件、中国驰名商标 42 件、福建省著名商标 220 件、泉州市知名商标 251 件、地理标志证明商标 7 件。商标品牌总数居全国县（市、区）前列。二是保护和推广传统名小吃，推动地方特色产业发展，至今共引导注册了深沪鱼丸、深沪鱿鱼干、深沪巴浪脯等 7 件地理标志证明商标。三是构建品牌维权保护体系。积极开展商标专项整治、打击侵权假冒等行动，维护良好商标发展环境。积极协助安踏、金冠、恒安、乔丹、盼盼、好彩头等企业跨省维权。四是在晋江市政府的统一领导下，市场监管局联合法院、检察院、公安等相关部门，筹建企业知识产权维权援助中心，为企业提供更专业、更有力的知识产权保护。

3. 创建品牌示范区

泉州市各级政府历来重视对品牌示范区的建设，晋江市在 2014 年 11 月就获得国家质检总局批准筹建"全国运动鞋服产业知名品牌创建示范区"称号。同时，近年来晋江还开展了"质量月"、"世界标准日"等宣传活动，有效提高了全民质量意识、品牌意识、诚信意识；在示范区内树立品牌建设标杆企业，发挥名牌产品、标杆企业的带动作用；建立了示范区产品质量整治工作机制，并加大力度建设产品质量检测机构等公用平台。通过创建示范区，有效推进形成产业发展协调、技术基础夯实、质量明显进步、品牌建设有效、自主创新能力提升、公共服务良好、节能环保性能大幅提升的运动鞋服产业发展格局。

4. 护航品牌发展

近年来，晋江市先后拨出 2000 多万元财政资金，用于扶持发展产品检测公共服务机构，为企业品牌的发展保驾护航，目前已经建成福建省鞋服质量检测中心、福建省伞具拉链质量检测中心、福建省食品质量监督检验中心、国家服装服饰质量监督检验中心。同时，晋江市各主要检测机构的检测标准已经达到国际化标准，涵盖所有国内标准以及 CNS（中国台湾地区标准）、ASTM（美国）、BS（英国）等国际标准，其中福建省鞋服质量检测中心的检测数据获国际互认资质。

5. 提升品牌形象

采取举办培训班、开设专题讲座、开展"质量月"活动等形式，提高企业争创名牌、打造"品牌之都"的意识。近年来，晋江市先后举办了"卓越绩效评价准则"培训班、"品牌之都（晋江）名牌高峰论坛"、"双翼计划（品牌打造与资本运作双翼齐飞）"等一系列形式多样、内容丰富的教育培训和主题宣传活动，产生了显著成效。同时，晋江市还成功举办了中国（晋江）国际鞋业博览会、全国陶瓷建材（晋江）博览会、国际买家晋江采购之旅展洽会、中国（晋江）伞业博览会大规模、区域性展洽活动，为晋江企业开展国内外经贸洽谈、展示品牌形象创造条件，其中，"晋江鞋博会"已经连续举办18届，成为"中国十大魅力展会"之一。

二 助推企业上市，打造泉州名片

泉州企业改制上市工作与我国资本市场几乎同时起步，先后培育了100家具有一定区域特色和行业影响力的上市公司，形成独特的"泉州板块"。1993年12月，"福建豪盛"在上海证券交易所上市，开启了泉州企业海内外上市序幕。2000年泉州市启动企业改制上市"121工程"（即力争用3—5年时间，累计改制企业1000家、培育上市后备企业200家、实现境内外上市企业100家）①。在晋江，自1998年恒安国际集团有限公司在香港主板成功上市以来，晋江市共有境内外上市公司46家、股票48只，数量居全国县域首位，募集资金折合人民币超390亿元，总市值超2000亿元。晋江上市公司、上市后备企业纳税总额占晋江财政收入近30%，增量曾占全市财政收入增量60%以上。"泉州板块"、"晋江板块"的异军突起书写了企业爱拼敢赢、勇争一流的创业激情和拼搏精神，描绘出泉州人一步一个脚印，从"产品经营"到"品牌经营"再到"资本运营"经济发展方式转变的科学发展之路，也勾勒出泉州、省、国家等各级政府充分发挥市场在资源配置中决定性作

---

① 杨华阳：《提升泉州市企业改制上市工作的研究》，载《泉州地改市30周年暨五个泉州建设研讨会论文集》。

用，构建功能完善、规范透明和健康高效资本市场的改革之路。泉州市政府历来重视企业上市工作，把引导企业改制与上市作为经济工作的重要抓手，相关工作起步早、创新性强、效果好，多次成为深交所、上交所全国推广的成功案例。[①]

1. 强化机制指导服务

在晋江市企业上市工作领导小组基础上，整合原上市办职能成立金融工作局作为政府的工作部门，促进企业上市向产融结合深化，并严格上市后备企业准入程序和门槛，在源头把好"晋江板块"的基础质量，同时配合监管部门督促上市公司、后备企业按《公司法》《证券法》和发行上市相关要求规范运作，健康发展。此外，晋江市还将引导和支持企业改制上市作为金融改革创新工作的一项重要内容加以推进，历年来均入选泉州、晋江两级政府金融改革重点项目，明确责任目标，推行目标管理和分片包干、挂钩联系、分类指导等制度，并按工作进度要求进行专项工作督查，确保完成任务目标。

2. 加大政策导向力度

晋江市针对企业改制上市工作的帮扶政策始于2001年，2007年之后紧跟产业发展动向，实行定期政策更新。2015年整合提升原有政策，制定出台《关于进一步促进金融业和资本市场加快发展的若干意见》及《操作程序》，其中仅针对企业"新三板"挂牌工作最高奖励可达240万元，政策从资源培育、财税奖励和补助、募投导向、人才引进、优化服务以及市场规范等方面提出具体措施，形成一整套较为完备政策体系。数年来累计兑现各种补助奖励资金超3亿元，有效地增强了企业的挂牌上市信心、减轻了企业的改制负担。此外，在帮助企业了解、读懂、读透、用好、用活上市政策方面，晋江市组织多场惠企政策宣讲活动，邀请专业人员、讲师针对企业改制上市关注和遇到的具体问题，开展面向各镇企业的"1对1"、"1对多"现场解读指导。建设"资本晋江"网站，印制专刊，积极策划、精心组织举办各种见面会、介绍会、论坛、研讨会40多场，邀请省级监管部门领导、业界专家、知名机构

---

① 资料来源：晋江市金融局提供材料《借力资本市场　助推产业转型升级——晋江市推动企业改制上市的实践经验》。

以及先行企业家宣讲上市知识，详解最新动态，分享成功经验，累计培训企业高管 2000 多人（次）。

3. 培育后备资源

晋江市围绕产业转型升级目标，依托金融管理部门、各镇街道深入走访、指导、交流，挖掘后备资源，定期开展企业上市意愿、经营情况及纳税贡献等情况摸底调查，筛选企业纳入上市后备资源库进行管理和服务，按年度对后备企业库实行动态更新调整，确保入库企业质优量足，为推动更多地企业上市融资打好基础。同时，按照"政府引导、市场运作"的原则，晋江紧抓金改契机，出台招商政策，加大专业机构的引进落户，新增中信证券、国泰君安、招商证券、长城证券和广发证券等 5 家知名证券机构入驻；加强人才培育力度，重点引进资本运作专业人才；吸引知名券商、会计师事务所来晋主动与企业对接洽谈上市工作，为企业与专业机构、人员牵线搭桥，提供资源对接，主动凝聚证券监管部门、交易所、证券中介机构合力，引导各类有效资源向上市后备企业倾斜，为企业上市创造环境和条件。

4. 破解发展瓶颈

晋江市通过简政放权，解决企业上市过程遇到的问题。针对企业涉及的各类审批事项，梳理业务流程，简化办理手续，对重点环节进行"回头看"，帮助企业提高业务水平和办事效率；持续深入走访企业，积极了解企业生产运营情况及改制存在困难和问题，搜集汇总企业改制上市工作中的重点、难点，作为企业上市服务的主攻方向；开展"企业上市服务月"、开通行政审批"特别通道"、专门建立"一企一议"工作制度，组织领导组联席会议等方式，分层级、定期或不定期召集有关部门专题研究，逐条、逐项协调解决企业改制上市过程中遇到的产权明晰等历史遗留问题和各种具体困难。据不完全统计，截至 2016 年底，针对上市及后备企业，完善环评和环保验收手续企业超 90 家，消防手续超 50 宗，办理"两证"相关事宜超 200 宗，新办员工社会保险超 2 万人。此外，晋江还对上市后备企业实施分类指导，对基础较好、具备上市条件，但未设立股份有限公司的后备企业，积极组建股份有限公司；暂不具备上市条件的后备企业，引导企业确定发展方向，通过重组整合，加快股份制改造步伐；着眼长远，把企业改制工作与今后上市工作衔接起来，在企业改制的初期，引导证券公司等中介机构进行指导服务，为企业上市融资做好前期准备。

5. 优化上市环境

晋江市加强对企业的上市指导，去劣存优。针对个别企业不规范上市的苗头和倾向，晋江市通过会议、培训、走访等形式强调不规范上市的危害，收集境内外证券监管法律法规、宣传不规范上市的危害及法律后果等措施，引导企业树立科学的上市观；严格执行《晋江上市后备企业与证券中介机构合作工作指引》，指导企业提高与中介合作水平；建立健全中介机构信息库，将信息提供给企业，举办拟上市企业与证券中介机构见面会，组建上市专业服务团，推荐有实力、资质好的中介机构到晋江开展工作。此外，晋江市还建立企业之间上市的信息互通渠道。以"重在预防、处置得当、注重协作"为准绳，从中介报备、政府职能部门间信息互通以及与交易所签订合作框架备忘录等方面入手，完善工作方案和应急预案；形成以金融局为主体，各相关单位、镇、街道、机构主动配合的信息互通体系，对存在不规范上市行为的企业、机构严加把关、严肃处理；在一些上市公司、上市后备企业建立监督工作联系点，开展预防、宣传、教育、督导工作，为企业的健康发展保驾护航。

6. 激发产业转型活力

晋江市以上市公司、上市后备企业为主体，在智能制造、跨界融合发展上促产业转型升级，分行业推进，精准施策，通过专业机构服务、专家指导、财政补贴、融资租赁、产学研对接等方式，推进10大行业67个重点项目。一是智能改造，机器换工。晋江市抓紧实施"中国制造2025"、推广应用"数控一代"。主动宣传解读智能化应用政策，制定《晋江市制造企业生产线智能化改造试点实施方案》及配套政策，抓紧引进智能化研发机构及制造企业；选取典型试点应用企业，试点组织实施智能化生产线改造项目，其中华宇公司经编机自动断线检测项目、百宏公司纱锭自动包装生产线入选试点并组织改造、抓紧投产；深入挖掘智能化改造先行标杆企业，推荐安踏公司"自动化电脑针车车间"、正麒公司"FDY自动包装系统"等19个项目申报泉州一级"数控一代"应用典型，为企业争取项目补助，降低改造成本。二是创新驱动，触网升级。晋江持续引进产学研合作平台、科技成果转化平台，打造 5 大创新平台, 3 大文创园区, 引进 6 家国家级科研机构, 吸引 80 多家高校和设计机构入驻, 把先进的科研机构、科技成果, 把优秀的人才引到晋江, 支持企业主动融入"互联网+", 大力发展电子商务, 加快"电商换市"。安踏、乔丹、贵人鸟等一大批企业纷纷发力电子商务、模式创新、跨界融合等新领域; 冠达星将互联网技术与传统行业结合, 注资上亿元构建集生产下单、交易、支付、智能仓储物流和大数据分析为一体的"冠达星云商", 实现商业模式革新。

三 创新服务模式, 提升服务效率

1. 创新金融服务模式

为了更好地服务小微企业的信贷要求, 泉州政府不断创新金融服务模式。2014 年成立的品尚电子商务有限公司(以下简称: 品尚电商), 是基于服装产业链大数据的互联网金融服务创新公司, 专注于服装产业链互联网化转型与升级, 致力于打造服装产业大数据与互联网金融服务的专业化垂直电商与互联网金融平台。2015 年 4 月 23 日, 国务院总理李克强到品尚电商视察, 对品尚电商在助力服装产业互联网化、降低中小微企业经营成本的努力做出肯定。

自成立以来, 品尚电商围绕"产业要素交易"、"互联网金融"、"征信"三个方面创造性地开展工作, 建立了面向服装产业链领域的"产业要素交易平台+互联网金融+征信"三位一体创新金融服务模式, 这一创新商业模式具有国内首创与领先性, 被纳入福建省人民政府"互联网+"行动计划。产业要素交易平台大大提高了服装产业交易效率, 高效连通服装品牌企业、加工生产企业、原材料供应企业等生产环节, 也连通了服装品牌企业和下游经销商的销售环节, 帮助品牌企业找加工厂、帮助加工厂找订单, 进行服装企业产能整合, 提高订货效率, 目前平台会员单位达 2000 多家。互联网金融平台有效帮助中小微企业解决融资难题, 截至 2017 年 1 月 31 日, 平台已有 5653 家企业注册、接入 12 家金融和类金融机构, 成功对接 7450 万的融资需求。企业征信平台初步建立了企业信用评估模型, 收集、整理中小微企业信用信息平台的数据共 36 种类型 17.29 万家泉州中小微企业的基础数据 718 万条。

2. 主动服务企业重整过程

对于一个地方来说，培育一个知名品牌来之不易，泉州市当地政府尤其重视对知名品牌的保护和扶持。比如，近年来，安溪铁观音集团先后投入数亿元资金启动上市计划，但由于国家政策变化、企业经营困境等原因，2013 年年初，集团终止上市计划。此后又受到消费环境和市场调整等因素影响，公司资金周转陷入困境。特别是集团因为替关联方提供担保，主债务人陷入困境等原因，经营状况进一步恶化。

安溪铁观音集团陷入困境后，泉州、安溪两级政府多次就企业债务危机化解与脱困工作召开专题会议。泉州市经信委、金融工作局与安溪县政府牵头成立清算组，并吸收北京市中伦（深圳）律师事务所作为清算组成员负责法律专业事务。清算组成立后，对安溪铁观音集团采取多种帮扶措施，为其适用重整程序化解债务危机赢得时间。

重整过程中泉州市政府立足于大局，曾多次召开会议协调各方关系，有效发挥政府部门统筹协调的作用。如分管副市长多次主持召开现场协调会，解决铁观音集团重整过程中面临的问题；泉州市金融工作局亦召集各家金融机构，并积极拜访多家金融机构，协调其给予支持。

安溪县政府则致力于把握细节，始终站在铁观音集团发展的角度，充分考虑债权人及重组方的诉求。县委、县政府主要领导亲自抓，县分管领导具体协调重整工作涉及的各项工作。如：亲自协调安溪县茶管委专业人才参与铁观音集团在重整期间的经营生产，确保了企业重整期间的持续稳定经营；对于安溪县辖内银行业金融机构，安排县金融办等政府职能部门主动出面协调，解决相关困难，努力取得其支持；对于茶农等小额债权人，县政府协同管理人派遣专人深入田间地头，逐个上门解释重整程序相关的法律规定，并就重整计划草案与之沟通，争取其同意。

在遴选重组方的过程中，安溪县政府在积极督促管理人与意向投资方做好接洽工作的同时，对于具有诚意的投资方，主动派遣有关人员前往调研与勘察。为决定最终重组方，安溪县政府分批次、分小组与每家意向重组方召开多次座谈会，反复就资金提供数额与进度、资金来源、可行性经营方案以及取得股权比例等方面进行协商。可见，政府的支持以及主导作用有效的促进铁观音集团重整程序的顺利进行，是重整成功坚实的基础。①

3. 打造高效便捷的政务服务平台

政务服务工作是指政府各行政部门，根据法律法规、审批期限对社会团体、企事业和个人办理相关业务工作，政府服务平台的信息化程度直接会影响到办事效率。首先，创新电子证照建设，打造行政审批信息"智库"。晋江市行政服务中心电子证照共享平台建设于 2012 年启动试点，率先在国内将电子证照共享应用到行政审批服务大系统中，企业、群众可以通过网上提交审批申请、审批部门窗口在线通过电子证照共享库抽取、查验证照信息，审批后通过网上加密数据回复审批结果，企业、群众实现足不出户的网上审批服务。目前进驻市行政服务中心 25 个常驻部门中除消防支队、通管办外，其余 23 个部门均已实现在线生成电子证照。截至 2017 年 2 月 28 日，共配置证照类型 509 种，其中证照种类 180 种，批文种类 329 种，共生成电子证照 50.9 万份，取得了初步成效。其次，编织网上审批"一条链"，打造"指尖上的行政服务中心"。2016 年 8 月份，泉州行政服务中心正式推出"泉政通"政务云平台，同时融合数字证书及电子印章等安全认证技术，推行面向企业全程式网上审批。目前，政府部门出具的证照、批文等批件材料，中介服务机构出具的验资报告等证明材料，申报者自行出具的申请报告、合同、章程、委派书、承诺函等三类材料均可通过"泉政通"政务云平台进行汇集、调用和管理，实现申报材料电子化，审批流程无纸化。此外，泉州也在打造"指尖上的行政服务中心"。引入"互联网＋电子证照"新模式，搭建市行政服务中心 APP 移动客户端。公众可通过客户端随时查询在办事项的流程环节、查看自己名下的电子证照、进行证照真伪验证，还可直接使用手机进行在线咨询、申报、投诉和建议等操作，突破了申报材料和证照电子化瓶颈，进一步推进审批无纸化办公环境配套建设，把行政服务触角延伸至百姓身边、手中，让百姓"指尖一键"掌上办事；开发窗口服务终端系统，每个窗口配置互动平板电脑，用户在办理等待过程中，对填报信息进行确认，以触摸屏的方式提供信息查询，并结合数字证书、电子印章实现在线安全调用、横向比对电子

---

① 安溪县金融办：《安溪铁观音集团重整成功经验介绍》，2017 年 3 月 21 日。

证照、电子证明、电子材料和机读材料，实现窗口终端与审批系统数据联动，打造咨询、受理、补件、办结、送达、评议等操作无纸化环境。最后，推行跨县市网上审批，实现数据多"跑腿"群众少"跑路"。按照福建省"统一标准、互联互通、整合共享、共同提升"的原则建设网上办事大厅。泉州市、县分厅，并与市、县各级行政服务中心的审批系统进行无缝对接，于 2015 年 12 月 1 日起正式运行。同时，推行市县乡三级网上审批联动。目前泉州市已建成覆盖市及 13 个县（市、区）乡镇的网上审批信息平台，向上联接省级网上审批平台，对 11 个部门、41 项县市联动项目，企业报件、上传下达均通过网上完成，特别是针对安溪、永春、德化等一些距离市区比较远的企业群众，办事无须再舟车劳顿奔波于县市行政服务中心之间，只要跑一趟把材料递交到县里的行政服务中心，再由他们通过网上系统转交到市行政服务中心，办好的证照就会直接送到企业群众手里。①

4. 积极推动商事调解工作

参与非公有制经济民商事纠纷调解，是新时期工商联发挥作用的一项重要职能，也是工商联服务和促进经济发展的一个重要手段。2010年，为响应中央统战部、全国工商联积极引导非公企业应对国际金融危机影响、保持经济平稳较快发展的号召和中央、福建省委关于建立社会矛盾纠纷"大调解"工作机制的部署，泉州、晋江工商联与泉州市人民法院密切配合，通力合作，在陈埭镇设立商会商务人民调解委员会，首创地缘与商缘相结合，商会调解和诉讼调解相衔接，司法公信与商务诚信相融汇的纠纷解决机制。②

陈埭镇商会商务调解委员会工作机制及调解内容

晋江市陈埭镇现有 3000 多家民营企业，商贸往来频繁，经济纠纷时有发生，企业内外矛盾纠纷总数呈现逐年上升的态势。一些矛盾纠纷若得不到及时有效的化解，不仅制约着企业持续健康发展，也影响了社会稳定和谐。陈埭镇商会积极参与社会管理和矛盾化解，经泉州

① 资料来源：晋江市行政服务中心：《晋江市行政服务中心工作情况总结》，2017 年 3 月。

② 资料来源：晋江市陈埭镇商事调解总结：《充分发挥商会优势 积极推动商事调解工作——关于陈埭商会设立非公有制经济商事调解平台的思考》。

市中级人民法院和晋江市人民法院授权，成立了福建省首个商务领域调委会——陈埭镇商会商务人民调解委员会，负责调解全镇非公有制经济组织中发生的商事纠纷、服务纠纷和劳动争议，提供法规培训、法律咨询、风险防范、调解纠纷、化解矛盾等全方位服务，搭建司法援助平台，沟通协调各方，及时回应解决会员最关注的法律问题，帮助会员在提高法制意识的同时不断增强规避风险和维权的能力。调委会与法院建立良性互动机制，提前介入，及时将矛盾和纠纷化解在萌芽状态及诉讼前期。自 2010 年 12 月 20 日成立以来，调委会共受理了各类经济纠纷 153 件，总金额 2 亿 3 千多万元，已结案 140 件，总金额近 2 亿元。当前陈埭镇商会商务人民调解委员会仍在不断总结完善"商事调解"的做法，参与解决劳资纠纷，健全劳动三方协调机制。当然，陈埭镇商会商务人民调解委员会健全的调解机制是与上级主管部门的政策支持分不开的，在这些方面已经形成了一些可资借鉴的典型做法。

一是推荐、聘请商事调解员。2012 年 8 月，为总结交流商事调解经验，扩大商会调解范围，泉州市工商联、市中院联合举行第二届商事调解员聘任仪式，表彰了李海庭等 3 名优秀商事调解员并聘任吴文益等 26 名在行业内较有影响、热心协助调解工作的主要成员框架以陈埭镇商会常务理事为主的企业家担任新一届市法院商事调解员。

二是制定工作制度和工作流程。为保证工作的正常开展，泉州市中院制定了《关于诉讼调解与商事人民调解衔接工作机制的暂行规定》《商事调解员工作纪律》《商事调解员工作职责》以及《商事审判诉调衔接工作流程》，出台了《晋江市陈埭商会商务调解委员会工作规范》以及《晋江市陈埭商会商事调解员工作职责》，建立健全相应的制度规范，明确商事调解员的工作职责，实现商事调解工作的规范运转。同时，调委会还聘请了一位法院退休法官作为专职调解员负责处理日常事务。在调解过程中，调委会自始至终贯彻《中华人民共和国人民调解法》作为调解工作准则，本着公平、公正的原则，真诚服务的态度，按照人民调解操作流程，在确定事实、分清责任的基础上，促成当事人互谅、互让。

三是发挥商事调解员独特优势。法院在征求当事人意见决定发出

《协助调解邀请函》时，会充分考虑到案件的地域、行业、公信度等因素来选派商事调解员。商事调解员来自各村（社区）的正副书记、村主任以及人大代表、政协委员、人民调解员等社会贤达人士，由遵纪、懂法、热心诉讼调解的工商界人士担任，他们与纠纷当事人有地缘上、商缘上、人缘上的"亲和力"，有利于打开心结、辨法析理、定分止争。

陈埭镇商会商务调解委员会的成立为维护非公有制经济组织和经济人士的合法权益提供了平台。既是为了深化"大调解"工作体系，积极妥善化解非公有制经济组织矛盾纠纷，促进非公有制经济发展和社会稳定，也是积极探索人民调解新途径，创新和优化社会管理模式的又一新尝试。它标志着泉州市工商企业的人民调解工作将进入规范化、制度化和法制化的轨道，对构建企业文明诉求、化解矛盾纠纷，促进当地经济又好又快发展发挥积极作用。

四　打造"海上丝绸之路"门户城市，融入"一带一路"大局

"一带一路"国家战略提出后，作为海上丝绸之路起点城市，泉州实施以质取胜、大力培育出口名牌，提高泉州市出口商品附加值，增强企业国际市场竞争力的重要选择。近年来，泉州市委、市政府高度重视，大力营造品牌国际化经营环境，推动企业加强品质、技术、管理、营销、文化等方面建设，品牌国际化取得初步成效。[①]

1. 出台政策扶持

近年来，泉州市对境外营销网络建设、境外生产基地建设、境外研发机构建设、并购国际知名品牌等方面给予重点政策扶持。同时，泉州市积极争取到福建商务厅将泉州市境外商品城建设项目列入福建省重点培育服务对象，并在商品出口、商铺租金、产品宣传展示、货物通关等方面出台相关政策支持。此外，为促进泉州市海上丝绸之路史迹和文物保护事业的发展，规范财政专项资金的使用和管理，从 2017 年开始，泉州市在原有基础上，加大了海上丝绸之路史迹和文物保护专项资金的支持力度，部分县（市、区）通过实施省级及省级以上文物保护工程

---

① 晋江市政府发展研究中心提供材料，2017 年 1 月 12 日。

项目，最高可获得"以奖代补"资金 50 万元。①

2. 拓展"海丝"经贸合作

为了加快建设 21 世纪海上丝绸之路先行区和国家开放门户，充分发挥联合国海陆丝绸之路城市联盟工商理事会作用，泉州市积极做大"海丝"朋友圈，组织开展泉州品牌"海丝行"、"海丝"品牌国际博览会等活动，通过"走出去"和"请进来"，建立海陆丝路沿线国家和地区的联盟城市经贸互动合作机制。一是泉州综合保税区通过考核验收，加快复制推广自贸区政策功能，打造泉州市"海丝"经贸平台。二是发挥国家"金改区"的政策效应，推动设立海陆丝绸之路投资基金，外商投资企业外汇资本金意愿结汇业务取得零突破。三是对企业采取了帮扶工作。首先，开展"一对一"帮扶活动。针对重点企业"走出去"在政策、资金、风险管控等方面给予支持和帮助；其次，举办对外投资合作培训会。通过举办培训会等形式，加大政策的宣传力度，增强境外投资企业的安全工作意识，切实维护广大对外投资合作企业的人身财产安全；再次，组织企业参加各种对外投资促进活动，进一步密切与世界各国的合作与交流；最后介绍境外投资经验。以福建峰亿轻纺有限公司赴柬埔寨开展国际产能合作成功投资为案例，向企业介绍境外投资需具备的条件和注意事项，增加企业境外投资成功的机率。

3. 加强"海丝"文化品牌建设

近年来，泉州市通过挖掘"海丝"历史文化宝贵资源，做好"海丝"申遗牵头城市工作，全力推进 14 个遗产点保护修缮工作，高标准高质量完成海丝申遗目标任务，并积极推动"海丝"成功入选世界遗产名录。泉州市还设立"海丝"文化遗产保护专项基金，推进"海丝"历史文化古迹和非物质文化遗产的保护和利用，加大对"海丝文化"资源的发掘和传承力度，深化与沿线国家、地区的文化交流，打造"海丝"的文化枢纽，加强"海丝"文化品牌建设。

4. 聚集环湾城市建设

近年来，在城市总体规划和环湾向湾发展的框架下，泉州市强化城

---

① 《泉州市财政加大专项资金支持力度 促进海丝史迹和文物保护事业发展》，2017 年 4 月 30 日，来源：泉州网。

市设计,探索"低冲击"开发模式,从城市的关键节点、组团连线、重点片区入手,推动规划从墙上走到地上,加快塑造城市崭新形象。"点",要突出抓好重大城建项目、标志性工程,组织实施城建重点项目395个,年度计划投资超500亿元,打造市公共文化中心、东海会展中心、泉州歌舞剧院、泉州植物园等城市精品点。"线",要突出完善城市山体系统、滨水系统和快速路网,制定实施"两江"沿岸景观提升规划,抓好晋江下游生态整治工程、山线绿道、崇武至秀涂海岸带等城市风景线,提高山江湖海的易达性,让山水走近城市,让人们亲近自然。"面",要突出重点区域城市空间轮廓线控制,统筹建筑布局,协调景观风貌,围绕东海滨海片区、百崎湖周边等区域,完善开发策略、业态布局、项目支撑,推动要素集聚、功能配套、产城融合,培育城市高档商圈、总部经济、众创空间等现代服务业集聚区,打造若干示范片区。① 通过聚集环湾城市建设,泉州市以点串线、以线带面、辐射连片,大力提升城市生态景观、综合交通廊道和公共服务配套,着力建设宜居宜业的品质城市。

第三节　构建有为政府,培育"亲清"政商关系

　　"政""商"如何相处,是建设新时代中国特色社会主义市场经济躲不开、绕不过的重大问题。早在2002年,习近平同志在他亲自提炼的"晋江经验"中就提出,"处理好发展市场经济与建设新型服务型政府之间的关系",为破解政商关系这一难题指出了方向。在2016年全国政协十二届四次会议民建、工商联委员联组会上,习近平同志把新型政商关系概括为"亲"与"清",并对"亲""清"二字的内涵和要求作了系统阐释。在党的十九大报告里,习近平同志再次强调,"构建亲清新型政商关系,促进非公有制经济健康发展和非公有制经济人士健康成长。"习近平同志提出的"亲""清"新型政商关系,为政府官员与商人交往划好了边界,也为正确处理政府与市场关系划好了边界,正在形成中国新的政治文化和新的政治规矩。

----

① 《2016年泉州市政府工作报告》。

福建省泉州市素有"民营特区"之称，民营经济是泉州经济的主体，贡献了泉州90%以上的GDP和财政收入、80%以上的就业机会。党的十八大以来，泉州市始终贯彻习近平同志关于"亲清"政商关系的论述，清醒认识到"亲"体现出政商命运共同体意识与共建共享理念，"清"体现出纯洁、干净和公正的政商互动关系，在打造有为政府的实践中，卓有成效地诠释了习近平同志关于构建"亲清"政商关系的思想。

一　正确理解"亲清"政商关系的角色定位①

习近平总书记从领导干部和民营企业家两个层面，分析如何做到既"亲"又"清"，对新型政商关系中的两个行为主体提出了全新的要求。在"亲清"政商关系中，存在"亲"的必然要求。政府需要主动"亲"近企业，服务企业推动经济发展，企业同样也需要"亲"近政府，自觉接受政府管理，在政府提供的政策服务支持下成长，两者相互支持，共同发展。在"亲清"政商关系中，还存在"清"的必然要求。政府的本质在于服务，政治清明、政府清廉、干部清正是构建现代先进廉洁政府的基本要求，而企业长久发展的经营之道要求诚实守信、守法经营，靠歪门邪道、投机行贿来发展企业，必然不能持久。

1. 政府方面的"亲"与"清"

政府掌握着国家的公权力，处在主导地位，因此在政商关系中要主动作为。所谓"亲"，主要体现在服务上。要主动服务、靠前服务，疏通政府与企业的沟通交流渠道，搭建企业联系政府、反映诉求的平台纽带。要做好企业的引导指导工作，主动讲解政策，提供配套服务，在依法依规的前提下，帮企业扫除障碍，解决实际困难，通过更好地落实党和政府的方针政策来支持企业发展。所谓"清"，就是在服务过程中，与企业保持距离，为公行政、为公交友，坚决打击"官僚主义""红顶商人""老虎苍蝇"，坚决抵制权钱交易，不与服务对象谈私交，不交"酒肉朋友"。

---

① 市委统战部课题组：《构建新型政商关系 激发企业创新创业热情》，2016年12月13日。

2. 非公企业方面的"亲"与"清"

对非公企业而言，所谓"亲"，就是要服从党和政府的领导，遵守党和政府的路线方针政策，遵纪守法，在企业发展上积极主动同各级党委、政府及部门沟通争取支持，在地方发展上大胆建言献策、助推发展。要在用好政策创新创业，推动发展企业的基础上，积极投身光彩事业和公益慈善事业，致富思源、义利兼顾，自觉履行社会责任。所谓"清"，就是要在与政府、与公务人员沟通交流过程中，依法依规、有节有度，不通过行贿、拉关系、搞圈子、钻空子，为企业、为个人谋利益。要诚实守信办企业，守法经营管企业，遇到问题和困难时，主动与政府沟通协调寻求帮助，通过正常渠道反映和解决问题，运用法律武器维护自身合法权益，不干偷税漏税、走私贩私、制假贩假等违法的事情，切实守好法律底线。

二　构建"亲清"政商关系的实践经验

泉州各级政府清醒地认识到，构建"亲清"政商关系，既能转变政府工作理念，扎实做好政府服务工作，又能牢固守住廉政底线，营造清朗的政商关系，还能充分调动企业的积极性，服务于经济社会发展。据统计，泉州市 2016 年底工商登记民企 17.34 万家，个体工商户数 40.25 万家，非公经济占据国民经济 90% 以上份额，经济总量连续 18 年领跑全省，因而构建"亲清"政商关系对泉州市"五个现代化泉州建设"更具有重要的意义。①

1. 把坚持正确政治方向作为核心前提

构建"亲清"政商关系最核心的前提就是坚持正确政治方向。作为党和国家事业的中坚力量，党政干部政治头脑是否清醒、政治立场是否坚定、政治能力是否具备，是衡量其能否担当社会主义现代化建设大任的首要标准。泉州市一直以来都把领导干部坚持正确政治方向作为构建"亲清"政商关系的出发点和落脚点，要求党员领导干部在理想信念上时常"补钙"，要求各级党政干部"做政治上的明白人"，严明党的政

---

① 市委统战部课题组：《构建新型政商关系 激发企业创新创业热情》，2016 年 12 月 13 日。

治纪律和政治规矩，层层落实管党治党政治责任，筑牢"为官有为"的思想基础，推进"两学一做"学习教育常态化制度化。

对所有非公企业而言，泉州市要求必须坚定不移地坚持中国共产党的领导，坚定不移地执行党和政府的大政方针，努力承担社会责任，主动维护社会稳定。泉州市特别要求非公企业培育社会主义市场经济的主体意识，摒弃与政府拉关系、搞圈子的"畸形"心态，转变"遇事找市长不找市场"的思维。泉州市还对非公企业家深入开展以守法诚信为重点的理想信念教育实践活动，提高诚信立业、依法治企、守法经营、创新发展的能力，提升履行社会责任的水平。从更深层次意义来说，泉州通过培育非公企业向社会主义市场经济主体的"归位"，夯实了以社会主义核心价值观为主线的社会价值体系的基础。

2. "三张清单"制度厘清政府与市场的边界

建立"亲清"新型政商关系，需要以制度来保障，让权力在阳光下运行。为全面深化改革，厘清政府与市场边界，泉州市全面推动建立权力清单、责任清单、负面清单"三张清单"制度。用"权力清单"来明确政府的行为界限，坚持"法无授权不可为"；用"负面清单"来明确企业的经营范围，确保"法无禁止皆可为"；用"责任清单"来明确政府的市场监管范围，做到"法定职责必须为"。从实践来看，2014年12月，泉州市以直接面对群众、企业的审批服务事项为突破口，首次公布市级行政审批和公共服务清单。2015年泉州市本级和晋江市"权力清单"公布稿被福建省审改办推荐作为全省其他市、县借鉴范本。泉州市还紧扣产业转型特点，梳理出内资投资领域在产业门槛、项目投资额度、生产工艺、产品等方面采取的禁止、限制等类别的297项内资投资的"负面清单"，涵盖13类行业，并于2015年8月24日正式公布，实施"清单之外无禁区"。"三张清单"明确了政府权力的界限，划定了政商权责的范围，界定了企业的经营范围，激发了市场的活力。泉州的实践证明，"三张清单"制度既使"亲"的关系保持了合理尺度，也使"清"的关系有了实质保证，有利地促进了非公企业持续健康发展。

3. "大调解"工作体系妥善化解经济社会矛盾

随着经济社会的不断发展，调解的性质从最初的社会救济措施，逐步转变成为带有公权救济色彩的社会纠纷解决方式。党的十九大报告指出："加强社会治理制度建设，完善党委领导、政府负责、社会协同、公众参与、法治保障的社会治理体制，提高社会治理社会化、法治化、智能化、专业化水平。加强预防和化解社会矛盾机制建设，正确处理人民内部矛盾。"这说明要推进国家治理体系和治理能力现代化，就必须创新社会矛盾化解机制。从 2013 年开始，泉州市通过吸收传统调解文化、借鉴现代调解经验，建立具有中国特色的商事调解机制，形成人民调解、司法调解、行政调解"三位一体"的矛盾纠纷"大调解"工作体系，充分发挥维护社会稳定"第一道防线"的作用。晋江法院陈埭法庭为解决企业间的经济纠纷，探索出了不同于传统商事调解的新式调解方法，即以陈埭法庭开创的"茶桌调解"和陈埭镇商会商事委员会为代表的商事调解体系。"茶桌调解"是一种充分结合当地乡土人情的创新机制，即在法院中设立专门的茶桌调解室，在品茶聊天的同时，由法官引导当事人进行沟通的调解方式。陈埭镇商会商事委员会是在晋江法院指导下，由陈埭法院和陈埭商会共同构建的义务调解组织，当事人能够跳过法院诉讼环节，直接选择适用商事调解，而在专业性问题上，陈埭商会商事委员会仍然受到法院的指导。德化县成立福建省首个版权咨询服务和版权纠纷调解中心，向社会提供各类版权咨询及纠纷调解服务。永春县结合林地多的地方特色，在福建省首创涉林纠纷诉前调解以及业务庭联络乡镇等机制，建立多元化解决纠纷的"司法服务综合体"平台。作为现行机制的有力补充和完善，泉州市"大调解"工作体系有利于提升政府公信力，为维护各类市场主体的合法权益提供解决平台，既有效化解经济社会矛盾，又能创新和优化社会治理模式。

4. "政企互动"常态化机制化

构建新型政商关系，"亲"则两利，"清"则相安，并非是知易行难，而是需要良性互动。良性互动的政商关系，是一个国家经济活力的润滑剂，也是经济社会健康发展的必备条件。

近年来，泉州市着力在推动"政企互动"常态化机制化上下功夫，建立了一整套良性运转的体制机制。在晋江，不断完善市领导挂钩联系非公企业家制度，原则上要求市领导每年至少到所联系的非公企业走访 1 次，深入调查研究，了解愿望诉求，加强思想引导，推动问题解决。随着"政企互动"范围的扩大，晋江市积极推广安海镇、经济开发区每季度召开"党政＋商会"联席会议制度，将"政企互动"从市级延伸到镇（街）层面，延伸至各职能部门，推动各基层党委、政府、职能部门面对面听取商会会员意见建议，对企业提出的困难和问题，实行"马上就办"，及时在"台面"上解决实际困难，畅通"政企互动"渠道，确保政商关系阳光和谐。此外，晋江市针对企业接触政策的渠道有限、较少关注各种奖励以及支持民营经济发展政策措施的情况，主动送策上门，并在各镇级商会成立惠企政策宣讲团，通过入商会办讲座、进企业讲细则等形式宣讲推介政策。2015 年以来，共组织 30 多场的宣讲会，超过 1400 名企业家参加，帮助企业深入了解和掌握政策实质，用好用足用活各项政策。同时，还成立中小企业咨询服务中心，设立政策咨询服务窗口，建立优惠政策咨询、对接、导办、兑现受理"一条龙"服务机制。2012 年成立以来，共向企业家及政策落实联络员发送优惠政策系列信息 62.5 多万条，帮助企业、群众办理兑现申请 7800 多宗。尤其重要的是，晋江市还在积极探索非公企业家、企业人才素质提升的新方法、新模式。根据晋江市企业家素质提升"领航计划"，牵头创办"企业精英下午茶"、"晋江企业大讲坛"，搭建高端学习交流平台。2016 年邀请原外交部长李肇星、著名经济学家吴晓波、南航大学蔡启明教授等人到晋江开办专题讲座 13 场；还依托异地商会，推动晋江企业与福州大学、东华大学、南京航空航天大学、北京服装学院等 10 所高校签订战略合作协议，引导 216 家企业与 80 多所高校长期开展人才培养项目合作，着力形成工商联主导、校企合作、企业自办、社会参与的多元人才培养机制。

通过"政企互动"常态化机制化建设，既能消除党政干部与企业联系交往的隔阂和顾虑，让干部堂堂正正走进企业、清清白白与企业家进行交往，做到"工作联系等距离、服务帮助零距离、私情交往远距离"，又能使企业充分表达利益诉求，及时反映企业发展中存在的困难和问题，从而形成有利于企业发展的政策环境、法治环境、市场环境和社会环境。

5. 全面激发商会活力

为了扩大泉州品牌影响，泉州市全面搭建商会平台网络，构筑好政府与商界的桥梁纽带。2014 年来，晋江市新组建 3 个本地商会、15 个国内异地商会、3个境外商会、4个异地商会筹备组。截至2016年底,已有47个基层商会、15500多家会员企业,并推动11家商会及5家同业公会按时换届,吸收职业经理人协会、跨境电商协会、文化创意发展协会等新兴行业协会作为团体会员,为组织建设注入新鲜血液。同时,晋江还搭建平台服务于异地晋商、海外晋商回归创业。2014年以来,晋江促成和平国际广场、豪新食品市场等66个项目落地,总投资达226亿元。此外,晋江还依靠"一带一路"战略,与中国对外贸易中心建立联系机制,及时传递国内外优质经贸展会资讯,引导有实力企业稳妥"走出去"。如天虹、晋工、雅客、达丽等企业成功走出去,都取得良好经济效益。此外,晋江还落实百企帮百村活动,组织9个商会及4家企业结对帮扶15个贫困村,累计投入资金超1.7亿元。2014年以来,521家会员企业兑现资金523万元,帮助700多户家庭脱贫解困,并引导商会务实节俭办会,把节省下来资金投入公益事业,共成立15家商会慈善资金,累计筹资5000多万元。

政商关系直接关系到政治生态和经济生态的净化和优化,也是党风廉政建设和反腐败斗争需要着力解决的重大问题。泉州市认真践行习近平总书记用"亲""清"二字所概括的政商关系,充分发挥政府和市场两手合力的作用,不仅让政商双方在交往中有规可依,更给领导干部如何跟非公企业家打交道划出了底线、拓展了空间,体现了二者之间既相处"亲密"又不失"分寸"的内在联系。

三 构建"亲清"政商关系的保障机制

习总书记关于"亲清"政商关系的讲话,将有力促进政商关系的和谐发展。实践中,如何"亲""清"有度,实现共赢,是目前摆在政府部门和非公企业面前的重要课题。

1. 依法依规规范政商关系

构建"亲清"政商关系最根本的基础应该是法律法规。目前,国家针对企业经营管理和维护市场运营秩序已经设立完善多项法律法规,既规范了政府的行政行为,也规范了企业的市场行为。构建"亲清"政商关系就是要做到有法可依、有法必依,用法律法规来规范政商关系,形成政府、企业共同遵纪守法的良好局面。当前非公经济发展迅速,在经济社会发展的进程中，出现了一些不和谐的声音，存在一些法律意识不足、"靠关系办事"的不良现象。因此，构建"亲清"政商关系首先要加强法治宣传，引导干部职工、非公人士加强法治学习，促使政府和企业、干部职工和非公人士形成自觉的法治意识与法治思维，打破"熟人经济""关系思维"，杜绝干部职工和非公企业规避法律的现象，依法依规行政服务，依法依规办企办事。

2. 夯实政商关系的制度基础

好的制度，有利于引导人们正确行事，有利于帮助公务人员和非公人士在构建"亲清"政商关系中，划清职责边界，保障政府公务人员规范履职，保障企业非公人士守法经营，切实做到"亲""清"有度。通过结合国家进一步全面深化改革，创新管理方式方法，在构建以"亲""清"为核心的新型政商关系中，出台"正面清单"和"负面清单"，厘定"为"与"不为"间的界限，细化政商交往的正当行为，让政府公务人员和企业非公人士清楚什么该做，特别要明确理清政商交往的不当行为，将坚决不可为的具体化，明确列举什么不能碰，引导政府公务人员和企业非公人士牢牢守住交往过程中的红线。

3. 提升政商道德建设水平

"修身齐家治国平天下"，当前建设"亲清"政商关系应以社会主义核心价值观为指导，加强官德与商德建设，营造全社会人人倡廉守法的大氛围。一方面，加强官德建设，重点加强对领导干部的廉洁从政教育和公职人员的廉洁从业教育，引导党政干部在"亲清"政商关系中发挥主导作用，始终保持清醒的头脑、清正的形象、清楚的界线，与企业家交心谈心。另一方面，加强商德建设，加强非公有制企业及其从业人员的廉洁从商教育，以商业道德规范商业行为，引导政商交往，优化政商关系生态，匡正不良风气。通过开展全民廉洁教育，加强案例剖析警示，强化廉洁典型示范引导，形成廉荣贪耻社会氛围，成为涵养"亲""清"新型政商关系的精神营养，潜移默化地影响人的思想与行为。

4. 强化对政商的监督惩戒机制

强化对政商的监督惩戒机制是构建"亲清"政商关系一个必不可少的环节。一方面，通过吸收非公企业参与到机关单位的廉政监督工作中，聘请包括非公经济人士、党外人士、体制外人士等担任党风廉政和政风行风监督员，从而形成常态化、广角度监督管理机制。同时，也要加强对非公企业的监督引导，完善商业贿赂犯罪档案查询系统和不廉洁企业及其负责人"黑名单"制度，推进企业诚信评价体系建设。此外，还要设立专门处理政商交往中违反廉政事项相关投诉的部门，指导、解释新型政商关系中的正当交往与不当行为，受理相关人员的正当申述，将政商交往正常化、公开化，全面接受群众监督。这样就能保证让政府公务人员与企业非公人士敢"亲"，加强沟通交流推动政府工作促进企业发展，也能让政府公务人员与企业非公人士必须"清"，谋公不敢谋私，亲近政府合法经营不敢投机倒把贿赂违法。

第四节　泉州构建有为政府的启示

　　党的十八届三中全会后，中央制定了全面深化改革的路线图和时间表，全国上下掀起了新一轮改革的热潮。作为市场主体的企业，与作为服务主体的政府，只有加强良性互动，才能方向一致、步伐协调、集中发力。党的十九大报告中再次强调，"使市场在资源配置中起决定性作用，更好发挥政府作用"。泉州、晋江之所以多年来能够保持高速发展，正好诠释了这一点，有效解决政府在经济活动中应该扮演什么样的角色这个世界性难题。换言之，对于泉州、晋江来说，延续强劲的发展活力和发展后劲，离不开良性的"政企互动"，离不开一个有为的政府。政府除了在制定公共政策和规则、加强市场监管和社会管理，提供基本公共服务、保障公平正义方面大有作为之外，在经济活动中也扮演着重要角色。总体上来看，构建一个有为政府是学习并总结"晋江经验"的核心要素：凡是市场能够做的事情尽量让市场去做；凡是政府能够做的事情就尽量让政府去做；凡是法律没有禁止的事情尽量去做。在这些基本原则指导下，泉州、晋江党委政府主动服务，将"制度组合"、"时机把握"与"实施顺序"有机结合起来，做"市场从无到有"的"引领者"、做"全面转型升级"的"推动者"、做"良好营商环境"的"服务者"。

一　转变角色定位

泉州各级党委政府充分尊重群众和企业的首创精神，坚持"有所为有所不为"的原则，强化为市场主体服务的意识，不断探索和加快政府职能转变，加强政策引导和扶持，大力破解"熟人经济"，将属于市场的职能交给市场去做，腾出精力多做为市场经济服务的工作，从无所不能、无所不包，到"背后使力""共同发力"，逐渐从"推手"到"助手""放手"转变。

二　突出改革引领

泉州市一直以来主动承接国家和省级改革试点，深化国家级民营经济综合配套改革，一手抓"政策高地建设"，一手抓"制度创新建设"。近年来泉州市相继积极出台"二次创业·拓展民综改革"1+7政策体系等一系列惠企政策包，大力开展工商登记制度改革、行政审批制度改革、政府机构改革、政府权力清单瘦身等改革举措，全面推进国家级行政服务标准化试点工作，出台13类行业297项投资准入特别管理措施，充分激发了民营经济活力和创造力。2016年泉州市行政权力6966项，审核精简2906项。其中，晋江在全省率先试行"先照后证"，启动审批事项"全流程网上办理"，当场办结率提高到80.4%，极大地激发了市场活力。近年来为了加快推进供给侧结构性改革，泉州市认真落实"三去一降一补"各项任务，制定出台10条措施，设立20亿元并购投资基金，推动百家企业重组重整。

三　搭建窗口平台

泉州市从过去的"招商引资"和"招企建业"，变成"招引服务"和"建造环境"，积极构建政产学研介为一体的公共服务平台体系，让各种市场要素更公平、更合理、更方便地为全社会所享用。近年来，泉州市引进了中科院泉州装备所、国家数控分中心等33个综合创新平台。晋江先后策划建设三创园、洪山文创园、福大科教园等综合性大平台，引进7家国字号科研机构，打造"1+N"人才政策体系，不断创新各类金融平台，营造了良好的创新创业发展环境，城市综合实力持续增强。

概括之，深入学习新时期"晋江经验"，把握"晋江经验"新发展，在构建有为政府方面主要有以下几点基本要素：

一是敢于先行先试，不断解放思想、转变观念，坚持怎么符合实际就怎么干，怎么有利于发展就怎么干；

二是敏于抓住机遇，拼搏进取、爱拼会赢，做到有条件时，抓住机遇、乘势而上，没有条件时，创造机遇、迎难而上；

三是勇于走特色发展之路，立足实际、发挥优势，因地制宜，努力将比较优势转化为产业优势、发展优势和竞争优势；

四是善于凝聚强大发展合力，以人为本、共建共享，促进政企良性互动，形成推动发展的强大合力。

第六章　坚持平衡发展、共建共享，以"四个融合"探索美好生活"晋江经验"

　　2002 年时任福建省省长的习近平同志提出"晋江经验"，以"六个始终坚持"和"处理好五大关系"为核心的"晋江经验"成了晋江乃至整个泉州地区社会建设和县域发展的智慧源泉，为这座城市开启了一条全面发展之路。十五年间，泉州各项事业突飞猛进，取得经济、政治、社会、文化、生态多方面的长足进步，成为新时期全国经济社会发展的典范。比如，晋江凭着"敢拼、爱拼、善拼"的精神这座改革开放前的农业贫困县已连续 23 年位居福建省县域经济总量第一位，第十六年跻身全国百强县市前十行列；拥有纺织服装、制鞋 2 个千亿产业集群及建材陶瓷、食品饮料、纸制品、装备制造、化纤等 5 个百亿产业集群、超过 700 家亿元以上企业、42 个驰名品牌和 46 家境内外上市企业。泉州市沿着习近平同志指明的方向，积极探索新型工业化、城市化发展道路，加快推进全面建设小康社会进程，经济社会发展实现了新的跨越。全市 GDP 从 2002 年的 1223.06 亿元提升至 2016 年的 6610 亿元，连续 18 年保持在福建省首位。

　　随着我国经济发展进入新常态，泉州和晋江在力保经济发展向好形势的同时，勇于面对困难和挑战、与时俱进调整战略方向，用"创新、协调、绿色、开放、共享"五大发展理念统领全局，将其作为破解发展难题、厚植发展优势的关键。市委市政府将五大发展理念融会贯通，坚持民生优先、共享包容，凝练发展出"社会投资理念"，并以此指导区域战略与实践指南，破解泉州和晋江在产业转型升级、城市化、人才环境与生态环境方面的难题，不断丰富"晋江经验"的时代内涵。

"社会投资"（social investment）理念是当今世界比较盛行的新型社会福利和社会政策理念，欧盟委员会在这方面做了很好的探索，并成为主导整个欧盟社会政策和就业政策的核心理念。"社会投资"理念的提出旨在改变传统的社会保障和社会福利思路。传统的思路强调政府在财政支出结构方面向弱势群体倾斜。在这种思路下，民生工程是政府财政的消耗和支出，社会政策是实现再分配的手段，社会建设往往被视为对公共财政的消费，或生产力发展的负担。在各方面的财政压力之下，各级政府往往更愿意直接向生产领域投资，而没有动力做大民生工程或投入社会建设。泉州市委市政府在长期的探索实践中，重新定义了"经济与福利"之间的界线，认为社会保障、社会福利、民生福祉不是反生产性的投入，而是卓有成效的生产性投资。从"消耗性民生工程"跨越到"社会性民生投资"的关键是深刻认识"大社会建设"的重要性，以辩证的视角统筹社会、经济、政治、文化、生态建设，以相互联系、相互协调的方式，实现多方面融合发展。泉州市委市政府由此认为，社会福利也可以成为一种"生产要素"，社会建设也可以成为一种"开发性投资"。良好的社会政策一方面通过保证所有人的基本的社会和经济安全，满足人们生存的基本需要，增强社会稳定，推进社会公正和聚合，营造经济长期稳定增长所必需的有利环境；另一方面它通过发展和释放人力潜能，增加人力资本，优化经济社会发展环境，并直接促进生产率的提高。

事实也证明了社会福利和社会建设支出的这种"投资性"，以及社会建设和经济建设的内在联系。我国中小城市在产业升级、技术创新和吸引人才方面面临很多制约和短板，企业发展和产业升级在很大程度上不是缺钱，而是缺乏好的学校、医院和文化娱乐设施，没有这些"社会建设"就很难吸引人才、留住人才；经济的转型升级和发展已不单单是个经济问题，更是一个社会和文化问题。比如，晋江市委主要领导就提到，他现在花费相当大精力研究如何"吃喝玩乐"，如何把晋江的文化和社会生活搞好，提升"城市舒适物"，以吸引人才、聚集人才、留住人才，推动产业转型升级，建设国际化创新型品质城市。

泉州和晋江将社会建设视为一种社会投资行为，核心在于民生福祉，关键在于将个人、家庭、群体和国家等不同层面的利益与目标有机地结合起来，最后形成多方共赢的政策机制。2016 年中共晋江市第十三届代表大会上，市委、市政府主要负责同志总结了新时代"晋江经验"的主线："以人为本、为民建城、执政为民、民生优先"。这十六个字代表了晋江模式的新思路——注重民生民意、注重社会建设、注重城市品质。这一思路不仅没有将民生工程和社会建设当成晋江全面建设小康社会的包袱，反而视其为冲刺阶段的标志性、引领性、支柱性任务，将"抓民生"和"抓发展"和谐统一起来。在这条主线的引领下，城市大规模更新改造，城乡面貌实现大变化；城乡居民可支配收入增加，民生福利实现大提升；民风民俗历史建筑活态传承，文化事业实现大发展；法治诚信立体防控模式创新，公共安全实现大保障；青山绿水低碳环保，生态环境得到大改善；经济建设、政治建设、文化建设、生态文明建设与社会事业、社会结构、社会服务、社会组织紧密交织、相互促进、协同统一，构成了"四个融合"的独特发展模式，产生了七大特色和成就，打造出社会建设领域的"晋江经验"，奏响了十九大报告所提出的"坚持人民利益至上、带领人民不断创造美好生活"的时代强音。

在全面建成小康社会的决胜阶段，泉州和晋江在社会建设领域的实践有先导性和创新型。"四个融合"发展模式、七大特色成就不仅是泉州在新时期打造的另一个奇迹，也是活学活用五大发展理念，以"社会投资"的开阔思路化解经济转型和产业升级问题的有力证明。我国县域幅员广大，县域经济在国民经济中占有相当大的比重，县域人口占全国人口的绝大多数，县域现代化是解决"三农"问题、实践乡村振兴战略的关键，也是全面建成小康社会的重要标志。作为县域现代化道路的领跑者，晋江经验具有较大的启发性和推广性，研究总结"晋江经验"及其在泉州地区的实践和推广对于全国正在探索现代化道路的广大县域地区具有重要启示和借鉴作用。

第一节 坚持社会建设的"整体观"，
着力打造"四个融合"

全心全意为人民服务是中国共产党的根本宗旨。习近平总书记在

2012 年上任伊始即提出了"人民对美好生活的向往，就是我们的奋斗目标"。五年来，总书记不断强调人民利益的重要性，提出"全党同志要把人民放在心中最高位置，坚持全心全意为人民服务的根本宗旨，实现好、维护好、发展好最广大人民根本利益"。[①] 作为人民利益的一个重要衡量标准与发展目标，以民生工作为核心的社会建设成为新时期党和政府的工作重点之一。在习总书记亲自主持召开的中央深改组会议中，内容涵盖经济、政治、文化、社会、生态建设的各个领域，但目标只有一个，就是让人民过上更美好的生活。

泉州市委市政府认真学习党中央精神，深刻领会"以人民为中心"这一内在的价值诉求，提出"创新发展旨在为人民群众创造人生出彩的机会；协调发展的本质是满足人民日益增长的多层次需求；绿色发展旨在让良好生态环境成为最公平民生福祉；开放发展旨为人民提供交往合作的广阔空间；共享发展旨在确保人民享有发展机会和改革成果"。泉州市将"给人民群众带来实实在在的获得感"作为市委市政府各项工作遵循的基本原则、出发点和落脚点，坚持"大社会建设"的理念，不单单就社会建设谈社会建设，而是把社会建设融入经济建设、政治建设、文化建设和生态文明建设之中，发展出"社会建设、经济建设、政治建设、文化建设、生态文明建设"协调统一的"四个融合"发展战略，体现了社会建设的整体观和长远观。

"四个融合"强调社会建设与经济建设、政治建设、文化建设、生态文明建设的内在联系及其推动作用。一方面，"融合"二字彰显了泉州市委市政府"将民生贯穿于县域发展全过程"的决心和勇气，坚持"社会投资"理念，为天地立心，为生民立命，让广大人民群众享受到改革发展的各项成果，使人民群众在共建共享发展中有更多获得感。另一方面，"融合"二字代表了城市发展的新方向，它改变了头痛医头脚痛医脚、社会经济各方面缺乏协调的传统思路，从抓全局、抓联系、抓根本的角度出发，将社会视为一个有机整体，强调经济、政治、文化、生态建设不可能脱离社会建设而孤军独进，需要社会建设与之相配合，需要社会建设为之提供基础和动力。

---

① 习近平总书记在庆祝中国共产党成立 95 周年大会上的讲话。

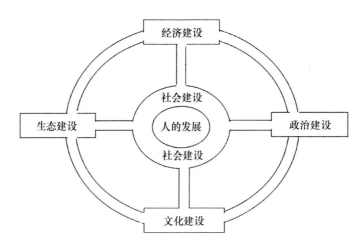

图 6-1　泉州"大社会建设"理念与"四个融合"社会建设战略

一　社会建设与经济建设相融合

1. 社会建设是吸引人才、推动泉州和晋江产业转型升级的重要资源

十九大报告指出，创新是引领发展的第一动力，是建设现代化经济体系的战略支撑，培养造就一大批具有国际水平的战略科技人才、科技领军人才、青年科技人才和高水平创新团队。在传统制造业转型升级、高新技术产业蓄势待发的背景下，晋江市委市政府认识到晋江产业与晋江经济的短板恰恰在于"人才"，而人才需要培养，也需要引进，如何留人留心，短板在于"社会建设"。晋江市委主要领导曾经指出，县级小城市在产业升级、技术创新和吸引人才方面面临很多制约和短板，企业发展和产业升级不是缺钱，而是缺乏好的学校、医院和文化娱乐设施，没有良好的社会建设和"社会文化基础设施"，就很难吸引人才、留住人才，因此，产业发展已不单单是个经济问题，更是一个社会和文化问题。事实证明，晋江乃至泉州市的社会文化环境和生活环境不能满足中高级人才的需要，并且由于靠近厦门，人才被厦门吸引，因此不能形成中高级人才积聚的效应，限制了地区经济发展的潜力和产业转型升级。因此，大力进行社会建设，建设一批优质学校、医院以及音乐厅、博物馆等文化娱乐设施就成为泉州吸引人才，推动经济转型和产业升级

的关键和重要资源。

2. 城镇化是泉州和晋江经济发展的重要推动力

泉州和晋江充分认识到"抓民生就是抓发展"这一理念的重要性，认为民生工程不是经济发展的障碍而是经济发展的助推力。晋江通过城镇化投资有效带动社会投资，近 3 年全社会固定资产投资约 1600 亿元，其中城镇化投资近 1000 亿元，占了 6 成多，成为稳增长的利器，并有效促进了就业。泉州市连续 5 年开展"环湾规划建设年"活动，完成投资 1900 多亿元；完成 21 个省市级试点小城镇实施项目 641 个、完成投资 351 亿元。到 2015 年底，全市城镇化率达到 63.6%，比 2010 年提高 5.2 个百分点，海湾型城市框架逐步成型。晋江"国家新型城镇化综合试点"在深入推进，石狮被列入"国家中小城市综合改革试点"。人居环境的改善、城市空间布局的优化，引起了晋江外迁企业的回归潮，2010—2013 年有 232 家企业总部、销售中心回归，回归税源达 20 多亿元。

3. 美丽乡村建设是续写泉州和晋江奇迹的重要推手

晋江以实施"百村示范、村村整治"工程、农村"家园清洁行动"和"百企联百村、共建新农村"活动为总抓手，致力推进农业农村经济社会发展，大力开展村庄整治建设，改善人居环境，改变村容村貌，让广大农民群众在新农村建设中得到更多实惠，享受农村改革发展的成果。2006 年开展百村示范以来取得显著成效，2007 年 70 个示范村平均村财收入 40.77 万元，比 2006 年增 17.32%，高出全市平均水平 4.56 个百分点。2008 年底，全市 100 个示范村新增投资 2.91 亿元，累计完成投资 7.8 亿元，拆除旧房 3671 座 85.31 万平方米、整理土地 168.2 万平方米、新建房屋 1350 座 68.89 万平方米，铺设自来水管 395.6 公里，道路硬化 384.1 公里，一批无公害公厕、垃圾清运设备、路灯、绿地及其他公共设施相继建成并投入使用，农村村容村貌、人居环境得到改善，城乡一体化进程明显加快，也拉动了经济增长。2014 年，泉州 250 个市级"美丽乡村"示范项目完成投资 6.35 亿元，永春获批全国农村综合改革"美丽乡村"标准化建设试点；2015 年建设人居环境整治村 171 个、美丽乡村示范（宜居）村 32 个、美丽乡村景观带 9 条，将美丽乡村建设与乡村旅游、古镇旅游相结合，将"青山绿水"变成

"金山银山",与十九大报告提出的实施乡村振兴战略不谋而合。

二 社会建设与政治建设相融合

1. 社区治理是构建和谐泉州的重要基础

基层治理体系和治理能力现代化是国家治理体系和治理能力现代化的重要内容。社区是现代社会的基本单元,同时也是各类社会问题聚集的场所。新型城镇化以人为核心,关键是创新社区管理体制,让基层社区成为促进社会和谐稳定的基石。正如十九大报告指出,加强社区治理体系建设,推动社会治理中心向基层下移,实现政府治理和社会调节、居民自治良性互动。在城镇化发展的新阶段,泉州和晋江市委市政府积极创新社区管理体制,加强基层治理、完善国家治理体系、提高治理能力,在全市各街道推进社会管理综合治理网格化管理模式。该模式"以综治工作为主题、以掌握信息为重点、以服务群众为宗旨",通过创新社区管理体制,"定格、定人、定责、定序",依托综治网格化管理工作平台,实行扁平化、精细化、高效化、全覆盖、全天候、全方位的社区管理和服务,实现社情民意收集无遗漏、社区服务无缝隙,社区治理从被动应对转变为主动服务,为构建和谐晋江奠定了坚实基础。

2. 社会服务是成就法治泉州的重要保障

深化法治建设是泉州和晋江建设国际化创新型品质城市的基石。在转型升级的关键时期,晋江市司法局积极加强普法工作,着力构建延伸到群众家门口的法律服务。2016年至今,已形成以"社工＋义工普法服务项目"、"下沉＋前移司法服务进社区进农村"、"调解＋帮教基层化解矛盾维护社会稳定"为特色的全方位、多层次的立体法律服务格局。在强化立体法律服务格局的同时,晋江市公共法律服务中心的规范化建设水平也在不断提升。下一阶段,中心将进一步推动法律服务信息化,加快编制泉州首张县级综合类法律服务电子地图,实现全市法律服务机构地理位置"一键准确定位"。届时,法律服务机构的地址、名称、电话、服务范围等信息,市民动动手指即可快速查询获取,办事群众可借此就近查找法律服务,实现法律服务的创新化、品质化。

3. 社会调解是深化平安社会的重要举措

泉州和晋江民营经济发达,外来务工人员众多,如何加强人力资源和社会保障矛盾纠纷调解机制，对当地的经济发展、社会稳定有着重要意义。受经济环境等因素的影响，劳动争议形势不太乐观。这些矛盾和争议如果全部进入诉讼程序，不仅程序繁琐复杂，且易造成时间冗长拖延，引发新的矛盾冲突。鉴于此，晋江市建立劳动争议的社会化解机制，将大量劳资纠纷化解在诉前。在 19 个镇街道配置了 29 名专职调解员，391 个村（社区）配备了 825 名调解员，努力实现简易劳资纠纷的就地消化。2013 年法院共受理各类劳动争议案件 1123 件，2014 年 1357 件，2015 年却下降到 839 件，案件数量下降近 40%，且已受理的案件，通过开展调解工作，2015 年调解撤诉 618 件，调撤率达 74%，大部分纠纷得以圆满解决。泉州市中级人民法院也根据本地民企经济活跃的特点建立了商事调解员制度，从商会及行业协会人员中聘任调解员，充分利用他们"亲和力、专业性、信任度、商业化"的优势，提升调解方案的可接受程度，实现"以专业促成谅解"。2013 年第八届泉州经济年会上，泉州中院商事调解员群体获泉州经济人物特别奖；福建省工商联专门发文在全省予以推广，最高人民法院、全国工商联也给予了高度评价，称之为商事纠纷解决的"泉州模式"。

三　社会建设与文化建设相融合

1. 社会组织是泉州和晋江历史文化保护的重要力量

泉州是历史悠久的滨海古邑，有大量的文化遗产，藏于民间，活跃于民间，文物资源的结构是一个正金字塔形，而文物管理技术队伍的结构是一个倒金字塔形。社会组织因其具有独特的优势，可以发挥政府部门无法替代的作用。泉州和晋江积极支持、鼓励社会力量参与文化遗产保护工作。2016 年 2 月 19 日，晋江首个文物保护民间组织"庄用宾故居文物管理所"挂牌成立，这也是晋江探索建立政府主导并动员社会力量参与文物保护机制的一种新尝试——通过管理所的设立可以做到文物有人保护、有钱保护，再通过文物主管部门对管理所进行规范管理，就可以让文物能够依法保护。通过引入社会参与，晋江市正努力构建"市镇两级政府纵向拉动、主管部门与相关职能部门横向联动，业务部门与行政执法双向出动，社会力量多方互动"的文化遗产保护、传承的"晋江模式"。

2. 社区文化建设是泉州和晋江文化强市的重要工作

城市文化水平反映了市民的综合素质,是一个城市精神文明建设的重要标志。晋江市从树立文化的自觉自信做好文化发展规划,突出以"文"惠民,繁荣发展公共文化事业。2016 年,晋江全力推进镇(街道)综合文化站、村(社区)综合文化活动中心的建设。提出社区综合文化室的"六个一"建设标准,即 1 间多功能文化活动室、1 间图书馆阅览室、1 个文化广场、1 套群众体育活动器材设备、1 套简易音响设备等文艺器材、1 支文体活动队伍。2017 年,晋江市委、市政府将晋江市基层文化设施建设补助、文艺精品公益性演出列入了"为民办实事"项目,并正式出台了《2017 年晋江市基层村(社区)文化设施建设补助办法》、《2017 年晋江市戏剧精品基层公益性演出实施方案》两份文件,将进一步推进基层文化硬件和软件的提升。截至 2016 年底,泉州市建成农家书屋 2349 个、文化信息基层服务点 3567 个,在全省率先实现行政村(社区)"农家书屋"全覆盖的目标,文化信息资源共享工程走在全国前列,逐步构建起现代公共文化服务体系,深入落实文化惠民精神。

四 社会建设与生态文明建设相融合

1. 乡村治理是泉州和晋江生态修复的重要助推力

在发展初期,泉州和晋江粗放型经营和制造业为主的经济模式一定程度上破坏了自然环境,带来了诸多环境污染问题。近年来,晋江市以"乡村治理"为突破口,成功破解发展与环境之间的矛盾,实现生态保护与环境开发两不误。地处晋江东溪源头的呈祥乡按照"安全水利、生态水利、景观水利、民生水利"的理念,以保护晋江东溪源头、合理开发生态旅游为目标,结合东溪大峡谷的自然资源优势,将"水"作为贯穿整个景区的主题与特色,打造集水利功能、生态功能、休闲度假、游览观光、环境教育等综合功能为一体的具有高知名度和竞争力的国家级水利风景区,实现了百姓"要绿水青山也要金山银山"的梦想。

2. 群众参与是泉州和晋江推行绿色理念的重要支点

绿色、可持续发展的贯彻落实,离不开社会公众的积极参与。积极扩大公众参与,建立健全环保产业公众参与制度,改变长期以来社会公众参与度低的状况，是泉州和晋江推进生态文明建设的重要一步。泉州市环保局鼓励社会资本参与生态环境保护和建设，初步建立投资主体多元化、运营主体企业化、运营管理市场化、垃圾污水处理产业化的投资运营机制。2013 年，为了推进公众参与，提高全民环保意识，晋江市环保局动员全社会力量保护和改善生态环境，让公众更多地了解环保、支持环保、参与环保，共创生态晋江，决定向全社会招募环保志愿者。2014 年，晋江市环境保护局、晋江团市委、泉州广播电视台、晋江 SM 国际广场共同举办"地球一小时"环保倡议活动。2015 年，晋江市成立生态文明建设工作指导委员会，建立公共参与生态文明建设机制，试行重大生态文明决策和管理信息公布制度，完善环境污染举报和公益诉讼机制，进一步促进晋江经济社会发展与生态环境相协调。

第二节　泉州和晋江社会建设的七大特色成就

新时期"晋江经验"的书写离不开社会建设的融合与支持，更离不开"晋江经验"在整个泉州地区的实践和推广。2002 年至今，是泉州和晋江经济腾飞的十五年，也是人民群众得到实惠最多的十五年。十五年中，泉州和晋江市委市政府在民生优先、共享包容及"社会投资"理念的推动下，长存爱民惠民之心，以保障和改善民生为出发点，以人民最关心的利益问题为着力点，构建了包含"兜底性、基础性、普惠性"三部分的民生体系，在全面覆盖的同时满足多样化的民生需求，在社会建设领域形成了七大特色成就。这七大特色成就从晋江实践出发，破解了城乡二元经济社会结构、"三农"问题、农民工问题、社会贫富分化、养老、教育等困扰我国经济社会和谐稳定发展的难题，为十九大报告中提出的乡村振兴战略、"五位一体"总体布局和"四个全面"战略布局等精神给出了很好的注脚，对全国其他县市地区甚至世界其他地区破解这些难题具有相当大的启发性和借鉴价值。

一　城乡全面一体化

党的十九大报告提出，实施乡村振兴战略，建立健全城乡融合发展体制机制和政策体系，加快推进农业农村现代化。泉州在城乡一体化进程中，把城市与乡村、城镇居民与农村村民作为一个整体，在具体的决策过程中，始终坚持城乡统筹发展的原则，将政府公共服务、教育资源配置、基础设施建设、社会保障体制全部纳入城乡统一建设规划，促进城乡公共服务的均等化，实现城乡在国民待遇上的一致，让城里人、农村人享有公平、优质的民生保障，实现从"身份剪刀差"到"幸福全覆盖"的转变。

在政府公共服务方面，泉州和晋江秉承"城乡共享"的理念，逐步建立了全城一体的公共服务体制，推动城市公共资源向农村覆盖。晋江从 2009 年开始，统一规划与建设城乡社区公共服务中心，在农村社区公共服务中心设置"一厅、二栏、三室"（便民服务大厅，村务公开栏和宣传栏，工作室、接待室、档案室）。2012 年起，大力推动农村社区建设，启动社区建设"七个一"工程（一个社区居委会办公场所、一个社区服务站、一个社区幼托所、一个社区多功能活动室、一个社区警务室、一个户外活动小广场、一个社区卫生服务站），探索建立"一村一社区"发展模式，将全市 293 个行政村纳入农村社区统筹建设，成为"全国农村社区建设实验全覆盖示范单位"。泉州每年将 200 万福彩公益金用于补助 40 个农村社区示范单位，进一步增强农村社区服务功能，创新农村社区治理模式。与此同时，晋江市先后对 30 多个部门进行了职能整合和归并，建立起适应城乡一体化的大部门管理体制，全面实行按实际居住地登记管理的居民户籍制度，不再有农业与非农业户口的划分，各类城乡社区公共服务中心开展工作不得收取任何费用，为城乡一体化提供可靠的制度保障。

在教育资源配置方面，正如十九大报告指出的，推动城乡义务教育一体化发展，高度重视农村义务教育，努力让每个孩子都能享有公平而有质量的教育。泉州市已经突破原有的城乡二元教育体制格局，率先实现义务教育的城乡均等化。第一，建成完整的国民教育体系，完善高水平、高质量普及九年义务教育，基本普及高中阶段教育，城乡适龄学生都能免费接受义务教育的权利得到平等保障。第二，对全市的中小学进行合理布局优化，使城乡教育资源配置日益均衡，目前各个镇均建成一所高标准的高中学校。第三，加大财政投入，统一城乡中小学生均公用经费定额标准，不断提高农村义务教育阶段中小学生均公用经费标准。

2010 至 2012 年晋江农村税改转移支付资金 8919 万元全部用于补助农村义务教育;教育经费还向农村薄弱学校倾斜,投入资金 3900 万元,农村寄宿制学校配套资金 1484 万元,加快教育城乡一体化。

在基础设施建设方面,泉州市在环泉州湾地区跨越城乡编制环泉州湾城乡一体化规划,深入实施城乡基础设施"六大提升工程",实现村庄规划全覆盖;而晋江则根据自身特点更进一步提出"全市一城"的概念,注重城乡统筹,突出同城同步,将全市 649 平方公里作为一个城来统一规划,确立"全市一城、一主两辅"的空间发展格局。第一,统筹城乡基础设施配套建设,推进城镇交通、水利、电力、环保等重大基础设施向农村延伸,推动城乡道路、供水污水管网无缝对接,促进城乡基础设施共建共享。真正做到全市乡村道路"硬化",主要交通干线及村路灯"亮化",主要乡村和工业聚集区路旁"绿化",农村垃圾处理达到"净化"。第二,推出"百村示范、村村整治"工程加快农村基础设施升级。晋江市在"十一五"期间累计完成投资 14.51 亿元,拆除旧房 4274 座 109.65 万平方米、整理土地 190.9 万平方米、新建房屋 2173 套 82.61 万平方米、铺设自来水管 665.55 公里、硬化道路 614.59 公里、修筑排水沟 414.64 公里、架设路灯 13873 支。一批环卫、文体公共设施相继建成并投入使用,农村基础设施建设和公共服务事业实现长足发展,"十二五"期间,完成投资 14.1 亿元,培育了磁灶大埔、东山等 10 个典型示范村。泉州市在 2015 年重点组织实施 183 个人居环境整治村、32 个美丽乡村示范(宜居)村、9 条美丽乡村景观带,提升完善 106 个乡镇和 1300 个村庄保洁水平,完成 24 个乡镇生活垃圾转运系统建设;2016 年,全市共完成 600 个以上省、市级的人居环境整治村,创建 80 个省、市级美丽乡村示范(宜居)村,打造 15 条以上省、市级美丽乡村景观带,提升完善全市 133 个乡镇和 1950 个村庄保洁水平,全市所有乡镇建成 1 个以上压缩式垃圾转运站或实现垃圾直接压缩运输。第三,解决城乡交通联系不流畅问题。2008 年晋江市政府对全市范围内的城乡交通网络进行了统筹规划,形成了《晋江市城乡公交一体化管理体制和运营模式研究工作大纲及计划》,拉开了晋江公交城乡一体化的改革。2014 年已全面实现公交"镇镇通",完成了公交城乡一体化,2020 年将实现全市行政村公交"村村通"。

在社会保障体系方面，泉州和晋江大力改革社会保障体制，逐步建立了城乡一体的多维配置机制。第一，建立城乡一体的医疗保障制度。目前，泉州不但实现了镇镇拥有卫生院、村村建有医疗所，初级保健工作全面达标，而且根据"农转非"、"村改区"情况增多的特点，实行新型农村合作医疗制度，凡未参加城镇职工基本医疗保险和未享受公费医疗的所有城镇与农村社区居民均被纳入"新型农村合作医疗"范围，并根据"新农合"的运行情况不断加大投入。晋江 2010 年"新农合"筹资标准为每人每年 180 元，2016 年达到 560 元，2017 年继续提高到 620 元。2006 年政府投入为 1652 万元，2010 年已增加到 1.04 亿元，2016 年达到 4.1 亿元，2017 年增加到 4.56 亿元，新农合政策不断优化完善，更多群众得到实惠。第二，建立城乡一体的养老保障机制。晋江市目前已实现新型农村养老保险城乡全覆盖。城乡居民养老保险累计参保人数达到 62.1 万人，12 万 60 周岁以上城乡居民按月领取养老金。与此同时，晋江市还在全国率先建立"凡征必保，即征即保"被征地人员养老保险制度，月发标准提高到 280 元，财政负担比例提高到 75%，个人和集体负担比例仅为 20% 和 5%，已覆盖 175 个村（社区），参保人数达到 6.3 万人。第三，建立城乡一体的低保体制。现在全国大部分地方虽然把生活最低保障从城市延伸到农村，但是补助水平不同。晋江市通过市、镇、村三级统筹，已在 1998 年就实现了最低生活保障的城乡统一，不管是住在晋江市区还是住在乡镇，只要是晋江的"低保"对象，均享受同等待遇。在综合考虑人均收入、家庭生活支出情况、物价指数等因素的基础上，晋江市多次提高城乡低保补助标准，从 1998 年每人每月 120 元提高到的 2007 年的 250 元，再上升到 2017 年的 630 元，基本实现动态管理下的"应保尽保、应退尽退、应补尽补"。在提高保障强度的同时，晋江市继续扩大低保覆盖面，不断将城乡低保对象、特困人员纳入救助供养范畴。泉州市也在不断提升低保水平，将农村低保标准尽量靠近城市标准，2016 年已经全市统一提高到 420 元，正在逐步缩小城乡差距。

近年来，我国一些省市就城乡一体化建设进行了探索、积累了经验。但与其他地区的城乡一体化建设相比，泉州和晋江的城乡一体化建设具有一些独特和创新之处。从全国其他地区的经验来看（比如成都、杭州及太仓等地),城乡一体化建设主要是由中心城区利用其政治和财政优势通过财政及其他政策举措强力带动周边乡村的发展,体现出从中心城市到周围农村、自上而下的城乡一体化过程。政府在其中发挥了启动者(顶层设计)和主导者的关键作用,市场和社会力量作用有限。而泉州和晋江经验与此不同,城乡一体化建设体现出从乡村到城市、再从城市到乡村,及自下而上和自上而下相结合的双向过程。这一独特的城市化和城乡一体化模式的形成可能与泉州和晋江独特的工业化和经济发展模式密切相关。中心城区(比如县城和泉州城区)周围的广大乡村地区由于工业化的发展,带动了人口和各种产业的集聚,慢慢实现了乡村的城镇化。这种模式一开始是有利于乡村发展、缩小城乡差别的,但由于这是一个自然、自发的从下而上的乡村城镇化过程,缺乏顶层设计和统一规划,到一定发展阶段后其弊端日益凸显,"村村点火、户户冒烟"的乡村工业化和城镇化模式不但无法发挥经济的规模和集约效应,也加剧了环境污染和生态破坏,更造成了城市各种配套措施落后、生活品质不高,城市不像城市、农村不像农村,严重制约了泉州和晋江的经济转型、人民生活和城市竞争力的提升。因此,近年来,特别是十八大以来,泉州和晋江市委市政府高度重视城乡一体化工作,加强顶层设计和统一规划,以高标准、大投入打造国际创新型品质城市,城市建设和城乡一体化发展取得了显著成绩。这一从乡村到城市、再从城市到乡村,及自下而上和自上而下相结合的双向城乡一体化建设模式充分发挥了城市和乡村、政府和市场两种积极性,是一个双轮驱动(政府和市场、城市和乡村)、自下而上和自上而下相结合的双向过程,因而城乡一体化的动力更强、更符合当地的实际情况,也体现了泉州和晋江市委市政府坚持从实践中来到实践中去,因势利导、因地制宜制定政策、开展工作的"有为政府"的实践品格和政治担当。泉州和晋江在城乡一体化建设中的另一大特色和创新是其对外来人口的包容和一视同仁。不但走出了一条富有特色的外来人口本地化道路,也为全国其他地区在城乡一体化建设中如何吸纳外来人口提供了经验和借鉴。

二　外来人口市民化

泉州和晋江民营经济发达,劳动密集型产业集中。外来常住人口数占全市总人口的很大比例，是当地工业化、城镇化、现代化建设的主力军。几百万外来人口为泉州和晋江带来重要的人口红利，泉州和晋江努力让他们和本地人一样，享受同等民生待遇。"如何让这些在异乡城市打拼的流动人口主动融入晋江、扎根晋江"成为晋江市委市政府在新型城镇化中探索的核心问题。近年来泉州和晋江以"人的城镇化"为核心，推动常住人口同城同待遇，实现"保障全覆盖，待遇均等化"，使外来人口"进得来、留得住、融得入"，走出了一条富有特色的外来人口市民化道路。

首先，晋江市以"户籍全面放开"，实现外来人口"零障碍"落户。为了解决外来人口落户需求，确立与农业转移人口市民化相适应的新型户籍制度，晋江市不断推动户籍制度改革。2006年8月15日为解决进城务工就业人员户口迁移，晋江市规定在全市实行外来务工人员连续居住并办暂住证满五年，在企业务工满三年，即可办理户口落户。2012年9月，又出台了《晋江市流动人口落户管理实施意见（试行）》，进一步降低落户门槛，全面放开流动人口落户，对符合购房落户、人才落户、其他类型落户等三类情况的流动人口均可申请落户，并提出了"无房流动人口也可落户"的创新做法。2014年9月，进一步修订《晋江市流动人口落户管理实施意见（试行）》，再次降低落户门槛，允许在晋江市工作满1年，且办理居住证满1年，有合法稳定住所的外来流动人口就地落户。通过在19个镇（街道）、391个村（社区）和300多家规模以上企业设立集体户办法，解决了符合落户条件又没地方落户的外来人口落户问题。2016年以来，全市新增8502名流动人口办理落户，四年来累计已有28467人转入落户。

其次，在外来人口市民化待遇方面，泉州和晋江通过"居住证"制度实现基本公共服务向常住人口全覆盖。2007年，泉州以市委市政府名义下发规范人口服务管理文件，以"公平对待，合理引导，完善管理，搞好服务"为方针，开始建立惠及流动人口城乡公共服务的体系，梳理出10项包括教育、就业在内的对外来人口的优惠措施，力图解决公共服务力度不够的问题。2011年7月，晋江在全省第一个实施居住证制度，持证流动人口可享受卫生、教育、就业等22项优惠待遇；2012年，居住证制度在泉州市推广，泉州市在2007年出台的10项优惠措施的基础上将持证外来人口能够享受的同等市民待遇提高到 24 项。2014 年 9 月，晋江市公安局配合市委政法委修订流动人口居住证管理制度，拓展了居住证服务内涵，持证者享有的市民化待遇增加至 30 项；2015 年，晋江又进一步修订居住证管理制度，实行办理了居住证可无房落户政策，赋予持证人 30 项市民待遇。自居住证制度实施以来，泉州市累积办理居住证 371 万，晋江全市累计办理居住证 182 万张，目前有效期内 93 万张。持有居住证的外来人口与本地市民基本享受"同等待遇"。

在就学保障方面，泉州和晋江的教育部门遵循"平等、融入、成才"理念设计外来工平等入学制度，在考试、录取、收费三个方面都做到了本地生和外地生待遇平等。2013 年，福建开始实行异地高考制度，持有泉州居住证、在福建省有 3 年高中学籍的学生可以在泉州参加高考，还可以按照福建的分数线录取，泉州的中考和高考对外来人口子女是平等对待的；在中小学录取方面，按照就近入学或相对就近入学原则，享受入学机会与手续平等的待遇；进城务工人员随迁子女每年学杂费、课本费与所有义务教育阶段学生一样享受同等待遇，实行全免政策；对承担进城务工人员随迁子女教育任务学校的生均公用经费，实行与当地学生相同的生均公用经费标准。2016 年，泉州市义务教育阶段外来工子女 35.4 万人，90% 以上在公办学校就读；晋江的外来工子女达 21.53 万，占在校生的 60%，93.2% 以上就读公办学校，晋江市财政每年投入的流动人口子女就学教育经费达 17 亿余元，基本实现了流动人口子女免费接受义务教育全覆盖。

在住房保障方面，泉州和晋江通过建立廉租房、公租房、经济适用房、企业员工宿舍、安置房和人才房等多元化住房保障体系解决外来人口住房问题。至 2016 年，晋江累计向外来人口提供保障性住房 3836 套、占全市配售配租总数的 59.8%；泉州市保障房申请中，外来人口占所有申请人数的 17%。全市 5 万多名外来非公企业职工与本地职工同等享受缴存住房公积金，并允许职工离职时提取个人住房公积金账户金额。

在医疗保障方面，晋江和泉州积极推进基本公共卫生服务均等化，保障流动人口身体健康，并通过制度创新让外来人口享受到更便捷的医疗保险服务。晋江市成立流动人口健康档案建档工作小组，为辖区常住人口建立统一、规范的居民健康档案，共为流动人口建立居民健康档案近 60 万份。规范开展计划免疫工作。同时，晋江市卫生局采取有力措施，确保流动人口适龄儿童规范免疫接种。按农村地区每 6 个月、城市每 3 个月一次，对外来儿童、流出返乡儿童分布进行主动搜索，登记造册，对居住时间 3 个月以上的流动儿童按常住人口管理建议办理预防接种证。在社会保险方面，目前晋江市外来人口参加职工养老、医疗、失业、工伤、生育保险的人数分别为 15.74 万人、12.88 万人、7.04 万人、11.20 万人、10.55 万人，占全市参保总人数的 56.44%。他们还在扩面的同时进行制度创新，在全省率先实施外来人口参合和双向跨省异地结报：将持有晋江市公安局签发的《福建省泉州市居住证》且未参加社会医疗保障人员以新晋江人身份纳入参加新农合，享受到同城均等的基本医疗保障待遇，2016 年共有 790 人参合；在晋江市社会保障综合服务中心增设"新晋江人新农合结报窗口"，率先实现新晋江人新农合（跨省）异地结报服务，同时，在晋江市在外人员结报方面，依托异地晋江商会设立新农合结报服务延伸窗口，率先实现晋江籍新农合参合人跨省异地结报服务。新晋江人和晋江在外人员异地就医可享受到家乡的新农合结报服务，让群众享受到优质、便捷、高效的新农合（跨省）异地结报服务。截至目前，晋江市在外人员通过异地晋江商会结报 28 人次，补偿 16.50 万元；补偿新晋江人通过新晋江人新农合服务窗口结报 44 人次，补偿 7.66 万元。泉州市在晋江市外来务工人员异地参合工作取得的初步成效的基础上，正在全面总结推广外来人口参合机制，逐步探索扩大全市统一外来人口异地参合制度，扩大异地就医即时结报定点医院范围，积极协调联系外来人口较集中的地市和省份，开展跨地市、跨省异地就医结报工作，方便外来工就医结报。

在社会救助方面，虽然由于制度设计原因，最低生活保障制度尚未覆盖外来人口，但临时救助、慈善救助和其他党政机关、社会组织开展的救助项目已经将外来人口纳入救助对象。目前晋江市外来人口参加职工医疗互助活动的人数达到 24.84 万人次，占全市总数的 56.20%，累计补助外来职工 3000 人次，补助 800 多万元。

在维权保障方面，给予外来人口与市民相同的维权保障。泉州市政府出台《保障外来务工人员权益规定》、《企业用工服务若干意见》等文件,规定了外来务工人员的政治待遇、劳动保障、子女入学等方面与本地居民拥有相同的合法权益。晋江市通过建立健全工资支付监控网络,投入 1000 万元设立企业欠薪保障调剂金,筹集 1.6 亿元建筑领域员工保证金,并建立欠薪举报奖励制度,健全劳动争议预防、调解、处理体系,有效预防、减少和处理劳动争议案件。

最后,为了更好地让外来人口融入本地经济社会生活,泉州和晋江从文化、教育培训入手,让他们融入企业和学校,融入社区和社会。通过组织大型广场活动、开展巡回宣传等方式,广泛宣传流动人口对城市建设、经济发展的贡献,消除本地居民对流动人口的偏见,激励流动人口积极进行社会参与、实现自身价值。同时,完善公共文化服务体系,满足外来人口的精神需求,充分发挥戏剧中心、科技馆、博物馆、图书馆等基础设施功能,丰富流动人口的文化生活。

三 慈善事业普及化

闽南地区慈善事业有着悠久的历史和优良的传统,泉州人乐善好施的传统,爱心慈善已然深入民间,成为泉州和晋江富有特色的"金字名片"。2017 年,在中国慈善联合会公布的第四届"中国城市公益慈善指数"报告中,晋江在全国众多地市区中脱颖而出,位列"中国城市公益慈善政府支持指数"之首,成为全国瞩目的"慈善之都"。在巨大的慈善成绩背后,是泉州和晋江独特的"政府主导、民间参与的多元化立体式慈善网络体系"。多年来,泉州慈善事业按照"政府引导,民间运作,全民参与"的指导思想,构建由地市级慈善总会与红十字会、县市级慈善总会与红十字会、镇级慈善协会和村级爱心援助站组成的多元化、立体式的慈善网络体系,形成"人人可慈善、个个可参与"的慈善氛围,还成立了我国首家县级慈善总会——晋江市慈善总会。

泉州和晋江市委市政府的积极引导和推动,对慈善总会顺利筹办起到了关键性作用,充分利用政府和民间两方面的资源,形成合力,高起点高水平发展慈善事业。2000 年,泉州市政府组团到香港的慈善组织参观学习,在香港乡贤的推动和参与下,于 2001 年 9 月 7 日成立泉州市级慈善组织。经过泉州市慈善总会的不懈工作,2012 年泉州地区全部县市都建成慈善总会，是福建省第一家各县都建立起慈善总会的地级市。其中晋江市慈善总会是建立最早、工作最扎实的县级慈善总会。2002 年 8 月，晋江市成立慈善总会筹备工作小组，并派人去广东顺德"取经"，结合晋江的实际，制定出台《晋江市慈善总会筹备工作方案》，提出工作思路，以"全面发动、各方筹集、重点募捐、自愿捐赠"原则推进各项举措。2002 年 8 月，世界晋江同乡总会年度大会在澳门举办，晋江市领导专门在会上向世界各地晋江社团广泛宣传成立慈善总会的重要性和必要性，获得各界人士的积极响应。同年，晋江市委书记在深圳市召开晋江籍在港代表人士座谈会，通报慈善总会筹备进展情况，乡亲反应热烈，再次掀起海外募捐的热潮。在此带动下，短短 3 个多月，晋江海外乡亲捐款达 2000 多万元。泉州和晋江两级市委市政府对慈善事业高度重视，还体现在人员配置和经费方面给予重要支持。在机构设置方面，虽然慈善总会属于社团组织，但是泉州市慈善总会的办公室属于民政局直属事业单位，有 4 个参公事业编制，专职负责慈善总会的日常办公，因此在泉州市级慈善总会的冠名基金并不需要抽取管理费，因为"工作人员有编制，有工资"，真正做到善款专用，并将慈善工作经费的 20 万元列入每年固定预算；晋江市慈善总会的秘书长由民政局副局长专职担任，办公经费也由政府财政负担，每年列入预算，从原来的 30 万提高到 60 万。

晋江市慈善总会从建立伊始就有清晰的自身定位——服务社会的民间团体，晋江党政领导对晋江慈善总会的态度也明确为"只有支持，没有干预"。慈善总会组织机构，既凸显了自主运营的鲜明民间特色，也建立了专业的人事组织与基金管理制度。一方面，组织机构社会参与性强，在 478 个单位和个人理事中，民营企业家占理事会总人数 85.8%。永远荣誉会长、荣誉会长、会长、副会长、常务理事、理事全都是民营企业家，各镇、街道的慈善联络组组长也是民营企业家，慈善总会办公室 6 名工作人员也都未占用政府编制。另一方面，组织内设监事会，加强对善款运作的监管。为更好地对资金的募集、管理、使用等环节进行监督，慈善总会特邀市监察局局长担任监事会副监事长，监事会每个月请审计部门对慈善基金进行专项审计，同时还聘请专业的财务总监来运作基金，确保实现保值增值，机构运作方式被中华慈善总会称为已与国际接轨。

"人人参与做慈善"是泉州和晋江慈善总会秉承的一贯理念。十五年来,慈善总会致力于开门做慈善,积极调动民间各方力量,营造人人可慈善、人人可参与慈善文化的浓厚氛围。在泉州和晋江两级市委市政府的协调下,泉州慈善总会和晋江慈善总会从"弘扬慈善文化"、"完善慈善募捐"两大方面着手,为晋江的慈善事业建立了坚实的社会基础,使其在十五年中实现高效快速发展,产生了广泛的社会影响。他们特别强调了公众参与理念,泉州市慈善总会正在探索打破起点限制、让更多公众参与进来的小额冠名基金;晋江市慈善总会强调"捐赠者也是参与者"理念,让捐赠者介入慈善活动,过年过节组织热心慈善的民营企业家到受助者家里慰问,让他们在捐赠的同时更加深度地参与到慈善的传播和实践中来。

首先,慈善总会把发展慈善事业、传播慈善文化、普及慈善意识作为提升市民素质的一个重要内容,加大对慈善事业的宣传,广泛宣传慈善之举、慈爱之心、慈善项目,深入到每一位泉州市民心中。在市宣传部门的支持下,慈善总会在每一年的"晋江市慈善日"都会以慈善为主题举办形式多样的公益活动。同时,慈善总会从自身做起,自成立第二年起便向全体理事会成员发出移风易俗、婚丧喜庆简办节约、礼金捐献给慈善总会作为善款的倡议。"不办酒席办慈善"已成为晋江人值得自豪的风俗,并很快走出晋江,传播到整个泉州地区。至今,积极响应者捐献的礼金已多达 12.62 亿元,成为社会文明建设的一道亮丽的风景线。其次,泉州慈善总会出台鼓励捐赠办法,逐步形成了捐赠为主、增值为辅的善款筹集机制,基本建立起包括日常募捐、定向捐赠、冠名基金、留本捐息及"慈善一元捐"、重大突发性灾难紧急募捐等项目和方式在内的慈善募捐制度。根据晋江市委、市政府出台的捐赠者奖励办法,晋江市目前已拥有 23 名捐赠 1000 万元以上的慈善世家、66 名捐赠 500 万元以上的"慈善家"和 27 名捐赠 300 万元以上的慈善大使。泉州慈善总会设立冠名基金 124 个,晋江慈善总会设立冠名的慈善基金达到 135 个,留本捐息慈善基金 60 个,基金总额达 21.68 亿元。

乐善好施泉州人,海纳百川慈善魂。成立十五年来,泉州市慈善总会累积募集慈善资金 14 亿元,晋江市慈善总会累计募集慈善资金 27.4

亿元，累计投入 13.7 亿元进行慈善活动和公益项目建设，在"特困救助"、"扶老敬老"、"卫教公益"等多方面均取得重大成就，超过 13 万人次得到慈善事业的救助。晋江市委领导提出，"爱心是一座城市的希望"。蓬勃的慈善事业使晋江成为充满爱的城市，在经济发展的同时，互相关爱、互相帮助，让百姓有了强烈的归属感和自豪感，使这座城市向着"幸福晋江"的目标又迈进了一步。

四 社会组织体系化

经济发展和社会转型带动公众对公共服务的需求迅速增长。如何通过社会组织及时有效回应各方面的社会需求、提供多元多量的社会服务，是提升政府公共治理能力的重要工作，也是激发社会组织活力、创新社会治理体制、推进国家治理体系和治理能力现代化的关键。泉州市委市政府认真落实习近平总书记关于"在改善民生和创新管理中加强社会建设"重要精神，一直将社会组织视为社会文明进步的标志，大力发展社会组织，使之成为公共服务的重要载体，将其打造为"政府—社会—居民"之间互利、互动的纽带，发挥社会组织在反映群众诉求、组织群众参与等方面的正向作用，打造共建共治共享的社会治理格局。近年来，泉州和晋江不断深化社会组织登记管理体制改革创新，通过政策扶持、培育发展，初步形成了覆盖广泛、作用明显、机制创新的"社会组织体系"。第一，社会组织数量稳步上升，人均社会组织数居全省首位。2014 年，晋江市被确认为全国 70 个社会组织建设创新示范区之一。2015 年，被确定为福建省社会组织改革创新观察点。至 2017 年 2 月，晋江市已登记社会组织达 1059 家，其中社会团体 763 家，民办非企业单位 288 家，基金会 8 家。泉州市社会组织也在稳步发展，至 2017 年 2 月，注册登记社会团体 3606 家、民办非企业单位 1807 家、非公募基金会 25 家，社区社会组织 1150 家、备案 829 家，直接登记 1552 家。

第二，社会组织全面开花，在晋江，社会组织及其服务已覆盖晋江市全部 19 个镇街、200 多个城乡社区,；在整个泉州地区，各类社会组织协调发展，扮演着"社区服务器"、"产业助推器"、"社会稳定器"三大角色。在社区服务方面，各社区老年协会、慈善协会积极开展居家养老、志愿行动、社区融合、慈善关爱等活动，有效带动了社区居民参与社区服务的热情，为文明社区建设做出了积极的贡献。在产业服务方面，一百多家行业协会、商会积极配合政府实施宏观调控和市场监管，在加强行业自律、反映企业诉求、提供信息服务、支持企业转型升级等方面发挥了积极作用。在社会稳定方面，立体化的慈善类社会组织、829 家备案组织基本建成了体系健全、功能完备、上下联动的市、镇、村三级立体慈善组织网络，在社会救助、权益维护、矛盾化解等方面取得了积极成效。

第三，积极进行社会组织机制创新，形成了"一个园区、两个平台、三社联动、四个同步、双工协作"的全面创新发展态势。晋江建成了全省面积最大的社会组织孵化园；搭建了社会组织信息公开平台和微信服务平台；完善了社区、社会组织、社工联动机制；实现了社会组织党建工作与业务工作同申报、同登记、同年检、同评估；协调了社工、义工两种社区资源，促进了社会治理创新工作的开展，并辐射到整个泉州地区。

五 社会阶层结构"橄榄型化"

随着泉州经济发展转型，产业结构的升级带动了泉州就业结构的变动，推动了泉州社会结构的变迁，社会阶层结构不断优化。以晋江为例，1990、2000、2010 三次福建省人口普查数据显示，二十年间，晋江社会阶层结构发生了很大变化，从"金字塔型"转变到"锥型"再转变为"橄榄型"（见图 6-2）。

1990 年，晋江的社会阶层结构大致呈"金字塔状"。底层规模庞大的农林牧渔水利业从业人员占社会总体的比例为 50.97%；中下层的生产工人、运输工人和有关人员占比 31.35%；而中间层次的专业技术人员、办事人员和有关人员只占到总体的 15.27%；中上层以及上层的国家机关、党群组织、企业、事业单位负责人占比 2.4%。

2000 年，晋江社会阶层结构开始向"锥型"转变。底层的农林牧渔水利业从业人员比例快速下降到 10.37%，中下层的生产工人、运输工人和有关人员比例迅速增大，达到 63.96%，阶层结构有所优化，大量人员向上流动；中间阶层的专业技术人员、办事人员和有关人员以及商业和服务业从业人员增加到 23.19%，比十年前有了显著提高；中上

1990—2010年晋江七大职业类别分布比例形态图

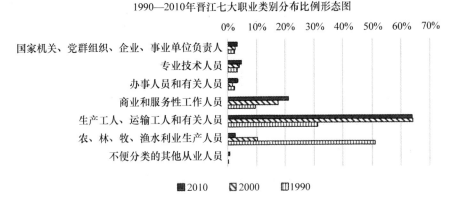

图6-2 1990—2010晋江社会阶层结构的演化

层的国家机关、党群组织、企业、事业单位负责人小幅增长到2.53%。

2010年，晋江市社会阶层结构继续发生变革，由"锥型"向"橄榄型"转变，中间阶层大幅增加，阶层向上流动的趋势明显，社会结构呈现出更加和谐理想的态势。其中，底层的农林牧渔水利业从业人员比例降至2.63%，比十年前缩小了近5倍，比二十年前缩小了20倍；中下层的生产工人、运输工人和有关人员略有变化，缩减到63.85%；而办事人员和有关人员、商业和服务性工作人员比例显著增加，达到24.59%，专业技术人员的比例也有显著提升，增长到4.7%，整个中间阶层的整体比例达到29.29%，这与晋江市民营经济活跃、第三产业蓬勃发展、产业结构持续优化密不可分；中上层及上层的国家机关、党群组织、企业、事业单位负责人也有一定程度的扩大，达到3.45%。客观数据表明，晋江极富极贫的都很少，中间阶层却相当庞大。三十年中，中等收入群体显著扩大，贫富差距逐渐缩小，几乎每一个社会成员都能看到拾级而上的希望，大大减少了可能的社会矛盾和对立情绪，为晋江社会的长治久安和持续繁荣奠定了坚实基础。

"十三五"规划纲要提出，健全再分配调节机制，扩大中等收入者比重。中等收入群体是社会的"稳定器"。社会结构的核心是职业结构，职业结构的优化背后是产业结构的升级。但产业并非在真空中发展，而是要依托在城市品质和市民素质之上，产业发展的核心在于人与社会的发展。没有和谐的社会环境、优质的社会服务、充足的公共物品、良好的治安条件、繁荣的文化事业、绿色的城市生态，城市则很难吸引人才，留住人才，也无法带动创新，优化产业。在创新驱动发展的今天，产业发展已不单单是一个经济问题，也是一个社会和文化问题。晋江建设"橄榄型"社会结构的经验表明，以"大社会建设"理念统摄全局，融合经济、政治、文化、生态文明于社会建设，是扩大中等收入群体的可取良策。

六　养老服务立体化

随着我国人口老龄化程度的不断加深，养老问题已经成为我国社会生活中不容忽视的问题。截至 2016 年底，晋江市 60 周岁及以上老年人口总数约 16.47 万人，占全市人口总数的 14.5%；泉州全市共有老年人口 98.7 万，约占户籍人口的 13.30%。人口老龄化、高龄化、空巢化、失能化带来的问题逐渐凸显。如何实现"老有所养、老有所医、老有所为、老有所乐"成为泉州市委市政府着力解决的现实问题。针对泉州市老年人口的结构和需求情况，按照"政府指导、政策扶持、社会参与、市场运作"的工作思路，泉州和晋江推出了四大举措。

第一，提高政策重视程度，加大财政投入。晋江市连续七年把养老工作纳入市委、市政府为民办实事项目，不断加大财政投入力度，逐年提高养老服务补助标准。将新建镇级养老院本级财政补助标准由原来的 50 万元提高到 100 万元，新建村级敬老院本级财政补助标准由原来的 20 万元大幅提高到 60—180 万元，民办养老机构一次性开办补助由原来的每张床位 1000 元大幅提高到 12000 元，"十二五"期间累计约投入养老服务建设经费 2 亿余元。泉州在"十二五"期间新增养老床位 5980 张，新建农村居家养老服务中心（站）100 个、农村老年体育活动中心 20 个，全市全年累计发放高龄补贴金近 4800 万元，惠及 6.4 万名老人。

第二，兴建养老设施，发展集老年活动中心、居家养老服务站和敬老院"三位一体"的社区养老模式。这一模式充分利用了居家养老和机构养老的各自优势，让老人在家门口享受多元的养老服务，一方面满足闽南老人离家不离乡的养老观念，另一方面可以根据各村实际情况因地制宜、因势利导，分步推进养老事业，避免一刀切问题。从 2014 年起，每年晋江都新建、改建 20 所综合性村级敬老院，并要求这些敬老院建成后按照"三位一体"养老服务模式来运营，这一模式在泉州全市逐渐推广，泉州市委、市政府将幸福健康工程列入 2012—2016 为民办实事项目付诸实施，通过五年的推动建设，向社会筹集资金 2170 多万元，在全市建成 102 座老年活动中心，极大地改善了农村、山区的文化体育环境，受到全市老年人的欢迎。

第三，政府购买社会组织服务，提高养老专业化服务水平。2016 年，晋江在 19 个镇（街道）全面实施政府购买居家养老服务工作，为晋江 2000 名五保、低保、五老、重点优抚对象、失独、空巢和高龄等特殊困难老年人提供居家养老免费上门服务，让老年人足不出户就能享受多样化、个性化的服务。同时，养老服务不断智慧化、便捷化。服务组织为有需要的服务对象免费配送"一键通"老人专用手机和两年的保底消费，只要一个按键或是一个电话，"一键通"手机便可直通养老信息服务平台，为老年人提供快速、便捷的咨询和服务，真正实现新型居家养老服务。"互联网＋居家养老"服务模式已经覆盖泉州全市所有县/市/区，市、县/区两级政府共投入 1766 万元购买居家养老专业化服务，享受政府购买居家养老信息化服务的老年人约 2.5 万名，享受政府购买居家养老实体援助服务的老年人共 4664 名。

第四，培育爱老敬老文化，鼓励老人协会发展。老人协会立足于个体村庄，根植于泉州的慈善捐助文化与乡贤文化，现已发展成为覆盖泉州全市农村社区极具特色的新型社会组织，在促进老龄事业健康发展过程中起到了积极的作用。首先，处在乡村熟人社会的老人协会将退休老人、高龄老人集聚起来，举办各类活动，让老人们在社会交往中得到乐趣。其次，老人协会让老人们发挥余热，参与到宣传政策、民俗保护、乡村安保等工作中，将老人发展成新农村建设的重要力量。最后，老人协会与爱老敬老文化相互促进。协会的大量成立以及广泛的社会影响保证了老人群体不被边缘化，老人在村庄中有了自己独立的话语权和亚文化，他们的权益得到了更好的维护。

七 教育资源普惠化

"教育强市"是泉州的重要发展战略。近年来，政府不断加大教育投资，每年在教育上的投入，可以达到政府可支配收入的三分之一左右。2011 年，晋江市预算内教育总投入超过 17 亿元，2012 年增长到 21.13 亿元，2013 年达到 23.97 亿元，2014 年进一步增长到 28.45 亿元，2015 年持续增长到 29.38 亿元。"十二五"期间，泉州全市教育经费总投入从 105.15 亿元增至 170.02 亿元，财政性教育经费从 81.26 亿元增长到 135.89 亿元。加大财政投入力度的同时，自 2012 年起晋江市公办高中在校生全部不再缴纳学费。这意味着，从小学一年级到高中三年级，在晋江公办校就读的学生都免收学费。晋江市教育局领导提出，"实行普通高中免费教育，将为实现十二年义务教育打下坚实基础，通过免费形式普及高中阶段教育，是实现晋江'教育强市'目标的有力措施，也是'晋江经验'的又一探索。"免费教育考验的并非晋江的财力，而是战略认识和长远的发展眼光。十二年免费教育将整体提高晋江市劳动者素质，奠定该市现代经济科技的发展基础，提升整个城市的文化品质。同时，对于贫困家庭和农村地区，免除学费无异于雪中送炭，因为，以知识改变下一代的命运是最根本的扶贫之道。

泉州和晋江市委市政府也将教育资源惠及外来人口，让大量外来人口的随迁子女可以"读好书、融得入"，能够"平等地融入和成才"，从文化、教育培训等入手，让他们有归属感，成为"新晋江人"、"新泉州人"。自从 2006 年做出"不让一名务工人员子女失去接受义务教育机会"的公开承诺，晋江和泉州将全市公办学校向外来务工人员子女零门槛开放，赋予外来务工人员子女享受与本地学生一样的就学升学权益。2016 年，泉州市外来工子女在校生约 40.1 万人，晋江外来工子女在校生 21.64 万人，占所有学生的 59.16%，基本实现外来工子女免费接受义务教育全覆盖。此外，晋江市和石狮市还出台了《流动人口市民化积分优待管理办法（试行）》和配套政策，每年安排 1000 个公办学校优质学位（幼儿园 200 个、小学 600 个、初中 200 个）给积分靠前者。

为促进随迁子女在学校中的融合，泉州和晋江一方面保障随迁子女在评优评先、入队入团、社会实践等方面与本市学生一视同仁，同时要求每位老师每年至少结对助学一名贫困随迁子女，在学习生活上给予关心和帮助。另一方面，晋江市在学校层面每年举办"十佳外来生"评选活动，在全市层面每年开展"百优十佳"外来学生评选活动，通过奖励优秀生的方式鼓励随迁子女努力学习、积极融入。特别是在同等免费、同等入学、中考高考同待遇方面，做到了同城同待遇，促进随迁子女与本地学生的平等和融合。

第三节 社会建设"晋江经验"的启示

晋江发展的不凡历程是中国特色社会主义在县域发展中的生动实践，晋江人不仅开创了经济发展的"晋江奇迹"，也创造出社会发展的"晋江模式"，不断丰富着晋江经验的内涵，奏响了"以大社会建设全面促进区域发展"的时代强音。自习总书记提出"晋江经验"以来，泉州和晋江市委市政府紧抓"六个坚持"、"五大关系"，推动晋江从工业大市向国际化创新型品质城市转变，推动泉州走向城乡和谐发展的新型城市，实现共建共享确保经济增长与人民获得感双丰收，牢牢把握贯在突出"新"字、核心是写好"人"字的总要求，大力推进城镇化与经济发展、民生改善相协调，努力探索出一条以五大发展理念指导区域发展的成功之路。

社会发展的"晋江模式"既具有晋江特色又以其在泉州的推广而具有普遍意义，它为我国的县域发展、民生建设提供了可借鉴的经验，我们将其概括为"平衡发展、共建共享、政社联动、立足传统、开放创新"二十二个字。"平衡发展"是新时代晋江社会建设的根本目标；共建共享是晋江社会建设的核心原则；"政社联动"是晋江社会建设高效、可持续进行的重要保障；"立足传统"是晋江打造因地制宜、地方特色社会建设模式的重要基石；"开放创新"是晋江社会建设能力持续现代化的重要动力。

一 社会建设和经济建设、政治建设、文化建设、生态文明建设平衡发展

平衡发展既是新时代的发展手段又是发展目标，也是评价发展的标准和尺度。泉州和晋江之所以在社会建设方面取得巨大成绩，其中的重要原因在于把握了社会建设与经济、政治、文化和生态文明之间的内在联系和辩证关系，既做好顶层设计又进行具体实践，使之协调、平衡地

发展，在城市发展的全过程中将这种联系和关系落到实处。

"平衡发展"是新时代泉州人处理"五大关系"中的理念、智慧和方法。

怎样处理好城市发展与民生福祉的关系？泉州和晋江的回答是：以人的发展为核心，以大社会建设统领全局，以四个融合为战略。一方面，始终坚持民生优先、共建共治共享，做到发展为了人民、发展依靠人民、发展成果由人民共享，每年拿出60%以上的新增财力用于民生建设，建立兜底、基础、普惠立体化的社会保障和福利体系；另一方面，以民生促发展，打造新型城镇化、城乡一体化、外地人口市民化等民生品牌工程，平衡城乡关系、本地人与外地人的关系，提高人才素质，提升城市品质，实现"产城融合"和"以城兴产"。

怎样处理经济领先与政治优势的关系？泉州和晋江的回答是围绕民生需求，提供精准化、智能化的公共服务，以和谐稳定的政治环境护航经济发展：一方面，全面启动社会治理立体防控、智慧警务，建设物联防控网，进一步提升政府公共安全建设能力、公共治安防控能力、公共秩序维护能力的现代化，建设平安泉州、平安晋江护航经济发展；另一方面，加强社会信用体系建设，弘扬诚信兴商、守信得益、失信惩戒的经济发展理念，建立"红黑榜"发布制度，加强诚信典型培育，营造崇尚诚信的市场氛围。

怎样处理物质文明与精神文明的关系？泉州和晋江的回答是立足经济强市的优势，加强文化强市建设，补齐短板，提升城市的文化科技品位。一方面，构建一个完善覆盖城乡、结构合理、功能健全、实用高效的公共文化服务体系，加快城乡文化一体化发展，加强文化基础设施建设，完善公共文化服务网络，让群众广泛享有免费或优惠的基本公共文化服务，成为城市化战略的重要组成部分；另一方面，加快文化产业跨越发展，构建文化产业体系，培育晋江经济发展的新增长点，充分发挥文化对传统产业的增值功能，大力推进传统产业的文化，开辟产业转型升级新途径、新方向，成为产业优化战略的组成部分。通过加大文化建设力度，使泉州和晋江发展品位得到不断提升。

怎样处理金山银山和绿水青山的关系？泉州和晋江的回答是平衡好"生态文明建设"与"经济发展"之间的关系：一方面以"乡村治理"

为突破口，成功破解发展与环境之间的矛盾，实现百姓"要绿水青山也要金山银山"的乡村振兴梦想；另一方面以"生态治理"为契机坚决淘汰落后产能，提升城市整体的经济质量。

怎样处理好虚拟经济与实体经济的关系？泉州和晋江的回答是协调好"传统制造业"与"创新型经济"的关系：一方面守好传统实体经济，让实体经济贡献占比60%以上；另一方面通过社会治理营造平台、集聚人才、汇集资金，实现产品、技术、品牌、管理和商业模式"五个创新"，形成创新型经济的"晋江板块"。

二 推进共享包容导向的社会政策和公共服务

与单纯追求经济增长不同，包容性增长倡导机会平等的增长，让人民公平合理地分享经济改革的成果，核心是减少或者消除发展机会上的不公平。包容性增长需要包容性制度的支撑，消除政策不平等带来的机会不平等，以普惠公平的社会政策和公共服务让所有民众都能够参与且享受到社会发展所带来的福祉，使每个人的人生都有机会闪光。

与改革开放初期"让一部分人一部分地区先富起来"不同，今日的泉州政府已经充分认识到均衡发展、包容发展、共享发展的重要性。在社会政策制定和公共服务提供上，他们以"公平、共享、包容"为导向，以提高全体民众的获得感为首要任务：革除弱势群体所面临的政策排斥，倡导和保证机会平等、过程平等；创新体系化的社会组织和专业化的社会服务，有效回应各方面的社会需求。

对外来人口，泉州和晋江努力让他们和本地人一样，享受同等民生待遇，真正进得来、留得住，实现本地化，让城市的建设者切实成为城市文明和福利的受益者。自2011年率先推行"居住证"制度以来，晋江市坚持"同城同待遇、保障全覆盖"的基本理念，深化户籍制度改革，不断丰富居住证制度市民化待遇的内涵，切实提高外来人口基本公共服务均等化水平，让他们真真切切得到实惠，让外来人口真正成为晋江"新市民"，这一做法在泉州各县市区不断推广，其他县市区也在各方面根据自身特点进行制度创新。一方面，强化公共服务供给，全方位解决外来人口的就业、住房、社保和公共服务等问题，让外来人口安居乐业；另一方面，强化情感融入和文化融合入手，让外来人口更好地融入泉州，增强"新晋江人"、"新泉州人"的认同感和归属感。

对乡村居民，泉州和晋江加快新型城镇化建设，打破城乡二元结构，推动城乡和谐发展、一体化，让农村人享有和城里人一样公平、优质的民生保障。一方面，坚持全市一城，推进城乡一体规划建设。在城乡功能布局、产业分工、基础设施、生态环境等方面强调一起规划、一起设计、一起建设，初步形成覆盖全市、互为衔接的市域城镇规划和基础设施体系，基本建成城乡一体的交通、通讯、信息、能源网络和垃圾焚烧发电处理系统，有效推进了"百村示范、村村整治"和"家园清洁行动"等农村环境工程建设；另一方面，坚持统筹协调，推进城乡社会事业一体化发展。晋江市按照城乡一体化发展格局，把城市的基础设施和公共服务向农村延伸，加大公共资源对农村配置，明确提出"财政支持要向困难群众倾斜，向基层薄弱环节倾斜，向农村社会事业倾斜"的公共财政导向，促进城乡居民享有更加平等的公共服务、发展机会和社会保障。加强农村道路、电网、生活用水、广播电视、邮政通信、文化生活设施建设，加快完善城乡医疗卫生、防疫保健网络，实现了农村初级保健工作的全面达标；并通过"美丽乡村"建设，加大村庄基础设施和环境整治投入，让村庄变成花园，让村民享受到高质量的公共服务。

对贫困群众，泉州和晋江加快完善全覆盖的救助网络，将救助工作与扶贫工作相结合落到实处。首先，确保"兜底"。形成以低保、五保供养为基础，医疗、住房、教育、就业等救助相配套，灾害救助、临时救助、流浪乞讨救助和社会互助等为补充的社会救助保障体系。泉港区、晋江市分别被确定为全国和全省"救急难"综合试点单位，形成了政府各部门高效联动以及政府救助与社会力量救助紧密衔接的工作机制，取得了良好的社会效果。2015、2016 年，"救急难"工作被列入市委、市政府为民办实事项目，在全市全面推进。其次，确保"精准"。为贫困人口资料建档立卡，实现"一户一卡"，形成贫困人口全市"一张表"，解决精准扶贫工作"底数不清、家底不明"的问题，并要求各镇（街道）参照开展科级干部挂钩帮扶建档立卡贫困户工作，帮助贫困户制定脱贫"时间表"、"路线图"，做到真扶贫。最后，确保"完全"。坚持扶贫路上不能落下一个贫困家庭、不能丢下一个贫困群众，通过救助工作与扶贫工作相结合，全面实施脱贫攻坚计划，坚决打赢脱贫攻坚战。

三　加强政社联动，充分发挥政府和社会两个积极性

随着社会生活和经济发展的复杂化，政府与社会组织协同进行社会治理已是大势所趋。后者的民间性、多元性、基层性使其具有利他性和公共性，可以发挥政府和市场无法替代的独特作用。在泉州和晋江，社会组织已经成为政府治理体系和治理能力现代化的有机组成部分，是社会建设的重要主体和依托。泉州和晋江注重激发社会组织活力，推进社会组织参与社会管理与服务，充分发挥社会组织在民生工程中的积极作用。

泉州人乐善好义，政府对此积极引导，率先成立全国首家县级慈善总会——晋江慈善总会，大力发展慈善事业。民间自发的慈善风气带动了整个泉州慈善事业的发展，泉州市慈善总会和晋江市慈善总会极大地凝聚了民营企业家、海外华侨及全社会力量，形成了社会力量做慈善的浓厚氛围，很多人利用父母生日、子女结婚的时机捐助礼金设立慈善基金，支持社会公益事业发展。晋江慈善总会自 2002 年成立以来，累计募集善款 27.35 亿多元，泉州慈善总会共募集善款 14 亿元，广泛发动企业、社会团体、华侨及城乡居民等社会各界人士，踊跃捐赠爱心物品和资金，形成泉州和晋江独特的"爱心慈善"模式，为弱势群体打造了"第二保障线"。泉州人尊老敬老，政府对此积极倡导，鼓励各村镇老人协会的成立，使老人协会成为农村社区中自我管理、自我组织和自我服务的重要民间组织。经过多年发展，泉州的老人协会已经成为新农村建设中一支不可或缺的民间力量，发挥了四大作用：首先，老人协会帮助保障老年人权益，在社区里塑造一种尊老爱老的文化氛围；其次，老人协会提供丰富多彩的老年娱乐活动，为老人们提供了娱乐的集中场所和丰富的活动，在活动中老人们重新获得生活的意义；第三，老人协会协助社区处理各种事务，在此过程中，老人的自我价值得到了很好的体现；第四，老人协发挥着存续传统文化的功能，为重建村庄文化道德共同体奠定了基础。

四 坚持传统与现代的有机融合，利用地方传统创新社会治理

传统是集体记忆的重要载体，既承载着历史，也为未来的发展提供着深厚的积淀。特定的地方文化传统往往可以激发地方治理的活力，以最低的治理成本实现最佳的治理效果，成为一种有效的"社会治理资源"。泉州和晋江在充分尊重地方传统的基础上，立足当下、面向未来，将传统与现代创造性地融合在一起，让独特的传统文化元素成为现代社会的有机组成部分，创造性地发展出"乡贤文化"、"慈善文化"、"社群文化"三个极具传统意涵的社会治理机制。

乡贤是本乡本土精英，包括德高望重的长者、企业家、海外归侨等等。泉州是我国乡贤文化浓厚的地区之一，无论历史还是今日，"爱家爱乡、守望相助、诚信敬业、平等包容"这一独特的乡贤文化，都对当地的经济社会发展起到不可忽视的作用。晋江市政府充分重视当地的乡贤传统，鼓励乡贤企业家重回家乡，复兴闽商文化，投身建设家乡和公益事业。市政府出台一系列鼓励措施，挖掘培育新乡贤、鼓励发展新乡贤文化，把乡贤文化转变为社会治理与乡村建设的内生资源。在晋江，乡贤在乡村社会发展中起到了重要作用：（1）乡贤是激活乡村治理的黏合剂。乡贤返乡对乡村治理最显著的影响体现在公共物品供给上。由于乡贤的人际关系广，可以向上级政府为本村庄争取资源。在村庄内部，他们也发挥着组织者的作用，引导农民积极进行公共建设。乡贤是缓和社会冲突的"安全阀"，乡贤在村里地位较高，村民比较能够听进去他们的意见，可以起到弥合社会分歧的作用，可以把社会矛盾化解于无形之中。（2）乡贤是带动地方经济发展的领路人。以福建晋江肖下村伞业发展为例，生于肖下村的肖清伦作为华侨企业家，满怀一颗回报家乡之心回归肖下村，创办了具有广阔市场前景的富兴伞业公司并带动本地区形成有机的地域化产业群，既使富兴伞业公司实现利润最大化又塑造了成熟且充满竞争力的区域产业经济，带动肖下村经济发展的同时大力推动村级公益事业建设。（3）乡贤是复兴乡村公共文化生活的主导者。总体来看，乡贤对于先进文化都有较为客观准确的了解，一方面，他们扎根本土，对于中国传统文化和乡村的情况有深入的理解；另一方面，他们是具有新知识、新眼界的读书人，对于西方的价值观念和

知识技能有一定的把握。他们可以利用自身的人格魅力来感染周边的人，同时通过村民们可以接受的方式来传递现代知识。（4）乡贤是突破城乡发展一体化阻滞的关键力量。目前城乡发展一体化阻滞包括乡村治理主体弱化、公共服务非均等化、公共文化消解、集体经济乏力等，要破除这些阻滞，单纯依靠上级政府主导的项目或政策不能充分落地或持续进展，关键在于乡村内生（或内向）的人力资源如乡贤群体能否实现乡村与城镇的对接，能否充分发挥乡贤们参与乡村建设的积极性。

泉州人"乐善好义"的传统由来已久，《泉州府志》乐善卷记载包括晋、南、惠、同、安各县郡"见善如饥、赴义如渴"的慈善家119名，其中晋江县占有50名，"慈善文化"源远流长。泉州和晋江政府努力弘扬慈善文化，把发展慈善事业、传播慈善文化、普及慈善意识作为提升市民素质的一个重要内容，加大对慈善事业的宣传，唤醒全社会的慈善意识，营造人人可参与的慈善氛围。同时，晋江市将传统慈善文化融入现代社会救助事业，将慈善总会与民生保障工作相呼应，起到官方救助政策的补充作用，形成地市、县市区、镇、村四级联动的慈善网络平台。

泉州地区自古以来具有浓郁的海洋型工商文化传统。18世纪以来，下南洋的晋江人为了谋求生存，组成了以血缘、地缘、业缘为基础纽带的各种社团，守望相助。虽然20世纪50年代以来，这些民间社群曾短暂退出历史舞台，但自70年代末以来，以乡缘、族缘为基础的社群传统在晋江迅速恢复、活跃起来。泉州市充分发挥社群传统的现代意义，鼓励社区社会组织积极参与社区治理和服务，让其发挥凝聚城乡居民、提供社区公共服务、提升城乡社区自治服务能力的三大功能。社区老年协会、慈善协会等各类社会组织积极开展居家养老、志愿行动、社区融合、慈善关爱等活动，有效带动了社区居民参与社区服务的热情，为社区建设做出了积极贡献。

第四节　争当新时代"美好生活锦标赛"的
先行者和排头兵

展望未来，泉州和晋江站在新的历史起点上，面临着新问题和新挑战：新农村建设和城镇化进入加速发展时期，产业结构面临进一步调整和转型升级，生态治理和资源约束的压力加大，民众对公共服务的需求越来越高，对公平正义的追求越来越强，对公共安全的要求越来越多。这些都对泉州和晋江的社会建设工作提出新的挑战，需要两级市委市政府在坚持成功经验的基础上，持续创新社会建设方式方法，把社会建设和社会治理放到中国特色社会主义"五位一体"总体布局中，践行"五大发展理念"，勇于探索以"社会投资"为导向的新型社会政策，与时俱进，不断改革创新，推动社会治理的全面现代化和民众获得感的全面提升。

一　进一步推进社会治理体系的现代化

经过十五年的发展，泉州和晋江通过推进城乡社区治理和服务创新，加强社会工作人才队伍建设，深化社会组织管理制度改革，初步建立了"政社互动、多元善治、共建共治共享"的社会治理体系。今后随着社会发展的复杂化和民众需求的多元化，晋江市政府需要进一步完善该体系，坚定为民谋利的工作出发点，创新服务体制机制，推进社会治理体系的全面现代化。具体来说，有四个重点。

第一，深化城乡社区建设。贯彻落实"全市一城、以点带面、逐步推开"的思路，继续统筹推进新型城乡社区建设。加大服务设施投入，实现"十个一"配套设施在城乡社区的全覆盖。同时提高服务设施的使用率，设施管理单位要加强科学化管理，更好地满足群众的实际需求。有关部门要采取有力措施，加强监督管理，明确设施开放和使用的范围与要求，并帮助解决使用过程中遇到的困难。

第二，完善公共服务体系。整合市、镇两级在村级设立的各类工作机构，建设社区公共服务中心，实现居民"足不出村（社区）"就可以享受一系列基本公共服务。同时，积极培育社区社会组织，大力发展社区便民利民服务和志愿服务，满足居民多样化服务需求，建立政府公共服务为主，以市场化服务、居民自助互助服务为补充的社区服务体系。

第三，更新公共服务供给机制。继续推进"纵向到底、横向到边、纵横交错"的网格化治理机制，运用社区、社会组织和社会工作者"三社联动"的服务机制，以及社区党组织、居委会、物业服务企业和业主委员会"四位一体"工作机制。逐步引入市场机制，鼓励、引导民营企业和非营利组织等非政府主体参与提供城乡基础设施、教育、医疗、交通等公共服务，打破政府包揽一切公共服务项目的格局。

第四，建立公共服务监管机制。监管体系是公共服务的重要组成部分，也是公共服务价值得以体现、质量得以保障的关键。当下，晋江市正积极着眼于政府职能转移，通过政府购买社会组织服务更好地为群众服务。在此过程中，应强化对公共服务产品进行质量监控，对生产者的生产过程进行监督和制约，完成政府作为公共服务提供者的延伸责任。

二 进一步推进公共服务的优质化

在提升城市整体品质的过程中，泉州和晋江通过外来人口本地化、城市乡村一体化，力求让发展成果惠及最广大的群体。2011 年晋江率先在全省实行居住证制度，近 60 万外来人员享受到子女教育、医疗卫生、住房保障等福利；政府每年专项投入 1 亿元进行环境整治，实现城乡环卫一体化，实现村村有医疗机构。但随着生活水平的日益提高，民众对公共物品质量和服务水平的期待不断提升，集中体现在对优质教育、医疗资源的需求上。因此，如何提高教育与医疗资源的质量应成为晋江下一阶段的工作重点。

第一，扎实推进教育强市建设。教育是百年大计、第一民生，关系千家万户，更是完善城市功能的重要配套，是打基础、利长远的事业。近年来，随着"产业提升、城建提速"战略的实施，晋江中心城区优质教育资源总量不足、市直校数量不足、规模校偏少、发展不平衡等问题日益凸显，泉州市也存在着优质教育资源相对不足，民生保障与群众期望存在差距的问题。

首先，应持续推进教育资源整合。尽快建成并投用一批高标准、高规格的优质市直中小学校，优化整体的教育布局。继续加大投入，做大优质教育资源的增量，进一步提高现有教育资源的办学水平、办学质量，严格落实生均用地面积、校舍和相关设备要求，高起点拓展新增优质教育资源。

其次，应强化教育模式创新。积极探索创新拓展教育集团合作办学模式，形成"名校带新校"、"优校带弱校"的教育发展格局，以优质学校为核心，捆绑周边各类一般或薄弱学校的教育集团，积极探索"中学+小学""名校+新校"、"名校+民校"、"名校+弱校"、"名校+名企"、"名校+名校"、"高校（教科研单位）+新校"、"名园+镇（街）园"、企业办园等新模式，总结、推广集团化办学成功经验，推动集团化办学向纵深发展。

最后，加大建设高水平教师队伍的力度。继续推进"名校长、名教师"培育计划，坚持分层分类分批，学、研、用相结合的原则，通过异地名校挂职、高端研修研训、名校长讲堂等途径，搭建多种有效载体和平台，开展系统的培训培养工作。同时，鼓励成立教育发展基金会，提高教师地位、保障教师待遇、促进教师成长，为教师办实事、做好事、解难事，让广大教师潜心教书、静心育人。

第二，加强优质医疗资源的结构与布局。随着群众医疗需求的发展，泉州整体医疗技术水平已无法满足不同层次群众的就医需求。目前医疗卫生工作仍存在资源总量不足、质量不高、布局不合理等短板。如何才能让市民在家门口就能享受到更专业、更高效的医疗卫生服务，是泉州和晋江医疗系统要迫切思考的现实问题。

首先，应加速实施"名医、名科、名院"工程。深化医药卫生体制和公立医院综合改革，鼓励各医疗单位做强特色，积极引入成熟的医疗集团，发展新技术、引入新设备、打造重点学科。在医疗人才培养方面，政策一方面支持引进人才，另一方面扶持培养本地人才，避免"专家一走科室关门"的局面。同时，加大基层医院的管理水平，实现基层医院的抱团发展，避免造成公共资源的浪费。另外，晋江本地高端医疗资源不足，这是发展短板，要尽快补齐，确保学科的造血能力。

其次，应加速汇集高端医疗资源。探索公立医院与民营医疗机构合作新模式，并支持社会资本兴办优、精、专医疗机构，把高水平的专家、高质量的医疗、高品质的服务带到泉州，带到晋江，以"患者满意、医者满意、政府满意"为宗旨，推进本地医疗实现国际化、智能化、标准化、人性化，让百姓在家门口就能享受到高端优质医疗服务。

最后，政府要强化乡村社区医疗卫生资源配置，支持村卫生室和社区卫生服务机构标准化建设和设备购置，提高基层医疗服务水平，全面推行乡村卫生服务一体化。强化市、镇、村三级医疗资源整合、信息共享、分工协作，由基层医疗卫生机构逐步承担首诊、康复和护理等服务，分流公立医院普通门诊，尽可能让群众获得便捷、价廉、安全的基本医疗服务。建立区域医疗中心—镇卫生院—村卫生所一体化的医疗联合体，让联合体自主分配医疗资源，构建联合体内分级诊疗机制，促进优质医疗资源向镇、村辐射，进一步完善分级诊疗制度。

三 进一步推进人才强市工作的体系化

十九大报告指出，创新是引领发展的第一动力，是建设现代化经济体系的战略支撑，培养造就一大批具有国际水平的战略科技人才、科技领军人才、青年科技人才和高水平创新团队。当前整体经济下行压力加大，晋江在产业层次偏低、同质化竞争激烈、创新步伐不快等方面的短板逐渐显现，缺少一批创新型的领军企业。解决问题的根本出路在于创新，关键要靠科技力量，而人才是创新最核心、最活跃的因素，也是创新创业的决定性因素。作为一种特殊的战略资源，人才相对于物质资源、环境资源、资金资源，更具创造活力、增长优势和可持续发展能力。泉州和晋江发展需要什么样的人才？如何以人才高地带动产业高地、创新高地？如何构建适合人才发展的综合环境？解决这三个问题需要将现有的人才政策逐步完善，形成有层次的政策体系，分步实施，将人才强市工作做大做实。

第一，要加快集聚培育各类领军人才，加强四类人才的引进和培养。首先，加速实施以企业家人才为核心的"领航计划"，企业家是经济的脊梁、是发展的中坚，提升企业家素质十分重要；其次，加速实施以高层次人才为核心的"海峡计划"，力争吸引集聚100个高层次创新创业人才团队来泉州创新创业，服务传统产业升级和新兴产业发展；加速实施以大学生为核心的"创客公寓"计划，让怀揣创业梦想和热情的大学生拎包入住，吸引更多大学生聚集扎根泉州。在引进人才的同时，注重培养本地的高端人才。首先，加强管理人才素质提升，培养新生代企业家，组织产业集群核心企业的高层管理人员进行培训，努力建设一支高素质的管理人才队伍；其次，加强专业技术人才队伍建设，推进专业技术人员继续教育的制度化，构建分层分类的专业技术人员培养体系和高技能人才培养示范基地建设，针对重点行业企业，培养一批适应发展需要的技师和高级技师。

第二,要构筑产学研对接平台,加强四个平台建设。首先,加强创新载体平台建设。支持企业设立技术研发中心、重点实验室等创新平台,聚集优秀研发人才,促进产学研一体化。同时,引导企业建立以高等院校、科研院所为依托,以项目合作为媒介,以高层次人才为纽带的利益共同体,围绕项目带动战略引进人才智力。其次,加强成果转化平台建设。借助项目对接平台、产业人才对接峰会等活动,吸引海外人才来晋创业并推动新型技术成果落地。再次,加强校地人才合作。深化泉州和晋江企业与全国高等院校的长期性交流与合作,鼓励企业与高等院校、科研机构建立人才、科技协作机制和产学研战略同盟,组织校企之间就人才培养、项目论证、技术开发、成果转化等方面开展广泛合作,增强企业核心竞争力。

第三,要优化人才发展的综合环境,实现五大优化。优化政策体系,按照"突出业绩、体现能力"的原则,采取多元评价要素,进一步细化优秀人才的认定标准,形成一个覆盖广泛、结构合理、梯次分明的优秀人才认定体系。优化生活环境,结合城镇化进程,探索通过租房补贴、购房优惠、建设人才公寓等方式,解决来晋人才"住房难"问题,结合户籍改革进程,完善人才居住证制度,让外来人口享有市民同等待遇。优化政治环境,积极推荐各类人才参选参评党代表、人大代表、劳动模范、荣誉市民、"美丽晋江人"、"三个文明"建设先进个人等社会荣誉,提高人才自豪感、成就感、荣誉感。优化学术环境,进一步完善专家活动中心服务功能,为高层次人才提供优质的学术交流条件。探索成立职业经理人协会,为职业经理人和高层次人才提供一个分享经验、沟通交流、学术研讨的平台。优化服务环境,完善市领导联系挂钩优秀人才制度,构筑市、镇、企业(行业协会)三级联动、横纵贯通的人才服务体系。

四　进一步推进城乡发展均衡化

20世纪90年代以来,泉州人民的生活水平发生了翻天覆地的变化,人均可支配收入增长迅速。特别是1992—1995年,实现了突飞猛进的发展。以晋江为例,1994年城镇居民人均收入的年增长率高达

53.39%，走在全国前列。随着晋江工业化的持续高速发展，农民人均收入也逐年增长，并以1993—1995年的增长速度为最。1990年农民人均纯收入千元以上的占54.28%，2004年农民人均纯收入是1989年的8.08倍，1993年的3.38倍，晋江市辖区内的农村居民已经达到了小康生活的标准。进入21世纪，晋江经济发展转型，产业结构的升级带动了晋江就业结构的变动。至2004年，晋江已有80%的劳动力从事第二、第三产业，并吸纳了70万的外来工人，户籍制度上的农村居民大部分已经转变为产业工人和自由职业者，因此，晋江城乡居民的收入差距相对较小。

从1992年至2004年，晋江城乡居民的收入差距呈现明显的U型变动趋势（见图6-3）。1992年以后逐步缩小，在1998年达到最低，为1.33∶1，但之后逐步扩大，特别是2002年，城乡居民收入差距超过了1992年，达到了1.90∶1，2003年达到1.97∶1，2004年差距达到了2.09∶1。2005至2016年，晋江城乡居民收入差距波动上升，从最低点2007年的1.81∶1，上升到最高点2014年的2.23∶1，此后虽略有下降，但仍停留在2.1以上。

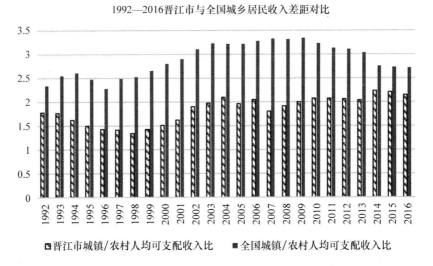

图6-3　1992—2016晋江市与全国城乡居民收入差距对比

　　若与全国城乡收入差距变动趋势相比较，晋江的情况则显得更为复杂。1992—1994 年，全国城乡居民收入差距拉大，但晋江不升反降，形成了城乡居民收入水平增长、城乡之间收入差距降低的良好局面。1995 年至 2004 年，全国城乡收入差距经历了先降后增的 U 型趋势，晋江基本与全国同步变化。然而进入 2010 年以来，全国城乡收入差距持续下降，但晋江却呈波动上升趋势，尽管整体上仍显著低于全国水平，但这种距离在逐渐拉平。

　　需要注意到，虽然晋江社会阶层结构持续优化，中间阶层大幅增加，社会整体向上流动的趋势明显，但向上流动的程度可能仍存在城乡之别。在这种背景下，坚持包容性增长，倡导机会平等，加快城乡一体化建设就显得格外重要。因此，要继续推进本地农民市民化，通过同城同步、城乡发展一体化的方式，实现城乡待遇均等化和城郊村、城中村的就地市民化。

　　2002 年以来，特别是十八大以来，泉州在民生和社会建设上进行了不懈探索。在"五位一体"总体布局及五大发展理念的指引下，泉州结合本地实际，坚持"共建共享"为导向进行社会建设，实施"四个融合"发展战略，取得了七大特色成就，形成了"平衡发展、共建共享、政社联动、立足传统、开放创新"的社会建设"晋江经验"。事实证明，泉州大规模、大投入的"大社会建设"不但没有成为经济发展的负担，反而成为经济转型和产业升级的助推器，成为吸引高端人才，提升城市竞争力、打造国际化创新型品质城市的必要保障和重要抓手。社会建设"晋江经验"充分说明：社会福利也是生产力，社会建设也是竞争力！

　　与全国其他地区的社会建设相比，泉州社会建设有两个独特之处：一是坚持"社会投资"理念，不仅仅把社会建设和民生支出作为消费和包袱，而是将其作为投资和资产，作为提升地方发展环境和城市竞争力的重要抓手和组成部分；二是实施"四个融合"战略，不单单就社会建设谈社会建设，而是把社会建设融入到经济建设、政治建设、文化建设和生态文明建设之中，体现了社会建设的整体观和长远观。

　　十八大以来，随着我国经济进入新常态，我国社会发展也进入新阶段，特别是十九大上习总书记做出全新判断：我国已进入中国特色社会主义新时代！社会主要矛盾已经转化为"人民日益增长的美好生活需要和不平衡不充分的发展之间的矛盾"。这一阶段不再只以 GDP 论英雄，而是更加注重社会建设、文化建设、生态建设等软实力竞争。地方政府之间的竞争也将从"GDP 锦标赛"向"社会建设锦标赛"、"生态建设锦标赛"等更具综合性、整体性的"美好生活锦标赛"转型。

社会建设的"晋江经验"表明，泉州在这一中国发展新阶段的"社会建设锦标赛"和"美好生活锦标赛"中已经走在了各地前列，积累了宝贵经验，成为十八大以来坚持"五位一体"总体布局、践行"五大发展理念"的先行者和排头兵，对全国其他地区进行社会建设、全面建成小康社会及实现社会主义现代化均具有较强的借鉴和启发意义。

第七章　坚持继承创新并举，
发展繁荣现代文化

　　泉州是千年古城，历史文化资源丰富。泉州是国务院首批公布的24个历史文化名城之一，古代"海上丝绸之路"的重要起点，联合国教科文组织确认的全球首个"世界多元文化展示中心"，中国首个东亚文化之都，被誉为"世界宗教博物馆""戏曲之乡""木偶之城""南音之都"。近年来，泉州在坚持以文兴市，大力实施文化强市建设，促进文化产业和文化事业繁荣发展的过程中，坚持继承创新并举，发展繁荣现代文化，较早并较好地探索了党的十九大报告提出的"推动中华优秀传统文化创造性转化、创新性发展，继承革命文化，发展社会主义先进文化，不忘本来、吸收外来、面向未来"的文化发展思想和路径。现将泉州市文化建设和发展的主要成就、基本做法和经验、发展方向、政策建议梳理总结如下。

第一节　泉州文化发展的主要成就

　　党的十九大报告提出："文化兴国运兴，文化强民族强。"近年来，泉州在经济社会发展过程中，坚持保护弘扬优秀传统文化，发展社会主义现代文化，实现了文化产业和文化事业的科学发展，多项主要文化指标居全省乃至全国设区市前列。①

---

　　① 本部分除另有标注外，资料均来源于泉州市文化广电新闻出版局编《泉州市文化事业发展情况汇报》，2017 年 1 月 12 日。

一 城市文化品牌显著提升

泉州市利用千年古城优势,积极挖掘深厚历史积淀,通过举办国际文化交流活动,成功打造城市文化品牌。2013 年泉州荣膺中国首个"东亚文化之都",2013 年成功举办世界闽南文化节。2014 年成功举办首届海上丝绸之路国际艺术节、"东亚文化之都·2014"活动年系列交流活动,作为海上丝绸之路唯一代表城市参加在联合国教科文组织巴黎总部举办的"丝绸之路和创意城市"展览,并赴联合国教科文组织巴黎总部举办"中国一日·重返泉州"系列文化交流活动。鲤城区、石狮市、晋江市、南安市 4 个市(区)通过全国文化先进县复查,数量居全省首位。2015 年,经国务院批准,海上丝绸之路国际艺术节永久落户泉州。

二 文化产业蓬勃发展

目前,泉州市文化产业发展已经形成了以印刷业、工艺美术业、文化旅游业、文化创意产业为主导,广播影视业、动漫行业、广告业、文化会展业等文化产业协同发展的发展格局。2016 年泉州市文化产业增加值达 301.44 亿元,同比增长 9%,占 GDP 比重 4.5%,总量、增加值连年位居全省首位。工艺美术业和印刷业是泉州市文化产业的两大支柱,前者占了全省工艺美术产值的一半以上,后者占了全省印刷业产值的近三分之一。印刷业龙头作用凸显,有规模以上印刷企业 67 家,年产值超百亿元。文化旅游业加快推进,全市已有 3A 级以上景区 31 家,数量居全省首位;泉州入选"2014 中国最具价值文化(遗产)旅游目的地",是全省唯一获此殊荣的城市。全市各级文化产业示范基地达 162 家,其中国家级 1 家、省级 23 家,3 家企业被授予省文化企业十强称号,4 个项目被确定为首批国家小型微型企业创业创新示范基地,创客领 SHOW、知识产权创客家园等 6 家获评第二批国家级众创空间。创新文化金融服务,推动建行泉州分行与匹克集团合作成立区域子基金泉州建信文化产业基金,规模达 1 亿元;与泉州农商银行等金融机构在文化金融领域合作,发行"海丝卡"。海峡两岸厦门文博会组织工作荣获五连冠。

三　公共文化服务体系更加完善

泉州市委市政府把文化发展作为全面建成小康社会的一个重要方面,在发展文化产业的同时,狠抓文化事业。泉州市公共文化设施总面积达 688989 平方米,每千人均面积 81.6 平方米,远超全省平均水平。先后建成闽台缘博物馆、泉州市木偶剧院、市博物馆、梨园古典剧院、南音艺苑、市图书馆少儿分馆等一批市级重要文化设施,泉州市公共文化服务中心完成主体建设,泉州歌舞剧院、泉州非遗馆、泉州市拳术馆、泉州艺校新校区启动建设。全市公共文化馆达 12 个,其中,国家一级馆 5 个;公共图书馆 11 个,其中,国家一级馆 7 个,80 个乡镇综合文化站获国家等级站称号;建成农家书屋 2349 个、文化信息基层服务点 3567 个,在全省率先实现行政村(社区)农家书屋全覆盖的目标,文化信息资源共享工程走在全国前列,各级各类配套公共文化设施健全完善,实现了四级公共文化设施全覆盖,逐步构建起现代公共文化服务体系。文化惠民深入落实,文艺院团公益性演出全面铺开,年均开展公共文化活动、文化惠民演出近千场,在全省率先通过"互联网 + 文化消费"模式启动实施文化惠民卡。

四　"海上丝绸之路"申遗取得重大进展

泉州是古代"海上丝绸之路"的重要起点,唐朝时就是中国对外贸易的四大口岸之一;宋元时期"刺桐港"被称为"东方第一大港",与100 多个国家和地区通商贸易,呈现出"市井十洲人"、"涨海声中万国商"的繁荣景象。海丝申遗对确立泉州作为海丝历史与现实交汇城市,进一步提升泉州城市品牌,为泉州走出国门,深度嵌入"一带一路"战略具有更大战略意义。2001 年以来,泉州市坚持推进海丝申遗和保护工作,取得积极进展。2006 年、2012 年"海上丝绸之路:泉州史迹"两次列入中国世界文化遗产预备名单。2016 年 3 月份,国家文物局确定由泉州市作为牵头城市,牵头广州、宁波、南京等城市,共同实施"海上丝绸之路:中国史迹"项目申报 2018 年世界文化遗产。泉州列入首批申遗点 14 个、关联点 1 个,占全国总数的一半。2017 年 1 月,国务院研究决定,"古泉州(刺桐)史迹"作为 2018 年中国世界文化遗产申报项目。

五 文化遗产保护成效显著

泉州是闽南文化的主要发祥地、闽南文化遗产的富集区，是文化部在 2007 年批准设立的全国首个文化生态保护区——闽南文化生态保护实验区的核心区，形成南音、南戏、南建筑、南拳、南派工艺独具特色的"五南"文化。文化遗产数量、等级居全省首位、全国设区市前列。目前，全市有各级非遗名录 434 项，其中，南音、中国传统木结构营造技艺、水密隔舱福船制造技艺、福建木偶戏后续人才培养计划（泉州提线木偶戏、晋江布袋木偶戏为主申报）等世界级非遗名录 4 项，国家级非遗名录 34 项，省级 89 项，是全国唯一拥有全部三大类联合国非遗项目的城市。拥有市级以上非遗项目代表性传承人 602 人，其中国家级传承人 38 人、省级传承人 140 人。全市有各文物保护单位 802 处，其中国家级 31 处、省级 85 处。在全省率先出台《<闽南文化生态保护区总体规划>泉州实施方案》，建立健全国家、省、市、县四级非遗名录保护体系和保护机制，形成闽南文化保护的"泉州模式"。率先实施 21 个闽南文化生态保护区整体性保护重点区域建设，开创整体性保护的先河；实施"十百千"工程，建成 10 个非遗馆、100 个非遗传习所（中心）、1000 个非遗展示点。全市博物馆达 44 座，其中国家一级馆 2 座、国家二级馆 3 座、国家三级馆 2 座。全市文化系统博物馆藏品总量达 35629 件（套），其中珍贵文物 6030 件（套）。

六 文艺精品创作成果丰硕

泉州在积极举办参与文化艺术活动的同时，积极鼓励和支持专业艺术创作和群众文艺创作，促进了文化艺术繁荣发展。泉州市连续成功举办 7 届海丝文化节、4 届海峡两岸闽南文化节（周）、11 届闽台对渡文化节、11 届国际南音大会唱、4 届国际木偶节和 2 届郑成功文化节。20 多部（个）优秀作品和个人获得全国艺术最高奖项，近百件文艺精品多次荣获国家级和省级奖项，一批文艺工作者在各大文艺赛事崭露头角，开创了精品力作和优秀人才不断涌现的生动局面，成为全国著名的"戏窝子"。提线木偶戏《火焰山》和梨园戏《董生与李氏》先后荣获文化部"优秀保留剧目大奖",梨园戏《董生与李氏》获首届曹禺戏剧文学奖、文化部全国第二届优秀保留剧目大奖,并荣膺 2003—2004 年度国家舞台艺术精品工程"十大精品剧目",与《节妇吟》入选中国文联、中国剧协"梅花数字电影工程",《皂隶与女贼》获第九届文华新剧目奖;高甲小戏《送水饭》获第五届中国戏剧奖小戏小品奖优秀剧目奖,是福建省此类奖项首获殊荣者;木偶戏《赵氏孤儿》获"第十届文华奖·优秀剧目奖";泉州歌舞剧团交响诗剧《乡愁》获第十三届中国戏剧节演出优秀展演剧目奖。福建省梨园戏实验剧团曾静萍获中国戏剧梅花奖"二度梅"、文化部"文华表演奖"、中华非物质文化遗产传承人薪传奖;泉州市高甲戏剧团陈娟娟获第二十五届中国戏剧"梅花奖";泉州南音乐团李白燕获第七届中国曲艺"牡丹奖"表演奖,庄丽芬获"牡丹奖"新人奖。

七　对外文化交流日趋活跃

泉州依托闽南传统和特色文化,积极参与并开展对外文化交流活动。近年来,泉州先后组织 309 个文化团组 5392 人次赴日本、韩国、美国、法国、南非、澳大利亚、巴西和港澳台等 6 大洲 56 个国家和地区进行文化交流与合作,邀请日本、韩国、美国、多哥、法国、土耳其和港澳台等 40 多个国家和地区 272 个文化团体 4844 人次莅临泉州交流,内容涵盖木偶戏、南音、梨园戏、高甲戏、文物展览、学术研讨、文化产业等各领域。泉州传统戏曲不断亮相国际重要舞台,服务中国文化外交,先后参与中美、中英、中法、中日、中菲、中国东盟文化交流年活动,成为国家对台港澳对外文化交流的重要基地。

第二节　泉州文化发展的基本做法

泉州在发展文化产业、建设公共文化服务体系、培育城市精神的过程中,注重发挥文化资源优势,把弘扬优秀传统文化与发展现代文化相结合,把传统建筑群保护与开发相结合,延续城市历史文脉,打造城市精神,积极探索具有泉州特色的现代文化产业和文化事业发展道路。

一 完善文化产业发展软环境，促进文化产业现代化

1. 多措并举，着力健全文化产业发展促进机制

近年来，泉州坚持把营造良好的发展环境，构建文化产业发展服务平台作为一项重要的工作来抓，多层次有序推动泉州文化产业持续发展。

第一，建立健全工作机制。泉州市委、市政府把文化产业发展作为经济转型升级的重点方向之一，成立了由市长任组长，市委常委、宣传部长任常务副组长、分管副市长为副组长的文化改革发展工作领导小组，并成立办公室，设在市委宣传部，负责文化改革发展的日常工作。全市各县（市、区）也都成立了领导小组及其办公室，形成了"党委统一领导，党政齐抓共管、宣传部门组织协调、有关部门分工负责、社会力量互相参与"的工作体制和工作格局。2016 年，制定了泉州市文化创意产业转型升级路线图，并成立工作领导小组。建立了部门联席会议制度，定期研究解决文化产业发展中存在的问题。加强文化产业统计和监测工作，把文化产业发展纳入经济社会发展计划，纳入政府绩效考核和领导干部政绩考核，以及季度经济形势分析会。

第二，建立适合文化产业发展的宏观管理体制。泉州在文化体制改革的基础上，着重发挥市场的关键作用，把市场机制引入到公共文化服务领域，相关职能部门主动下放事权、管理权，放手让社会团体、中介机构和民间力量参与文化建设、文化服务和管理，推动改制文化企业尽快成为合格的市场主体，初步形成公共文化实施主体多元化的格局。近年来，市场力量、社会民间力量得到了较好的释放和发挥，泉州发动民营企业家捐资 6000 多万元作为当代艺术馆基金，捐资 3000 万元设立南音南戏发展专项基金，全省首家综合性民营博物馆门里博物馆扎根泉州；由民营企业为主打造的泉州市民音乐会已成为品牌。

第三，加大政策与财政投入和扶持力度。泉州至今已出台《关于加快文化产业发展的意见》、《关于进一步推动泉州市文化产业发展的若干措施》、《关于进一步促进文化消费的意见》等 5 份综合性政策和《关于推动我市动漫产业发展的试行意见》9 份行业性政策扶持文化产业发展（详见表 7 - 1）；市县两级文化产业发展专项资金及工业设计、

广告、动漫、服务业等专项资金每年有 1.5 亿元左右（其中市文化产业发展专项资金 1400 万元），从政策上大力支持文化产业发展。

表 7-1　　　　2009 年以来泉州市文化产业相关政策文件

序号	发文时间	文件号	文件名
1	2009 年 10 月 8 日	泉委〔2009〕68 号	中共泉州市委 泉州市人民政府关于加快文化产业发展的意见
2	2012 年 4 月 23 日	泉委发〔2012〕4 号	中共泉州市委关于贯彻落实党的十七届六中全会精神 加快建设文化强市的实施意见
3	2013 年 7 月 31 日	泉政文〔2013〕195 号	泉州市人民政府关于印发进一步推动泉州市文化产业发展若干措施的通知
4	2013 年 8 月 13 日	泉政办〔2013〕191 号	泉州市人民政府办公室关于加强文化产业统计工作的通知
5	2015 年 4 月 23 日	泉委宣联〔2015〕13 号	中共泉州市委宣传部等 5 个单位联合印发《关于进一步促进文化消费的意见》的通知
6	2016 年 2 月 29 日	泉政办〔2016〕28 号	泉州市人民政府办公室关于印发泉州市文化创意产业转型升级路线图的通知
7	2016 年 2 月 25 日	泉政办〔2016〕32 号	泉州市人民政府办公室关于印发泉州市工艺制品产业转型升级路线图的通知
8	2013 年 5 月 2 日	泉文改办〔2013〕6 号	关于印发《泉州市加快推进文化和科技融合发展的实施意见》的通知
9	2013 年 12 月 12 日	泉文改办〔2013〕7 号	关于印发《泉州市加快推进文化和旅游融合发展的实施意见》的通知
10	2013 年 5 月 5 日	泉文改办〔2013〕8 号	关于印发《进一步推动金融支持泉州市文化产业发展的若干措施》的通知
11	2011 年 1 月 7 日	泉政办〔2011〕4 号	关于推动我市动漫产业发展的试行意见
12	2014 年 1 月 26 日	泉政文〔2014〕28 号	关于促进全市工业设计产业发展九条措施的通知
13	2016 年 1 月 9 日	泉政〔2016〕1 号	泉州市人民政府关于扶持全市工业发展十八条措施的通知
14	2015 年 6 月 5 日	泉政办〔2015〕61 号	泉州市人民政府办公室关于促进德化县陶瓷行业健康发展六条措施的通知
15	2013 年 8 月 15 日	泉政办〔2013〕195 号	泉州市人民政府办公室转发市城镇集体工业联合社关于加强工艺美术大师服务管理实施意见的通知

序号	发文时间	文件号	文件名
16	2013 年 8 月 15 日	泉政办〔2013〕196 号	泉州市人民政府办公室转发市城镇集体工业联合社关于泉州市抢救保护传统工艺美术濒危品种技艺三年行动方案的通知
17	2016 年 2 月 6 日	泉政办〔2016〕27 号	泉州市人民政府办公室关于印发泉州市旅游产业转型升级路线图的通知
18	2012 年 9 月 29 日	泉委发〔2012〕8 号	中共泉州市委 泉州市人民政府关于加快旅游产业发展的意见

来源：泉州市文化广电新闻出版局提供。

第四，着力做好人才支撑保障。泉州把建设文化人才高地纳入泉州"海纳百川"高端人才聚集计划，安排专项资金，每年遴选一批文化产业优秀人才、文化名家和哲学社会科学领军人才，效果良好。泉州还积极借助外脑，中国社科院在泉州设立闽南文化研究基地，引进清华大学雕塑学院在泉州设立实训基地，开设大师培训班，文化"引才、育才、借才"工作力度不断加大。同时密切与高等院校合作，加强对文化产业经营管理、技术、创意人才的培养。泉州子燕轻工、晋江恒盛等企业分别于黎明大学等高校开展定单式培养文化产业人才，顺美集团与泉州美院合作兴办顺美创意班。

第五，着力营造良好的舆论氛围。在全省率先开通了泉州文化产业网。充分利用声、屏、报、网等媒体平台，开展了"新闻媒体泉州文化行"活动，连续半个月时间刊发相关新闻报道 70 多条次。福建文化产业网平均每天刊发关于泉州文化的报道 10 条次以上，发稿量位居全省设区市首位。组织文化企业开展对外交流，参加福建（香港）文化精品展览交易会、深圳文博会、海峡两岸文博会、中国国际动漫节等大型展会活动；举办福建（晋江）工业设计大赛、雕艺博览会、文化旅游节等；从 2013 年 10 月起，每月举办一场"天工荟萃"闽台工艺美术大师优秀作品联展。①

2. 优化结构，着力完善文化产业空间布局

在文化品牌打造上，泉州抓住泉州历史文化多元多样的特点，着力

---

① 泉州市文化广电新闻出版局：《泉州市文化产业情况汇报》，2017 年 1 月。

打响闽南文化、海丝文化、东亚文化之都品牌及茶文化、瓷文化品牌等。泉州编制文化产业发展规划,确定文化产业发展定位,明确发展方向,各县(市、区)因地制宜、科学规划产业空间布局,形成差异化的文化产业布局。目前泉州拥有17家市级文化创意产业园区,形成了以工业美术、动漫游戏、文化创意、数字内容、文化旅游等产业集聚效应凸显的特色文化产业体系。近年来,泉州文化产业园区的发展注重推行"文化+"模式,以融合提升为主线,提升文化产业发展的集聚效应,催化了诸多新型的文化业态。鲤城区着重保护开发古城,推进建设闽南文化展示和体验园;丰泽区着重创建国家广告园区,发展创意设计产业;晋江、石狮、南安着重发展服务实体经济的创意研发、工业设计产业;石狮重点整合各种海洋文创资源,建设海洋文化产业基地;泉港区抓好油画生产、文化旅游,努力实现专业化、规模化;惠安大力发展石雕、影雕、玉雕等工艺品生产,并以惠女民俗和滨海资源为依托,大力发展滨海度假旅游产业集群;安溪推进信息产业基地、茶文化产业园区和藤铁工艺园区建设;永春抓住篾香文化、生态文化等重点,加快建设篾香文化产业园区,打造桃源生态休闲游、山区绿色生态自驾游等旅游产业;德化加快工艺瓷创新开发力度,提高产品附加值;泉州开发区重点发展文体产品制造和工业旅游;泉州台商投资区立足传统木雕和对台交流合作优势,推动对台文化创意产业园区建设。①

二 发挥文化资源优势,推动文化旅游发展

泉州文化资源特色鲜明,文化积淀深厚。围绕建设"21世纪海上丝绸之路先行区"目标,建设世界"海上丝绸之种"文化休闲旅游目的地城市,泉州积极推进产业融合,创新旅游业态,强化市场营销,大力推进文化旅游发展。②

1. 立足泉州古城打造海丝文化展示中心

泉州以"历史为脉、文化为核、古城为景、旅游为桥",持续推进"古城文化复兴计划",把古城作为一个大景区,推动中心城区全域化

---

① 泉州市文化广电新闻出版局:《泉州市文化产业情况汇报》,2017年1月。
② 泉州市旅游局:《泉州发挥文化资源优势,推动文化旅游发展》,2017年1月12日。

旅游开发，打造以海丝文化、闽南文化和宗教文化为核心的集中展示中心。一是推动新门街片区、西街片区、城南片区三大片区转型提升。新门街引入城市休闲、文创体验、文化艺术和餐饮购物等特色业态，打造旅游特色休闲街区。完善和提升 4A 级旅游景区"源和 1916 创意产业园"旅游服务配套，通过举办摄影、绘画、陶瓷等展览、创意集市和文化活动，将"源和 1916 创意产业园"打造成为古城新的文化腹地。加快城南片区泉州闽南文化生态园项目建设步伐，打造让游客一站式领略海丝文化和闽南文化的活态文化空间。二是积极培育文化旅游新业态。把古厝民宿、文化创意、酒吧茶座、特色小吃等经营单位引入街巷民居，古城创意游成为新的旅游增长点。以"美好生活造物社"、"大拾堂"创意工坊、旧馆驿青年客栈、肃清门客栈、"众山小"国际青年旅舍等为代表的草根新兴文创休闲旅游业态悄然兴起。华侨新村 1955 文化创意街区打造成极具特色与品味的"城市会客厅"。3A 级景区领 SHOW 天地围绕时尚、创意、活力，丰富游客夜间文化体验。4A 级景区晋江五店市传统文化街区保留和传承闽南特色建筑群和高甲戏、木偶戏、南音等非物质文化遗产，汇聚古厝延续文脉。三是搭建平台推动文化旅游项目招商。"十二五"期间，精心筛选、策划生成 142 个项目，总投资额 991.42 亿元。成功签订合同或意向、协议的旅游项目 56 个，总投资 761.4 亿元。112 个旅游项目开工建设，总投资 563.89 亿元，累计完成投资 154.239 亿元，旅游业投资额年平均增长率 18.91%。推动晋江安平桥、五店市传统文化街区、石狮永宁（古卫城）历史文化及滨海旅游项目、安溪清水岩、海峡茶博园、温泉世界、永春北溪旅游区、德化九仙山等省、市重点旅游项目建设，打造文化旅游、生态旅游、滨海旅游精品。清源山成功创建 5A 级旅游景区，环清源山文化旅游圈的内涵不断丰富，对开元寺、西街片区、新门特色街区等文化旅游资源的整合开发初显成效，大泉州"文化休闲区"的辐射带动能力逐渐增强。惠安小岞到晋江围头一带海岸线的滨海休闲游深受自驾车游客青睐，安永德绿色生态旅游带联动、聚集效应逐步凸显。2017 年以来，洛江海丝野生动物世界、石狮世贸摩天城主题乐园等主题乐园项目先后开业，由山东蓬莱八仙过海旅游公司投资的台商投资区大型海洋乐园旅游综合项目纳入 2017 年市在建重点项目。泉州市旅游局与市产权交易中心签署战略合作协议，成立海丝泉州旅游资源交易平台，促进文化旅游资源与各类资本的结合。

2. 依托特色产业构建文旅融合产品体系

泉州发挥产业集群优势，深入挖掘地方特色产业的文化资源，结合求知、研学、商务等旅游新元素，打造文化旅游精品。一是时尚文创促工业旅游提档升级。泉州发挥"品牌之都"优势，打造时尚工旅、滨海雕艺文化、"茶＋旅"、"香＋旅"、"瓷＋旅"、"石＋旅"等六大特色产业集群。晋江七匹狼、永春彬达香业、南安东星奢石体验馆等13家企业获评首批省级观光工厂，七匹狼集团被国家旅游局评选为首批国家工业旅游创新单位，全省仅此1家；晋江361、永春顺德堂、安溪年年香茶业等7家企业获评第二批省级观光工厂，为全省最多。晋江还举办了首届福建省观光工厂培训班。推动南安英良印象五号石文化创意园建设。安溪加快生态茶园和茶庄园建设，打造茶乡茶文化体验休闲之旅。永春加快"永春达埔·中国香都"文化旅游体验园、天沐温泉、老醋文化创意园等文化旅游项目建设，发展蒸香、熏香体验游、温泉养身度假游、醋文化体验游等新兴业态。德化涌现出顺美陶瓷文化生活馆、卓越陶瓷等一批陶瓷工业旅游点。惠安鼎立问石馆定期举办国际性传统与现代石雕、玉雕文化主题展览、学术研讨等活动，丰富景区文化内涵。台商区上塘雕艺街全面提升街区风貌和夜景工程建设，打造具有地方特色的旅游商业街区。二是民俗体验促乡村旅游品位提升。突出乡村意象和文脉传承，推动海丝文化、闽南文化、传统民俗和旅游的融合。近几年来，全市先后有永春县呈祥乡等9个乡镇获评省级乡村旅游休闲集镇，晋江金井镇围头村等39个村获评省级乡村旅游特色村，省星级乡村旅游经营单位达15家。安溪制定《创建"茶乡人家"工作方案》，计划通过三年时间，在产茶乡村创建20家以上"茶乡人家"旅游实体。永春把生态乡村旅游和美丽乡村建设相结合，形成一批如呈祥乡、茂霞村、大羽村等的特色乡村旅游镇村。德化以环城关陶瓷文化旅游为核心，设计"陶瓷＋生态"山水艺术之旅精品线路，与建发国旅合作开展"寻梦CHINA"万人游瓷都活动。惠安依托雕艺文化、惠安女民俗和海洋文明，提升潮乐村、大岞村等渔村风情、葵花农业生态园的休闲体验，加快建明玉石文化旅游特色街区建设。晋江安海文化旅游创客基地入选第二批"中国乡村旅游创客示范基地"。三是传统文化促特色旅游商品开发。泉州整合文化资源，重视传统小吃的包装提升，大力开发特色旅游商品。连续五年举办"泉州伴手礼"认定工作，建设泉州伴手礼标识系统，培育旅游名优商品，繁荣旅游购物市场。开展旅游商品设计创作大赛，引导更多旅游商品在研发、生产、包装等环节融入海丝文化元素。五届共400多家企业携近800种产品参与，161件产品入选泉州伴手礼正式名录，29件产品入选泉州伴手礼预备名录。2016年有17种优秀伴手礼商品入选"福建好礼"名录。组织旅游商品企业参加中国旅游工艺品大赛和中国（义乌）国际旅游商品博览会，集中展示泉州特色旅游商品和开发实力，在"2015年中国旅游商品大赛"及中国"百佳十强"旅游商品遴选活动中泉州获得一银一铜的好成绩；在2015年、2016年海峡两岸文创旅游商品设计创作大赛中，泉州选送的作品均斩获金奖。泉州市旅游局荣获第十二届海峡旅博会旅游商品系列评比最佳组织奖。下一步将整合特色美食资源，建设以泉州美食城为龙头的美食餐饮广场和街区。

3. 实施文化旅游融合发展示范工程

泉州上塘雕艺街、新门旅游文化特色街区和中国茶博汇旅游特色街区入选福建省10个旅游特色街区。2016年还出台《关于推进2016年泉州市文化和旅游融合发展重点项目的实施意见》，确定28个市级文旅融合重点项目，有10个项目被列为省文化和旅游融合发展重点项目，新门旅游文化休闲特色街区被确定这省文化产业十大重点项目。

4. 围绕海丝品牌构建立体营销网络

泉州主动融入"一带一路"建设，全力打造"清新福建·海丝泉州"旅游品牌。第一，扩大国内外媒体宣传。在央视、美国纽约时代广场、京沪线、沪深线和合福线高铁动车等辐射面广的平台上投放广告。邀请中文国际频道（CCTV－4）《远方的家——"一带一路"特别节目》、温州电视台、金华电视台、汕头电视台、福建电视台等目标客源地主流媒体来泉拍摄旅游专题节目，2016年共拍摄专题片37集；邀请加拿大、希腊媒体来泉采风；对接北京晚报、新民晚报、羊城晚报等全国20多家知名晚报的总编辑"清新福建行"采风团走进泉州；积极邀请陕西卫视《丝绸之路万里行》大型真人秀、湖南金鹰卡通卫视《童趣大冒险》真人秀等有较高收视率的电视栏目来泉录制节目。第二，新媒体营销卓有成效。建立以泉州市旅游局官方自媒体为核心，各县（市、区）、重点景区官方网站、微博、微信、客户端、头条号为支撑的自媒体微营销矩阵，及时推送"海上丝绸之路"泉州旅游热点、亮点，目前泉州市旅游局官方微博粉丝超过 43 万。2015 年，泉州开创全国首个"互联网＋海丝旅游"微博事件营销创新模式，策划开展"海丝起点对话陆丝起点"活动，新浪微博话题阅读量高达 4500 万人次，引发 2.8 万人次讨论。2016 年，举办"做一回泉州人"古城人居体验计划，通过线上线下结合、两微一端、H5 互动游戏、直播、小视频等手段引发社会广泛关注，两个微博话题阅读量超过 1 亿，相关视频阅读量超过 400 万。第三，常态化策划主题营销活动。紧扣"海上丝绸之路"主题，结合关键时间节点，持续策划营销活动。2016 年全市组织策划了 200 多场主题活动，海丝泉州 2016 文化旅游嘉年华、第三届自驾旅游节、"小黄人"骑游古城体验活动等活动均产生很大影响力。各县（市、区）根据民俗文化和资源特色，形成了如石狮闽台对渡文化节暨蚶江海上泼水节、南安·国际凤山文化旅游节、郑成功文化旅游节、晋江安海端午民俗旅游文化节等"一县一节庆"的品牌。第四，区域合作稳步推进。推动"一带一路"旅游交流合作，深化"海上丝绸之路"沿线跨境旅游互动，先后到泰国、马来西亚、印尼、港澳等东南亚国家和地区推介旅游，促成新加坡旅行商来泉交流；组织来自全球 25 个国家和地区 350 多位旅行商及媒体来泉考察"海上丝绸之路"文化旅游资源。积极开展"海峡论坛·闽台同名村镇续缘之旅"谒祖恳亲共续乡缘活动，深化两岸民间交流。组织参加海峡两岸台北旅展，加强两岸旅游业界交流与合作。深化泉厦漳旅游合作，持续开展联合推介活动。第五，深入客源地精准推广。先后组织"海丝泉州"旅游推介团赴山东、浙江、江西等人口大省开展旅游推介，进一步拓展国内重点客源市场，推动泉州与客源地的旅游业合作与发展。联合厦门、漳州和金门旅游部门组织景区、旅行社等旅游企业到山西、内蒙古、西北四省、东北三省等开展"魅力海丝·精彩闽南"系列旅游推介。随省旅游局赴北京、上海、广州、杭州等重要客源城市开展"清新福建·海丝泉州"营销活动。

三 注重文化与经济融合，推动文化产业跨界发展

泉州在发展文化产业的过程中，植根本土文化资源沃土，顺应经济文化发展趋势，着力推进文化与其他经济融合，坚持继承和创新相统一，立足地方文化资源，发展传统民间工艺产业和新兴文化产业，注重发展文化产业集群，推进现代文化产业的发展。

泉州市委、市政府高度重视文化产业的发展，把它作为加快转变经济增长方式、建设经济强市的重要战略来推进实施。2009 年，泉州市委、市政府下发《关于加快文化产业发展的意见》，确定重点发展的十大文化产业，分别是：报刊服务业、出版印刷业、广播影视业、演艺娱乐业、文化旅游业、文化创意业、动漫游戏业、文化会展业、广告业和工艺美术业。

泉州文化产业集群效应显著。泉州中心市区主要以文化服务业为主，形成了广告、文化创意、动漫、文化旅游等产业集群；晋江、石狮和南安立足各自经济特色，形成鞋纺、服饰、水暖等为主的工业设计和印刷产业集群；惠安、安溪、德化和台商区分别以石雕、木雕、藤铁、陶瓷等行业，构筑了工艺美术产业集群；泉港和永春分别大力发展油画和工艺香，集群效应显现。

泉州把文化产业与实体经济发展紧密结合起来，扶持壮大企业研发中心，提升企业研发设计、创意创新和科学管理水平，大力发展文化创意产业、工业设计产业、软件产业等。如泉州的动漫行业，十几家动漫企业走出一条"本土＋原创"具有典型特色的动漫创意之路，在衍生品的开发上，充分发挥泉州轻工产业发达的优势，依托鞋服、食品、玩具、工艺品等传统的优势产业，大力发展动漫衍生品产业，目前，泉州动漫衍生产品产值达上亿元。又如泉州皇品微电影将微电影与实体行业的品牌推广巧妙结合起来，形成了以拍摄制作，投资运营微电影为核心，以微电影延伸产品开发为重点，以微电影全产业一体化运营为创新商业模式，公司于 2014 年底在新三板成功挂牌上市。大力推进文化和科技、旅游、工业设计融合示范基地建设，实施企业设计创新能力提升工程，鼓励有条件的企业设立设计研发中心。泉州的文化产业工艺美术占比大，在发展的过程中，泉州侧重增加传统文化产品的科技含量，提

高产品的附加值, 提高企业的竞争力和经济效益。如德化陶瓷产业加大对新技术开发和新材料应用, 继"中国红"以后的结晶釉、窑变釉、自生釉、低温瓷、夜光瓷、纳米瓷、稀土瓷、可分解瓷等等, 德化张氏跳刀第 36 代传人运用古老陶瓷跳刀技艺并结合台湾青瓷翠玉等釉艺研发陶瓷新品, 为德化瓷业发展注入新的活力。

加速文化产业与其他服务业乃至相关的制造业等融合, 丰富文化元素, 从而衍生新业态, 拉长产业链, 提升市场竞争力。文化创意和设计服务与相关产业融合发展, 支持晋江、石狮等地完善工业设计公共服务平台, 晋江国际工业设计园正在申报全国工业设计示范园区。推动银行业制定灵活多样的金融产品, 总结形成了《泉州市推动金融创新助力文化企业发展》的经验做法。

泉州民间工艺植根于多元文化沃土, 可谓一枝独秀。石雕、木雕、影雕、脱胎、花灯、刻纸、竹编、漆篮、绣品、彩扎、纸织画、通草画、民俗画、陶器、锡具、铜制品等民间工艺品历史悠久, 工艺精巧。木偶头雕刻、料丝花灯、李尧宝刻纸、惠安影雕、永春漆篮、石狮通草画等, 不愧为中国民间工艺珍品。

四　健全公共文化服务体系, 发展繁荣公共文化

党的十九大报告指出:"满足人民过上美好生活的新期待, 必须提供丰富的精神食粮。"近年来, 泉州通过加强公共文化设施建设, 推进"互联网＋公共文化服务", 完善城乡公共文化服务网络, 实施"万千百十"文化惠民服务工程, 推动社会力量参与公共文化服务, 开展文化惠民演出, 持续推进现代公共文化服务体系建设, 为市民提供更好的文化服务。[①]

1. 加强公共文化设施建设, 完善城乡公共文化服务网络

近年来, 泉州中心市区先后启动、完成南音艺苑、梨园古典剧院等院馆建设工作, 建设 11 台 24 小时街区自助图书馆, 完成泉州市图书馆少年儿童馆改造。泉州各县(市、区)不断加大文化设施建设力度。

---

① 泉州市文化广电新闻出版局:《泉州市公共文化服务体系和非物质文化遗产相关情况》, 2017 年 1 月。

丰泽区推进少年儿童业余体育学校建设；洛江区启动区文化馆、图书馆改造选址工作；石狮市建设狮文化博物馆，推出大陆首家以反映闽台狮文化为主题的特色展览，荣获福建省第一届博物馆精品陈列展览优秀奖，根据"城市文化设施功能区"总体规划，在石狮市宋塘路两侧统建设龟湖公园，与文化馆、博物馆、青少年活动中心、体育馆、体育场、游泳馆、老龄老干活动中心、职工活动中心、文联大厦等组成功能完善、布局合理完善的文体设施中心；南安市设立郑成功文化中心，惠安县建设群艺馆，安溪县、泉州经济开发区、泉州台商投资区等也在新建相关公共文化设施。

2. 推进"互联网＋公共文化服务"，构建公共文化数字服务体系

泉州以市、县图书馆为依托，建成文化信息资源共享工程支中心12个，并通过与泉州农村（社区）党员干部现代远程教育网络协作共建，实现全市村级服务网络全覆盖，共建成基层服务点3567个。同时，泉州市在部分县（市、区）开展社区电子阅览室、企业电子阅览室建设试点，条件成熟后将大面积推广。目前，文化信息资源共享泉州支中心建有泉州市图书馆网、泉州数字文化网（共享工程网）、闽南文化保护区网（闽南文化数据库）3个门户网站，各县（市、区）支中心也都相应建设有对外信息网站，全市公共数字文化资源中拥有合法使用权电子读物约190万种，为广大群众提供了丰富的文化信息资源。

泉州市文化信息资源共享工程支中心是"全国文化信息资源共享工程先进单位"，现有服务器12台，电脑120台，光纤带宽80MB。开展形式多样的文化共享活动，网络活动、网络培训、主题活动、共享工程馆外活动及基层服务点，积极开展创新性服务，开通触摸读报系统、电子书借阅机服务和手机图书馆，利用微信等新信息手段延伸图书馆服务。

3. 实施"万千百十"文化惠民服务工程，丰富群众文化生活

每年送万场戏、千场文艺培训辅导、百部数字电影、十个流动图书点下乡，切实丰富农村群众的文化生活；文艺精品公益性演出全面铺开，累计完成演出近1000场；组织全市公共文化场所开展面向少儿、青少年、外来工等的免费图书借阅、讲座等活动。举办泉州市少儿钢琴演奏大赛、"欢乐泉州——才艺大比拼"暨"府文庙之夏"文艺展演、

"文化走基层，春联送厝边"活动、少儿普通话朗诵艺术大赛、"图书馆服务宣传周"活动、"文化遗产日"系列活动、诗坛等常态性群众文化品牌活动；参与举办"纪念中国工农红军长征胜利 80 周年"不忘初心唱响经典"歌会、第二届"海峡杯赛"、福建省第二届"丹桂奖"少儿曲艺大赛。

4. 积极开展文化惠民演出，为市民提供更好的文化服务

积极开展省、市公益性文化惠民演出活动。低票价公益性演出活动列为省委、省政府和市委、市政府为民办实事项目，为确保广大市民更好地看戏，泉州市通过文化广电新闻出版局、各文艺院团网站、微平台等新闻媒体发布演出通知，让广大市民有选择性看戏，看好戏，共享文化发展成果。全市 12 个文艺院团 2016 年完成演出 937 场，超额完成演出 87 场，其中省公益性演出 666 场，市公益性演出 271 场，平均观众每场近 400 人次。

5. 推动社会力量参与公共文化服务，开展文化志愿服务活动

文化志愿服务队伍积极弘扬社会主义核心价值观和"奉献、友爱、互助、进步"的志愿者精神，创新服务内容，培育服务品牌，组织开展了一系列基层文化志愿服务活动，丰富了基层群众文化生活。泉州市积极发展图书馆、文化馆、博物馆等公共文化机构的志愿者队伍，以市艺术馆、县（市、区）文化馆和乡镇（街道）综合文化站为主要培训平台，在全市深入实施民间文艺团队"培训计划"和文化馆（站）专业人才"走基层、结对子"包片辅导计划，充分发挥基层文化骨干、文化能人的作用，大力发展专兼职公共文化服务队伍。积极组织志愿者参加非物质文化遗产普查、文艺下乡演出、图书馆延伸服务、艺术扶贫、基层文化建设辅导、文化市场监督等志愿服务活动，为提高泉州市公共文化服务能力，建立完善覆盖城乡的公共文化服务体系，建设特色鲜明文化泉州发挥了积极促进作用。

五　持续推进海丝申遗，着力加强海丝遗产保护

泉州海上丝绸之路史迹数量众多。20 世纪 90 年代，泉州就着手开展海丝申遗工作。2001 年，按照习近平总书记任福建省省长时的研究部署精神，在全国最早全面启动海上丝绸之路申报世界文化遗产工作。

秉承习总书记重视文化遗产保护的理念，泉州坚持推进海丝申遗和保护工作。2006 年、2012 年"海上丝绸之路：泉州史迹"两次列入中国世界文化遗产预备名单。2016 年 3 月份，国家文物局确定由泉州市作为牵头城市，牵头广州、宁波、南京等城市，共同实施"海上丝绸之路：中国史迹"项目申报 2018 年世界文化遗产。为了加强对泉州市"海上丝绸之路"史迹的保护，促进"海上丝绸之路"史迹的合理利用，继承优秀的历史文化遗产，2016 年 12 月 2 日，泉州首部实体法《泉州海上丝绸之路史迹保护条例》获省人大党委会表决通过，自 2017 年起施行。《条例》设置了多重措施：将列入保护名录的"海丝"史迹分为三类，编制保护规划，并根据分类划定保护区域；以建设活动的关键环节为主线，构建全方位的防护体系；明确保护管理责任人，加强日常保护；对各类破坏"海上丝绸之路"史迹的行为作了禁止性规定。2016年以来，泉州"海上丝绸之路"申遗文物本体修缮、环境整治、宣传展示等各项工作有序推进、成效显著。

六 推进传统建筑群保护开发，建设现代人文城市

古城、传统村落等古建筑群和历史人文故事是城市文脉的载体。泉州在推进城市建设的过程中，以延续城市文脉、建设人文城市为目标，科学推进泉州古城保护开发，积极推进传统村落保护开发，挖掘整理历史人文故事，取得良好成效。

1. 科学推进泉州古城保护开发

泉州古城面积 6.41 平方公里，城内有开元寺、清净寺、天后宫、李贽故居和朱熹、弘一法师遗迹等大量国家级、省级文物古迹，包括国家级文物保护单位 5 处，省级文物保护单位 14 处，市级文物保护单位40 处，古建筑及近现代重要史迹及代表性建筑 100 多处，非物质文化遗产国家级 4 项、省级 9 项，以及铺境庙和铺境信仰为代表的民间信仰和祭祀活动、传统老字号店铺等。

2016 年 2 月成立泉州古城保护发展工作协调组以来，泉州市按照"政府主导，多方参与，小规模、渐进式更新"原则，推行新模式，实施新计划，建立新机制，由点串线，由线成面，取得初步成效。

在古城保护开发和提质过程中，摒弃大拆大建（古城保护开发

1.0)和把房子留下来,把人赶走(古城保护开发2.0)的旧模式,推行"三留一活化"新模式(古城保护开发3.0),即以"低冲击"式的有机更新,实现"见人见物见生活"的活化古城,主要包括三个方面的内容:(1)"修旧如旧"修缮古城建筑,保持古城肌理,延续古城风貌;(2)留住原住民,保持市井生活形态,延续古城人脉;(3)保护文物古迹、历史遗存和非物质文化,延续古城文脉。

实施古城保护发展"126计划",即以构建古城保护发展规划体系为统领,以文化创意和社区营造为携手,大力实施古城风貌保护、文化遗产保护、基础设施提升、旅游提升、家园共造和业态活化六大工程,以"低冲击"式的有机更新,实现"见人见物见生活"的活化古城,提升古城形象,增强城市功能,做到留形、留神、留人、活化古城文化和业态,激发古城活力。

建立"领导机构+实体公司+策划团队"的运作模式和机制,统筹开展保护发展工作。古城协调组作为领导机构,下设一室八组,负责宏观指导、工作协调、政策制定、前期资金资源支持等工作。古城公司作为实体公司,在协调组的指导和扶持下开展市场化运作,持续运营,并综合兼顾经济效益和社会综合效益,逐步发挥在古城保护中的主体作用。策划团队主要提供思想、理念和创意,在市保护规划的大框架下形成古城保护提升总体策划方案,搭建创客、业态创新、设计管理、文化研究、游客导入等工作平台,构建网上和实体两个古城,建立运行机制,培养本土化工作团队,使之持续有效运行。

泉州古城保护开发,将力争通过五年时间,使古城核心区风貌得到基本保护和恢复,古城危旧房修缮管理机制基本建立,文化遗产保护政策体系进一步完善,文化产品更加丰富;古城基础设施得到明显提升,民从自发性参与家园共造、自我管理的机制基本建立,社区自治、共建共享成为常态;古城商业业态经多轮引导、筛选,分布更加合理,文创产品更加丰富,成为非遗尉创新、传承的新平台,成为海丝城市旅游新亮点。

2. 积极推进传统村落保护开发

传统村落俗称古村落,是农耕文明的精粹,是一个地方文脉的载体。历史上的晋江为泉州首邑,素有"海滨邹鲁""声华文物"之称,又因多元文化兼容并蓄、海纳百川，从而形成了晋江传统村落鲜明的人文特征。晋江传统村落具有厚重的文化内涵、深远的历史底蕴、鲜明的海洋特征、突出的族群理念，具有文化、区域历史、自然遗产等多元价值。

晋江传统村落深受中原文化影响，建筑主体多为闽南红砖厝，其中又以具有燕尾脊、马鞍墙元素的"皇宫起"大厝为典型。"皇宫起"的建筑布局体现了中华民族对称、联络的审美观，其特点是轴线对称，多层次进深，前后左右有机衔接、均齐配置，形成以厅堂为主轴，以天井为中心的建筑格局。门匾镌刻厝主的姓氏郡望以示不忘祖源，门联多以厝主的名字冠头联以示光宗耀祖，凹寿石堵也常常镌刻家训等箴言警句。

晋江传统村落反映了明清以来的历史传承。明清以来，晋江科举兴盛，名人辈出，名人故居等历史风貌建筑基本上从明清时期延续到民国以及当代。以五店市传统街区为例，建筑群呈现连续性、多样性的特点，明清建筑约占25.6%，民国建筑约占5%，新中国成立后至改革开放前建筑约占14.5%，改革开放后建筑约占55.2%。

晋江传统村落体现了鲜明的海洋特征。宋元以来，泉州港成为东方第一大港，晋江人开始漂洋过海、创业异邦。明清以来，许多晋江人出洋谋生。晋江华侨具有浓厚的故土情节，在海外创业一有成就便回故土建筑房产，因而不少传统村落受到丝路遗韵影响，形成"蚝壳厝"、中西合璧建筑"番仔楼"以及西式建筑等景观。位于永和镇钱仓村的姚金策故居就是一幢中西合璧建筑，精致的螺旋楼梯、拱圈迴廊以及绿釉瓶式栏杆，与周边的建筑相比，显得十分洋气。

晋江传统村落体现了中国族群关系和理念。中国传统村落是由"聚族而居"这一模式发展起来的稳定的社会单元，晋江传统村落也不例外。晋江人的宗族观念较强，从而形成了团结互助、互相提携等世代相传的文化特征和精神财富。比如，清代东石蔡氏往台湾谋生的，占族人半数。东石镇现存8座大厝和2座栈房的玉记商行建筑群，既是闽台商贸密切往来的见证，也是蔡氏族人抱团发展的见证。

晋江传统村落是闽南祭祀习俗等众多非物质文化遗产的重要载体，其中的宗祠、家庙、戏台等历史风貌建筑往往也是南音、高甲戏、刣狮表演以及民俗文化活动的传习场所,体现了传统村落中动态与静态的有机统一。

晋江市在推进国家新型城镇化建设的过程中,着眼于保护发展传统村落、延续乡愁记忆,立足人文底蕴、地缘优势和产业结构等实际,统筹好建城与守乡的关系,重规划引领,以文化的"软规划"引领建筑的"硬规划"。对接《闽南文化生态保护区总体规划》,推进五店市传统街区、安海镇、金井镇福全村等首批闽南文化生态重点保护区域的规划编制。在五店市传统街区规划中将整体风貌、文化坐标、传统建筑天际线等要素纳入指标体系。对改建拆迁区域内有价值的古建筑构件进行鉴定、登记、拆卸、收藏和整理,保留 81 栋传统建筑,更新建设 43 栋建筑,形成年代分明、特色鲜明的风貌建筑地标。合理规划街区业态,一期项目中传统文化展示占 35.4%,文化商业占 44.3%,旅游观光占 16.5%。鞋都改造片区专门规划民俗文化区,将涵口村陈紫峰故居等 6 幢历史风貌建筑纳入其中。金井镇福全村确立核心保护区和控制地带等区域,以保护村落空间、街巷和建筑特色的完整性、延续性。同时,制定文化建设与保护实施意见、历史风貌区与优秀传统建筑保护规定,设立每年 5000 万元的专项保护资金,鼓励业主按照保护原则修缮建筑,由政府根据建筑等级给予资金补助。联系海内外的宗亲、侨亲,发动他们修缮作为祖厝的传统建筑和"番仔楼"等华侨建筑。比如,金井镇福全村设立"福全古城保护建设基金",旅外华侨、乡贤累计捐资 1200 万元。

在晋江市 19 个镇(街道)、392 个行政村(社区)、712 个自然村中,至今保留有 30 至 300 年前的历史风貌建筑 6500 多幢。其中,五店市传统街区等 10 余处历史风貌建筑群,在建筑风格、空间布局和街区景观等方面较完整地体现地域文化特色。经中国传统村落保护和发展专家委员会评审,龙湖镇南浔村和金井镇福全村、塘东村等三处入选国家级传统村落。

3. 挖掘整理历史人文故事

2015 年召开的中央城市工作会议提出要统筹改革、科技、文化三大动力,要保护弘扬中华优秀传统文化,延续城市历史文脉,保护好前人留下的文化遗产。根据中央和各级城市工作会议精神,泉州市开展传承城市文脉，挖掘整理历史人文故事系列活动。

为深入贯彻中央和各级城市工作会议精神，保护弘扬优秀传统文化，延续城市历史文脉，晋江市积极开展传承城市文脉，挖掘整理历史人文故事系列活动。该活动以挖掘整理重点以传统村落、古民居建筑群和名人故居为主，涵盖历史文化、革命文化、华侨文化、"海丝"文化等方面故事。一是发动晋江籍作家编撰《凝固乡愁——晋江十大传统村落和名人故居》、《晋江"海丝"故事》（暂名）等书稿。二是晋江市委宣传部、省报纸副刊工作委员会联合主办"海丝晋江"福建省报纸副刊征文大赛。征文大赛以全省 18 家报纸副刊为平台，在发动和鼓励全省广大读者创作"海丝晋江"题材文章，宣传展示晋江"海丝"文化，展示晋江在"21 世纪海上丝绸之路"建设中经济、城市、文化、民生等领域的新发展新成就。三是晋江市委宣传部、市文体新局举办"传承城市文脉"专题培训班，组织对各镇（街道）综合文化站专职人员、文物管理员和参与本次挖掘整理历史人文故事的乡土文化能人集中培训，在确保挖掘整理故事质量的同时，切实推动基层文物保护工作，保护好文化遗产。①

七 注重传统文化大众化，积极弘扬传统文化

泉州市把传统南音、南戏等纳入文艺精品公益性演出中；组织全市公共文化场所开展面向少儿、青少年等的非遗技艺免费培训活动。举办泉州市元宵灯会、中小学生南音比赛、"文化走基层，春联送厝边"活动、"威远楼之夏"戏剧会演、"文化遗产日"系列活动、温陵诗坛等常态性群众文化品牌活动。

各县（市、区）在开展群众文化活动中，根据当地的实际，形成了各具特色的群众文化活动品牌。市、县两级组织"欢乐泉州·百场文化活动下基层"等三下乡活动近千场，把专项文艺晚会、电影、戏曲、新书、图片展览等送到乡村、街道、工厂、军营，活跃了群众文化生活。

举办"传承薪火、筑梦海丝"百姓大舞台活动。2016 年 5 月开始，

---

① 晋江市文化广电新闻出版局：《晋江市围绕传承城市文脉"四个联动"挖掘整理历史人文故事》，2017 年 1 月。

积极组织市梨园、高甲、木偶、南音、歌舞剧团和艺校以及民间文艺演出团体在府文庙举办"传承薪火、筑梦海丝"百姓大舞台活动,每天开展公益性演出,让广大市民和游客在家门口感受到文化艺术盛宴。全年演出123场,近4万观众观看演出。

鼓励和支持专业艺术创作和群众文艺创作。设立每年500万元的戏曲扶持专项资金,出台激励办法。全市新创排梨园戏《李师师》等5部作品,复排抢救高四甲《大河谣》等近10台优秀剧目。精心打磨精品剧目角逐全国大赛奖项,梨园戏《御碑亭》、提线木偶戏《卢俊义》被省里推荐参加第十一届中国艺术节。2个视听节目获国家级奖项,新推荐8个视听节目作品冲刺全国奖项。

八　打造泉州城市精神,凝聚发展精神动力

开放包容的中国传统文化和泉州独特的历史地理环境孕育了具有中华气派和闽南特色的闽南文化。泉州是闽南文化的起源地、核心区和富集区。泉州传承的中华传统文化、对外交往形成开放的海洋文化、多元的宗教文化等历史和传统文化与现代文化融合,形成了包含海洋文化、宗教文化、戏曲文化、建筑文化、武术文化、泉商文化、语言文化、人文文化、特色工艺等诸多元素的泉州文化,为泉州经济社会发展提供了强大的精神动力。泉州人自古以来形成的商品意识、竞争意识和开放意识等深厚的历史文化积淀,凝练升华为具有鲜明时代特征和地域文化特质的泉州精神。

闽南文化具有重乡崇祖的哲学观、爱拼敢赢的气质观、重义求利的价值观、山海交融的行为观等特质,[①] 具有多元性、开拓性、务实性、包容性、海洋性等特点,由此,形成了泉州独特的人文特质,包括开放包容、互利共赢的发展理念,敢为人先、爱拼敢赢的拼搏精神,重义求利、急公好义的人文情怀,[②] 为泉州经济社会发展提供了强大的精神动力。

---

① 林华东:《闽南文化:闽南族群的精神家园》,厦门大学出版社2013年版,第67页。
② 晋江市政府曾明确提出晋江精神是诚信、谦恭、团结、拼搏,实际上也包含在这三个方面之中。

1. 开放包容、互利共赢的发展理念

泉州地处东南沿海，泉州的先民们便有航海和捕鱼的传统。早在南朝时期闽南就与海外了有经济联系，东起新罗，中经南沙群岛，西至阿拉伯地区，都与闽南建立了初步的贸易关系。宋元以来，泉州港口城市的作用日益突出。随着南宋时期国家政治经济中心的南移和传统陆上"丝绸之路"的衰落以及海上贸易的迅速发展，泉州港迅速发展成为宋元时期与埃及亚力山大港齐名的东方第一大港，成为闻名中外的"海上丝绸之路"的起点城市。明代中期以来，闽南还形成了强大的海商集团，长期控制着东方海上贸易的主动权。

明清时期，因沿海港口的持续繁荣，吸引了众多的阿拉伯人、波斯人、欧洲人。他们在泉州等地定居不返，将本国的民俗、风情、信仰融合在当地居民中，日久天长，海外文化便与当地文化交融在一起，促进了伊斯兰教、基督教等宗教文化的传播。[①] 同时，与世界各国商人如阿拉伯商人、威尼斯商人和东南亚商人经常性的贸易活动和交往中，在同侨居国人民和海外移民及其后裔和睦相处的共同生产生活中，相互了解、学习、交流、互助、合作，促进了泉州多元宗教和多元文化的和谐共生、交流交融和多元一体文化格局的形成，形成了泉州开放包容、兼收并蓄、互利共赢的文化特质和发展理念。"世界宗教博物馆"、"东亚文化之都"、"世界多元文化展示中心"等美誉正是泉州多元一体文化特征的真实写照。

改革开放初期，泉州抢抓机遇，发挥泉籍侨胞众多的人文优势，利用侨资侨力，兴办"三来一补"和"三资"企业，发展外向型经济走在全国的前列。晋江市立足侨乡"闲房、闲资、闲散劳动力"多的特点，联户集资兴办乡镇企业；发挥侨乡优势，引进利用外资，发展三资企业；构建市场基础，加速经济发展，逐步走出"以市场经济为主、外向型经济为主、股份合作制为主，多种经济成分共同发展"的经济发展道路，被称为经济发展的"晋江模式"。进入新世纪，泉州市更是坚持"海、陆、空"三线并进，已成为全省口岸开放数量最多、口岸运量增长较快、口岸基础设施较为完善的地区之一。对外贸易和经济发展保持

---

① 司马慧：《闽南文化的特色及其地缘背景分析》，《福建地理》2002 年第 4 期。

持续快速增长。2014 年，泉州市对外贸易总额首次突破 300 亿美元大关达到 308.6 亿美元，其中出口 181.8 亿美元，比增 10.4%，连续 19 年保持正增长。正是开放包容、互利共赢的发展理念，促进了"晋江模式"在晋江的形成，在泉州的发展。

2. 敢为人先、爱拼敢赢的拼搏精神

泉州人民在历史上就敢拼、爱拼、善拼，敢为天下先。闽南地区自古是北方汉人移民入住之地，移民具备较强的为生存而拼搏意识。福建地处东南沿海，耕地少山地多，俗称"八山一水一分田"，土地资源的贫乏促使闽南人充分利用其面海的自然优势，甘冒风涛之险向海洋发展。自唐朝以来，闽南人的拼搏精神已开始形成。泉州以其优良的港湾成为世界性的港口，虽然当时政府对沿海居民出海贸易有诸多限制和压迫，但仍然阻挡不了闽南人追求财富的决心。"泉人贾海外者，海道回远，窃还家者半，岁抵罪者众。"在明清时期，这种冒险进取精神得到进一步的发扬。明代万历《泉州府志》云："濒海之民，多以鱼盐为业，而射赢牟息，转贡四方，罟师估人高帆健舻疾榜击沐，出没于雾涛风浪中，习而安之，不惧也。"①

在改革开放的大潮中，晋江的广大干部群众和企业家们，一直是在市场竞争最为激烈、附加值又很小的传统产业领域中摸爬滚打、逆势而上，在逆境中求生存、求发展。晋江人民正是凭着这种"爱拼才会赢"的顽强拼搏精神，硬是把纺织服装、陶瓷建材、制鞋、食品等传统产业发展成为晋江的支柱产业，集"中国鞋都"、"全国食品工业强市"、全国陶瓷建材和玩具生产基地等称号于一身，并有多种产品的市场占有率居全国第一。②

3. 重义求利、急公好义的人文情怀

闽南人有着极强的创业能力和经商天赋，亦商亦儒成风。朱熹曾称泉州"满街都是圣人"。闽南俗谚表述的"卖三占钱土豆也要做头家"的理念已经深入闽南人的脑中，即是泉州人"要么做领头羊，要么做乞

---

① 陈支平：《福建省六大民系》，福建人民出版社 1998 年版。

② 习近平：《研究借鉴晋江经验加快构建三条战略通道——关于晋江经济持续快速发展的调查与思考》，《福建日报》2002 年 10 月 4 日。

丐"的创业逐利精神的写照。在 2009 年福布斯公布的世界华人富豪中，资产 20 亿美元以上者，闽南籍华人约占 60%。闽南人崇尚优秀的传统价值取向，既务实求利，又真诚回馈社会。从信仰上，闽南人推崇关羽之义，称之为帝爷公。在现实中，闽南人急公好义。有数不清的海内外经商者积极回报乡里，助学兴教、筑路修桥，投资经济建设、改变家乡面貌。毛泽东誉之为"华侨旗帜、民族光辉"的杰出侨领陈嘉庚倾囊兴学，其精神影响着当今几代人。①

在改革发展新时期，泉州形成的诚信文化、品牌文化、乡愁文化、慈善文化，进一步弘扬彰显了泉州人重义求利的人文情怀。晋江市十分注重诚信建设，早在 1989 年，晋江首次概括凝练出"诚信、谦恭、团结、拼搏"的"晋江精神"，把"诚信"摆在首位，积极开展打造诚信政府、建设诚信企业、培育诚信市民、营造诚信社会的"诚信晋江"建设。② 从品牌文化来看，泉州从开设家庭作坊、简单模仿外版、外贸代工、创建自主品牌乃至上市，展现了泉州以诚信和实力塑造品牌的光辉历程。晋江于 1998 年提出"品牌立市"；到 2002 年，又进一步提出打造"品牌之都"的战略构想，制定了规划文件，并出台相关政策措施，引导和鼓励企业创名牌。"坐拥"近 7 万枚商标的晋江，品牌发展兼具速度与质量。截至目前，晋江先后荣获世界夹克之都、国家体育产业基地、中国鞋都、中国纺织产业基地、中国食品工业强市、中国拉链之都、中国伞都等称号。目前，晋江市拥有注册商标 68609 件，包括马德里国际商标 310 件、中国驰名商标 42 件。商标品牌总数居全国县（市、区）前列。③

在改革开放大潮中成长起来的新一代企业家，秉承重义求利的情怀，在推进泉州经济发展的同时，积极为泉州社会事业发展贡献力量，促进了泉州慈善事业的发展和慈善文化的繁荣。晋江市慈善总会自 2002 年 12 月 18 日成立以来，在政府引导、企业参与、社会各界支持

---

① 林华东：《闽南文化：单击族群的精神家园》，厦门大学出版社 2013 年版，第 71 页。

② 王鸿彬等：《"诚信"号角领跑"晋江精神"》，晋江市政府网站 2014 年 11 月 7 日，网址：http：//www.jinjiang.gov.cn/zt/ztl/show.aspx? pid = 564847&ctlgid = 557445&Id = 72815。

③ 施珊妹等：《讲好"品牌之都"故事再创晋江品牌奇迹》，晋江新闻网 2017 年 5 月 4 日，网址：http：//www.mnw.cn/jinjiang/news/1694633.html。

下,至 2017 年 2 月 28 日募集善款 27.4 亿多元。2003 年 12 月慈善总会
向全体理事会成员发出移风易俗,婚丧喜庆简办节约,礼金捐献给慈善
总会作为善款的倡议,至今已收到积极响应者捐献的礼金 12.62 亿元。
晋江市慈善总会现已累计投入 13.7 亿元开展"解困、助学、助行、助
听、复明、慈善安居、荧屏文化、扶助被征地低保人员养老保险、扶助
低保人员参与新型农村合作医疗工程、关爱母亲工程"等慈善活动和慈
善公益项目建设。

第三节 泉州文化发展的经验与启示

十九大报告指出,"文化是一个国家、一个民族的灵魂。"对于一
座城市来说,文化是城市的血脉和灵魂,是城市发展的精神动力,也是
衡量社会文明程度和人民生活质量的重要标志。泉州坚持继承和创新相
统一,以体制机制建设为抓手,以弘扬传承优秀传统文化为根基,以人
民需求为导向,以市场为依托,发展繁荣现代文化、公共文化和文化
产业。

一 坚持以体制机制建设为抓手,集聚文化建设主体活力

泉州在发展现代文化产业和事业的过程中,以体制机制建设为抓
手,充分发挥政府、市场和社会在文化建设中的多元主体作用,充分
发挥文化产业和事业发展中政府引导、市场和社会主导作用,形成了
文化建设政府、市场和社会分工科学、协作有力、互动良性的工作格
局,完善了文化产业和事业发展的软环境。泉州先后成立市、县
(区)文化改革发展工作领导小组,建立健工作机制;建立适合文化
产业发展的宏观管理体制,初步形成了公共文化实施主体的多元化格
局;坚持市场和人民需求与政府引导相结合,注重发挥规划和政策的
引领作用,出台促进文化产业和文化消费的相关政策文件,明确文化
产业发展定位,优化文化产业空间布局,完善城乡公共文化服务网络,
推动社会力量参与公共文化服务,促进了文化产业和事业持续快速健
康发展。

二　坚持以弘扬传承优秀传统文化为根基，发展繁荣现代文化

2015 年召开的中央城市工作会议提出要保护弘扬中华优秀传统文化，延续城市历史文脉，保护好前人留下的文化遗产。要结合自己的历史传承、区域文化、时代要求，打造自己的城市精神。泉州文化融中原文化、古越文化、海洋文化为一体。泉州历史文化资源丰富，是闽南文化的富集区和主要发祥地。泉州在发展现代文化的过程中，高度重视传统文化的保护传承、开发利用、创新发展。泉州着力推进摩尼教遗址草庵、南宋时期著名航标姑嫂塔等海丝史迹的保护和修缮，注重推进泉州古城、晋江古村落等传统建筑群的保护开发，挖掘整理历史人文故事，推进实施闽南文化生态保护区，推动南音、南戏、南建筑、南拳、南派工艺等文化遗产保护，把传统文化融入群众性文化活动之中，在保护传统文化的同时，传承并弘扬了传统文化，形成了开放包容的发展理念、爱拼敢赢的拼搏精神、重义求利的人文情怀，打造出符合时代要求的城市精神，为泉州经济社会发展提供着不竭的精神动力。泉州被评为"全国文化模范城市"，也是国家文化部确立的"闽南文化生态保护实验区"。

三　坚持以人民需求为导向，发展繁荣公共文化

社会主义文化本质上是人民大众的文化，是人民群众共建共享的文化。泉州在发展公共文化服务体系的过程中，以满足人民群众基本文化需求为导向，把人民群众基本文化需求作为会主义文化建设的基本任务，把发展公益性文化事业、建立完善公共文化服务体系作为满足人民群众基本文化需求的重点，不断完善公共文化设施基础建设，推进城乡公共文化设施网络建设，推进"互联网＋公共文化服务"，构建公共文化数字服务体系，推动社会力量参与公共文化服务，开展文化志愿服务活动，积极开展文化惠民演出和群众性文化活动，为市民提供"五南"文化等传统文化、民俗文化、现代文化等文化服务，把发挥政府主导作用与民间文化社团主体作用相结合，坚持政府主导，以公共财政为支撑，以公益性文化单位为骨干，面向基层，拓展公共文化服务平台，逐步构建起较完善的公共文化服务体系，丰富了群众文化生活，满足了群

众文化需求，促进了泉州公共文化的发展和繁荣。

四 坚持以市场为依托，发展繁荣文化产业

文化产业是市场经济条件下繁荣发展社会主义文化的重要载体，是满足人民群众多样化、多层次、多方面精神文化需求的重要途径，也是推动经济结构调整、转变经济发展方式的重要着力点。泉州市在发展旅游产业的过程中，积极促进"旅游＋文化"，把地域文化保护与旅游开发相结合，注重融合地方特色文化，在全市构建多层次、多主题的文化旅游产品体系。泉州在发展文化产业的过程中，坚持以市场为依托，发展民间特色工艺等文化产业。坚持继承和创新相统一，在发展传统民间工艺产业的同时，注重推进现代文化产业的发展，形成了惠安石雕、安溪木雕、德化藤铁和台商区陶瓷等行业的工艺美术产业集群，泉州中心市区广告、文化创意、动漫、文化旅游等文化服务业产业集群，晋江、石狮和南安鞋纺、服饰、水暖等为主的工业设计和印刷产业集群，促进民间工艺等文化产业的发展繁荣。

第四节 对泉州文化发展的几点建议

一 以推动文化经济发展为目标，促进文化经济深度融合

现代经济发展的一个重大趋势是经济与文化一体化发展。"文化经济"就是文化和经济紧密结合，互相渗透，形成以经济为依托的新文化形态，或以文化为内涵的新经济形态。越是发达国家，以文化和创意为核心的文化产业的产值在国民生产总值中所占的比重就越大，并日益成为其支柱产业。例如，日本的娱乐业经营收入已超过汽车工业的产值，美国的文化产业产值约占 GDP 的五分之一，其音像制品出口超过航天工业等。泉州要积极学习发达国家文化产业发展的经验，积极推进基于社会大系统的文化体制改革，在更大范围内失去文化资源的整合，制定出台加快文化改革、促进整合发展的基本战略，推动文化与第三、二、一产业的深度融合，培育战略性的新兴文化产业和有国际竞争力的文化企业集团。

二 以均等化为目标，完善基本公共文化服务体系

党的十八大提出到 2020 年基本建成公共文化服务体系的战略目标，党的十八届三中全会明确将"构建现代公共文化服务体系"作为全面深化改革的重要任务之一。公共文化服务体系是培育和弘扬社会主义核心价值观的重要载体，是民生幸福的重要保障。泉州作为经济发达的东部沿海地区，要贯彻落实中央关于公共文化服务体系建设的有关精神和要求，进一步加大财政投入力度，统筹城乡和区域文化均等化发展，加快形成覆盖城乡、便捷高效、保基本、促公平的现代公共文化服务体系；要进一步提升公共文化服务质量和水平，深入实施"万千百十"文化惠民工程，抓好少儿图书馆、城市街区 24 小时自助图书馆等项目，推进基层文化设施达标提升；要推进"互联网＋公共文化"建设，提高公共文化数字化水平；要建立群众评价和反馈机制，推动文化惠民项目与群众需求有效对接，不断提升公共文化服务的标准化、均等化和实用性、便利性。

三 以打造泉州精神为抓手，激发泉州发展的精神动力

城市精神是城市生存与发展的灵魂支柱和精神动力。2015 年召开的中央城市工作会议提出要结合自己的历史传承、区域文化、时代要求，打造自己的城市精神，对外树立形象，对内凝聚人心。打造泉州精神，要坚持既传承又扬弃的原则，吸收借鉴中华传统文化和海外文化中的优秀成果和积极因素，摒弃传统文化中的糟粕部分和消极因素；要积极培育和践行社会主义核心价值观，传承泉州人善拼会赢、敢为人先的人文品质，营造海纳百川、有容乃大的人文环境，提升城市发展的凝聚力和创造力。

第八章　坚持生态立市,恪守绿色发展

　　建设生态文明是关系人民福祉、关乎民族未来的大计,是实现中华民族伟大复兴的中国梦的重要内容。习近平总书记指出:"我们既要绿水青山,也要金山银山。宁要绿水青山,不要金山银山,而且绿水青山就是金山银山。"党的十八大以来,党中央、国务院把生态文明建设和生态环境保护摆在更加重要的战略位置。2015年9月,中共中央、国务院印发了《生态文明体制改革总体方案》,阐明了我国生态文明体制改革的指导思想、理念、原则、目标、实施保障等重要内容,提出要加快建立系统完整的生态文明制度体系,为我国生态文明领域改革作了顶层设计。2016年,国务院印发《"十三五"生态环境保护规划》(以下简称规划)明确提出,到2020年,生态环境质量总体改善,确定了打好大气、水、土壤污染防治三大战役等7项主要任务。党的十九大报告强调,"建设生态文明是中华民族永续发展的千年大计。要像对待生命一样对待生态环境。""必须坚持节约优先、保护优先、自然恢复为主的方针,形成节约资源和保护环境的空间格局、产业结构、生产方式、生活方式,还自然以宁静、和谐、美丽。"泉州市将生态文明建设纳入"五城同创"战略体系,认真贯彻落实《中共中央国务院关于加快推进生态文明建设的意见》的文件精神,立足"深入实施生态省战略,加快生态文明先行示范区建设"目标导向,在推进生态文明建设工作中都取得了明显成效。晋江大力推进生态建设,持续开展植树造林、清水净海、环卫保洁、治污减排"四大行动",生态环境持续改善,为"晋江经验"增添生态新经验。

第一节　泉州生态环境保护工作取得的成绩

　　泉州市委市政府 2003 年就提出"生态立市""环保立市"的发展理念。先后出台了《泉州市人民政府关于落实科学发展观加强环境保护的实施意见》《中共泉州市委泉州市人民政府关于进一步加强生态文明建设意见的实施方案》《泉州市贯彻落实〈国家生态文明试验区（福建）实施方案〉的意见》以及泉州市"1＋6"生态文明体制改革方案等 30 份政策文件，全力抓好生态环境保护与建设，深入推进产业结构转型升级、"江河湖海"整治、环境违法违规行为查处、环境保护基础设施建设、环境风险防范、全民环境保护意识培育等重点工作，生态环境质量持续向好，多项考核指标保持优良。

　　2015 年，泉州市环境保护工作坚持以十八大精神、习近平总书记关于生态文明建设的一系列新思想、新论断、新要求为指导，坚持监管与服务并重，认真推进和落实各项工作，取得了良好的成效。"十二五"以来，泉州市生态市建设工作一直走在全省前列，成为省内第二个通过国家生态市验收的设区市。本市级和 10 个县（市、区）先后通过国家生态市、县、区验收，并获得命名。多项环保专项工作保持全省第一，比如市长环保目标责任书考核全省"四连冠"、总量减排考核全省"两连冠"、流域整治考核全省"五连冠"、环境监察工作考核全省"三连冠"。全市生态环境质量优良并持续向好，市区空气质量优良率98.9%，各县（市、区）空气质量继续保持优良水平。晋江水系、洛阳江水系及 13 个县级及以上集中式饮用水水源地水质达标率均为100%。泉州市区内河水质功能区达标率100%。山美水库、惠女水库水体均呈中营养状态。近岸海域功能区水质达标率84.6%。城市功能区、区域及道路交通声环境质量总体保持较好水平，较好地实现了环保与发展的相辅相成和相互促进。泉州市生态环境质量状况以及变化趋势总结如下：

　　2011 年以来，泉州市各级政府推行实施了蓝天工程、集中供热、清洁能源替代、机动车尾气整治等一系列空气治理项目，取得了良好的效果，空气质量常年稳定保持优良并持续向好，成功地实现了十九大报告中提出的"坚持全民共治、源头防治，持续实施大气污染防治行动，打赢蓝天保卫战"的目标（图 8 - 1）。降水的 PH 值是反映空气中二氧化硫（SO_2）含量和氮氧化物浓度的重要指标，2011 年以来，泉州市降水 PH 值呈持续上升趋势，并在 2015、年超过了 5.6 的临界点。可见 2011 年以来，泉州市空气中二氧化硫（SO_2）含量和氮氧化物浓度持续减少。2011 年至 2015 年，泉州市市区空气质量优良率一直维持在 95.3%—100% 之间，在 2012 年泉州市空气质量优良率达到了峰值，空气质量优良率为 99.5%，在 2014 年全市空气质量虽略有下降，但全年空气质量优良率也在 95% 以上，全年空气环境优良天数为 348 天，2015 年泉州市空气质量优良率回升到 98.9%，全年市区空气质量较高，污染天数仅有 2 天。总体来看泉州市的空气质量一直处于较好的水平。

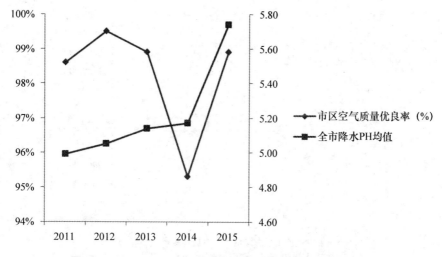

图 8 - 1　2011—2015 年泉州市主要空气环境指标变化趋势

习近平同志在十九大报告中强调，"要推进全面节约和循环利用，实施国家节水行动，降低能耗、物耗。加快水污染防治，实施流域环境和近岸海域综合治理。"2011 年以来，泉州市在控制污染物排放、节约保护水资源、加强水环境管理、保障水生态环境安全、加强近岸海域生态环境保护等方面推出具体举措，取得了显著效果（图 8 - 2）。集中式饮用水是指进入输水管网送到用户的和具有一定供水规模的饮用水水源。2011 年之后，泉州市实现了集中式饮用水水源地Ⅲ类水完全达标，达标率均为 100%，有效防止了各类污染源、风险源和海（咸）水入侵等对城市用水的危害。同时泉州市投入大量近海水域环境污染综合治理资金，建设了城市污水处理厂和垃圾无害化处理设施等项目，使得近岸海域功能区水质达标率常年处在较高的水平，2012 年以后达到并长期维持在 84.60%，较 2011 年的达标率提高了 5.8 个百分点。此外泉州市建成的各类城镇生活污水处理厂、小型污水处理站、人工湿地等设施已经开始发挥明显作用，2015 年泉州市直排入海的工业企业废水排放总量较 2014 年的最高排放量有显著下降，排放量减少了 2501.8 万吨。总体来看，泉州市近年来用水安全保障水平持续提升，污染严重水体大幅度减少，近岸海域环境质量稳中趋好。

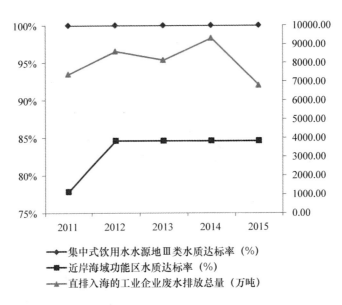

图 8 - 2　2011—2015 年泉州市主要水环境指标变化趋势

2011 年以来，泉州市创建了城市环境噪声达标区，并对交通、社会、工业和建筑施工噪声加强控制，市区昼间功能区声环境质量达标率常年维持在较高的水平。2011 年和 2013 年达到了 100%，2014 年和 2015 年有所下降，较 2013 年下降了 6.2 个百分点，全市城市（县城）

区域声环境质量总体较好；在固体废物处置方面，近年来泉州市大力发展资源回收再利用和区域循环经济，全市的工业固体废物综合利用率呈现稳步增长的趋势，在 2015 年达到了 97.99%，全市基本实现了工业固体废物的大规模循环利用。2011 年以后泉州市医疗废物实现了完全无害化处理，全市市区生活垃圾无害化率也常年维持在 100%，仅在 2015 年略有下降，较之前下降了 1.33 个百分点，但总体来看还是属于较高的水平。

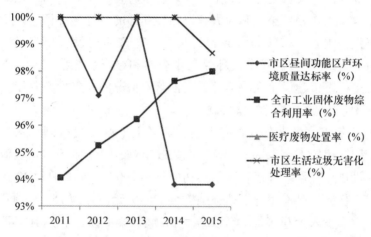

图 8 - 3　2011—2015 泉州市主要声环境指标与废物处置率变化趋势

第二节　泉州生态环境保护与治理的有效做法

一　坚持体制创新，有力支撑环境保护

1. 坚持党政同心同责抓环保

市委市政府坚持经济建设与生态建设两手抓，将落实环保工作作为转方式、调结构的重要推动力，作为促提升、求跨越的重要着力点；坚持把生态文明建设作为重大刚性责任，写入党代会报告和政府工作报告；不断完善并认真执行环保工作党政领导层层挂钩责任制、一岗双责制等刚性制度。

2. 建立"绿色导向"的干部政绩考核机制

将生态文明建设纳入各级政府政绩考核，出台了《泉州市开展领导干部自然资源资产离任审计试点工作实施方案》。西北部安溪、永春、德化 3 个县 2014 年起取消 GDP 考核，建立突出生态建设的个性化政策绩效考核体系，更好地发挥全市生态屏障作用，2015 年石狮市试点开展自然资源审计。

3. 探索形成全市"大督导"格局

习近平同志在十九大报告中强调，"要加强对生态文明建设的总体设计和组织领导，设立国有自然资源资产管理和自然生态监管机构。"泉州市成立以市委书记、人大主任、政协主席为总督导，市长为组长的生态市建设工作领导小组和人大政协领导挂帅的督导考评团，成立了以市委书记为组长、市长为常务副组长的生态文明建设领导小组，市人大、市政协每年组织 10 多次环保工作视察和检查。纪检、监察部门建立了推进生态市建设重大决策部署贯彻落实情况的监督检查制度。

4. 建立流域上下游补偿机制

2005 年起，泉州在全省率先实施流域上下游补偿机制，每年由晋江、洛阳江流域下游水资源受益地区财政出资，对上游地区水资源保护项目建设进行补偿。补偿资金从最初的每年 2000 万元增加到 2014 年来的每年 3 亿元。已经累计下达补助资金 117 亿元，补助 759 个项目，带动各级政府投入 150 多亿元，实施整治项目 1200 多个，达到了用有限的资金带动各级共同投入环保治理的目的。

5. 形成排污有偿使用和交易工作机制

完成排污权政府储备 COD 共 12243 吨、氨氮共 1159 吨、二氧化硫共 13000 吨、氨氮化物共 14818 吨，为建设项目总量指标提供了保障。2015 年 1 月，在全省率先成功举行排污权交易专场，至今泉州市共有 330 家建设单位通过市场完成了 792 笔排污权交易，顺利取得了项目所需总量指标，交易总额 11588 万元。

6. 推进企业环境污染责任保险试点工作

由泉州市环保局牵头成立试点工作领导小组，并联合市银监分局、保险行业协会制定下发试点工作实施意见、方案，明确"政府引导、政府支持、行业主导、市场运作"工作原则，并按照"突出重点、分布推进"的工作思路，探索"政府推进、市场运作"的环污险新模式。

7. 建立市场化的环保基础设施投资运营机制

在不断加大各级财政投入的基础上，制定优惠政策和扶持措施，鼓励社会资本参与生态环境保护与建设，初步建立起投资主体多元化、运营主体企业化、运营管理市场化运行格局。实现垃圾污水处理产业化的投资运营机制，建成城市、县城生活污水处理厂 37 座，处理能力112.5 万吨／日，处理率 91%；建成 366 座镇（村）小型污水处理站。安溪县在全省率先实行农村生活污水处理设施第三方运行维护。建成 5 座大型垃圾焚烧发电厂，3 座垃圾填埋场，131 座垃圾中转站，"村收集、镇中转、县处理"的垃圾收转处机制基本建立。

8. 建立网格化环保监管体系

泉州市共划分一级网格区域 1 个、二级网格区域 13 个，三级网格区域 165 个以及以村（社区）为主体划分 4 级网格区域 2971 个，配备三、四级网格环保监管人员 4741 人。此外，与综合部门对接，依托综治网络平台建立完善网格化环境监管信息化系统。鲤城区在四级网格的基础上，进一步划分五级网格，德化县将网格化环保监管与"河长制"流域治理有机结合起来，形成"五同三化"（同领导、同落实、同责任、同考核、同奖惩和全域化、信息化、常态化）模式。

9. 建立健全环保执法部门联动协调机制

设立由泉州市环保局牵头，公、检、法三部门参加的打击环境污染违法犯罪专项联席会议，建立"快取证、快移送、快审理、快判决"的工作机制，及时有效解决泉州市打击环境污染违法犯罪工作碰到的难题，严厉打击各种环境违法犯罪。制定出台《关于贯彻落实"两高"〈关于办理环境污染刑事案件适用法律若干问题的解释〉的意见》，要求各级环保部门对属于"两高"《司法解释》范畴的违法犯罪案件，依法向公安机关移送，不得"以罚代刑"，及时将案件上传市检察院"两法衔接"信息共享平台。同时，泉州市环境移动执法平台吸收了前期自由裁量权经验，做到了环境执法"阳光操作""明码标价"。通过环境移动执法平台，泉州市实现了环境现场执法无纸化办公，促使环境执法工作更加便捷、有据可查，避免了办案过程中的人情干扰，有利于社会监督。

二 坚持底线思维，科学引导国土空间优化开发

1. 深入实施生态功能区划战略

各县（市、区）均制定出台生态功能区划方案，划定各生态功能小区，明确各小区的生态功能主导功能、辅助功能以及各小区的生态保育和建设方向，进一步维护区域生态安全。

2. 严守产业发展的生态底线

从 2007 年起，在晋江、洛阳江流域严格实行"区划限批"和"两江"流域"四不批"政策，即建设项目环境影响评价不清楚的不批，环境容量不允许额不批，区域或者流域排污总量超标的不批，污染防治措施不可行的不批，不再审批新建使用含苯胶水制鞋和制革、造纸、电镀、漂染等重污染项目。

3. "多规合一"统筹城乡协调发展

在融合国民经济和社会发展规划、城乡总体规划、土地利用总体规划的基础上，划定建设用地边界、生态控制线、产业区块线，划分城乡建设用地、非城乡建设用地、有条件建设区、生态用地等用地大类，明确各类用地的管控边界，编制完成《泉州市"多规合一"规划》，形成了泉州市统一的空间规划"一张图"。

4. 划定生态保护红线

福建省生态保护红线采取自上而下的方式划定，根据省上的统一部署，泉州市积极配合开展生态保护红线划定工作，建立了泉州市生态保护红线工作联系会议制度。目前，省上正在对生态保护红线初步划定成果进行调整。

三 坚持环保倒逼，推动产业绿色转型

1. 加快推进节能环保产业转型升级

泉州市编制出台《泉州市节能环保转型升级路线图》《关于加快推进落实泉州市节能环保产业转型升级路线图的实施意见》等，加快协调和落实节能环保产业项目建设和招商引资等工作。

2. 强化重污染企业的集中治理和管控

从 20 世纪 90 年代起，就逐步将电镀、制革、造纸、化工、漂染等

重污染企业迁入园区集中治理，污染治理设施均由专业运营公司管理，全部安装在线监控设备并与省、市、县监控中心联网、同时。狠抓园区企业的整合重组，实施节能减排，提升规模效益和管理水平。

3. 狠抓工业企业清洁生产

十九大报告强调，"壮大节能环保产业、清洁生产产业、情节能源产业。"实施全方位清洁化改造，泉州市累计组织实施节能和循环经济改造重点项目 820 个，投入 136 亿元，实现节能 137 万吨标准煤。对267 家重点污染企业开展强制性清洁生产审核工作。石材行业基本实现零排放，漂染、造纸行业实施废水深度治理，建陶业完成 LNG 清洁能源替代，晋江上游电镀企业全部搬迁至南安水头华源电镀集控区，石狮沿海三个集控区实现热电联产。

4. 抓循环经济建设

泉州有 1 个国家级循环经济城市、建设 2 个国家级循环经济试点单位、2 个省级循环经济试点县、7 个省级循环经济试点园区和 50 家省级循环经济示范企业，循环经济"国字号"列福建省之最。

四　坚持真抓实干，全面改善环境质量

1. 切实加大环保投入

市、县两级财政预算内环保支出比例每年都在提升。"十二五"以来，泉州市已累计投入生态环境保护与建设资金 2174 亿元，其中环保基础设施建设投入 314 亿元。

2. 全面改善环境质量

晋江水系水质状况 2004 年至今保持"优"级别。2016 年，18 个国、省控断面水质各项指标均达到功能区水质标准，13 个县级以上集中式生活饮用水水源地 III 类水质达标率为 100%，近岸海域水质达标率为 80%；空气质量状况保持优良状态，市区空气质量优良率 98.3%，各县（市、区）空气质量优良率为 95.7%；城市功能区声环境质量总体较好。

3. 提升生态产品供给能力

2016 年，泉州市受保护地区占国土面积比例和森林覆盖率持续稳定在 28.3% 和 58.7%，全市 541 公里海岸线绿色屏障基本形成，建成

一批蓄水、引水、调水工程，实现以占福建省8%的水资源量，养育占福建省22%的人口，支撑占福建省近25%的经济总量。

第三节　泉州生态环境保护和治理的几个亮点

一　晋江市环境污染违法犯罪联席会议制度

十九大报告指出，"要提高污染排放标准，强化排污者责任，健全严惩重罚制度。"近年来，晋江积极探索打击环境污染犯罪的经验，以联席会议制度为载体，通过部门联动、完善办案标准，规范工作流程，高效打击环境污染违法犯罪，办理了全省第一起环境违法行为适用行政拘留的案件和第一起污染环境罪案件，全力保障"生态绿城"建设。2013年5月以来，共查办涉嫌环境污染犯罪和行政拘留案件207件（其中刑事案件99件，行政拘留案件108件），目前已办结170件，侦办案件数量和质量均居全省县级首位。2014年，福建省环保厅专门发文称晋江环保和公安部门"为我省打击环境污染犯罪执法工作提供了指导示范的'晋江经验'"，特向全省推广晋江打击环境污染犯罪工作经验。2016年，晋江被正式命名为"国家生态市"。2017年3月18日人民日报头版刊发《晋江之路——"晋江经验"15年发展传承综述》一文时，也具体记载了晋江"探索环保部门与公检法部门联席会机制"。

为及时有力打击环境违法犯罪，达到有效震慑的效果，2014年4月，在晋江市委市政府的牵头下，晋江市环保和公检法部门建立了打击环境污染违法犯罪联席会议制度，用于研究查办环境污染犯罪执法过程中的重大问题，提出相应对策、措施和建议；协调解决办案过程中各项疑难问题；通报工作信息，保持信息交流渠道通畅。晋江市环境污染违法犯罪联席会议制度具体内容如下：

1. 注重协同协作，强化部门配合

联席会议成员单位以联席会议制度为载体，不断完善行政执法与刑事司法的各项衔接机制，促进案件"快移、快侦、快破、快捕、快审、快判"。

一是案件共查。加强环保公安执法衔接配合，提高办案效率。环保部门发现明显涉嫌犯罪的案件，为避免证据灭失、现场被破坏、犯罪嫌疑人逃跑，及时商请公安部门提前介入，参与联合执法。在执法现场，环保部门负责调查涉案当事人违法排污行为，公安部门负责搜集涉案单位内的账本等物证，依法扣押涉案物品，对直接负责的主管人员和其他直接责任人员依法采取强制措施。

二是问题共商。联席会议成员单位在办案过程中遇到的问题则及时提交联席会议协商、研究，形成环保部门调查取证，公安部门快速侦破，检察院和法院适时介入的良好机制。比如，对环保、公安部门商请提前介入的疑难案件，检察院第一时间指派业务骨干指导调查取证，2014 年以来，已就取样点选择、水样鉴定意见以及共犯认定等问题提出书面调查建议 10 份，从源头上提高证据质量。

三是信息共享。建立"行政执法与刑事司法信息共享平台"，建立打击环境违法犯罪信息月通报制度，环保部门、公安机关、检察机关在移送案件、作出决定或收到案件判决书后 3 个工作日内将涉嫌犯罪案件的相关信息录入该平台，实现信息共享。

2. 突出从严从重，加大打击力度

一是经营线索。广辟案件线索，对群众举报、领导关注、相关部门移交的每条线索，公安部门均指定专人负责逐一核查。公安、环保等部门强化信息沟通，对日常管理和行政执法过程中掌握的各类环境污染线索进行资源共享，认真梳理研判，确定打击整治对象。

二是规范流程。相关职能部门根据环保工作要求，制定相关工作规范。比如，环保部门下发《关于环境污染刑事案件移送工作注意事项的通知》，对证据的合法性、客观性、关联性进行明确规定；公安部门出台《关于办理环境污染案件的若干规定》，指定派出所环保刑事案件分管领导、联络员，明确案件侦办、移交相关流程及要求。

三是严厉打击。对涉嫌环境污染的一般违法违规问题，由环保部门予以行政处罚；对涉嫌犯罪的案件，及时移送公安部门侦办。公安部门严格依据法律规定，对违反治安管理的人员，该拘留的拘留，决不以罚代拘、降格处理；对违反《刑法》的，坚决立案侦查，依法追究刑事责任。比如，2014 年 4 月，省公安厅对全省环境污染案进行督办，泉州市公安部门办理的省督案件占全省 41%、泉州 64%。

四是举报有奖。为发动广大市民参与环保举报严重污染环境的行为，晋江市人民政府 2014 年将有奖举报的金额大幅度提高，举报小制革、小电镀等涉及重金属的非法加工点奖金高达 10000 元。此外，安海、龙湖等镇也配套出台有奖举报措施，鼓励市民举报非法排污行为。

3. 健全体制机制，凝聚打击合力

一是领导机制。成立打击整治环境污染工作领导小组，强化对全市打击环境污染犯罪行为工作的统筹协调、检查督导。同时，设立环境刑事案件专家咨询委员会，由公检法、环保等部门骨干及高校专家组成，作为重大疑难案件的咨询、指导机构，为环保执法过程中遇到的法律适用问题提供专业意见。

二是工作机制。从相关职能部门抽调人员参与市生态环境保护工作领导小组办公室合署办公；公安局治安管理大队增设一个中队，专门负责环境污染案件侦办工作；检察院增设生态资源检察科，并指定专门办案小组，优先办理环境污染案件，对律师阅卷、案件讨论审批等开辟绿色通道；法院增设生态环境审判庭，优先审理环境污染案件；环保局设立打击环境污染犯罪专案组，提高办案质量。

三是宣教机制。"两高"司法解释出台以来，分批次组织执法、司法部门和各镇（街道）分管领导以及涉重企业负责人，参加环保部组织的专题培训；与本地媒体合作开设"环保专栏"，广泛报道涉嫌污染环境罪的典型案件，让犯罪嫌疑人现身说法；每年在典型案件发生地法庭举办污染环境罪案件现场庭审；在金井石圳中学及英林陈山村设立生态环境教育警示基地。

4. 妥善处置污染物，真正消除污染

每一家涉嫌环境污染犯罪的加工点车间内都含有重金属污染物的废液。为了不让这些废液被非法排放、倾倒或处置，环保部门在执法现场对当事人下达《责令改正违法行为决定书》，要求当事人联系有资质的环保公司依法处置废液，对于当事人拒不履行处置义务的或现场查不到当事人的，环保部门依据《中华人民共和国固体废物污染环境防治法》相关规定指定有资质的单位按照国家有关规定代为处置。

5. 开展环境损害评估，逐步推进环境修复

执法人员在查办案件现场查勘时，对于当事人因排放废水造成明显的土壤或水体污染的，只要符合环境损害评估条件的，均委托司法鉴定

机构或环境工程专家进行环境损害评估。目前,已对两起案件开展环境损害评估,1 起已由检察机关提起民事公益诉讼。此外,执法人员在办案时也注意督促污染环境的被告通过植树造林等异地修复的形式来体现认罪悔罪。

二 泉州市水资源综合管理改革

泉州市多年平均水资源总量为 96.787 亿立方米,人均 1191 立方米(按 2010 年底人口统计),大大低于全国和全省平均水平,属国际上通称的"水资源紧张区",而沿海的晋江、石狮、泉州市区、惠安等人口密集、经济相对发达的地区,人均水资源量仅有 122～481 立方米,已属"绝对贫水区",加上水资源时空分布不均、水工程对河川径流的调蓄能力偏低、部分河流污染严重等问题,水资源供需矛盾日益突出。

泉州市委、市政府高度重视水资源工作。从 2008 年 3 月起,在国家水利部水资源管理司的直接指导下,泉州市开展全国节水型社会建设、水资源红黄蓝分区管理和全国水资源综合管理试点等水资源综合改革的探索和实践,按照对水资源实行最严格管理制度和"三条红线"水资源管理办法的要求,改革了水资源管理体制,建立了水资源红黄蓝分区动态管理制度,水权交易平台和水资源保护补偿机制,探索出一套结合信息化、对水资源实行"四统一、两确保"的水务一体化管理模式,促进了水资源的可持续利用和经济社会又好又快发展。

1. 改革水资源管理体制,为实行最严格水资源管理制度提供体制保障

(1)成立市水资源管理委员会作为市政府的全市水资源管理议事协调机构

市水资源管理委员会主任由市长担任,常务副主任由分管水利的副市长担任,成员由市委宣传部、市水利局、发改委、科技局、经贸委、财政局、国资委、国土资源局、住建局、市政公用事业局、环保局等 23 个部门以及各县(市、区)政府分管水利工作的领导组成。主要职责为:负责全市水资源的宏观管理,统筹水资源管理中的重大问题,对全市水资源实行统一规划、统一管理、统一调配、统一监控,确保工农业生产和人民群众生活用水需要,确保当出现缺水和水污染等应急事件

能及时启动预案,得到快速高效的处置(简称"四统一、两确保")。当出现缺水或水质污染应急事件时,市水资源管理委员会改为应急处置指挥部,总指挥由水管委常务副主任担任,成员由水管委各成员单位担任。水管办改为应急办,下设现场处理、宣传报道、工程抢险、后勤保障、善后处理五个工作小组。

(2)成立泉州市水资源管理办公室,作为市政府工作部门(行政正处级),与市水利局合署办公

泉州市水资源管理办公室的主要职责为:负责承担和处理市水资源管理委员会日常工作和事务;具体负责统筹协调和监督检查有关部门依法实施水资源管理以及供水、排水、节水、污水处理及回用、水环境治理等水务一体化管理工作;负责会同有关部门开展水资源节约保护宣传教育活动;实施全市节水型社会建设工作。

泉州市成立市水资源管理委员会(简称水管委)下设水资源管理办公室(简称水管办)与水利局合署办公的改革模式(有如市综治办作为市综治委办事机构又与市政法委合署办公的成功体制模式可参照),与其他地区成立水务局的水务改革方案相比较,泉州市的改革方案具有三个特点:一是有利于水务统一管理,具有权威性。市水管委是市长当主任,分管副市长当常务副主任,下设的水管办是正处级政府行政工作部门,与水利局合署办公,可协调和监督市水管委23个成员单位、职能部门和13个县(市、区)实行水资源的水务一体化管理,比设立水务局(只是水利局与城建部门合并)不仅有利于实现水务一体化管理,还对水资源管理更具有权威性,更能发挥统一领导、统一管理和统筹协调监督作用,能全面有效解决水资源的水源、供水、排水、节水、排污和水污染治理等各个环节的水务一体化管理问题。二是有利于理顺部门关系,调动积极性。成立市水管委,下设置行政机构水管办与水利局合署办公,仍然归属水利口管理,便利与国家、省水利部门对口联系,与成立水务局(许多城市成立水务局,把水利局与城建部门的供水、污水处理等市政部门合并,归城建部门管理)相比较,成立水管办不仅更有利于实现水务一体化的统一管理,而且没有划转水利、城建、市政公用事业、农业、环保等其他涉水行政主管部门的职责和下属企事业单位,没有改变部门管理体制,各部门仍然是执法主体,避免造成新的矛盾;

更有利于理顺关系，调动涉水部门积极性，共同实现水务一体化管理的目标。三是有利于应急处置突发事件，体现及时性。市水管委下设行政机构的水管办，与成立水务局相比较，不仅承担对全市水资源"四统一、两确保"水务一体化管理的任务，同时还承担着全市水资源突发事件的应急处置指挥部和应急处置办公室的具体工作。即当泉州市水资源发生缺水及水污染等突发事件时，市水管委马上成立应急处置指挥部，下设五个工作小组，迅速启动应急预案，水管办变成应急办，协调各涉水部门和突发事件发生地政府组织力量，迅速解决缺水或水污染突发事件，确保全市工农业生产和人民群众用水的需要，确保当出现缺水和水污染等应急事件能及时得到处理。

2. 创新水资源红黄蓝动态分区管理模式，构建最严格的水资源管理制度体系框架

2008 年 3 月起，在国家水利部水资源管理司和福建省水利厅的直接指导下，泉州市从泉州实际出发，按照最严格水资源管理制度的要求，实施"三条红线"，以县级行政区为单元，以红线指标控制值为依据，对区域进行红黄蓝合理分区，不同分区采取不同的管理措施，实行不同的考核目标，并通过信息平台，对水资源水质水量实现实时预警。

（1）合理分区

泉州市在全面普查掌握全市和各县（区、市）水资源总量、人均水资源量、年降雨量；水资源开发利用状况；供用水现状和经济社会发展近、中、远期用水需求；各行业的用水效率；水库水质、江河流域水环境纳污现状的基础上，首先确定水资源开发利用控制、用水效率控制、水功能区限制纳污"三条红线"的控制指标和红线值。水资源开发利用控制指标设定为取用水总量和区域现状可供水量，对应的红线值分别设定为水量分配方案分配水量和五年规划所需水量；用水效率控制指标设定为万元 GDP 用水量、农田灌溉水利用系数和万元工业增加值用水量，对应的红线值分别设定为 76 立方米或年降低率 6%、0.50、82 立方米和年降低率 6%；水功能区限制纳污指标设定为城市集中式生活饮用水源水质达标率、水功能区达标率、县界断面水质，对应的红线值分别设定为 98%、90%、地表水Ⅲ类标准。泉州市 13 个县（区、市）现状划分为 5 个红区（丰泽、洛江、晋江、石狮、泉州开发区）、4 个黄

区（南安、惠安、泉港、台商投资区）、4 个蓝区（鲤城、安溪、永春、德化），三种水资源管理分区。红区是指水资源开发利用、用水效率、水功能区限制纳污考核指标有一个以上超过红线值；黄区是指考核指标有一个等于或接近红线值；蓝区是考核指标低于红线值。分区管理的目的在于根据"三条红线"分析查找各县（区、市）存在的水问题。

（2）分类管理

分类管理是对红、黄、蓝分区采用不同的管理措施，分别建立红黄蓝分区管理制度。每项制度包含有水资源开发利用、水功能区限制纳污、用水效率控制三个分项，每个分项包含非工程性措施、工程型措施、目标考核三方面内容。如红区采取最严厉水资源管理措施，非工程性措施包含：有效控制水资源的不合理开发和利用，积极开展水资源保护和节约工作，有效促进红区水资源问题的解决。按照上收水资源论证报告审批权限、限制高耗水、高污染企业、严厉节水措施等 18 项红区管理制度，促进红区向黄区转变。黄区采取较严厉的水资源管理措施，非工程性措施包含：加强对"取水、用水、排水"环节的监管，通过对取水许可、水功能区和节约用水管理等 14 项黄区管理制度，防止黄区水问题的恶化，力争黄区变为蓝区。蓝区属于水资源开发利用和保护正常区域，对于蓝区实施常规管理，确保各项水资源管理制度的有效落实，防止蓝区向黄区或红区转化。工程性措施为市、县两级水行政主管部门针对辖区水问题采取的具体工程建设或治理项目。目标考核是将建立水资源管理的责任与考核制度与其他三项制度结合起来，根据不同的水资源分区，建立分类考核目标，明确责任主体，实行年度考核制度。具体由泉州市水资源管理委员会组织对各县（市、区）水资源管理目标的落实情况进行年度考核，考核结果交由干部主管部门，作为地方政府相关领导干部综合考核评价的重要依据。对分区转化成效显著的单位和个人，由市政府予以表彰奖励，从水资源费和水资源保护上下游补偿费中给予优先支持。

分类管理的目的在于根据存在的水问题，对"取水、用水、排水"环节实施针对性的监管措施，制定并推动"配置、节约、保护"目标的落实和责任考核。全市根据水资源红黄蓝分区状况，组织编制和实施水资源开发利用保护规划、水资源近中远期供需规划；建设山美水库扩蓄、金鸡水闸重建、南北渠扩整治、湄南二期引水等水源工程、和跨县域、市域调水工程；强化取水许可、开展城乡节水型社会建设；落实市人大决议案，组织实施晋江、洛阳江"两江"水污染和近海污染治理工程；加强污染企业、入河排污口监督整治等措施，推动水资源合理开发、利用和保护，促使红区向黄区转变，黄区向蓝区转变，确保了泉州市经济社会持续发展的用水需要。例如：石狮市引进重点项目——鸿山热电厂，申请每天增加5.6万吨用水，因石狮市水量被列入红区，泉州市水利部门不再批准新增用水指标，而要求石狮市从《水量分配方案》中的指标进行内部调剂。这一倒逼节水机制，使石狮市采取调整优化产业结构，实行工业节水、中水回用、并关闭了80多家小印染企业，保证了鸿山热电厂的用水需要，有效提高了用水效率，又促进了产业结构得优化调整。该案例也引起社会的广泛关注，2010年6月4日，中央电视台《新闻联播》作了专题报道。

（3）实时预警

整合水利、防汛、市政公用、环保、水文、气象等各部门涉水信息资源，建立了水资源信息监控调度中心，对全市水资源的水量、水质进行实时监测，并探索和建立了水资源的实时水量、水质红、黄、蓝应急响应机制。通过对全市分布的水源点、取水点的水量、水质；水质监测站、入河排污口（污水处理厂、城镇排污口、工业污染源）的达标情况，进行实时在线监控预警，当水源点供水量不能满足供水区域需水量，取水点的实时水位低于保证水位，水质低于三类标准，排污口水质不达标时，发出红色警报，启动应急响应程序，确保全市工农业生产和人民群众生活用水需要；确保当出现缺水和水污染等应急事件能及时启动预案，得到快速高效处置。

实践证明，建立水资源红黄蓝实时预警机制，有利于及时处置缺水或水污染突发事件，促进经济社会又好又快发展。

例如2009年8月13日到10月26日，泉州连旱75天，达到特旱旱情，尤其是洛江、泉港、惠安片区用水极度紧缺，惠女、菱溪、泗洲三座水库的蓄水量只能保证该片区两个月的用水需求，向惠安和湄南供水公司供水的洛阳江水质氯离子高达1250 mg/L以上。惠女、菱溪、泗洲三座水库和洛江、泉港、惠安片区均出现水量和水质红色预警，该片区群众生活和泉港炼化一体化等重点工业企业生产用水和安全受到严重威胁。市水管委马上启动实时红黄蓝水量、水质应急响应机制，成立应急供水指挥部，启动应急预案，组织实施从晋江北渠跨流域调水的应急供水工程，经过市应急供水指挥部协调市水利局、防汛办、惠安县、洛江区、泉港区政府，组织应急抢险工程队伍，投资 2600 万元，突击 35 天，在洛阳江突击建设 260 米横向围堤和 1885.3 米引水渠道，将晋江水从北渠引至洛阳江上库区，通过湄南泵站、城南水厂等抽水至泉港、惠安片区，确保满足惠安县、泉港区城乡生产生活和福建炼油厂和炼化一体化等重点企业用水以及氯离子浓度低于 50mg/L 的要求。又如惠安县黄塘溪的水质超 Ⅲ 类水，发出红色预警，引起县委县政府的高度重视，该县投资 1.23 亿元，开展了黄塘溪小流域水环境整治。通过强化入河排污口管理、限制排污、水环境综合整治等措施，使得水质常年保持在 Ⅱ 类以上，达到蓝区分区标准，成为小流域水质整治，改善人居环境的典范。

3. 建立水权交易和水资源保护补偿机制，为实行最严格水资源管理制度提供经济手段

最严格水资源管理制度的实行，始终涉及公平与效率的问题。如何兼顾公平与效率，做到"定额内保公平、超定额讲效率"，泉州市通过推进水权制度建设和实行水资源保护补偿机制，有效解决了这一问题。

（1）建立水权交易平台

泉州市水权制度建设起步于 1996 年制订的《泉州市晋江下游水量分配方案》。方案对晋江流域金鸡闸以下的水资源量按县级行政区进行分配。流域重点水利工程建设项目按照水量分配方案将建设资金分摊到有关县（市、区），初步形成以水权管理为核心的水资源优化配置框架。为了进一步促进水权的流转，泉州市于 2008 年出台了《水资源调度配置管理规定》，明确流域上下游、各县（市、区）、各引水工程因超出或结余水量分配方案的分配定额，经水行政主管部门批准，可以进行跨流域、跨县（市、区）、跨工程水权转让，通过市水行政主管部门收取的水权补偿费，对相应的县（市、区）或水利工程管理单位进行补偿。在水权交易平台，可以进行市县之间、县与自来水厂和大工业用水企业之间、自来水企业与用水户之间的水权交易。如石狮市建设二期

引水工程从晋江流域引水，其配额已全部用完，超配额 2.54 立方米/秒水量通过购买水权获得。

（2）建立健全晋江、洛阳江流域生态补偿机制

泉州市委、市政府历来高度重视环境保护工作，并不断探索创新环境管理的新机制、新举措。晋江、洛阳江（以下简称"两江"）是泉州市两大重点流域，是全市 800 多万人口的主要水源地，以全省 8% 的水资源量支撑全省 24% 的经济总量。保护好两江流域水资源对泉州市社会经济持续健康发展有着十分重要的战略意义。

同时，两江上游地区也是泉州经济发展相对较慢的区域，保护上游水资源的重任，在一定程度上也限制上游地区的项目引进和经济发展。而且上游地区是泉州市的重要生态功能区，发挥着十分重要的生态屏障作用，但环保基础设施又比较薄弱，随着两江流域环境整治工作力度不断加大，整治层面和深度不断拓展，需要投入的资金也越来越多。2005 年，市政府在充分考虑各方面因素，并充分征询流域上下游县（市、区）政府的意见后，为实现水功能区控制目标，协调上下游关系，调动上游地区保护水资源的积极性，泉州市依据《泉州市晋江下游水量分配方案》，建立了晋江和洛阳江流域下游地区对上游水资源保护补偿机制。市政府出台了《晋江、洛阳江上游水资源保护补偿专项资金管理规定》，正式启动了泉州流域补偿机制。晋江、洛阳江流域生态补偿机制的主要做法如下：

不断加大补偿力度。依据水量分配比例，自 2005 年起，泉州市要求晋江、洛阳江下游缺水县按水量分配方案，补偿上游供水县，2005—2009 年补偿资金额度每年为 2000 万元，2010 年为 3000 万元，2011 年为 1 亿元。2012—2013 年为每年 2 亿元，2014 年起增加到每年 3 亿元。补偿资金地不断加大，充分体现了市委、市政府保护两江水资源的决心。

合理筹集资金。两江上游水资源保护补偿专项资金由下游受益地区依据《泉州市人民政府办公室关于调整泉州市晋江下游水量分配方案的通知》（泉政办〔2010〕153 号）中确定的水量比例来计算分摊，如晋江市在晋江下游水量分配的比例是 38.89%，那么晋江市在每年总量 3 亿元的流域补偿专项资金中应缴纳 11667 万元，充分体现了"谁受益谁

补偿，受益多补偿多"的原则。市政府还要求各地将本地区所承担的资金纳入本级财政的年度预算，每年上下半年分两期及时足额将所承担的资金汇入市财政局指定专户，并将资金缴纳情况，纳入县（市、区）党政领导环保目标责任书考核。

合理分配资金。分配形式有两种：一是资金的40%按流域面积、流域水质水量、年度主要污染物削减任务完成比例、用水总量控制、重点整治任务完成情况以及生态保护因子等因素切块分配给上游县（市、区）。对按因素切块分配的资金，市里不确定具体项目，由上游县（市、区）具体细化安排使用，给予县级政府充分的自主权限。二是资金的60%以项目补助形式安排，体现"集中财力办大事"的精神，主要用于纳入市级年度重点流域水环境综合整治工作计划的两江上游地区有关县（市、区）政府组织实施的水资源保护建设项目，主要包括：环保基础设施建设、饮用水水源保护规划及整治、生态环境保护、面源污染治理、生态文明示范区创建、多元化生态补偿项目、上级人民政府（部门）下达的水环境整治任务、各级环保督察查出需整改的水环境整治项目以及跨区域的水环境整治项目。

有效监管资金。一是成立以分管副市长为组长的泉州市重点流域水环境综合整治工作领导小组，全面领导协调重点流域综合整治工作和上游水资源保护补偿；领导小组下设办公室，挂靠市环保局。二是建立两江流域上游地区县域、区域之间水环境质量的监测和考核工作机制。对交界断面水质达不到水环境质量要求的或未按期完成年度整治目标任务的项目，将暂缓或不安排所在县（市、区）补偿专项资金。三是财政、审计、监察和其他相关部门加强对补偿专项资金使用情况的监督检查，确保补偿专项资金运行安全，发挥最大效益。四是主动公开资金安排情况，接受公众监督。

及时修订完善规定。针对流域补偿资金筹集额度变化，及不同时期环保工作的重点，泉州市先后于2010年、2011年、2013年、2014年、2017年修订流域补偿资金管理规定，调整流域补偿资金的投向，完善相应补助标准。如：2010年起，流域补偿资金重点支持乡镇建设污水处理设施及其配套管网建设；2013年起，将全市范围生态创建工作纳入流域补偿资金补助范围。2014年起，将委托第三方统一管理运维的乡镇（农村）小型生活污水处理设施日常运维费用纳入流域补偿资金补助范围。2017 年 1 月 10 日印发的《晋江洛阳江上游水资源保护补偿专项资金管理规定》（泉政文〔2017〕8 号）为现行实施的管理规定，进一步扩大资金补助范围，并优化完善资金分配办法。

严格环保审批。2006 年，市政府出台了《关于落实科学发展观加强环境保护的实施意见》，明确提出两江上游不再审批化工、电镀、制革、染料、农药、印染、酿造、蓄电池、造纸等项目；2007 年，市委、市政府出台了《关于进一步加强环境保护工作的决定》，将两江流域水污染防治工作作为核心内容提出总体目标和深化措施，着力破解了泉州市晋江流域水污染防治工作中的体制、机制、能力、责任等方面存在的突出问题，为保护两江流域提供了坚强组织保障。同时明确规定全市不再审批新建使用含苯胶水制鞋和制革、造纸、电镀、漂染等重污染项目，两江流域严格实行"四不批"政策，即建设项目环境影响评价不清楚的不批、环境容量不允许的不批、区域或流域污染物总量超标的不批、污染防治措施不可行的不批。2016 年，市委市政府又出台了《关于进一步加强生态环境保护工作的意见》，再次明确"晋江、洛阳江上游不再审批化工（单纯混合或分装除外）、电镀、制革、染料、农药、印染、铅蓄电池、造纸等可能影响晋江、洛阳江饮用水源水质安全的建设项目"。

4. 建设水资源动态管理系统，为实行最严格水资源管理制度提供信息支撑

现代化的水资源信息平台是实行最严格水资源管理制度和"三条红线"管理的技术手段和支撑工具，也是通过水资源信息化实现水利现代化的必由之路。泉州市经过持续不断的努力，建成了拥有自主知识产权，国内领先的水资源动态管理系统和数字流域平台，实现了对水资源进行实时监测、实时评价、实时预警、实时调度和实时管理。

（1）完善水资源实时监控系统，建立数据信息采集与交换机制

依据国家标准与规范要求，对包括水量、水质与生态指示性指标进行定点定时（自动化）监测。在泉州市现有水资源实时监控系统的基础上，接入防汛、环保、水文、气象等各部门涉水相关信息源，建设完善行政区域交界断面水量水质监测系统和晋江流域水质水量自动监测站，及各县（市、区）主要取水、排水口实时监测系统，实现区域取

水、用水与排水的全过程信息化管理，并和环保、水文、公用事业等部门建立数据信息采集与交换和涉水信息的互联互通机制。

（2）建设水资源动态管理系统，为实行最严格水资源管理制度提供信息支撑

在建设水资源实时监控系统，建立水资源数据信息来源基础上，对数据进行挖掘分析，开发建设水资源动态管理系统。系统主要功能：一是实现水资源供水、取水、用水、排水整个水循环过程的实时监控，及时发现存在问题；二是实现水资源红黄蓝动态管理，以水资源管理"三条红线"为准绳形成标准体系，对各县（市、区）水资源和水环境状况进行评价，划分红黄蓝分区，实现全市水资源的统一管理；三是实现水资源实时调度、优化配置。通过全市供水系统的水质水量监测数据，实现水资源的统一调度。如对晋江西溪和山美水库进行自动耦合调度，增加晋江水资源有效利用量可达1亿方以上，相当于在晋江流域新增了一座大型水库。四是实现水资源实时预警与应急响应，当出现缺水或水污染事件时，系统可自动应急响应，可迅速查明原因，启动应急响应预案。五是建立水资源统一规划平台。收集整理全市水利工程、水文测站、污染源、自来水厂等基础信息，建立全市水资源资料数据库，以及所有涉水部门发展规划内容。六是建立水权交易平台。汇总全市水权交易信息提供给各个供水单位和用水单位（户），实现市县间水权交易、县与自来水厂和大工业用水企业水权交易、自来水企业和用水户的水权交易功能。

水资源动态管理系统通过运用各种高新科技手段，对水资源、水利工程以及其他相关的大量信息进行实时采集、传输及管理；以现代水资源管理理论为基础，以计算机、通信网络和遥感技术等为依据，对水资源进行实时监测、实时评价、实时预报、实时管理和实时调度；以远程自动监视和控制技术为依据，对流域内重要水利工程设施进行实时监视和控制操作。为实行最严格水资源管理制度提供有力的决策支持，增强决策的科学性和预见性，实现水事活动描述的全息化、过程的可视化和决策的科学化。

5. 泉州市水资源综合管理改革的成效与启示

泉州市通过改革水资源管理体制，推行水资源红黄蓝分区动态管理

制度,建立应急响应、水权交易、水资源保护补偿机制,实现了"四统一、两确保"的水务一体化管理目标,初步构建了最严格水资源管理制度体系框架,水资源供需矛盾得到有效缓解,实现了以占全省8%的水资源量,养育了占全省20%的人口,支撑了占全省27%的地区生产总值,促进了水资源的可持续利用和经济社会的又好又快发展。2010年6月4日,中央电视台新闻联播"加快经济发展方式转变调研行——资源篇"以"下狠招管住水龙头"为题全面报道了泉州市水资源管理工作经验。2010年7月8日,全国政协副主席阿不来提·阿不都热西提率全国政协视察团在实地视察泉州市水资源管理工作后,充分肯定了泉州市在水资源总量控制、分区管理、监测计量和生态补偿方面进行的实践探索。在2011年中央一号文件出台后,水利部水资源司原司长孙雪涛致信给泉州市主要领导,信中提到:在中央一号文件形成过程中,泉州水资源红黄蓝动态分区管理试点探索的区域限批、因地制宜、分类指导等经验在"三条红线"中得到了充分的体现,为1号文件提供了重要的理论创新和实践经验。深入总结泉州市水资源管理改革的成效,主要有三点启示:

（1）泉州市的水资源管理探索实现了在全国率先实行最严格水资源管理制度,有效解决了水问题

泉州市通过实行最严格的水资源管理制度等水资源管理改革措施,取得了明显的成效。有效解决了"水量、水质、用水效率"问题,保障工农业生产和人民群众生活用水需要,实现了水资源的可持续利用。首先,有效提高了水资源开发利用效率,从2006年到2010年间,全市GDP从1900.76亿元增长到3564.77亿元,增长率达87.54%;财政总收入从183.22亿元增长到400.28亿元,增长了118.47%;常住人口从769万人增长到812.85万人。通过采取工程性和非工程性措施,使全市可供水量从33.55亿方增长到36.27亿方,保障了需水量从29.52增长到31.7亿方的需要。其次,水资源保护和水生态环境得到有效改善。水功能区达标率从2007年的89%提高到2010年的92%,饮用水源达标率从2006年的97.5%提高到98.7%,县界断面达标率连续五年保持100%。在用水效率方面,节约用水水平持续提高。万元GDP用水量从2006年的155立方米降低到2010年的97立方米,万元工业增加值用水

量从 2007 年的 166 立方米降低到 2010 年的 98 立方米，农业灌溉水利用系数从 2007 年的 0.47 提高到 2010 年的 0.51。

通过水资源红黄蓝分区分类管理，使得红区水问题得到有效控制，黄区水问题得到有效解决，蓝区水管理得到加强。如石狮市通过用水总量控制，促进了经济增长方式的转变。晋江市、惠安县、石狮市通过解决水功能区限制纳污的红区问题，实施近海污染治理，有效改善了沿海河流水质状况。上游的安溪、永春、德化、南安等蓝区县（市）通过加强水资源保护，着力提高用水效率，水资源在满足自身发展的同时又保障了下游各县（市、区）用水的要求。

（2）泉州市水资源管理体制改革创新了水资源管理模式，有效解决了水务一体化管理问题

泉州市水资源管理的做法和实践以及提出的"组建水资源管理委员会和市人民政府水资源管理办公室作为市政府工作部门，与水利局合署办公"的水资源管理体制模式，得到全国政协视察组和水利部领导及多位专家院士的赞赏，认为在全国是一种水资源和水务一体化管理体制创新，为中共中央 2011 年 1 号文件的出台奠定了基础，相对于深圳等城市成立水务局，能更加有效地将涉水事务统一协调起来，扎实高效地开展工作，能更权威、科学、全面地落实最严格的水资源管理制度，实现水资源"四个统一"和水务一体化，是水务改革的模式创新和先行先试。

（3）泉州市水资源红黄蓝分区管理模式构建了最严格水资源管理制度框架，有效解决了"三条红线"问题

2011 年中央一号文件《关于加快水利改革发展的决定》系统界定了最严格水资源管理制度的体系构成及其基本内容：一、设立"四项制度"解决水资源的"三大问题"。即设立用水总量控制制度、用水效率控制制度、水功能区限制纳污制度以及水资源管理的责任与考核制度，解决"水量"、"水质"、"效率"问题；二、设立"三条红线"，控制"三大环节"，落实"三项目标"。即加强对"取水"、"用水"、"排水"环节的控制和水资源管理"配置"、"节约"、"保护"目标的落实。泉州市的实践表明：红黄蓝动态分区管理是实行最严格水资源管理制度的手段；动态系统建设是实行最严格水资源管理制度的支撑；管理体制改

革是实行最严格水资源管理制度的保障;建立水权交易和水资源保护补偿机制是实行最严格水资源管理制度的补充。总体上看,泉州市在全国率先探索构建了最严格水资源管理制度框架,有效解决了"三条红线"如何划分问题。

三　晋江市建陶行业清洁能源代替经验

建陶行业作为晋江市传统支柱产业之一,燃料先后经历了树枝—煤—重(柴)油—煤化气—天然气的能源替代过程,在促进地方经济发展的同时,也给环境和资源循环利用带来了巨大的压力。为此,晋江市于1993 年就将其列入"四大行业"的专项整治,2007 年又启动了新一轮的污染治理工作,对陶瓷行业的干燥塔进行专项整治,2008 年起晋江市针对陶瓷行业煤气发生炉再次掀起声势浩大的大规模整治,2010 年12 月晋江市出台《晋江市人民政府关于印发陶瓷行业污染深化整治工作方案的通知》(晋政文〔2010〕442 号),在天然气能源供给保证的条件下逐步过渡使用天然气,转变传统经济增长方式,力争2 至 3 年后淘汰所有煤气发生炉,使用清洁燃料,减少对环境的影响,实现经济社会持续健康发展;2011 年 5 月份出台《晋江市人民政府关于下达陶瓷行业限期淘汰煤气发生炉使用天然气计划的通知》(晋政文〔2011〕141 号)文件,将晋江市陶瓷行业限期淘汰煤气发生炉使用天然气的工作计划正式下达,开始全面启动三年计划。2013 年晋江市所有建陶企业全部完成清洁能源替代,淘汰煤气发生炉使用天然气计划中的 172 家陶瓷企业,共有 146 家全面替代使用天然气,26 家被拆迁或者倒闭,并拆除 186 座煤气发生炉,成为全国首个实现"煤改气"的建陶产区,此举比福建省提出的 5 年内关闭所有煤气发生炉提前了两年时间。现晋江市燃气配套建设近 1000 公里,投资约 4 亿元,供气能力达 600 万方/日,陶瓷行业天然气使用量约为 146 万方/日。2011 以来,完成二氧化硫消减 7194.38 吨,氮氧化物消减 16645.04 吨。主要做法如下:

1. 因地制宜,分类指导,逐步推进,引导企业调整燃料结构和产业结构

对规模较大、产品附加值高以及天然气主管道覆盖区域的企业,扶持做优做大,鼓励引导使用天然气;对规模小、资金不足、产品附加值

不高以及天然气主管道尚未覆盖区域的企业，加强管理，逐步引导转产，调整产品产业结构；对资产负债大、经营困难、经济效益差且未能按期治理任务的企业，实施停产处罚或关闭。

2. 政府牵头，积极磋商，千方百计降低天然气使用成本

晋江新奥燃气管道输配有限公司原有向全市工商企业执行燃气基础设施使用费（俗称开口费）每方 300 元、气价每方 4.9 元的收费标准，经晋江市政府及相关部门的牵头协商，几经易稿，该公司已逐步降低价格，并对晋江市陶瓷企业实行优惠政策。同时市财政还对使用天然气的企业进行气价补贴，降低企业使用天然气成本。

3. 做细工作，转变陶瓷企业的思想工作

通过向陶瓷企业宣传煤气发生炉产生酚水的危害性、煤气发生使用至今对晋江市水体、大气的污染情况，及向陶瓷企业宣传天然气的环保特性，使用天然气可改善晋江市大气环境，消除酚水对水体的污染等，从企业责任的角度逐步缓解企业的抵触情绪。同时对经济承受力弱的企业，在煤改气初，允许天然气与煤气并存，逐条窑炉改造，待条件成熟后再完成所有燃气替代。

1. 推动能源替代，完善使用天然气陶瓷企业的环评手续

晋江市已在 2004 年停止审批建陶企业采用水煤气为燃料的项目，为了进一步推动陶瓷行业的新能源替代步伐，经研究决定，对使用天然气的陶瓷企业将重启项目准入，同意予以办理环评手续，完善相关的环保手续。

2. 资金支持，巩固陶瓷企业天然气替代成果

为进一步巩固陶瓷企业天然气替代成果，督促陶瓷企业逐步拆除水煤气发生炉，晋江市针对主动按期完成煤气发生炉拆除工作的企业，给予每台 3 万元的补助。

第四节　生态环境保护的经验总结与未来展望

一　泉州市加强生态环境保护与治理的意义

1. 良好的生态环境是泉州市生态文明建设的首要体现

习近平总书记指出"良好的生态环境是中国梦重要内容"。十九大

报告提出,"我们要建设的现代化是人与自然和谐共生的现代化,既要创造更多物质财富和精神财富以满足人民日益增长的美好生活需要,也要提供更多优质生态产品以满足人民日益增长的优美生态环境需要。"我国面临着严峻的资源环境问题,必须推进生态文明建设,党的十八大报告中将生态文明建设列入经济社会发展的战略布局,体现了我国全面贯彻落实以人为本的科学发展观,这样做有利于推动整个社会走上生产发展、生活富裕、生态良好的文明发展之路。泉州市被列为国家生态文明试验区建设,既是中央赋予福建省的重大任务和责任,也是加快改善环境质量的重要窗口。泉州市生态建设已经到了抓治本、破瓶颈的关键时期,绿色发展势在必行。泉州市在发展经济的同时,全力改善生态环境,进一步巩固提升生态市建设成效,围绕创建国家生态文明建设示范区的中心目标,加快推进生态文明建设。因此,良好的生态环境是泉州市生态文明建设的首要体现。

2. 良好的生态环境是泉州市经济发展转型的基础

处理好经济增长与环境保护的关系,可实现"双赢"。经济增长的最终目的是富民强国,提高人民的生活水平。良好的环境是高质量生活的必要条件,而环境污染和生态破坏有悖于促进经济增长的初衷。生态环境问题在很大程度上是人类社会发展尤其是那种以牺牲环境为代价的发展的必然产物。严重的环境污染和资源短缺,反过来会制约经济的增长,甚至制约一些产业的发展,影响经济增长的质量和效益。泉州作为福建省经济社会发展的"领跑者",在我国,特别是泉州市经济新常态的背景下,良好的生态环境必然助力泉州的经济社会发展,为泉州产业转型升级、打造泉州经济"升级版"提供必要的生态基础与社会基础。

3. 良好的生态环境是泉州市吸引人才的必要条件

人才是科学发展的核心竞争力,如何争取、留住人才,是一个区域经济良好发展的基础。生态环境是人类赖以生存和发展的基础,随着人们生活水平的提高,人们对生活质量提出了更高的要求,他们不仅需要经济发展带来的红利,更需要生存环境的舒适。当前,我国生态环境总体向好,但不可否认,我国生态环境也面临着严峻的经济发展带来的污染问题。从泉州市近年来的生态环境指标来看,水、大气、土壤等都在较大程度上有所改善，人们的生存环境持续向好，外来务工人员持续增多，高学历人员落户晋江、石狮等经济发达的地方定居与工作，虽然这与完善的泉州人才政策有较大关系，但这一切都离不开良好的生态环境。

二　经验总结

1. 各届、各级党委牵头，党政同心同责下决心补齐生态环境的短板

泉州市经济一直保持高速、稳定的增长水平。近年来，市委市政府把生态环境保护放在了政府工作重要位置，以高度的责任感，以对城市负责、对市民负责的态度，切实加强生态环境保护，在生态环境改善中不断提高市民生活质量，让广大市民有更多的获得感。出台《泉州市"十三五"生态文明建设专项规划》，是泉州市贯彻落实中共中央国务院关于《生态文明体制改革总体方案》的具体举措，是全面建成小康社会、加快补齐生态环境短板的现实需要，是顺应人民期待、改善环境质量的内在要求。实行环境保护党政同责，根本目的是通过明晰责任，倒逼泉州市党政领导干部同心协力抓环保，党政"一把手"立下"军令状"，从源头上保护生态环境。

2. 敢于争先、创新生态建设模式，完善生态保护机制

防治污染，保护环境，是生态文明建设的重中之重，泉州市通过各级党委政府扎实努力的工作，环境保护机制体制不断完善。泉州市积极创新永春桃溪生态治理模式，在桃溪流域综合治理等生态建设基础上，永春启动实施桃溪流域生态经济试验区建设，逐步将桃溪流域建设成为集环境友好型工业、创意农业、休闲旅游和"慢生活"旅游经济圈模式为一体的产业高效、生态宜居的生态经济试验区。泉州市利用充分发挥政府部门的作用，加强对补偿制度的管理，实现经济补偿法制化，完善有关生态效益补偿机制的立法程序，加快有关生态效益补偿机制的立法工作，做到生态效益的补偿有法可依，有法必依。生态补偿、碳排放权交易、排污权有偿使用和交易、水权交易等机制，都是生态激励的具体表现形式。进一步完善区域流域生态补偿法律机制，建立财政保障、公众参与和第三方检测评估机制，为流域生态保护管理工作的顺利开展

提供制度保障。

3. 紧跟国家政策方针，及时出台地方法律法规

党的十八大以来，泉州市紧跟国家生态保护步伐，积极出台多部生态保护的法律法规：《闽南文化生态保护区总体规划》《泉州市生态文明体制改革方案》《晋江洛阳江上游水资源保护补偿专项资金管理规定》《泉州市水资源红黄蓝分区区划及管理规定》《泉州市河长制实施方案》，这些法律法规的及时出台，建立健全了泉州自然资源产权法律制度，完善了国土空间开发保护方面的法律制度，制定并完善了生态补偿和土壤、水、大气污染防治及海洋生态环境保护等法律法规，促进泉州市生态文明建设的可持续发展。

三　展望

泉州市环境质量改善取得了很大进展，但应该看到，泉州市生态环境保护形势依然严峻，部分行业环境污染依然严峻、环境质量有待进一步提高；生态系统依然脆弱，生态修复任务艰巨。泉州应总结经验，再接再厉，在2020年前我国全面建成小康社会时，补齐生态环境短板。

1. 要充分发挥我国社会主义制度的优势，全力攻坚生态环境问题

首先，要动真碰硬抓好环保问题攻坚。邓小平同志多次强调："社会主义国家有个最大的优越性，就是干一件事情，一下决心，一做出决议，就立即执行，不受牵扯。"泉州市各级政府针对问题，要下狠心、下狠手、下狠劲，分门别类、加压推进整改落实，同时举一反三，以制度建设巩固整改成效；认真开展信访投诉件的排查处理，强化环保污染防治设施的实时监督，对已完成整改的问题要进一步跟踪、检查，坚决防止反弹回潮；做足特色亮点，总结提升泉州市形成的好经验、好做法。

其次，全面深入开展水、大气、土壤污染防治。深化实施"清新水域"工程，全面推行河长制，攻坚工业污染治理，推动污水收集处理设施向农村延伸覆盖；深化实施"洁净蓝天"工程，加强火电、钢铁、水泥等重点行业整治，确保完成省下达任务；深化实施"清洁土壤"工程，启动土壤污染治理与修复工程试点，加快工业废物综合处置中心项目建设。

第三，扎实推进国家生态文明试验区建设。泉州市各级政府要认真总结拓展空间规划编制等 3 项省级试点改革，加快总结泉州传统制造业转型升级与生态文明建设形成正向互动的经验进展，加大生态保护补偿机制等 15 个关键环节和重点领域的改革创新力度，形成独具泉州特色的生态文明建设经验。

2. 建立健全覆盖泉州市全流域的生态补偿机制，巩固保护成效

习近平同志在十九大报告中指出，"加大生态系统保护力度。建立市场化、多元化生态补偿机制。"首先，切实贯彻落实《国家生态文明试验区（福建）实施方案》的工作部署，建立多元化的生态保护补偿机制，妥善处理流域上下游之间、生态保护者和受益者之间的利益关系，强化流域生态保护补偿机制的激励与约束作用，建立覆盖全市、统一规范的全流域生态保护补偿机制。鼓励引导支持受益地区与保护生态地区、流域下游与上游通过资金补偿、对口协作、产业转移、人才培训、共建园区等多种方式实行生态补偿，有效推动生态补偿多元化、科学化、制度化、规范化。

其次，进一步完善晋江、洛阳江上游水资源保护补偿机制，在年度筹集资金 3 亿元的基础上，根据实际财力状况，力争逐步适当提高补偿额度，巩固生态流域保护成效。

第三，在目前流域补偿资金仍然有限的情况下，继续发挥流域补偿资金带动项目的作用，深化两江流域水环境综合整治工作，督促项目按序时推进，建立健全补助项目跟踪督查机制，强化对资金使用情况的监督检查，确保补偿专项资金运行安全，发挥最大效益。

3. 政府部门要加大生态环境保护宣传工作，建立全民参与机制

首先，泉州市委市政府要组织市委党校、高校等部门，到企业、街道社区、农村等开展多轮次的生态环境保护宣讲工作，鼓励基层群众性自治组织、社会组织、环境保护志愿者开展环境保护法律法规和环境保护知识的宣传，营造保护环境的良好风气。利用节假日，招募志愿者等群体，深入基层，特别是农村开展生态环境保护的教育与宣传活动。

其次，生态环境保护要在传统媒体基础上，加大新媒体等多种形式的宣传。新媒体是继报刊、广播、电视等传统媒体之后发展起来的新媒体形态，包括网络媒体、手机媒体、数字电视等，其自身具备信息扩散

速度快、传播范围广、形式丰富、互动性强等独特优势。泉州市通过多种媒体的不断宣传，让全社会共识："绿水青山就是金山银山，像保护眼睛一样保护生态环境，像对待生命一样对待生态环境，泉州市生态环境保护人人有责。"

第三，要像十九大报告指出的那样，建立一套全民参与生态环境保护的机制。世界各国的环保实践表明，环境保护的根本动力在于全民参与，而全民参与的基础则是公民生态文明意识的普遍提高。公民认识、愿意接受并积极参与是实施这些变革的必要条件。因此，如何建立一套全民参与环境保护的机制，是最行之有效的环境保护手段。

第九章　全面从严治党，铸造泉州腾飞的坚强领导核心

泉州是一块充满梦想的土地。1978 年，党的十一届三中全会的召开，犹如春风化雨滋润着中华大地。泉州人民为实现自己的幸福梦想，在洒满希望和汗水的中国特色社会主义道路上留下了清晰而坚实的脚印，走过了发达国家几十年乃至上百年才完成的发展历程，积累了极为宝贵的"晋江经验"。

泉州的成功实践，为中国特色社会主义道路提供了新鲜经验。2002 年 6 月，时任福建省长的习近平同志深入晋江，专题调研总结"晋江经验"，为泉州发展指明了方向。从此，泉州市委积极推进"晋江经验"在泉州大地的实践与发展，开始了更高起点上的又好又快发展。特别是十八大以来，泉州市积极推进"打造泉州经济升级版、改革创新示范区、生态宜居幸福城"三大战略，全市经济总量始终保持全省首位，2016 年 GDP 达 6600 亿元，人均 GDP 达 7.7 万元。除金门县外，泉州市所辖各县（市、区）财政总收入均超过 10 亿元，晋江、石狮、南安、惠安、安溪连续多年跻身全国县域经济基本竞争力百强。晋江连续 16 年跻身全国县域经济十强县，2016 年生产总值 1744.24 亿元。泉州人民用自己勤劳、智慧、勇敢的双手绘就了一幅逶迤而又气势磅礴、雄浑而又绚丽多彩的画卷，走上了建设中国特色社会主义的康庄大道。

回眸泉州发展列车的呼啸前行，正是党的建设强大引擎，有力地推进着晋江的飞速发展。泉州市历届党委始终把抓好党建工作作为第一责任，把党建作为做好一切工作的根本保障，聚精会神抓党建、抓好党建促发展，持续推动泉州发展，为泉州的腾飞提供了坚实的政治组织保证。

第一节 落实主体责任,切实履行从严 管党治党庄严政治责任

党的十六大以来,泉州市历届市委始终坚持党要管党、从严治党,一以贯之抓党建,确保了把党的领导核心作用落到实处。

一 构建全面从严管党治党的领导格局

全面从严管党治党,必须发挥好党建工作领导小组统筹各方的作用。实践证明,泉州市委党建工作领导小组,在提高泉州市党的建设科学化水平中发挥了积极作用。

1. 建立健全组织领导机构

泉州市着力构建大党建的工作格局。市委党建工作领导小组组长由市委书记担任,成员由市纪委、组织部、宣传部等 18 家单位、部门组成。市委党建工作领导小组是市委党建工作的领导、议事、协调机构,在市委的领导下履行对全市党建工作的牵头抓总、统筹协调和谋全局、抓大事职责。领导小组下设办公室,负责党建工作的协调、督促、检查、调研等职责。各县(市、区)委、泉州开发区和泉州台商投资区党工委也参照市委党建工作领导小组模式成立领导小组及其办公室。

同时,建立市委党建工作领导小组例会制度。根据职责任务,经常性、定期不定期召开会议,及时了解掌握党建工作职能部门工作,研究讨论全市党建工作的重要事项和重大问题,推动工作的经常化、议事的民主化、决策的科学化。领导小组组长、市委书记坚持每年参加市纪委全会以及全市组织、宣传工作会议,对全市党的建设作出部署。健全落实基层党建工作述职制度。从 2009 年开始,在全市所有县(市、区)、乡镇(街道)推行党委书记履行基层党建工作责任制专项述职制度,2011 年又推广到市委书记层面。由于领导得力、组织得当,泉州党建工作领导小组的运转高效有序,确保了市委抓党建落到了实处。

十八大以来,泉州市各级党委认真贯彻落实中央《关于建立健全地方党委、部门党组(党委)抓基层党建工作责任制的意见》。市委先后出台了一系列从严治党的文件,比如:2012 年,印发了《中共泉州市

委关于进一步加强和改进非公有制企业党的建设工作的实施意见（试行）》、《关于贯彻〈中国共产党党和国家机关基层组织工作条例〉实施细则》、《关于进一步深化"下基层、解民忧、办实事、促发展"活动的通知》和《关于进一步加强市委领导班子思想政治建设的意见》；2014年，印发了《关于深入学习贯彻习近平总书记从严治党重要讲话精神认真研究落实党建重点工作的实施意见》；2015年，印发了《关于实施党建工作项目化管理的意见》；2016年，印发了《关于在全市共产党员中开展"学党章党规、学系列讲话，做合格共产党员"学习教育的实施方案的通知》，通过加强党的制度建设，有力推动了当地党建工作的发展。

2. 全面落实抓党建主体责任

首先，不断完善党建工作思路。每次全市党代会召开前，领导小组都会牵头对党建工作情况进行调研，并组织起草党代会报告党建部分的内容。根据市委专题调研方案，以及中央党建工作领导小组秘书组、市委党建职能部门安排的课题调研任务，扎实开展课题调研和理论研究活动，形成了一批高质量的调研成果。比如，《公共服务伦理规范与廉政建设》被中纪委评为优秀论文，《关于加强对地方党政"一把手"监督研究》、《建立健全党内激励、关怀、帮扶机制问题研究》、《党干部干部下基层、接地气、转作风问题的研究》分获各级党建重点课题优秀调研成果奖。

其次，把抓好党建作为最大的政绩。泉州市委深刻对照习近平总书记"治党三问"推动各级各部门抓实抓好党建工作责任。一是全面部署落实。市委书记带头履行第一责任人责任，每年专门约谈县（市、区）书记以及市直主要部门的党组（党委）书记，督促抓好党建工作。二是层层传导压力。制定《泉州市关于进一步落实各级党委抓从严治党主体责任的实施细则》，建立市委书记约谈县（市、区）委书记，县（市、区）委书记约谈乡镇（街道）党（工）委书记，乡镇（街道）党（工）委书记约谈村（社区）党组织书记的"三级四书记约谈"制度，逐级履行好党建第一责任人责任。全面实行县乡党委书记抓基层党建工作述职评议制度，并向机关企事业、学校、村（社区）、非公企业等基层党组织全面延伸，将述职评议情况作为党组织书记年度考核重要内容。三是强化考核问责。持续开展县（市、区）、市直机关党委（党组）工作绩效考评，把考核结果作为领导班子和领导干部工作实绩评定的重要依据，有力促进各地各部门将党建工作同中心工作一起研究、一起部署、一起考核。

再次，认真贯彻落实中央抓党建的部署。十八届六中全会后，泉州举办领导干部"学习贯彻党的十八届六中全会精神"专题研讨班。市委书记郑新聪强调，要增强思想自觉和行动自觉，驰而不息地落实党中央关于全面从严治党各项部署要求，以党的建设新成效迎接党的十九大胜利召开。

最后，统筹推进各领域各方面党建工作。这些年来，相继对村级党组织活动场所建设、村级党组织换届选举、农村党的建设"三级联创"、非公有制企业党建、落实党风廉政建设责任制以及群众路线教育实践活动等进行了重点督查。特别是 2003 年底，因非公企业党建工作突出，泉州市被中央党建工作领导小组确定为全国非公有制企业党建工作联系点，承担为中央抓党建提供"泉州样本"的重大责任。

二　一以贯之抓党建责任制落实

党的十八大以来，泉州市各级党组织深入学习贯彻习近平新时代中国特色社会主义思想和来闽考察重要讲话精神，以落实全面从严治党为主线，全面推进新时期党的建设，不断提高管党治党水平，为建设"创新、智造、海丝、美丽、幸福"现代化泉州提供有力支撑和坚强保证。近年来，市委党建工作领导小组认真落实市委工作部署从不松懈，落实主体责任年年都有新举措，实现了党建工作由"有形覆盖"向"有效覆盖"转变。

2012 年，市委认真落实党建工作责任制，确保各项部署落到实处。一是突出绩效考核，落实党建工作责任制。市委常委会 12 次 16 个议题研究党的建设。健全完善党建工作考核评价机制，各县（市、区）层层签订党建工作责任制，形成一层抓一层、层层抓落实的党建工作格局。二是突出创新实践，探索党建工作新途径。非公企业党建工作"三五"工作法得到中央政策研究室肯定。市级、县（市、区）级和基层党委、支部全部实行党务公开，获中央党的地方组织党务公开工作联系点先进单位的通报表彰。持续开展特色组织工作创建活动，开展机关党建"特色活动"，形成了一批各具特色的党建品牌。三是突出以点带面，提升党建工作整体水平。坚持政治学习制度，召开纪检监察工作座谈会、党建办主任座谈会、组织工作例会、机关党工委书记联席会等。开展"保本色、增本领、强作用"等主题教育实践活动，教育、引导和激励党务干部忠诚履职、增强先进性。

2013年，各级党委在谋划科学发展、跨越发展过程中，坚持党要管党、从严治党。一是突出抓好制度建设。市委常委会22次46个议题研究党的建设。制定修订了《市委党建工作责任制》、《市委社情民意收集制度》等十六项制度，大力推进党建工作制度化、规范化。二是探索党建工作新途径。构建党建经验创新交流平台，完善党建工作网站体系，推动各级各部门相互借鉴、取长补短。各单位注重方法与载体创新，形成了一批内容新颖、特色鲜明的机关党建品牌。三是加强党务干部队伍建设。采取轮岗交流、选拔抽调、公开招考、跟班锻炼等办法，充实党务工作力量。组织部门推进实施"三共"机制，纪检部门开展"千人百日"岗位练兵活动，引领党务干部比能力、比创新、比业绩，形成干事创业的良好局面。

2014年，各级党委认真学习领会习近平总书记关于加强党的建设的新思想、新论断，坚持党建工作与中心工作一同谋划、一同考核，健全党建工作长效机制，确保党的建设各项部署落到实处。市委常委会20次38个议题研究党的建设，制定出台8份基层党组织建设文件。纪检监察部门深化"三转"工作，用铁的纪律打造过硬队伍。组织部门全面推行"三共"机制，引领党务干部比学赶超。宣传系统开展干部轮岗和中层干部公开竞聘工作，组织宣传干部集中轮训，进一步提升队伍的思想政治和业务水平。

2015年，各级党委牢固树立抓好党建就是最大政绩的理念，把党要管党、从严治党责任抓具体、抓深入、抓实在。市委常委会先后27个议题研究讨论党建工作。建立"三级四书记约谈"制度。实行基层党建工作述职评议制度，将县（市、区）党委工作细化为7个一级指标大项、24个二级指标、61个直接操作的子项目，把考核结果作为领导班子和领导干部工作实绩评定的重要依据。认真贯彻《中国共产党党组工作条例（试行）》，开展专项清理规范工作，提高党组工作制度化、规范化水平。

2016年，市委严格落实管党治党责任。市委常委会先后27个议题研究党建工作。认真学习贯彻《中国共产党党组工作条例（试行）》，进一步规范党组工作，明确党组成员职责，提高各级党组工作制度化、规范化、程序化水平。全面实行基层党建工作述职评议制度，持续开展县（市、区）党委（党工委）工作绩效考评，有效促进各地各部门将党建工作同中心工作一起研究、一起部署、一起考核。

三　把党建工作项目化管理作为党建抓手

2015年以来，泉州市委借鉴抓经济工作的理念和项目运作的方式手段，深入实施党建工作项目化管理，从项目生成、组织实施、过程监督、成果评估和总结推广五个方面建立机制，以项目带动全面从严治党各项目标任务落到实处。两年来累计实施市级项目107个（其中已完成项目43个、在建项目64个）、县级项目314个，推动了党建工作从"软任务"变成"硬指标"、从"虚功"变成"实做"、从"定性"变成"定量"。

突出科学谋划，建立项目生成机制。制定出台《中共泉州市委关于实施党建工作项目化管理的意见》，策划生成一批"牵一发而动全身"的项目。一是调研设项。每年年初，市委党建工作职能部门和县（市、区）党委深入开展调查摸底，拟出项目工作方案，作为年度备选项目。二是可研论项。各地各单位充分做好项目前期论证，筛选出一批重点项目，按照"可量化、能落实、好检验"原则，对上报的项目进行逐一严格论证审核，进入市级重点项目库。三是确认立项。经市委党建工作领导小组集体研究确定，列出市级年度重点项目清单。县（市、区）、乡镇（街道）也同步确定一批本级项目，形成了一级一级生项目、层层抓项目建设的工作格局，实现党建工作项目化管理全覆盖。

突出精准施策，建立项目推进机制。各级党委围绕项目目标任务，细化工作方案，推动项目建设高质量按时序开展。一是责任带动。实行项目领导挂钩制度，实施"书记项目"机制，市委党建职能部门主要负责同志和县（市、区）委班子成员直接挂钩联系项目，其中每位县

（市、区）委书记选择 1—2 个作为年度"书记项目"，落实好管党治党第一责任人责任。二是分类推动。把项目分为任务落实型、探索创新型、典型培育型、经验推广型四种项目类型，坚持"一项一策"、分类指导，及时研究解决项目建设中存在的困难和问题。三是创新驱动。在项目实施过程中，各项责任单位牢牢把握党建工作规律，不断探索实践行之有效的工作方式方法，体现党建工作的时代性、规律性和创造性。

突出要素投入，建立项目保障机制。各级党委积极引导人财物等要素向项目建设聚集，保障每个项目顺利建成生效。一是政策倾向。市、县党委把党建工作项目化管理写入党代会工作报告，以党委政策导向倒逼各地、各部门抓紧抓实抓常项目建设。二是力量倾注。各责任单位切实选好配强项目工作力量，抽调一批优秀党建工作人才组成项目工作组，做到"一个项目、一套方案、一名领导、一个小组、一抓到底"。三是经费倾斜。各级财政、各责任单位优先安排党建项目建设资金，全额列入年度经费预算，确保项目建设"有钱办事"。如泉州市财政、惠安县分别在年度党建经费中单列 40 万元、150 万元对党建项目给予补助。

突出全程监管，建立项目督导机制。充分发挥督查考评的"指挥棒"作用，确保项目按时序推进。一是自己"查"。推行"月查、季报、半年小结、年度总结"制度，各项目责任单位在每个月底前，认真对照《项目责任分解表》和实施方案，对项目进展情况、取得成效进行自查自纠，查摆存在问题。项目完成后，对项目实施情况进行总结回顾，查漏补缺，形成项目实施总结报告。二是跟踪"督"。由各级党建办、组织部、项目主管部门等组成督导组，定期、不定期开展调研督查，并于每季度将督查掌握的情况以文件形式发出《情况通报》，通过公开晒绩，形成"比学赶超"的氛围。三是科学"评"。将项目完成情况评定"好"、"较好"、"一般"三个档次，其中被评定为"好"的项目在年度党建绩效考评中给予加分奖励；对工作措施不力、未能完成项目计划、群众满意率低的项目责任单位、责任人给予通报批评。2016年，共通报 5 个进度滞后项目。

突出成果运用，建立项目推介机制。各级党委把宣传推广党建工作项目作为项目化管理的重要任务，大力营造舆论和工作氛围，精心抓好培育和推介，推动党建工作项目出声、出彩、出形，提升项目成果的覆盖面和影响力。

总之，泉州各级党组织始终认为，管党治党是各级党委（党组）义不容辞的政治责任，更是首要任务。切实种好管党治党"责任田"，各级党员领导干部要切实履行"一岗双责"，责无旁贷地抓好分工范围内的党建工作，既管事又管人，做到工作职责到哪里，管党治党责任就延伸到哪里，把全面从严治党真正落到了实处。

第二节　充分发挥党的领导核心作用，
为泉州的改革发展擎舵引航

党的十九大指出："党政军民学，东西南北中，党是领导一切的"。党的十六大以来，如何为泉州掌好舵、引好航，是市委抓党建面对的重大课题。泉州市委始终坚持把党的建设与"五位一体"建设紧密结合起来，理清思路、科学决策，为经济社会发展确定了正确的方向。泉州所取得的卓越成就，无不体现了全市各级党组织的坚强领导。党的领导是创造泉州现象的关键。

一　党的领导为泉州发展把关定向

党的十九大提出："必须增强政治意识、大局意识、核心意识、看齐意识，自觉维护党中央权威和集中统一领导，自觉在思想上政治上行动上同党中央保持高度一致，完善坚持党的领导的体制机制，坚持稳中求进工作总基调，统筹推进"五位一体"总体布局，协调推进"四个全面"战略布局，提高党把方向、谋大局、定政策、促改革的能力和定力，确保党始终总揽全局、协调各方。"

在领导实践中，泉州市委特别注重常委会自身建设，更好把方向、管大局、作决策、保落实，起到了总揽全局、协调各方的作用。市委支持市人大及其常委会依法行使立法、监督、决定、任免等职权，开展人大协商，加强城市管理、环境保护、文化建设等方面立法。支持市政协依照宪法法律和政协章程独立负责、协调一致地开展工作，发挥其作为协商民主重要渠道和专门协商机构的作用。重视发挥民主党派、工商

联、无党派人士、新的社会阶层人士的优势作用,做好民族、宗教、外事、侨务和对台工作,全力画好同心圆,凝聚发展向心力。推动群团组织改革创新,强化工青妇等人民团体的政治性、先进性、群众性。

泉州市委始终把坚持党的领导、大力提高科学执政水平作为推动走在发展前列的根本保证。

比如:2011 年,泉州召开了第十一次党代会,明确了此后五年的努力方向,即:大力实施《海峡西岸经济区发展规划》,以实施"两个加快"、推动跨越发展为主线,以创新为第一驱动力,以党的建设为保障,不断深化改革、扩大开放,做大做强产业、港口、城市,建设加快转变经济发展方式的示范区、县域城乡统筹发展的先行区,在更高起点上全面建设小康社会,全面推进泉州现代化建设。由于目标得当,在泉州市委的坚强领导下,泉州经济社会发展进入了一个崭新的阶段。一是综合实力实现新跨越,迈入中等发达城市行列。十多年来,泉州经济保持快速增长态势,2016 年较 2002 年翻了两番,连续 17 年保持在福建省首位,进入中等发达城市行列。二是转型升级取得新突破,成为国家自主创新示范区。近些年来,泉州经济转型升级步伐不断加快,大力培育新产业、新技术、新平台、新业态、新模式,逐步实现由产业低端环节向高端环节转型,粗放型增长方式向集约型增长方式转变。三是城市建设呈现新面貌,新型城镇化走在全国前列。泉州市坚持统筹城乡发展,大力推进国家新型城镇化综合改革,编制环泉州湾城乡一体化规划,中心城区实现控规全覆盖,海湾型城市框架逐步成型,全市城镇化率达 63.5%,城市功能日趋完善,陆海空交通全面跨越,环城高速闭合成环,实现县县通高速,正式迈入高铁时代、亿吨大港、国际机场行列。四是对外开放呈现新格局,"海丝先行区"建设稳步推进。作为全国首批沿海开放城市之一,泉州跻身全国 18 个改革开放典型地区,获批国家"金改区""民综改革试点"城市,承接超百项国家、省级改革试点,形成具有泉州特色的改革品牌。五是社会建设取得新进展,人民生活显著改善。泉州市各级党委政府紧紧围绕全面建设小康社会目标,把脱贫攻坚作为最重要的民生工程,坚持民生优先,注重惠民利民,社会事业取得全面进步。

2016 年,站在新的更高历史起点上,泉州市第十二次党代会提出,坚持制造业立市不动摇,紧抓服务业兴市不动摇,致力打造国家自主创新示范区,致力打造"中国制造2025"城市试点示范,大力发展新经济、培育新动能、增创新优势,向万亿经济强市行列迈进。为此,市委提出了要坚持好五大发展理念,落实好"五个泉州",推动经济社会发展再上一个新台阶的新要求。建设"创新泉州",把创新驱动全面融入制度创新、城市转型、载体规划、要素引进、环境构建等方方面面,推动产业组织形态和企业家思维理念"两个转变",最大限度激发"创新第一动力"。建设"智造泉州",全面落实《泉州制造2025》,紧抓智能制造、质量品牌和服务型制造三大行动,以"数控一代"、"互联网+"引领技术创新和商业模式创新,促进新技术、新产业、新业态蓬勃发展,不断提升产业核心竞争力。建设"海丝泉州",主动融入"21世纪海上丝绸之路核心区"建设,努力在延续历史中创造历史,加速推进"十大行动计划",开启泉州国际经贸交流新窗口,着力打造"海丝先行区"。建设"美丽泉州",坚持绿色发展,用足自然生态优势,致力建设国家生态文明试点示范市,让绿水青山变成金山银山,让好生态成为最公平的公共产品。建设"幸福泉州",打赢脱贫攻坚战,补齐社会民生短板,加强城市文明建设,打造更多宜居宜业城市品牌,真正实现发展成果人民共享。

　　从晋江的实践看,党建工作由于较好发挥了超前预见、超前布局,起到了引领经济社会发展的作用。晋江地处沿海发达地区,相比全国很多县域,很多问题都比别的地方先遇到,没有先例可循。2002年以来,晋江坚持问题出现了马上解决,甚至潜在的问题、可能的趋势,都注意研判、提前应对。比如,2003年市第十届党代会提出"以加快城市化进程提升工业化水平、推进现代化进程,是探索符合晋江市情的发展道路的关键所在",及时把握晋江农村工业化、城镇化发展趋势。2005年建立村务(社区)专职工作者队伍。2008年在全省率先全面整合农村"六大员",村务(社区)专职工作者成为市镇(街道)、村(社区)工作的独特的重要辅助力量。2012年以来,社会工作人才成为基层工作的一支新兴力量,而且更具专业化、社会化、国际化等比较优势。2016年市第十三届党代会提出建设国际化创新型品质城市以后,晋江迅速于2017年启动以基层服务社会化为方向的队伍管理体制改革,这将成为以基层党建引领基层治理创新的一项带有撬动性的积极变革。

二 在服务企业中体现党的领导

党的十九大指出"领导十三亿多人的社会主义大国,我们党既要政治过硬,也要本领高强。"长期以来,泉州市委、市政府经济社会发展部署,找到党建工作与推动产业转型、深化改革、完成年度目标、保持社会安定稳定等工作的契合点,把党建工作优势转化为经济社会发展的强大动力。泉州、晋江始终坚持加强党委、政府对市场经济发展的引导、服务,从改革开放初期的"摸石头过河"到提出"质量立市",从培育"产业集群"到打造"品牌之都",从推动"资本运营"到推广"精益管理",如今又在更高起点上引导民营企业"二次创业",打造"民营经济发展乐园"。

泉州的历届党委、政府都较好地发挥了因势利导、推波助澜的作用:一方面,在服务企业中"踏准节奏"、顺势而为,引领推动企业沿着正确的发展路径前行,另一方面,做好政策扶持、环境优化,在企业蹒跚起步时扶一程,在企业上升爬坡时推一下,在企业遭遇困境时拉一把。2008 年以来,面对突如其来的国际金融危机,泉州市委、市政府提出"稳住大盘、固本培源"的工作思路,连续六次举行千名企业家大会,积极引导企业走创新转型之路,着力帮扶企业发展,市县两级领导分别挂钩全市亿元企业,每年分片区召开中小企业座谈会,开展送政策、送管理进企业活动,着力强化生产要素保障,帮助企业用好各级惠企政策,及时为企业排忧解难,引导企业向技术进步要后劲、向管理创新要效益、向资本运作要空间。2012 年,泉州出台了一系列推动民营企业"二次创业"的政策,以及相关行动方案,并设立了"民营企业转型升级专项资金",市、县两级拿出 5 亿元,并逐年增加。2013 年,泉州又出台了《关于推动产业集群发展的若干意见》等政策,设立产业集群发展专项资金,每年安排五千万专项用于扶持培育壮大产业集群龙头企业、推动上下游企业协作配套、构建产业集群公共服务平台、完善专业市场体系建设和强化产业集群要素保障。

在各个发展阶段、关键时期,晋江市委先后提出质量立市、品牌经营、资本运营、"产业提升、城建提速"、"五城同创"等战略,推动晋江的转型升级、跨越发展，充分发挥统揽全局、协调各方的领导核心作用。在经济新常态下，晋江进一步主动把握时代发展脉搏，以科学决策、强化执行、督促落实推动全局发展。一是统揽全局，科学决策。制定"12345"跨越赶超战略落实体系，实施产业转型提升、人才创新提升、城市品质提升、民生福祉提升、社会治理提升、生态环境提升、文明素质提升"七个工程"，进一步构建机制活、产业优、百姓富、生态美的现代化城市，推动晋江科学发展跨越发展。二是协调各方，强化执行。充分发挥各级党委领导核心作用，构建"全党抓经济、全体抓项目、干部群众一起上"的工作机制，强化凝聚力和执行力，围绕重点项目、产业发展、城市更新、党的建设、改革创新等等工作，营造比学赶超、攻坚克难、干事创业的良好氛围。三是督促落实，推动发展。建立以解决县域发展问题为导向的监督检查机制，以领导带队督查、大督查、联席会议调度督办、目标绩效考核为主体的"四大机制"，健全台账管理、报告通报、调查复核、问效问责"四大制度"，实现"督事、查人、考绩"的有机统一，狠抓责任落实。当前紧贴全年目标抓绩效，把对镇（街道）党（工）委党建工作绩效考评工作纳入其中，形成看镇（街道）书记业绩首先看管党业绩的风向标。

三 创造"晋江经验"的组织保证

泉州实践表明，党的建设一个重要目标，就是要推动各级党组织发挥党组织的独特政治优势。通过对晋江抓党建的实践进行剖析，可以很清晰地看到：晋江之所以能够创造"奇迹"，坚强组织保证功不可没。

坚持思想引导，凝聚党群同心的向上力量。晋江始终践行党的群众路线，致力推进"有温度"的思想政治建设，增强基层党组织的向心力、凝聚力、号召力。比如，党内每次开展集中学习教育，都把"晋江经验"列为最重要的"自选动作"，用于统一思想、凝聚共识。再比如，2009年在全市率先成立党员互助协会，设立党员互助基金，建立健全党内激励关怀帮扶"五项制度"、"十个必访"。更重要的，晋江在全市开展"党员亮相"行动，市直机关以"党员义工进村社"为载体，构建"一系统一品牌、一支部一特色"服务机制，推动党员直接联系服务群众常态化制度化，5年来累计开展活动480余场，服务群众10万余人。

用好干部，锻造引领发展的领导队伍。晋江始终把选人用人作为关系晋江发展的关键性、根本性问题来抓，围绕培养好干部、使用好干部，建立健全常态化培训、精准化选任、立体化监督"三大体系"，干部精气神在传承中进一步提振。15年来，晋江不断打破部门界限，统一整合、统一调配、综合使用、优化配置干部资源。2003年，便陆续选派干部到非公企业和薄弱村（社区）挂职任职，2009年，在大规模城市更新改造工作中，大力推行"成建制工作法"和"一线工作法"，组团式地集中选派干部5000多人次到重点项目征迁一线工作，注意从中发现、培养、考察、使用干部。2015年以后"高精专"工作接踵而至，进一步跨界组建"尖刀连"，根据项目工作，抽调人员组建专门的项目团队，配套一线考核干部、一线使用干部。2017年，按照市委的用人导向，进一步总结提升这些做法，出台《关于强化一线考察干部进一步提升干部干事创业精气神的意见》，更加注重选用基层干部，更加注重在项目一线发现干部，更加注重重用敢担当、善于攻坚克难的干部，更加清晰传递选人用人导向。15年来，全市行政干部从2137人增长到3280人，以1.5倍干部数量增幅，驱动形成地区生产总值6.8倍、财政总收入12.6倍的经济增量。

扎根社会沃土，筑牢社会治理的基层根基。晋江始终牢牢把握巩固村级党组织领导核心地位，超前研判农村工业化向农村城镇化的演进脉络，以党建创新引领社会治理创新。特别是2012年以来，围绕国家新型城镇化建设试点要求，将工作重点转移到创新城乡社区治理体系上来，全面推行选聘分离、探索村经分离，实行村级组织业务、政务、服务"三张清单"，在各村（社区）分别建成一个窗口式服务中心、一支专业化村务队伍，逐步生成一个可持续的创收项目，晋江成为全国农村社区建设示范单位。

加强非公企业党建，迸发企业创新的红色动能。晋江始终聚焦产业布局和企业发展，不断找准与非公企业党建相适应的机制、模式和方法。2004年设立市委非公企业工委，把非公党建作为基层党建的一个门类单列来抓，进入"抓覆盖"和"抓作为"并重的新阶段。特别是2012年以来，随着企业大规模向园区、产业集群集中，晋江以"园区党建"为重点、以"同业党建"为牵引，致力推动非公党建成为企业创新转型的红色动能，增进企业主的价值认同和意识认同。目前，全市形成非公党务干部职位化选派、职称化选聘、职业化选育"三职三选"工作机制，以及"二带十"区域化带动、"党建联盟"行业化促动、"乡愁回归"本地化拉动等3种运行模式，全市非公企业党组织从335个发展到1194个，组织覆盖率从21.8%提高到81.9%，不断推动人才、信息、资源、产能、技术"五个对接"，以党建"抱团"促"抱团"发展。

聚英才而用之，集聚转型升级的人才支撑。晋江始终致力创造最灵活的机制、最优越的环境，不断集聚、不断激发各类人才创新创业的活力和激情。晋江紧紧围绕服务实体经济发展，坚持"产业转型进行到哪里，人才工作跟进到哪里"理念，出台全国县级首份优秀人才认定标准，持续推进人才"领航计划"、"海峡计划"和"振兴计划"，促进发展所需各类人才的快速成长。

第三节　全面从严治党，永葆党的先进性和纯洁性

党的十九大指出："坚持全面从严治党。勇于自我革命，从严管党治党，是我们党最鲜明的品格。"2002年以来，泉州市委始终坚持党要管党、从严治党的方针，不断推进党的自身建设的能力，确保了各级党组织始终保持了先进性和纯洁性。特别是党的十八大以来，市委牢牢抓住全面从严管党治党这个关键不放，推动了泉州党的建设健康发展。

一　始终坚持把思想建设放在首位

党的十九大指出："思想建设是党的基础性建设。革命理想高于天。共产主义远大理想和中国特色社会主义共同理想，是中国共产党人的精神支柱和政治灵魂，也是保持党的团结统一的思想基础。"泉州抓党建的实践对此重大论断提供了生动的注释。

2002年以来，泉州深入开展了学习十六大、十七大会议精神和"三个代表"重要思想、科学发展观的活动，推动了理论学习不断引向深入。2002年，作出在全市开展"泉州人的再思考"大讨论的决定。

2003 年九届六次全体（扩大）会议通过《关于学习贯彻"三个代表"重要思想的决议》。2007 年，精心组织"解放思想、四求先行"研讨活动，引导党员干部进一步解放思想、更新观念、开阔思路、达成共识。2010 年，扎实推进学习型领导班子、学习型党组织建设，制定《关于推进学习型党组织建设的意见》。在学习过程中，一方面是领导带头学，市委中心组学习采取了市委常委专题学习会、中心组学习会、市委专题读书会等不同的学习形式。另一方面是层层组织学，要求各级党组织迅速组织学习贯彻。

此外，市委把理论学习与宣传《公民道德建设实施纲要》、加强新时期思想政治工作结合起来，以"道德新风与你同行"、建设"诚信泉州"、"爱中华、兴泉州、创新业、奔小康"等主题组织开展"三下乡"宣传活动。深入开展社会主义核心价值体系教育，抓好社会主义荣辱观宣传实践活动，开展向石狮市公安局、"人民好医生"李云华等先进典型学习活动。制定《关于加强全市和谐文化建设的意见》、《泉州市"十一五"时期文化发展规划》，确定了今后一个时期泉州文化建设的发展目标。

党的十八大以来，市委注重抓好干部思想教育和理论武装，重点把握好三方面：

一是树牢"四个意识"，把学习成果转化为理想信念，在思想上政治上行动上更加自觉地同以习近平同志为核心的党中央保持高度一致。组织"百姓宣讲团""农民宣讲团"、"农民大学"开展巡回宣讲，制定落实《全市理论学习安排意见》。制定出台《泉州市党委（党组）意识形态工作责任制实施细则》，组织开展专题督查调研活动，推动意识形态工作责任制落到实处。

二是传承"三种文化"，大力弘扬中华优秀传统文化、革命文化和社会主义先进文化，充分挖掘革命老区红色资源，用好泉州历史上 60 位知名清官廉吏的优秀传统家风文化，大力培育普通岗位、平凡战线涌现出的先进典型。大力弘扬社会主义精神文明。推进 24 个社会主义核心价值观主题公园、社区、街道建设。评选表彰第五届泉州市道德模范。落实推动创建全国文明城市机制化常态化实施意见着力提高市民文明素质和社会文明程度。

　　三是丰富学习载体,发挥"刺桐论坛"、"华大讲堂"学习品牌效应、党校教育培训主渠道作用,加强市县乡三级学习型党组织示范点建设;坚持党支部主体作用,分类指导落实好"三会一课"、组织生活会、民主评议党员等制度。基层组织生活可立足实际、创新探索,采取更加务实灵活、符合基层工作实际的形式,突出政治性、突出党性锻炼,坚决防止表面化、形式化、娱乐化、庸俗化。

　　审视晋江,其每一次大发展、大跨越都是以思想解放为前提、以观念更新为先导。近年来,晋江先后开展"解放思想、与时俱进大讨论"、"创新'晋江经验'发展务虚会"、"海西应先行,晋江走前列"、"全市大跨越,晋江怎么办"、"省委新要求、晋江怎么办"、"增强忧患意识、推动长远发展"、"学新竹、追昆山,创新发展晋江经验"等一系列大讨论活动,不断激发晋江人敢拼会赢、敢为人先的精气神,引领形成求真务实、干事创业的热潮。在新常态下,晋江坚持以思想大解放推动改革大发展。一是强化大局意识。2016年,围绕"聚焦主业、落实主责——一把手谈最大政绩"主题进行研讨,明确抓党建就是抓发展,把党建工作融入中心、服务中心;深入学习贯彻习近平总书记讲话精神特别是对福建和晋江工作的一系列重要指示精神,推动各级党组织牢记主责、抓住主线、聚焦主业。二是强化学习意识。把推进学习型党组织建设、带动学习型城市建设作为促进经济、城市、社会转型的重要抓手,健全全市63个基层党委(党组、党工委)学习中心组和11家非公企业党委中心组,广泛开展"干部学堂"、"机关学习日"等活动,用好"晋江大讲堂"学习平台,打造掌上移动课堂,努力把学习力转化为晋江发展驱动力。三是强化开拓意识。进一步总结和研究晋江从改革开放初期的率先突破所有制限制到摆脱姓"社"、姓"资"的思想羁绊,从尊重群众首创精神到凝炼、发扬"晋江精神";从"五个允许"、"戴红帽、戴洋帽"到新时期的"政企互动"、打造民营经济乐园、科技创新中心的经验,不断增强政治敏锐性和开拓创新意识。

二　加强各级领导班子和干部队伍建设,巩固基层组织,永葆党的先进性

　　党的十九大提出:"要坚持党管干部原则,坚持德才兼备、以德为先,坚持五湖四海、任人唯贤,坚持事业为上、公道正派,把好干部标准落到实处。""要坚持党管人才原则,聚天下英才而用之,加快建设人才强国。""党的基层组织是确保党的路线方针政策和决策部署贯彻落实的基础。"泉州抓党建的实践充分证明了这些论断的科学性。

2002年以来,泉州牢牢夯实了党的组织基础。

第一,切实加强各级领导班子和干部队伍建设。先后出台《关于进一步加强领导班子和干部队伍建设的决议》等文件,深入贯彻执行《中国共产党地方委员会工作条例(试行)》,调整完善《县(市、区)党政领导班子实绩考核指标体系》。同时,把学习贯彻执行好《干部任用条例》、《关于进一步加强干部队伍建设的意见》作为干部工作的重中之重来抓。

第二,巩固基层组织的根基。下发《关于进一步提高非公有制企业党建工作整体水平的意见》、制定实施《关于"关注'三农'问题,办好十四件事"》的意见、进一步完善区(市)、街道、社区三级党建工作联席会议制度,切实加强国有企业、学校、科研院所、文化团体等领域党建工作。

第三,积极稳妥地推进党内民主建设。认真落实和完善党代表大会代表任期制,深化基层党务公开工作。依托党建网站、网上QQ群、手机报等平台,开通全市党员咨询服务专用号码12371,及时向党员通报党组织的工作情况、重要活动和有关决议,做好党员咨询服务。加强农村"三资"监管,在乡镇推广建立"三个中心"(会计委托中心、招投标中心、资产管理中心)。推广使用"世纪之村"农村数字化综合应用平台,建设村集体财务计算机网络监管系统。抓好村务公开民主管理"难点村"的整治工作,组织开展村务公开民主管理专项督查活动,全面推行村干部任期和离任经济责任审计,规范村务公开、村务决策和村集体会计委托代理等工作。

第四,抓好党员的发展教育管理服务工作。下发《在全市发展党员工作中试行测评制、预审制、公示制、票决制和责任追究制的通知》,对发展党员工作进行全面规范。积极稳妥地在新社会阶层中发展党员。比如,研究制定《泉州市2003—2005年发展党员工作规划》和《泉州市2003年发展党员工作计划》,加强对发展党员工作的宏观指导。同时,积极推进不合格党员退出机制探索。

第五,努力推进人才队伍建设。制定《关于贯彻落实中央和省人才工作战略部署,进一步加强人才工作的若干意见》,严格执行《关于引进高层次人才的暂行规定》。在全省率先实行优秀人才培养专项经费资助制度,继续推进"112专家工程"和"222高技能人才工程"。编制《泉州市中长期人才发展规划纲要(2010—2020)》,修订《泉州市引进高层次创业创新人才若干规定》等3份政策性文件,加大急需紧缺高层次人才的引进和培养力度。精心打造聚才引才载体平台,深化拓展"校企"、"院地"合作模式,加大对接先进技术、承接研发成果、嫁接科技人才力度。深入开展"海西人才台湾行"活动,组织人才团队赴台开展交流合作活动。全面推进各类人才队伍建设,实施"企业经营管理人才素质提升计划",推进"十百千技能人才培养带动计划",实施"百镇千村万人培训示范工程"。

第六,全面开展保持共产党员先进性教育活动、科学发展观教育实践活动和群众路线教育实践活动。教育活动中,各级党委(党组)牢牢把握"紧密结合时代要求加强党的先进性建设"、"关键是要取得实效"、"成为群众满意工程"和"走在前列"的具体要求,体现泉州特色,取得较好成效。

党的十八大以来,泉州组织建设突出抓了三个方面的工作:

一是突出好班子好干部标准,树立有为才有位导向。制定《泉州市领导班子和领导干部考核试行办法》,全面推广"3+1"实绩公示法,引导各级领导干部树立正确政绩观。切实把好选人用人关,严格执行《党政领导干部选拔任用条例》,认真落实"两个提前"、实名推荐、全程纪实、推荐考察责任倒查、个人有关事项报告和抽查核实等制度。坚决推动"能上能下",大胆使用在招商引资、项目建设、防灾减灾、帮扶企业、社会治理、脱贫攻坚、服务群众等方面实绩突出的干部,让能者上、庸者下、劣者汰。深入对接"金改区"、"综改区"建设等热点工作,举办领导干部"金改"、"综改"专题研讨班,不断优化干部知识结构,提高干部能力和素质。制定实施《关于激励干部提升干事创业精气神的八条措施》,树立"无功就是过"的观念,让想干事者有机会,能干事者有舞台,干成事者有位置。

二是实行项目化管理，增强基层党建活力。增强基层党组织整体功能，持续整顿软弱涣散党组织，实施基层党建促脱贫攻坚计划，发展壮大村级集体经济；深入推进"4567"企业党建工作机制常态化长效化，全面推行"五责五联"（定责联谋、量责联担、示责联诺、履责联动、考责联评）工作法，推进党建工作与经营管理融合共促发展。提升非公企业和社会组织党建特色品牌，全面推广"三五"非公企业党建工作机制，全面推广晋江市"二带十"区域化党建工作模式、石狮市社会组织党建"双五"工作法和优兰发公司党委经验做法，出台《关于加强和改进园区非公有制企业党建工作的实施意见（试行）》，探索"龙头带动型、网格推动型、同业互动型、共建共享型、混合联动型"等五种园区党建工作模式，开展党群组织联动联推园区非公企业党建工作，推动社会组织党的组织和党的工作有效覆盖。学校党组织把牢办学方向，把思想政治工作贯穿教育教学全过程，实现全程育人、全方位育人。同时，注重品牌引领，持续开展"一地一特色""一企一品牌""一村一品"等创建工作。对特色鲜明、机制完善、初具经验的项目，再深化、再提升、再拓展，创建了一批有生命力的党建品牌。

三是推动人才工作创新发展。启动实施泉州人才"港湾计划"，打造人才"引得进、留得住、过得好"的梦想港湾、事业港湾、生活港湾，推动人才工作由"服务支撑产业"向"引领产业发展"升级。深化人才发展体制机制改革，出台《泉州市高层次人才认定和引进高层次人才团队评审规定》《泉州市高层次人才工作生活待遇暂行规定》《泉州市高层次人才"一站式"服务暂行办法》《泉州市专家举荐人才制度实施方案》《泉州市高层次人才职称直聘暂行规定》《泉州市促进人力资源服务业加快发展实施意见》等12份政策文件，不断完善人才政策体系。深入实施实体产业人才"领跑工程"、技能人才"支撑工程"、社会事业人才"保障工程"、特色文化人才"传承工程"、"21世纪海上丝绸之路人才培养工程"等系列人才培养工程，在全省率先实行优秀人才培养专项经费资助制度，支持优秀人才进修培训、学术交流和专著出版。建立"人才工作直接联系点"和"人才工作特派员"制度，设立线上网络服务平台—高层次人才"一站式"服务大厅，推行"一窗受理、集中办理、专员服务、全程跟踪"的服务模式。深入打造"爱泉州·重人才"品牌,众筹拍摄全国首部人才主题微电影《追梦者》、人才宣传片《人才港湾》,继续建好《名城群英会》《精英对话》等人才专栏,开通"泉州高层次人才"微信公众平台,营造浓厚的重才爱才社会氛围。

在晋江,市委坚持以组织建设带动"晋江力量"的拓展与凝聚。近年来,通过强化基层组织建设、强化统一战线,充分调动干部、企业家、人民群众、海内外侨亲和新晋江人等"五种力量",凝聚成干事创业的主力军。一是带好干部队伍促发展。全面实行"3+1"实绩公示法、探索实绩量化评分考评、开展市镇实绩互评工作;扎实推行"一线工作法"和成建制工作法,使干部成为发展的引领者和服务者。二是创新非公党建促思进。健全"市镇村企"四级党建工作体系,大力实施非公企业党务工作者"摇篮工程",提升非公党建工作者素质;全面推行"三五"非公企业党建工作机制,推行非公企业"二带十"区域化党建模式,带动建立"同业党建联盟",开展非公企业党建品牌"三级同创"评选,打造非公企业党建品牌;实施党建科技项目,在非公党建品牌创建中,进一步推动广大企业家成为市场经济的开拓者和实践者。三是打造"乡愁党建"促回归。充分发挥异地晋江商会党支部、海外同乡社团的职责,引导乡亲们回归建设商会大楼,设立商会楼宇党支部,促成资金、项目、技术、人才"四回归"。四是着力民生民心促融合。强化基层服务型党组织建设,推行村(社区)网格化服务管理,完善社区治理"十配套"服务设施全覆盖,打造"15分钟服务圈",实现三级公共服务链无缝对接。同时,以"四下基层、四进四促"机制、党代表工作室制度等为载体,推进依法治市,以实实在在的利民、惠民和便民成效凝聚广大群众和新晋江人成为发展的拥护者和推动者。

三 密切联系群众,大力开展党风廉政建设

党的十九大提出:"我们党来自人民、植根人民、服务人民,一旦脱离群众,就会失去生命力。加强作风建设,必须紧紧围绕保持党同人民群众的血肉联系,增强群众观念和群众感情,不断厚植党执政的群众基础。""只有以反腐败永远在路上的坚韧和执着,深化标本兼治,保证干部清正、政府清廉、政治清明,才能跳出历史周期率,确保党和国

家长治久安。""增强党自我净化能力，根本靠强化党的自我监督和群众监督。要加强对权力运行的制约和监督，让人民监督权力，让权力在阳光下运行，把权力关进制度的笼子。"泉州各级党组织深入开展党的作风建设、纪律建设，深入推进反腐败斗争，取得了显著成效。

2002年以来，泉州围绕树好党的执政形象，深入开展党风廉政建设和反腐败斗争。

切实改进党风政风。修定《中共泉州市委常委会工作规则（试行）》，制定《中共泉州市委关于进一步加强市委常委领导班子作风建设的若干规定》，出台《关于改进会议管理提高会议效率的意见》；出台为民办实事长效机制的《若干意见》，出台《关于进一步转变领导作风的意见》。2005年，出台了《泉州市市直机关工作人员绩效考评和奖励暂行办法》、《关于进一步加强机关效能建设的意见》，促机关干部作风转变。

建立健全教育、制度、监督并重的反腐倡廉体系。制定实施《泉州市党风廉政建设责任制报告制度（试行）》，出台《关于贯彻省委〈关于建立和完善反腐倡廉工作"六个机制"的若干规定（试行）〉的实施意见》，进一步强化党委、政府抓反腐败的责任意识。实行了多种形式的领导干部述职述廉制度，强化行政监察和审计职能，建立巡视制度。市委常委会公开向全市人民做出廉政承诺，自觉接受公众的监督。推出"四条禁令"，规范干部行为。普遍开展以群众"满意不满意"为主要标准的民主评议考核，建立长效机制。要求每一位领导干部算好"干部待遇账、法律纪律账、个人良心账"。

深入开展党风廉政建设和反腐败斗争，大力构筑反腐倡廉防线。一是严抓教育，以德治腐工作有新内容。一方面，开展以"艰苦奋斗、勤政廉政"为主题的教育活动，出台《关于建立和完善党风廉政建设三项谈话制度的实施办法（试行）》，增加权力运作过程的透明度，落实群众的知情权与监督权。另一方面，深层次开展纠风工作。有效地整治"红包"、"红帖"以及公款旅游和公车操办婚丧喜庆、旅游、接送子女上学等现象，深入开展行风评议活动。二是严肃执纪，依法治腐工作有新成效。保持对腐败行为的高压态势，集中力量重点查办领导干部利用职权贪污贿赂、侵害群众利益和土地征用、建设工程、行政执法等领域的腐败案件,加大治理商业贿赂工作力度。把查办案件作为反腐败的重要环节,集中力量突破了一批典型案件。同时,开展"一案一整改"活动,巩固和发展办案工作成果。三是严厉措施,源头治腐工作有新招数。出台《泉州市实行公开行政审批审核暂行规定》,全面推行会计集中核算制度,探索开展网上审批工作。四是严格程序,公开办事工作有新进展。巩固"五公开"和县级政务公开成果,充分运用现代信息技术,推动公开办事制度不断往纵深方向发展,完善市、县、乡三级统一联动的监督检查体系。五是自我提高,认真抓好领导干部廉洁自律工作。围绕落实"五个不许"和"两个纠正",着力解决领导干部廉洁自律方面存在的突出问题。

坚持勤政为民,推进机关效能建设。2002 年以来,狠抓服务大厅建设,实行"一条龙"服务、"一个来回"办结、"一个窗口"收费,建立健全方便群众的办事机制。出台了《泉州市机关效能建设工作制度(试行)》,制定了《纠正乡镇干部"走读"现象的暂行规定》。市委以规范事权、财权、人事权为目标,以行政服务中心、会计服务中心、招投标中心为主要载体,以效能投诉中心(经济发展环境投诉中心)为保障机制,建立机关效能监察投诉中心,建立完善了行政服务中心。突出效能提速,完善和规范市、县和部分重点乡镇三级行政服务中心建设,实现市、县网络系统互联,"六大中心"和20 个部门专设审批科成建制进驻市级行政服务中心办公;在全市率先实行全程式网上审批;联审批和重点项目绿色通道建设取得重大进展。福建省推广了泉州这项工作的做法和经验。

大力推动廉政文化"五进"活动,营造以廉为荣、以贪为耻的社会风尚。泉州廉政传统文化、家规家训文化历史悠久,资源丰富。这种文化追求,引领泉州人在反腐倡廉的实践中孕育出一个新的文化形式——廉政文化,为泉州建立惩治和预防腐败体系,提供了宝贵经验。

坚持把群众疾苦放在心上,积极开展扶贫济困活动。以实施民生宽裕工程为龙头,把关心困难群众生产、生活作为一把手工程来抓,开展"造血式"扶贫,抓好"低保"和"两个确保",积极推动党政领导干部及机关单位开展结对帮扶工作,面向城乡困难群众开展形式多样的扶贫济困和送温暖、献爱心活动。

十八大以来，泉州聚焦中心、突出主业，深入推进党风廉政建设和反腐败斗争。

一是锲而不舍纠"四风"。既紧盯隐形变异"四风"问题，也注意发现和纠正以形式主义、官僚主义方式对待中央、省委、市委决策部署等突出问题；既保持对"吃拿卡要"、隐形变异"四风"问题整治的高压态势，又突出解决部分干部不作为、不担当的干事作风问题，大力倡导"马上就办、真抓实干"，真正以党风促政风，特别是市直各单位党组（党委）抓牢窗口部门、审批服务环节，保障了"项目攻坚年"、"学比看"等活动顺利开展。在全省率先开通"随手拍"反"四风"举报移动平台，，出台《泉州市落实中央八项规定精神、深化"四风"整治执行情况日常检查暂行规定》。

二是用好"四种形态"，旗帜鲜明正风肃纪。深入贯彻《中国共产党廉洁自律准则》《中国共产党纪律处分条例》《中国共产党党内监督条例》，坚决维护党章党规党纪的严肃性。把纪律和规矩挺在前面，真正从盯违法向盯违纪转变，从管少数向管全体转变，防微杜渐、动辄则咎，让咬耳扯袖、红脸出汗成为常态，让党纪轻处分和组织处理成为纪律审查的大多数。持续发力纠正"四风"，严格落实中央八项规定精神，紧盯节点、关注平时，用好"随手拍"举报平台，及时将各种"新伎俩""隐身衣"行为纳入整治范围。

三是主业突出，严惩腐败。坚持有腐必反、有贪必肃，用最坚决态度减少腐败存量，最果断措施遏制腐败增量。利剑高悬惩治腐败，重点查处不收敛不收手、问题线索反映集中的腐败行为。推动党风廉政建设向基层延伸，注重在标本兼治上有大的突破。积极探索了基层"反腐门诊"，认真纠正和严肃查处基层贪腐以及执法不公问题，加大对"村霸"和宗族恶势力的整治。盯紧盯牢精准扶贫、灾后重建、涉农领域，加强专项资金使用管理、纪律监督、审计监督等，对胆敢在群众"救命钱"上动心眼、下黑手的绝不放过、坚决处理。

四是扎实推进党内监督。充分发挥巡察监督利剑作用，制订《市委巡察工作实施办法》。重点对建设"综改区"、"金改区"、"五大战役"、推进"生态市"建设等进行监督检查，推动工作落实。全面推进市县党委巡察，组织好市委巡察，聚焦党的领导弱化、主体责任缺失、从严治党不力等问题开展"政治体检",精准发现问题,切实当好"啄木鸟",同时,主动对接上级巡视工作,形成上下联动的巡视巡察一体化工作格局。强化巡察成果运用,对巡察中发现的违规违纪问题,不管涉及什么人,都一查到底、严肃处理;建立巡察督查制度,适时组织巡察"回头看",对敷衍整改、整改不力、拒不整改的,抓住典型、严肃问责。深入开展廉政警示教育,要求各级领导干部树立正确权力观,加强家风建设,敬畏人民、敬畏组织、敬畏法纪。

五是严明党的政治纪律和政治规矩。要求广大党员特别是领导干部必须牢固"四个意识",维护以习近平同志为核心的党中央权威,全面落实习近平总书记提出的"五个必须、五个绝不"要求,切实做到令行禁止。各级纪检监察机关始终把维护党的纪律放在首位,加强对纪律执行情况的监督检查。

六是加强廉政文化建设。编印《党风廉政研究——泉州优秀传统家规家训专刊》,汇编《泉州家训》《泉州乡规民约》,举办"侨批中的家风"文化展,李光地、叶飞、潘明继等家规家训在《中国纪检监察报》、中央纪委监察部网站刊发。在全市开展"亲清润泉商、促进两健康"专题宣传教育活动。

七是坚决失责必问,压实"两个"责任。制定《泉州市关于进一步落实各级党委抓从严治党主体责任的实施细则》,推动各级党委切实担负起全面从严治党的政治责任。坚持落实约谈地方党政领导和部门"一把手"制度,组织县(市、区)党委书记向市纪委全会书面述廉述责,并接受市纪委委员评议。

近年来,晋江着力推进党的作风建设和反腐倡廉建设,增强和巩固党同人民群众的血肉联系,为县域发展保驾护航。一是强化制度约束。修订和完善3大类别27项市委内部制度,形成一套贯穿议事决策、督促落实、责任追究的市委工作制度体系。二是转变机关作风。开展市领导现场办公月,"党员义工进村社"、干部驻村蹲点,推动干部主动到基层一线去发现问题、化解矛盾、破解难题。坚持不打招呼、不定时间、不定路线的"三不"方式、开展"八项规定"专项检查、"马上就办、办就办好"、"三比一看促跨越、创新创业走前列"等主题活动,以优良的党风政风营造了优质的服务环境。三是惩治腐败。对腐败现象形成高压态势，露头就打，确保干部队伍的先进性纯洁性。四是提升工作效能。深化行政审批服务制度改革，先后推进十二轮改革，削减合并400多项审批事项，率先启动"三证合一"登记制度改革，并着力规范行政自由裁量权，严查各类违法违纪案件，建立全市公共资源交易统一平台，规范行政权力的行使程序和运行流程，推行市级行政权力清单制度，通过处理好"看不见的手"与"看得见的手"的关系，既放手让群众干事业，又着力引导大众创业万众创新。

四 以创新制度为动力，规范党的各项建设

泉州市委重视党的制度建设，进入新时代以来，积极推进党的建设制度改革，成效显著。特别是 2014 年以后，党的建设制度改革深入推进，党内法规制度体系不断完善。

2014 年，制定《泉州市党内规范性文件备案实施办法》，坚决维护制度的严肃性和权威性，不断提高党内法规执行力。从严落实党内学习制度、民主集中制、干部人事制度、组织建设制度、作风建设制度、纪律检查制度等制度，坚决纠正有令不行、有禁不止的行为。认真做好制度废、改、立工作，全市共废止不适用制度 792 个，修改完善制度4821 个。落实教育实践活动制度建设计划要求，制定出台《市委常委会重大事项决策征求意见制度》、《关于市委常委会改进作风的意见》、《市级领导出席各类会议活动的若干规定》等16项制度，着力推进党建工作制度化、规范化。

2015 年，突出抓好党的制度建设。一方面，深化党的建设制度改革创新。制定实施《泉州市深化党的建设制度改革实施方案》，成立党的建设制度改革专项工作小组，深化党的建设工作责任制度、组织制度、干部人事制度、基层组织建设制度和人才发展体制机制等方面改革。建立完善《中共泉州市委关于市委常委会改进作风的意见》、《市级领导干部"四下基层"工作规定》、《市委市政府定期听取干部群众意见和研究解决基层群众反映的突出问题制度》、《中共泉州市委办公室关于加强市委市政府党员领导干部与党外代表人士联谊交友工作的通知》、《关于严格控制和进一步规范领导干部兼任社团职务的通知》、《泉州市市级议事协调机构和临时机构管理暂行规定》、《泉州市"三

公"经费及会议经费审计监督实施意见》、《泉州市党政机关国内公务接待管理规定》等21项制度。另一方面,加强党内制度体系建设。完善党内规范性文件制定工作机制,加大党内规范性文件备案审查和解释力度,全年上报党内规范性文件55份,合法合规率100%,接收县(市、区)和市直部门上报备案文件260件。坚持一手立规矩、定制度,一手抓落实、抓督查,通过明察暗访、督促提醒等方式,加强制度法规执行情况的督查,坚决防止"破窗"效应,有力维护制度的严肃性、权威性。

2016年,完善党内规范性文件制定工作机制,加大党内规范性文件备案审查和解释力度,上报党内规范性文件67份、备案文件375件。市深改组党的建设制度改革专项工作小组制定出台《关于进一步落实各级党委抓全面从严治党主体责任的实施细则》《关于市管干部任前公示的规定》等6份制度改革相关文件。认真抓好制度执行,坚持制度面前人人平等、执行制度没有例外,加强制度法规执行情况的督查,有力维护制度的严肃性、权威性。

第四节 泉州党的建设若干经验

2002年以来,泉州党建实践在探索中深化,在创新中前行。回顾泉州这十多年的光辉实践可以清晰看到,全省各级党组织牢记党要管党、从严治党的崇高政治责任,全面加强党的各方面建设,取得了显著成效,也积累了丰富经验。

一 全面从严治党,要害在治,关键是落实党建责任制

泉州各级党组织坚持党要管党、从严治党的方针,认真落实党委书记第一责任人职责,形成一级抓一级的党建工作格局。市委坚持以统筹的理念、整合的方法抓党建,建立健全运行机制,形成了齐抓共管的工作机制,形成推进党建工作的整体合力,确保党建工作的有效开展。特别是市委通过加强党建工作领导小组的领导,不断健全抓党建相应配套制度,促进了党建工作的规范化和制度化。着眼增强各级领导班子和党员干部的先进性和纯洁性,先后作出了一系列加强党的建设的重大决策

和部署，极大增强了各级党组织抓党建的科学性和有效性。

十八大以来，泉州市各级党委（党组）更是把管党治党作为义不容辞的政治责任。各级党组织和党员领导干部自觉把抓好党建作为主业，深入学习贯彻习近平总书记党建重要论述精神，按照省委"五抓五看"重要部署，始终在党言党、在党忧党、在党为党，始终把全面从严治党作为重大政治任务来抓，管到位上、严到份上。各级党组织切实种好管党治党"责任田"，各级党员领导干部要切实履行"一岗双责"，责无旁贷地抓好分工范围内的党建工作，既管事又管人，做到工作职责到哪里，管党治党责任就延伸到哪里。要既"挂帅"又"出征"，既要强化组织意识，心中有党，又要抓好班子、管好队伍，凡是管党治党的事都要抓好。各级党组织旗帜鲜明树立"党建导向"，发挥市委党建工作领导小组作用，坚持党建工作和中心工作一起谋划、一起部署、一起考核，把每条战线、每个领域、每个环节的党建工作抓具体、抓深入。

二 坚持围绕中心、服务大局，在推动伟大事业中谋划和推进伟大工程

党的十九大指出："伟大斗争，伟大工程，伟大事业，伟大梦想，紧密联系、相互贯通、相互作用，其中起决定性作用的是党的建设新的伟大工程。推进伟大工程，要结合伟大斗争、伟大事业、伟大梦想的实践来进行，确保党在世界形势深刻变化的历史进程中始终走在时代前列，在应对国内外各种风险和考验的历史进程中始终成为全国人民的主心骨，在坚持和发展中国特色社会主义的历史进程中始终成为坚强领导核心。长期以来，泉州市委始终重视把党建工作优势转化为经济社会发展的强大动力。在各个发展阶段、关键时期，泉州市委先后提出"三大战略""五个泉州"等战略，充分发挥统揽全局、协调各方的领导核心作用。

2002 年以来，泉州市委常委围绕"发展是执政兴国第一要务"命题经常展开讨论，大家一致认为，发展是以经济建设为中心的发展，是经济、政治、文化的协调发展。为此，市委提出，要把发展作为生命线，站在时代前列谋划和领导改革开放。2004 年，市委制定了《中共泉州市委贯彻〈中共中央关于加强党的执政能力建设的决定〉的实施

意见》，对全市党建工作作出整体部署，进一步明确了党的建设的大政方针。通过全市历次党的代表大会、市委历次全会，明确了泉州发展的目标取向，明确一个时期经济社会发展和党的建设总体思路和目标任务，泉州的每一次战略转型也都通过党代会提出，人代会和政府贯彻，有效发挥了党委统揽全局、协调各方作用。泉州市委全面贯彻"走在前列"的要求，在增强"前列意识"上下功夫。积极推进"平安泉州"、加快文化大省和"法治泉州"建设，形成了经济、政治、文化、社会、生态和党的建设"六位一体"的发展布局，科学发展已成为泉州发展实践脉搏的最强音。

十八大以来，泉州市各级党组织以"五大发展理念"为根本遵循，纵深推进全面从严治党。深入落实省委"新福建"部署，开展"增强忧患意识，推动长远发展"大讨论，推进"打造泉州经济升级版、改革创新示范区、生态宜居幸福城"三大战略。一是坚持创新发展，积极推进基层党建项目化管理，紧跟经济社会发展对党的建设提出的新要求新任务，策划项目、推进项目，解决了党的建设一批重难点问题；二是坚持协调发展，深度融入嵌入本地经济发展，推动干部、人才和基层党建"三个轮子"一起转；三是坚持绿色发展，设立干部监督联席会议，严格落实干部监督教育各项规定，探索不合格党员退出机制，塑造风清气正的政治生态；四是坚持开放发展，树立"大干部"、"大组织"、"大人才"理念，推动组织工作跨界融合，着力营造集创业、创新、创投于一体的人才生态系统，引导基层党建与各项事业深度对接；五是坚持共享发展，建立基层党建区域化行业化运行机制，推动组织工作优势资源共用共享。五年来，泉州市 GDP、一般公共预算收入、规模以上工业增加值分别年均增长 11.2%、16.4%、14%；荣获全国文明城市、国家生态市、国家卫生城市和全国双拥模范城"八连冠"称号，再次荣获全国综治最高奖"长安杯"。

三　坚持思想建党与制度治党紧密结合，解决党的建设存在的突出问题

坚持以思想理论为先导，切实用党的科学理论成果武装头脑、指导实践。在每一个改革发展的关键时期，泉州市委都强调提出：要坚持用科学理论武装广大党员干部的头脑，用发展着的马克思主义指导实践。思想理论建设的重点是领导干部。2002 年以来，泉州各级党组织都非常重视中心组学习。市委坚持通过理论学习中心组、"华大论坛"、读书会、专题报告会等多种形式带头学、深入学。由于抓住了领导干部这个"龙头"，事业发展的"龙身"有力甩动了起来。泉州党的建设的一大特点就是理论的"大众化"。仅近些年来，开展中国梦宣传教育，有效管理宣传思想文化阵地，"华大讲堂"被评为福建省十大社会科学讲坛。十八大以来，2013 年以来，泉州先后两批开展了群众路线学习教育活动。期间，各单位领导班子普遍形成了"想要百姓叫好，先向问题叫板"的共识，并对存在问题进行了认真整改。深化"两学一做"学习教育，引导广大党员干部拧紧思想总开关，坚守"三严三实"，树牢"四个意识"。加强中国特色社会主义理论体系学习教育，把学习贯彻习近平新时代中国特色社会主义思想进一步引向深入。落实党委（党组）意识形态工作责任制，构建全党动手的"大宣传"格局，掌握新媒体时代意识形态的主导权、话语权；深化社会主义核心价值观宣传教育，推进公民道德建设工程，创建全国未成年人思想道德建设工作先进城市。

坚持把制度建设贯穿于党的建设全过程和各方面，是泉州市委管党治党的一贯做法。比如，2002 年以来，市委加强以民主集中制为核心的制度建设，按照科学执政、民主执政、依法治政的要求，理顺了各级党委领导体制。按照省委"坚持科学发展、坚持为民宗旨、坚持民主集中制、坚持干净做事"的要求，完善各级党委议事和决策机制，健全集体领导与个人分工负责相结合的制度，坚持重大决策部署和涉及干部人事调整等重大事项常委会、全委会集体讨论决定，既增强了领导班子的整体功能，又有力地推动了工作。2015 年，认真贯彻"集体领导、民主集中、个别酝酿、会议决定"的基本制度，进一步明确和细化全委会"讨论决定重大问题"的范围，坚持市委常委会向全委会定期报告工作并接受监督，强化市委全委会功能。制定实施《中共泉州市委关于加强各级党委（党组）民主集中制建设的若干意见》、《市委常委会重大事项决策征求意见制度》等制度，完善市委常委会集体议事决策机制。同时，对工作中形成的好经验好做法认真总结，形成规范的制度，推进了党的建设在规范化的轨道上运行。

四　用好干部、夯实基层组织、培育人才，实现组织工作效益的最大化

干部工作是组织部门的核心工作。在编制限定的条件下，干部资源配置方式不同，产生效益就不同。2002年以来，泉州市不断打破部门界限，统一整合、统一调配、综合使用、优化配置干部资源。以晋江市为例：2003年，陆续选派干部到非公企业和薄弱村（社区）挂职任职；2009年，在大规模城市更新改造工作中，大力推行"成建制工作法"和"一线工作法"，组团式地集中选派干部5000多人次到重点项目征迁一线工作，注意从中发现、培养、考察、使用干部；2015年以后"高精专"工作接踵而至，进一步跨界组建"尖刀连"，根据项目工作，抽调人员组建专门的项目团队，配套一线考核干部、一线使用干部；2017年，按照市委的用人导向，进一步总结提升这些做法，出台《关于强化一线考察干部进一步提升干部干事创业精气神的意见》，更加注重选用基层干部，更加注重在项目一线发现干部，更加注重重用敢担当、善于攻坚克难的干部，更加清晰传递选人用人导向，掉的了干部队伍干事创业的积极性。

以夯实基层组织为基础。引领农村党建精准扶贫，深入实施村党组织优秀带头人培养计划，开展村主干异地挂职锻炼，推广跨村联带农村区域党建工作模式，出台《关于发展壮大薄弱村集体经济的意见》，把抓党建促脱贫攻坚作为党委书记抓基层党建述职评议考核的硬指标。引导机关党建展现新作为，深化"1263"机关党建工作机制建设，组织开展"机关党旗红，'五个泉州'在行动"主题实践活动。在城市社区中，全面推行"一定五化"新型社区治理机制，开展"在职党员进社区"、社区党员"五个一"活动，最大限度满足群众服务需求。在学校中，持续推广"156"党建工作机制，拓展"五联工作法"，推行"三培养"制度，现在市属学校领导班子成员中党员占98％，高级职称教师中党员占87％。在国有企业中，继续深化"4567"党建工作机制，运用好"五责五联"工作法，开展国企党建工作"两述两议两评"。在社会组织中，推动市县两级非公企业党工委更名为非公企业和社会组织党工委,协调民政、工商、司法、经信等单位成立社会组织综合党委及行业党组织。

以"做人的工作"为本质要求。泉州各级党组织牢记习近平同志在《研究借鉴晋江经验,加快构建三条战略通道》提出的"要注意加强对新一代民营企业家的培养,使他们逐步成为发展高新技术产业的主导力量"要求,把培育优秀民营企业家作为晋江人才工作的根脉来抓。仅晋江市2003年至今就先后举办了8期总裁研修班、12期"创二代"青商财俊班;2016年又整合推出企业家素质提升行动"领航计划",推动企业家从家族化管理向现代化管理转变,帮助新一代民营企业家接班传承。同时,确立"人才+党建"理念,把工作重点放在培育好书记、好党员上来,在优秀村级党组织书记中开展农村(社区)治理人才认定工作,对应给予美丽乡村、集体经济等特殊政策,在优秀非公企业和社会组织党务工作者中开展职称评聘,推动设立党员科技小组、示范车间,探索中高层管理人员与优秀党务工作者"双向交叉"任职,龙头企业50%高管是党员,使非公党建成为企业推动生产创新、稳定员工队伍、提升企业文化的红色引擎。

五 突出抓好非公企业党建,以红色力量助推非公企业发展

十九大提出:"坚持党对一切工作的领导。"民营经济是泉州发展最突出的优势。仅晋江就有95%以上的企业是民营企业,90%以上的GDP、工业产值、财政收入都由民营企业创造。要坚持和加强党的全面领导,非公经济的发展和非公企业的党建就是一个不容忽视的重要领域。一直以来,泉州非公企业党建工作都是走在全国前列,是中央党的建设工作领导小组秘书组确定的非公企业党建工作联系点,2010年习近平总书记在福建调研考察时又提出泉州"把联系点办成非公有制经济组织党的建设示范点"的新要求。因此,在泉州,抓好非公企业党建对于坚持党的领导、巩固的执政基础具有决定性的意义。

十八大以来,泉州市委引导非公党建打造园区品牌。制发《关于加强和改进园区非公有制企业建设工作的实施意见(试行)》,确定13个市级园区党建示范点创建对象。抓覆盖扩面,分别按"园区、单位、行业、楼宇、归口"等方式灵活组建党组织,总结推广"共建共享型、

龙头带动型、网格推动型、同业互动型、混合联动型"等五种园区党建模式,推进党组织和党的工作有效覆盖。目前,全市非公企业党组织覆盖率达到83.7%。持续深化"红色力量·助推发展"活动和"保本色、增本领、强作用"主题实践活动,建设区域性园区党群活动服务中心,推动市县涉企单位入驻园区开展服务,助推企业转型升级。建设非公企业和社会组织党建培训实践基地,创设"1＋1＋8＋N"培训平台(建设1个培训实践中心、1个非公企业和社会组织党建展馆,下设8个培训实践点、若干个现场教学点),扎实开展非公经济人士理想信念教育实践活动。

晋江市在开展"红色力量·助推发展"系列活动中,一是强化三种工作力量,汇聚推动发展的红色合力。下派干部到企业挂职,强化片区指导力量:从镇街"退二线"领导、市直部门中层骨干和全市大学生村务工作者中,分别择优推选10名干部,按照"1＋1＋1"模式组成10个党建团队,选派到"二带十"片区挂职。组建项目申报工作队,整合部门服务力量:推行重点项目"全挂钩"制度、推行申报项目"月沟通"制度、推行问题项目"季会商"制度。成立市非公企业党校,用好高校学研力量:成立晋江市委非公企业党校,与泉州师范学院、上海财经大学、清华大学深圳研究生院等高校建立合作关系,通过办班培训、课题调研、项目对接等形式,提升企业党员教育培训实效。二是开展三大系列活动,搭建推动发展的红色载体。开展"红色会展"系列活动,重点征集企业党组织领办或党员人才主导研发的产品和技术项目,组织企业参加省6·18海峡项目成果交易会、中国国际人才交流会、德国杜塞尔多夫鞋展等6个会展活动。开展"惠企政策宣讲"系列活动,围绕产业转型升级,梳理编制5方面共13份鼓励扶持政策,并成立非公企业党组织政策宣讲服务队,分领域分行业组织开展"1对1"或"1对多"具体业务解读和工作指导。开展"党员义工进村企"系列活动,各级党组织根据企业、员工需求,建立丰富实用的服务品牌,有效促进企业和谐发展。三是建立三项推进机制,构筑推动发展的红色保障。探索同业党建联盟机制。围绕重点产业及新兴业态,筛选15个行业协会,以组建行业协会联合党组织为抓手,探索"党员双重管理、党建立体指导"的社会组织党建工作新机制,以党建联盟带动企业产能、人才、技术、项目等多元合作,实现"党建抱团"推动"发展抱团"。

六 狠抓党风廉政建设和反腐败斗争,全力做好保持党的先进性和纯洁性工作

党的十九大提出:党的建设要"以加强党的长期执政能力建设、先进性和纯洁性建设为主线"。党的先进性要在服务群众中得到体现,党的纯洁性要由人民群众认可,要通过加强党的建设把广大人民群众团结凝聚在党的周围。

2002年以来,泉州市委、市纪委扎实推进党风廉政建设和反腐败工作,着力构建惩治和预防腐败体系,党员干部廉洁自律的意识不断增强。十八大以来,用好"四种形态",旗帜鲜明正风肃纪。深入贯彻《中国共产党廉洁自律准则》《中国共产党纪律处分条例》,坚决维护党章党规党纪的严肃性。把纪律和规矩挺在前面,让咬耳扯袖、红脸出汗成为常态,让党纪轻处分和组织处理成为纪律审查的大多数。持续发力纠正"四风",严格落实中央八项规定精神,用好"随手拍"举报平台,及时将各种"新伎俩""隐身衣"行为纳入整治范围。利剑高悬惩治腐败,重点查处不收敛不收手、问题线索反映集中的腐败行为,推动反腐工作向基层延伸。按照省委"五抓五看"要求,制定落实党风廉政建设党委主体责任、纪委监督责任的实施意见,建立经常性廉政谈话、约谈提醒等制度,开展规范办公用房、公务用车、公务接待等专项治理。深入开展廉政警示教育,要求各级领导干部树立正确权力观,加强家风建设,敬畏人民、敬畏组织、敬畏法纪。

服务是党建的生命,是党建的价值之所在。一是服务必须有组织的网络。泉州积极推进"网格化管理、组团式服务",一张覆盖到乡村、社区的泉州基层党建工作网络,把党委、政府和基层群众紧密联结起来,实现了基层社会管理服务的全覆盖。二是服务必须适应社会组织的变化。泉州是民营经济发达大市,泉州加强和加速了非公企业党的建设,努力推动党组织组建工作从规模以上企业向所有企业全覆盖转变。要服务必须有特色有成效。泉州在全国率先建设服务型基层党组织,努力实现了服务水平和群众满意度"双提升"。再如,德化县树立"小县也有大作为"新导向,在全县范围内开展"抓落实、勇担当,提振干事创业精气神"主题实践活动,以"四比四争"(比学习,争当政治合格、业务精通的表率;比担当,争当敢于负责、攻坚克难的表率;比作风,争当甘于奉献、务实高效的表率;比成果,争当开拓创新、服务发展的表率)为载体,积极引导全县干部深入讨论、全面查找和切实解决干部队伍中存在的士气不振、风气不正、不敢担当、懒政怠政、效率不高等五方面突出问题,着力破除"山区县定位的思想禁锢、因循守旧的求稳心态、不敢担当的畏难情绪、封闭自守的狭隘意识",加强县乡领导班子换届后党员干部思想建设、作风建设和能力建设,提高执行力和干事实效,为推动德化发展再上新台阶提供坚强保障。

此外,泉州各级党基层组织亮出党员名片,为群众"零距离"提供服务,一项项党员服务承诺、一张张党群联系卡、一个个党员服务中心,将广大党员和基层群众紧紧联系在一起。三是服务必须见之于实效。十八大以来,不断深化行政审批制度改革,优化公共资源市场化配置,大力规范行政自由裁量权,着力破解"熟人经济"问题,发展环境进一步改善。通过开展"促进项目落地帮扶企业发展"活动周,推出一系列稳增长、促转型、防风险等惠企政策措施,有效防范金融风险。

七　弘扬"爱拼敢赢"的泉州精神,以改革创新精神推动党建工作发展

敢为人先是泉州精神的精髓。泉州的经验表明,推进党的执政能力建设、先进性纯洁性建设以及党的"五位一体"建设都必须要大力弘扬改革创新精神。

2002年以来,泉州党建创新做法层出不穷。特别是党的十八大以来,泉州党建工作与时俱进,探索创新可以说亮点纷呈,高招迭出。比如,推行基层党建工作项目化管理,实施优秀村级党组织带头人培养计划,推广村干部异地挂职锻炼、"跨村联带"等,完成村级组织换届,一批软弱涣散党组织得到整顿,处置不合格党员工作全面推开。创新非公企业党建工作机制,总结共建共享、龙头带动、网格推动、同业互动、混合联动5种园区党建模式。出台《市委研究市管干部推荐考察和任用工作流程》,在换届考察中推行百分制量化考评办法,改革后备干部确定方式,市县乡三级换届顺利推进,较好完成市县两级机构改革和超职数配备干部、"裸官"清理整治任务。打造"人才港湾"品牌,"海纳百川"聚集高端人才。

各县(市、区)也勇于探索,创造了许多好的经验与做法。比如:鲤城区创新实施街道"3+3"工作法,探索社区"四联"工作法。丰泽区推行社区党建"五化"工作法。洛江区建立"探索实践-总结提升-经验交流-宣传推广-建立机制"的特色党建工作培育推广机制,探索台资企业"网格联盟"党建模式。泉港区创新农村基层"三联"帮带模式,创新村级带头人选育平台,采取党员领导干部与村级带头人"1+N"挂钩联系模式,在全省首创非公企业党务工作者"双选聘"模式。石狮市创新社会组织"双五"党建工作法,探索创新不合格党员处置工作新机制。晋江市制定全省首份非公企业党建工作标准,绘出"非公企业党建脉络图",创新"四特"机关党建模式,在全省率先全面建设党代表工作室。南安市推行异地商会党建"四三"工作法,实施"百个典型强示范"工程,蓉中村被中组部确定为全国先进典型。惠安县探索实施"1+X"党组织设置模式,打造非公党建"标准配置"。安溪县深化拓展村干部异地挂职锻炼机制,开展"以企带村、村企共建"活动,创建安溪农村合作社党建和县域非公党建新模式,在全省率先成立个体私营经济党委。永春县践行群众路线方法,探索推行"访民情、议民生、聚民力、办民事、请民评"群众路线"五步走"工作法,创新非公企业"一站式"党建服务,创新美丽乡村党建工作。德化县积极推进德化城乡党建"1+3"模式,通过"党支部+"实施精准扶贫,试点推行党员旁听基层党委会议、党代表列席同级党委有关会议等做法,探索试行"开放式"民主生活会。泉州开发区推行"区域化、网格化、联创化"非公党建工作模式,创建"三方共建联创"模式,打造"机关带非公企业"党建工作格局。泉州台商投资区创新践行群众路线"333"服务体系,打造"台资企业党建综合体"。泉州涌现出恒安、三六一度、领SHOW天地园区等一批全国、全省先进党组织。

第五节　积极应对泉州党建面临的新挑战

当前,经济政治文化社会的快速发展,给泉州党的建设带来新的发展机遇,同时也使之面临着新的挑战,泉州党的建设进入新的发展阶段。这些挑战主要在于:一是面临经济体制深刻变革的挑战。民营企业创造的产值、税收和就业,占比泉州"十分天下有其九",商会、行业协会等新社会组织迅猛发展,加强党建工作,既是创新社会管理、维护社会稳定的必然要求,又是加强执政建设的新使命。二是面临社会结构深刻变动的挑战。大量农村劳动力转移就业,几十万泉州人异地经商、百余万外来工来泉建设,泉州就业结构、人口结构、社会阶层全方位变化,产业工人中的党员政治、文化素质如何提高,流动日益频繁的党员如何管理服务,困难群体党员如何关怀帮扶,这些新形势下的新情况新问题又对党建工作提出更高要求,亟需深入研究和及时解决。三是面临利益需求深刻调整的挑战。泉州已经进入产业提升、城建提速的关键时期,土地征迁、项目建设产生大量利益调整问题,极易产生纠纷、上访,乃至群体性事件,极易滋生诱发腐败的环节和领域,做好新形势下党的群众工作,密切党群干群关系,加强党风廉政建设和反腐败斗争,仍然任重道远。四是面临思想观念深刻变化的挑战。泉州人均 GDP 超过 11710 美元,广大群众更加追求品质生活、精神生活、尊严生活,加上受信息化、网络化大潮的影响和外部多元文化的冲击,人们的利益诉求和价值观念日益多样化,一些党员的党员意识淡化、先锋模范作用不明显,各级党组织畅通多元利益诉求、回应民生期待的任务更加艰巨。

面对以上新挑战,泉州各级党组织必须以改革创新的精神不断推进党的建设。

第一,要把政治建设放在首位,严格严明党的纪律和规矩。要开展严肃认真的党内政治生活,聚焦党的十九大精神落实,从思想教育、严明纪律、选人用人、组织生活、党内监督等方面进行深化细化。要尊崇党章,严格执行新形势下党内政治生活若干准则,增强党内政治生活的政治性、时代性、原则性、战斗性,自觉抵制商品交换原则对党内生活的侵蚀,营造风清气正的良好政治生态。党的纪律是对各级党组织和党员进行约束的行为规范，是实现党的集中统一、维护中央权威的要求和保证，要增强"四个意识"，自觉维护以习近平同志为核心的党中央权威。市人大、政府、政协、人民团体都自觉接受市委的统一领导，真正做到精诚团结、和谐奋进。

第二，要坚定理想信念，常补精神之钙。习近平同志强调指出，坚定理想信念，坚守共产党人精神追求，始终是共产党人安身立命的根本。要认真组织学习宣传贯彻党的十九大精神，特别是要学好用好习近平新时代中国特色社会主义思想，着力在引导党员干部坚定理想信念宗旨上取得新进展。坚持把学习贯彻党的十九大精神作为当前及今后一段时期政治任务抓紧抓好。同时，深入学习习近平新时代中国特色社会主义思想。在此基础上，深入开展理想信念教育，经常性组织党员开展党性分析，引导广大党员干部始终保持对马克思主义的坚定信仰、对中国特色社会主义的坚定信念、对改革开放和现代化建设的坚定信心。

第三，要在更高要求上深化干部人事制度改革，着力在建设高素质领导班子上取得新进展。建设一支高素质专业化干部队伍，是泉州率先实现"五个泉州"现代化目标的人才保证。要坚持党管干部原则，坚持德才兼备、以德为先，坚持五湖四海、任人唯贤，坚持事业为上、公道正派，把好干部标准落到实处。坚持正确选人用人导向，匡正选人用人风气，突出政治标准，提拔重用牢固树立"四个意识"和"四个自信"、坚决维护党中央权威、全面贯彻执行党的理论和路线方针政策、忠诚干净担当的干部，选优配强各级领导班子。扩大选人用人民主，进一步完善干部选拔任用提名、差额选拔干部、竞争性选拔等办法，不断提高选人用人公信度；扎实组织开展新一轮大规模培训，大幅度提升干部队伍能力素质。

第四，要坚持以服务型基层党组织建设为总抓手，着力在夯实党的执政基础上取得新进展。党的十九大指出："党的基层组织是确保党的路线方针政策和决策部署贯彻落实的基础。要以提升组织力为重点，突出政治功能，把企业、农村、机关、学校、科研院所、街道社区、社会组织等基层党组织建设成为宣传党的主张、贯彻党的决定、领导基层治理、团结动员群众、推动改革发展的坚强战斗堡垒。"泉州要继续深入推进服务型基层党组织建设，全面深化"网格化管理、组团式服务"，努力建设一批特色鲜明的服务品牌。大力推进基层党建覆盖网建设，全面推行区域化党建工作，力争所有领域实现党的组织和工作全覆盖。大力推进新经济组织和新社会组织党建工作，巩固扩大党的组织和工作覆盖，深化系列"红色党建助推发展"活动，充分发挥党组织团结带领群众的政治核心作用和推进"两新"组织发展的政治引领作用。

第五，要积极推进党内民主，着力在激发党的生机和活力上取得新进展。党的十九大指出："完善和落实民主集中制的各项制度，坚持民主基础上的集中和集中指导下的民主相结合，既充分发扬民主，又善于集中统一。"其中，民主是执政效果的重要目标，是执政党权力得以运行的制度体系。中国共产党始终强调党内民主是党的生命，加强党内民主建设，以党内民主带动人民民主，以制度建设来保证党内民主的贯彻落实。要进一步健全民主集中制各项制度，完善党委议事规则和决策程序，注重发挥党委全委会作用。全面落实党代表任期制工作，稳步扩大县（市、区）党代会常任制试点范围。健全落实党务公开工作，基层党组织全面实行党务公开，市县党委积极探索开展党务公开。积极发展党内基层民主，认真落实《泉州市村级组织工作规则》，充分发挥村务监督委员会作用，不断健全村党组织领导的充满活力的村民自治运行机制。

第六，要不断加强党管人才工作，着力在构建泉州人才发展新优势上取得新进展。切实落实好党的十九大提出的"要坚持党管人才原则，聚天下英才而用之，加快建设人才强国"的要求。坚持不懈抓好人才发展规划纲要落实，更好地在全社会普及和应用科学人才观，力争人才发展总体水平和人才竞争力位居全国前列。加大海外引才力度。积极打造海外高层次人才创业创新平台，大力推进人才体制机制创新，着力构筑泉州人才发展新优势。

第七，要健全党员干部直接联系群众制度，着力在密切党同人民群众的血肉联系上取得新进展。党的十九大指出："我们党来自人民、植根人民、服务人民，一旦脱离群众，就会失去生命力。加强作风建设，必须紧紧围绕保持党同人民群众的血肉联系，增强群众观念和群众感情，不断厚植党执政的群众基础。"始终坚持党的群众路线，深入开展马克思主义群众观教育。健全完善蹲点调研、基层联系点、下访接访、结对帮扶等制度，推动党员干部在服务基层群众中增进感情、提升能力。建立领导干部直接联系基层制度，要求"市联系到县（市、区），县联系到村，乡联系到户"，实现联系服务群众长效化常态化。

第八，要坚决惩治和有效预防腐败，着力在反腐败斗争上取得新进展。党的十九大指出："人民群众最痛恨腐败现象，腐败是我们党面临的最大威胁。"为此，泉州各级党组织要坚持标本兼治、综合治理、惩防并举、注重预防的方针，进一步完善具有泉州特点的惩治和预防腐败体系。全面加强教育、监督和廉洁自律工作，大力推进廉政文化建设，深入贯彻廉政准则，强化对权力运行的监督制约。坚决纠正损害群众利益的不正之风，加强农村、国有企业、学校和城市社区等党风廉政建设，切实维护群众合法权益。加强对党员干部的政治纪律教育，加强对党的政治纪律执行情况监督检查，严肃处理违反政治纪律行为。

最后，要积极推进党的制度建设，着力在提高党的建设科学化水平上取得新进展。坚持把制度建设作为推进党的建设科学化的重要保障，着力建设具有泉州特色的党的制度体系。顺应党建形势发展需要，重点加强党内制度建设。着眼打造泉州党建工作创新品牌，从争先、服务、培优、统筹、民主、公开等机制创新入手，培育推广党建系列品牌，推进党建工作科学发展。

铸就坚强核心，引领追梦航程，在新的历史起点上，泉州各级党组织自身建设将不断得到加强。肩负着泉州人民的重托，泉州各级党组织将以更加坚定有力的步伐，破浪前行。

附录一   1949—2016 年泉州市
国民经济主要指标

表1   （1949—1970 年）

	单位	1949 年	1952 年	1957 年	1962 年	1965 年	1966 年	1970 年
1. 年末户籍人口数	万人	219.17	242.88	274.42	306.48	326.91	335.5	375.3
2. 国民经济核算								
地区收入总值（当年价）	万元	13288	19522	29821	29547	39893	46806	51173
地区生产总值（当年价）	万元	13288	19522	29601	29295	39686	46510	50931
#第一产业	万元	8297	12114	16206	13151	17629	21837	25338
第二产业	万元	1192	2368	5092	7206	9438	10756	11758
第三产业	万元	3799	5040	8303	8938	12619	13917	13835
人均地区生产总值（当年价）	元	61	82	109	97	123	140	138
3. 粮农生产								
农林牧渔业总产值	亿元	1.92	2.52	2.64	1.91	2.7	3.32	3.86
耕地面积	万亩	273.6	280.05	282.08	236.04	247.35	246.87	246.85
粮食总产量	吨	418000	537500	684500	539182	711500	712660	775825
4. 全部工业总产值	万元	2322	4083	8450	11003	16512	20177	21393
5. 社会消费品零售总额	万元	11579	15056	22947	26246	29901	30823	33510
6. 固定资产投资额	万元		432	813	1529	2179	2481	3099
7. 对外经贸								
新批"三资"企业合同数	个							
新批"三资"企业合同投资额	万美元							
#外资	万美元							

	单位	1949 年	1952 年	1957 年	1962 年	1965 年	1966 年	1970 年
"三资"企业开业投产数	家							
实际利用外资	万美元							
"三资"企业总产值	万元							
三资企业出口总值	万美元							
出口商品总值（海关口径）	万美元							
8. 财政金融								
一般公共预算总收入	万元	707	3008	3562	4960	5107	4694	4996
一般公共预算支出	万元	45	619	1743	1569	2624	2670	4333
金融机构人民币存款余额	万元	18	2127	6244	13615	16242	13438	15988
人民币住户存款余额	万元		1186	4333	4690	8593	8246	8775
金融机构人民币贷款余额	万元		351	9669	19041	15536	12908	16468
9. 人民生活								
城镇居民人均可支配收入	元							
农村居民人均可支配收入	元							
10. 教育卫生								
各级各类学校数	所	1198	1395	1449	1678	1913		2937
各级各类学校在校学生数	万人	16.47	27.09	32.37	35.89	45.09		47.48
各级各类学校教职工数	人	7310	11004	12260	13499	19861		20949
卫生技术人员	人	94	571	804	1656	5448	5436	4622
医院床位数	人	130	440	704	1502	3713	3947	5198

表 2　　　　　　　　　　　（1975—1990 年）

	单位	1975 年	1976 年	1978 年	1980 年	1985 年	1990 年
1. 年末户籍人口数	万人	428.18	439.79	457.87	470.59	513.63	582.33
2. 国民经济核算							
地区收入总值（当年价）	万元	61461	58965	83885	137459	276688	659299
地区生产总值（当年价）	万元	57993	56026	77949	123964	251624	618812
#第一产业	万元	23024	22115	30079	48077	91925	187591
第二产业	万元	18935	16034	25610	41887	98385	255235

续表

	单位	1975 年	1976 年	1978 年	1980 年	1985 年	1990 年
第三产业	万元	16034	17877	22260	34005	61314	175986
人均地区生产总值（当年价）	元	140	129	171	264	493	1088
3. 粮农生产							
农林牧渔业总产值	亿元	3.94	3.8	4.98	6.83	14.19	31.01
耕地面积	万亩	243.87	243.83	244.1	243.1	235.06	227.2
粮食总产量	吨	880230	823865	1038165	1100949	962218	1049542
4. 全部工业总产值	万元	37435	33738	54987	80147	214279	635907
5. 社会消费品零售总额	万元	42810	42499	45659	68789	153828	378556
6. 固定资产投资额	万元	3958	2701	5144	11100	60000	178200
7. 对外经贸							
新批"三资"企业合同数	个				3	103	326
新批"三资"企业合同投资额	万美元				41	5076	23792
#外资	万美元				22	3231	20373
"三资"企业开业投产数	家				2	56	170
实际利用外资	万美元				16	633	5161
"三资"企业总产值	万元						163501
三资企业出口总值	万美元						
出口商品总值（海关口径）	万美元				753	5074	27458
8. 财政金融							
一般公共预算总收入	万元	5560	4122	8030	9504	19876	62440
一般公共预算支出	万元	6134	6135	9384	11379	23109	63939
金融机构人民币存款余额	万元	25636	24494	33151	50752	162628	461110
人民币住户存款余额	万元	13101	13355	17623	30590	116426	403061
金融机构人民币贷款余额	万元	22271	21651	29123	36004	103293	297158
9. 人民生活							
城镇居民人均可支配收入	元			324	441	914	1538
农村居民人均可支配收入	元			75	120	408	783
10. 教育卫生							
各级各类学校数	所	2583		2519	3413	3481	3790
各级各类学校在校学生数	万人	91.73		89.8	95.71	98.36	98.37

续表

	单位	1975 年	1976 年	1978 年	1980 年	1985 年	1990 年
各级各类学校教职工数	人	32459		30435	4164	42661	50807
卫生技术人员	人			6006	6270	8306	11289
医院床位数	人			6598	6770	8122	9675

表3 　　　　　　　　　　(1995—2004 年)

	单位	1995 年	2000 年	2001 年	2002 年	2003 年	2004 年
1. 年末户籍人口数	万人	625.92	654.62	657.08	659.03	662.62	665.28
2. 国民经济核算							
地区收入总值（当年价）	万元	5085157	9592433	10281048	11128492	12492788	14412389
地区生产总值（当年价）	万元	4963895	9310795	9977311	10807497	12141077	14051247
#第一产业	万元	597211	806922	817118	831407	840444	940835
第二产业	万元	2613625	5306662	5621672	6094230	6909925	8029912
第三产业	万元	1753059	3197211	3538521	3881860	4390708	5080500
人均地区生产总值（当年价）	元	7995	12790	13602	14526	16124	18452
3. 粮农生产							
农林牧渔业总产值	亿元	98.84	135.43	138.5	141.4	144.87	164.13
耕地面积	万亩	215.43	211.19	207.43	205.81	202.17	200.43
粮食总产量	吨	1136017	1113344	1097067	1046781	1001595	1015203
4. 全部工业总产值	万元	7343285	14495950	15569185	16978786	19785101	24889800
5. 社会消费品零售总额	万元	1593200	3222371	3515607	3870683	4339036	4985552
6. 固定资产投资额	万元	1055600	2113639	2207377	2321604	2784777	3587936
7. 对外经贸							
新批"三资"企业合同数	个	606	419	514	578	904	777
新批"三资"企业合同投资额	万美元	144284	102286	138587	146671	233209	228589
#外资	万美元	127926	87373	120286	130372	160809	166582
"三资"企业开业投产数	家	580	283	290	317	388	508
实际利用外资	万美元	76451	62331	80127	82101	99360	109348
"三资"企业总产值	万元	2204504	5046588	5474309	6171000	7319489	8796289

续表

	单位	1995 年	2000 年	2001 年	2002 年	2003 年	2004 年
三资企业出口总值	万美元	131439	55148	70461	84211	107150	140212
出口商品总值（海关口径）	万美元	151586	118118	126085	153474	191623	259749
8. 财政金融							
一般公共预算总收入	万元	264468	574744	696903	854985	1050051	1311698
一般公共预算支出	万元	202399	370569	431914	486615	607244	717266
金融机构人民币存款余额	万元	1837459	6120655	6955383	8207390	10232148	11633386
人民币住户存款余额	万元	1611605	4439159	5136915	5952749	7113470	7943264
金融机构人民币贷款余额	万元	1262276	3851695	4244651	4856754	6533777	7496787
9. 人民生活							
城镇居民人均可支配收入	元	4537	7817	8700	10100	11155	12699
农村居民人均可支配收入	元	2768	4440	4643	4878	5182	5680
10. 教育卫生							
各级各类学校数	所	4903	4960	3236	3203	3056	3038
各级各类学校在校学生数	万人	139.57	161.23	155.94	149.75	144.73	140.78
各级各类学校教职工数	人	63294	80728	76486	78234	80996	83507
卫生技术人员	人	11572	11278	11687	12030	12909	13039
医院床位数	人	10505	14027	14025	14139	15272	15481

表 4　　　　　　　　　　（2005—2010 年）

	单位	2005 年	2006 年	2007 年	2008 年	2009 年	2010 年
1. 年末户籍人口数	万人	667.66	670.4	674.29	677.73	680.85	685.27
2. 国民经济核算							
地区收入总值（当年价）	万元	16784760	19728657	23904696	28495045	31287116	36301063
地区生产总值（当年价）	万元	16410978	19324764	23432969	27956333	30695003	35649739
#第一产业	万元	978826	951140	1070978	1195703	1167370	1321810
第二产业	万元	9407948	11176053	13542835	16137392	17786816	21448640
第三产业	万元	6024204	7197571	8819156	10623238	11740817	12879289
人均地区生产总值（当年价）	元	21313	24823	29775	35209	38249	43959

	单位	2005 年	2006 年	2007 年	2008 年	2009 年	2010 年
3. 粮农生产							
农林牧渔业总产值	亿元	169.02	165.37	188.12	211.09	205.17	232.11
耕地面积	万亩	196.88	231.55	230.47	229.77	222.67	221.18
粮食总产量	吨	1016390	852232	812003	812022	826021	807929
4. 全部工业总产值	万元	29970506	35203718	42712416	51206933	56958625	70635054
5. 社会消费品零售总额	万元	5620013	6459832	7540541	9035434	10547749	12346140
6. 固定资产投资额	万元	4291122	4944874	6951101	8606599	9764677	12508091
7. 对外经贸							
新批"三资"企业合同数	个	561	524	394	140	103	156
新批"三资"企业合同投资额	万美元	236825	296387	855982	322966	195620	256911
#外资	万美元	170021	204756	292389	186887	95910	161089
"三资"企业开业投产数	家	509	511	419	266	133	129
实际利用外资	万美元	70889	92014	127510	169990	172000	149342
"三资"企业总产值	万元	11019420	13194054	16840706	18406258	21140599	24618090
三资企业出口总值	万美元	181712	219458	269719	319883	316772	422370
出口商品总值（海关口径）	万美元	320694	403671	498115	579489	589182	828221
8. 财政金融							
一般公共预算总收入	万元	1533618	1850170	2250599	2635998	3161513	4002789
一般公共预算支出	万元	860902	1047758	1339439	1613540	1869038	2296427
金融机构人民币存款余额	万元	13748477	16460379	18512826	21750366	26857373	32762343
人民币住户存款余额	万元	9217860	10556259	10988681	13692184	16545195	18602087
金融机构人民币贷款余额	万元	8728093	11278355	13732723	15897723	20566550	26005591
9. 人民生活							
城镇居民人均可支配收入	元	14209	15972	18097	20420	22913	25155
农村居民人均可支配收入	元	6123	6606	7244	7973	8563	9296
10. 教育卫生							
各级各类学校数	所	3021	3005	3064	3000	3300	3125
各级各类学校在校学生数	万人	147.03	149.64	148.2	147.43	146.64	145.21
各级各类学校教职工数	人	86427	84378	85215	85206	87671	87676

续表

	单位	2005 年	2006 年	2007 年	2008 年	2009 年	2010 年
卫生技术人员	人	13928	14538	15429	19155	20827	23534
医院床位数	人	15543	15975	15875	18535	19764	20509

表 5　　　　　　　　　　　　　　　（2011—2016 年）

	单位	2011 年	2012 年	2013 年	2014 年	2015 年	2016 年
1. 年末户籍人口数	万人	689. 51	693. 16	703. 51	716. 22	722. 45	732. 3
2. 国民经济核算							
地区收入总值（当年价）	万元	42782402	47874489	53102005	58368789	62503970	67683282
地区生产总值（当年价）	万元	42028770	47026965	52161612	57333576	61377139	66466294
#第一产业	万元	1517779	1605699	1656564	1723522	1784618	1984879
第二产业	万元	25838171	28904093	32236455	35532505	36796983	38866775
第三产业	万元	14672820	16517173	18268593	20077549	22795538	25614640
人均地区生产总值（当年价）	元	51413	57002	62657	68254	72421	77784
3. 粮农生产							
农林牧渔业总产值	亿元	267. 22	282. 23	298. 09	308. 88	320. 59	357. 26
耕地面积	万亩	220. 52	220. 07	219. 22	218. 04	217. 66	217. 27
粮食总产量	吨	797118	752587	752798	745653	728160	691318
4. 全部工业总产值	万元	90002932	95015847	105902462	120110432	124182931	133306108
5. 社会消费品零售总额	万元	14624003	17058900	19455675	21894296	24595881	27246536
6. 固定资产投资额	万元	15761431	20167241	25024446	29402531. 52	34781797. 16	37480062
7. 对外经贸							
新批"三资"企业合同数	个	170	106	111	126	102	124
新批"三资"企业合同投资额	万美元	412890	254127	284760	337507	206195	234824
#外资	万美元	198154	120592	132803	154609	99498	135553
"三资"企业开业投产数	家	131	85	93	41	29	12
实际利用外资	万美元	161511	131959	139112	148950	158036	162780
"三资"企业总产值	万元	29857723	31402945	33437221	35569233	39346394	39396070
三资企业出口总值	万美元	564295	501622	575467	603239	538638	518132
出口商品总值（海关口径）	万美元	1078392	1237444	1646700	1818067	1829320	1624565

续表

	单位	2011 年	2012 年	2013 年	2014 年	2015 年	2016 年
8. 财政金融							
一般公共预算总收入	万元	5003558	5724320	6495691	7231237	8047410	7698618
一般公共预算支出	万元	2969907	3564437	4222149	4767231	5398893	5976651
金融机构人民币存款余额	万元	37796692	45107265	54091758	57785320	63525571	66398150
人民币住户存款余额	万元	20496672	23886618	27067001	28208857	31032166	32968348
金融机构人民币贷款余额	万元	30209719	35276787	40158027	46736402	52849831	57884158
9. 人民生活							
城镇居民人均可支配收入	元	28703	32283	35430	34820	37275	39656
农村居民人均可支配收入	元	10578	11915	13316	14586	15861	17179
10. 教育卫生							
各级各类学校数	所	3085	3261	3255	3259	3343	3295
各级各类学校在校学生数	万人	150.47	152.72	156.34	160.41	167.2	172.09
各级各类学校教职工数	人	102793	107384	109420	113174	116018	116815
卫生技术人员	人	25419	28410	32004	35578	38027	39988
医院床位数	人	23276	25705	27447	28578	30449	32997

注：表 1—表 5 中，2010 年及以前的"固定资产投资额"为全社会口径；2006 年起，"耕地面积"数据取自市国土资源局。

资料来源：泉州市统计局

附录二 1978—2016 年晋江市
经济社会发展主要指标

表1 　　　　　　　　　　（1978—1984 年）

	1978 年	1979 年	1980 年	1981 年	1982 年	1983 年	1984 年
地区生产总值（万元）	14472	17882	28676	30911	36314	42529	64226
第一产业（万元）	5585	7678	13676	13190	14084	14716	22219
第二产业（万元）	5086	5938	8501	10571	13913	18125	29632
第三产业（万元）	3801	4266	6499	7150	8317	9688	12375
财政总收入（万元）	1833	1821	2135	2329	3658	4188	4560
固定资产投资（万元）							
社会消费品零售总额（亿元）			1.97	2.30	2.51	2.98	3.88
年末户籍人口（万人）	94.87	96.34	97.29	98.34	100.01	101.35	102.66
常住人口（万人）							
按户籍人口计算的人均GDP	154	187	296	316	366	422	630
按常驻人口计算的人均GDP							
农民居民人均可支配收入（元）			129	170	177	338	432
城镇居民人均可支配收入（元）							
在岗职工平均工资（元）	627	667	760	777	780	785	953
全社会商品出口总值（万元）							

表2 　　　　　　　　　　（1985—1991 年）

	1985 年	1986 年	1987 年	1988 年	1989 年	1990 年	1991 年
地区生产总值（万元）	74660	91445	105916	99317	113165	136867	192314
第一产业（万元）	20365	21137	28963	26959	31236	33952	45135
第二产业（万元）	38065	52426	53398	49708	56056	72263	110343

续表

	1985 年	1986 年	1987 年	1988 年	1989 年	1990 年	1991 年
第三产业（万元）	16230	17882	23555	22650	25873	30652	36836
财政总收入（万元）	5137	7198	8779	7590	11723	15050	17080
固定资产投资（万元）						19144	21245
社会消费品零售总额（亿元）	5.45	6.32	7.40	6.75	8.07	8.18	9.23
年末户籍人口（万人）	104.13	105.46	107.45	84.67	86.91	91.04	93.41
常住人口（万人）							
按户籍人口计算的人均 GDP	722	873	995	1034	1319	1538	2085
按常驻人口计算的人均 GDP							
农民居民人均可支配收入（元）	525	602	665	834	887	1012	1214
城镇居民人均可支配收入（元）							
在岗职工平均工资（元）	1092	1187	1221	1389	1749	2037	2482
全社会商品出口总值（万元）				10417	20798	38655	66635

表3 （1992—1998 年）

	1992 年	1993 年	1994 年	1995 年	1996 年	1997 年	1998 年
地区生产总值（万元）	336047	618228	1119383	1422718	1662330	1916521	2172424
第一产业（万元）	51859	63303	80700	101145	110868	119302	120843
第二产业（万元）	196254	365718	648308	766258	906119	1070395	1291780
第三产业（万元）	87934	189207	390375	555315	645343	726824	759801
财政总收入（万元）	22023	35076	43960	54588	63800	74828	86300
固定资产投资（万元）	45986	61506	163413	169756	180335	200135	302141
社会消费品零售总额（亿元）	17.87	25.01	35.80	48.04	58.01	62.60	69.71
年末户籍人口（万人）	94.12	95.19	96.35	97.77	98.67	99.46	99.92
常住人口（万人）							
按户籍人口计算的人均 GDP	3584	6531	11688	14658	16925	19346	21792
按常驻人口计算的人均 GDP							
农民居民人均可支配收入（元）	1713	2121	3358	4321	4868	5257	5643
城镇居民人均可支配收入（元）							
在岗职工平均工资（元）	3025	3729	5451	6454	6897	7437	7504
全社会商品出口总值（万元）	126966	243301	518325	700336	766198	1010016	1179015

表4 　　　　　　　　　（1999—2005 年）

	1999 年	2000 年	2001 年	2002 年	2003 年	2004 年	2005 年
地区生产总值（万元）	2342733	2378290	2580197	2776674	3216048	3698413	4272964
第一产业（万元）	111671	106943	111021	113373	107597	117630	114189
第二产业（万元）	1418346	1457190	1599963	1742847	2052179	2381177	2783649
第三产业（万元）	812716	814157	869213	920454	1056272	1199606	1375126
财政总收入（万元）	99066	130233	161660	200277	270196	331133	386466
固定资产投资（万元）	302732	318171	346000	450300	608900	830811	1024161
社会消费品零售总额（亿元）	75.28	78.50	82.73	89.08	79.95	104.70	115.30
年末户籍人口（万人）	100.60	101.92	102.00	102.10	102.43	102.89	103.29
常住人口（万人）		147.86	153.56	158.67	163.45	168.53	173.49
按户籍人口计算的人均 GDP	23367	23487	25306	27209	31448	36026	41449
按常驻人口计算的人均 GDP		16085	17120	17786	19968	22281	24987
农民居民人均可支配收入（元）	5772	5972	6140	6330	6710	7166	7625
城镇居民人均可支配收入（元）							
在岗职工平均工资（元）	8203	9012	9951	12026	13208	14967	16491
全社会商品出口总值（万元）	1303183	1341280	1481550	1629705	1946056	2246720	2632200

表5 　　　　　　　　　（2006—2010 年）

	2006 年	2007 年	2008 年	2009 年	2010 年
地区生产总值（万元）	5026865	6058776	7254806	7988927	9088816
第一产业（万元）	108322	118794	132600	132228	155136
第二产业（万元）	3294871	3953783	4634557	5108663	5917303
第三产业（万元）	1623672	1986199	2487649	2748036	3016377
财政总收入（万元）	485888	602996	720000	815289	1002289
固定资产投资（万元）	1195310	1569305	1908177	2302253	3208026
社会消费品零售总额（亿元）	126.89	149.35	180.65	208.94	240.49
年末户籍人口（万人）	103.66	104.45	105.04	105.69	106.58
常住人口（万人）	178.75	183.88	188.61	194.61	198.64
按户籍人口计算的人均 GDP	48580	58227	69260	75819	85635
按常驻人口计算的人均 GDP	28542	33416	38953	41694	46224

续表

	2006 年	2007 年	2008 年	2009 年	2010 年
农民居民人均可支配收入（元）	8068	8617	9202	9828	10542
城镇居民人均可支配收入（元）		15554	17576	19553	21858
在岗职工平均工资（元）	18149	20398	22562	25606	29019
全社会商品出口总值（万元）	3014700	3285438	529005 万美元	592060 万美元	686789 万美元

表 6 （2011—2016 年）

	2011 年	2012 年	2013 年	2014 年	2015 年	2016 年
地区生产总值（万元）	10950989	12138880	13635518	14928580	16204660	17442420
第一产业（万元）	175033	182046	182779	186351	195941	209582
第二产业（万元）	7402944	8150504	9184219	9989613	10324385	10874710
第三产业（万元）	3373012	3806330	4268520	4752616	5684334	6358128
财政总收入（万元）	1360566	1610169	1827859	1980198	2002899	2010200
固定资产投资（万元）	4173790	5182434	6320261	7658660	9058834	9149009
社会消费品零售总额（亿元）	286.18	330.89	373.57	420.55	473.54	588.28
年末户籍人口（万人）	106.97	107.44	109.02	110.81	111.82	113.23
常住人口（万人）	201.25	203.15	204.5	206.5	207.8	209.2
按户籍人口计算的人均 GDP	102564	113233	125988	135819	145575	155009
按常驻人口计算的人均 GDP	54770	60034	66898	72645	78227	83657
农民居民人均可支配收入（元）	11965	13503	15213	16611	18166	19882
城镇居民人均可支配收入（元）	24731	27804	30825	37070	40035	42597
在岗职工平均工资（元）	32972	38023	41862	44581	48592	53154
全社会商品出口总值（万美元）	851961	955100	1062471	1187886	1253200	—

资料来源：晋江市统计局

附录三　泉州市及其各县(市、区)情况简介

泉州市

泉州市现辖鲤城、丰泽、洛江、泉港四区，石狮、晋江、南安三市，惠安、安溪、永春、德化、金门（待统一）五县和泉州经济技术开发区、泉州台商投资区，2016 年底常住人口 858 万。自然条件优越。气候温和，属亚热带海洋性季风气候，有"四序有花长见雨，一冬无雪却闻雷"之称。山地面积占土地总面积的 4/5；海域面积 11360 平方公里，海岸线 541 公里，可开发建港的自然岸线长 112 公里。盛产乌龙茶、龙眼、柑桔等特色农产品。历史沿革悠久。吴永安三年（260 年）始置建安郡东安县，县治在今泉州南安市丰州镇，辖今泉州、厦门、莆田以及漳州局部地区，唐久视元年（700 年）始迁至今泉州鲤城，设为武荣州，并于唐景云二年（711 年）改名泉州。文化积淀深厚。是闽南文化生态保护区的核心区，国务院首批公布的 24 个历史文化名城之一、古代"海上丝绸之路"重要起点。在唐朝，是中国对外贸易的四大口岸之一，宋元时期，"刺桐港"被称为"东方第一大港"，与 100 多个国家和地区通商贸易，呈现出"市井十洲人"、"涨海声中万国商"的繁荣景象。被誉为"世界宗教博物馆"，联合国教科文组织将全球第一个"世界多元文化展示中心"定址泉州。有李贽、俞大猷、郑成功、施琅、李光地等历史杰出人物，各级文物保护单位 810 处（国家级 31 处），博物馆 71 个、约占全省总数三分之一，其中，中国闽台缘博物馆、泉州海外交通史博物馆为国家一级馆；保留着弥足珍贵的戏曲文化遗产，其中南音是中国音乐的活化石，入选人类非物质文化遗产代表作

名录，梨园戏、高甲戏、打城戏、提线木偶是全国独特剧种。2013 年 8 月，与韩国光州、日本横滨一道正式当选为首届"东亚文化之都"。2015 年，成功举办第十四届亚洲艺术节。"古泉州（刺桐）史迹"正式作为 2018 年世界文化遗产申报项目报送联合国教科文组织。港澳台侨乡亲众多。是全国著名侨乡和台湾汉族同胞主要祖籍地之一。分布在世界 130 个国家和地区的泉籍华侨华人 950 万、其中 90% 居住在"海丝"沿线，旅居香港同胞 70 万人，旅居澳门同胞 6 万人，三者合占全省 60% 以上，在全国 25 个设区市重点侨乡中位居第一。44.8% 的台湾汉族同胞、约 900 万人祖籍泉州，台湾地名与泉州相同的达 180 多处，全市现有台属近 16 万。改革开放以来，港澳台侨累计捐资家乡超 100 亿元。先行先试优势明显。是全国首批沿海开放城市之一，民营经济发达，全市拥有工商登记民营企业单位 13 万多家，民企创造增加值、公共财政收入均占全市约八成，被列为全国 18 个改革开放典型地区之一。获批国家"金改区"、"民综改革试点"、综合保税区、自主创新示范区、"中国制造 2025"城市试点示范；在国家"一带一路"战略规划中被列为"21 世纪海上丝绸之路先行区"、"海上合作战略支点"，海上丝绸之路国际艺术节永久落户泉州，海陆丝绸联盟理事会秘书处落户泉州。

近年来，泉州市深入贯彻党的十八大、十八届三中、四中、五中、六中全会精神，认真贯彻习近平总书记系列重要讲话精神和治国理政新理念新思想新战略以及对福建工作的重要指示，紧紧围绕"四个全面"战略布局，按照省委建设"新福建"部署，持续推进"创新、智造、海丝、美丽、幸福"的现代化泉州建设，经济社会发展和党的建设各项事业取得新成效。2016 年，全市实现生产总值 6647 亿元、增长 8%，连续 18 年居全省首位，人均地区生产总值达 7.7 万元；规上工业增加值 3053 亿元、增长 7.7%；第三产业增加值 2544 亿元、增长 9.5%；固定资产投资 3748 亿元、增长 10%；一般公共预算收入 424.1 亿元、增长 9.2%；外贸进出口 1622.2 亿元；全体居民人均可支配收入 30855 元、增长 7.6%。

2017 年，泉州将坚持稳中求进总基调、全力突围攻坚利长远，用足用好国家自主创新示范区、"中国制造 2025"城市试点示范机遇，深入推进供给侧结构性改革，着力稳增长、促改革、调结构、惠民生、防风险，力争全面完成 GDP 增长 8% 等一揽子计划目标，为"再上新台阶、建设新福建"作出应有的贡献。1—4 月，全市 GDP 增长 8.6%，规上工业增加值增长 8.1%，三产增长 11.4%，一般公共预算总收入增长 7.4%，一般公共预算收入增长 6.3%，固投增长 13.4%，社消增长 10.9%。

鲤城区

鲤城是福建泉州市的中心城区，自唐久视元年至 2011 年底（市行政中心迁至东海），一直是历代州、郡、府、署、市的政治、经济、文化、信息中心和政府所在地。现有国土面积 53.74 平方公里，辖 8 个街道（80 个社区）和 1 个国家级高新技术产业开发区—江南高新技术开发区。户籍人口 25.23 万人，常住人口 37.9 万人。自然条件优越。气候温和，日照充足，属亚热带热海洋性季风气候，降水充沛，空气湿润，地貌以丘陵为主，约占土地面积的 54.75%。文化底蕴深厚。鲤城是全国首批历史文化名城、中国首个东亚文化之都的核心区。文化资源丰富，拥有各级文物保护单位 80 处（国家级 6 处），非物质文化遗产保护项目 57 项（国家级 4 项）。获评全国文化先进区、中国民间文化艺术之乡，第十四届亚洲艺术节系列活动场所和猴年央视春晚东部会场都设在鲤城。建成源和 1916 创意产业园等 15 个省、市文化产业示范基地。创新体系完备。鲤城是全国科技进步考核先进区、国家知识产权强县工程示范区和全省首批省级创新驱动助力工程示范区。拥有市级以上工程技术研发中心及行业技术开发中心 40 个，博士后工作站 3 家、院士专家工作站 5 家、市级新型科研机构 10 家。1 人入选国家"千人计划"创新人才。培育了海天材料、梅洋塑胶等一批国家级、省级智能制造试点示范项目和科技小巨人企业。高新区科技金融服务中心是省级中小企业公共服务示范平台，科技创新服务中心获评省级科技企业孵化器。现有高新技术企业 40 家，高新企业产值占规上工业产值超 50%。上市和挂牌企业 12 家。城市品位彰显。古城，通过整体性保护、微扰动改造、低冲击更新、家园式管理，加快建设聚宝城南文化街区，推进业态活化，让古城"见人、见物、见生活"，打造古城保护升级版。新区，立足打造产城融合、生态宜居的新型城区，策划实施江滨南路沿线、站前大道两侧、笋江路两侧、南迎宾大道北侧和紫帽山—乌石山等片区建设，其中集商住、教育、医疗、酒店、市场为一体的笋江城市综合体基本建成。民生硕果累累。教育、健康、生态、文明、平安等民生事业协调发展。获评全省教育工作先进区、全国义务教育发展基本均衡区，被确定为省级基本公共卫生服务项目重点联系区。获评国家级生态区、全国文明城市、全国法治县（市、区）创建工作先进单位、全省"平安先行区"、全市社会管理综合治理先进区等称号。党建开拓创新。制定一线考察干部暂行办法，研究出台《关于建立正向激励机制促进有效投资的十条措施（试行）》，建立区管干部实名推荐、二层班子党政"一把手"述职述廉、拟提任科级正职向全委会作公开履新承诺制度、街道科级干部向街道（社区）全体干部述职、科级干部（一把手）民主评议优秀率未达60%不能评优等系列制度。出台区处级干部党风廉政建设"责任网"并延伸至各级各部门，党风廉政建设主体责任和监督责任进一步落实。

近年来，鲤城区全面贯彻党的十八大和十八届三中、四中、五中、六中全会精神，深入贯彻习近平总书记系列重要讲话精神和治国理政新理念新思想新战略以及对福建工作的重要指示，紧紧围绕"五位一体"总体布局和"四个全面"战略布局，积极融入"新福建"和"五个泉州"发展大局，努力打造城市、经济、文化升级版，推动创新型和谐文化名城建设再上一个新台阶。2016年，全区实现GDP273.69亿元、一般公共预算总收入17.74亿元。

2017年，鲤城区将继续锐意进取，攻坚克难，重点实施产业产品升级、城市更新升级、"文化+"行动、生态文明提升、改革创新提速、共建共享惠民等六大计划，力争完成地区生产总值增长8%、一般公共预算收入增长3%等一揽子计划目标。2017年上半年，全区实现GDP146.29亿元、比增7%，一般公共预算总收入9.93亿元、比增6.6%。

丰泽区

丰泽区是泉州中心城市的核心区，于 1997 年 6 月经国务院批准设立，系由原鲤城区一分为三而来，下辖 8 个街道 78 个社区，区域总面积 129.63 平方公里，常住人口 56.5 万人，其中外来流入人口近 20 万人。入选第二批"国家双创示范基地"，获评"国家级生态区""计生新国优"等 50 多项省部级荣誉称号，连续 4 年蝉联"全省文明城区"。

主要区情有五个特点：

1. 文化名城。有清源山风景名胜区、宋代老君岩等国家级文物保护单位 4 处、省级文物保护单位 6 处、市级文物保护单位 35 处，其中后渚港（古刺桐港）是古代"海上丝绸之路"的东端起点。南音、梨园戏、木偶戏、南少林武术等文化品牌闻名海内外，蟳埔女生活习俗被评为第二批国家级非物质文化遗产保护项目。

2. 著名侨乡。是福建省重点侨区之一，有 17.8 万华侨、华人，港澳同胞 2.31 万人；归侨侨眷 8.6 万人，港澳同胞眷属 1.55 万人，70% 的外商投资企业是侨资企业。

3. 要素集聚。人才、技术、资本等要素集聚，拥有华侨大学、泉州师院等 7 所高校及众多科研机构，各类人才总量近 10 万人；引进南京大学环保产业研究院、新加坡南洋研究院等 18 家科技创新平台、新型科研机构，现有国家级科技企业孵化器 2 个、院士专家工作站 4 家、博士后工作站 3 家，省级以上高新技术企业、创新型企业 43 家；金融机构 84 个、准金融机构 33 个。

4. 产业优化。数字对讲机、数控装备、软件信息三大高新技术产业聚集发展，金融服务、电商物流、文创旅游等现代服务业提速提质，纺织服装、制鞋包袋等传统产业向研发设计、营销服务等"微笑曲线"两端延伸。高新技术产业、现代服务业、传统优势产业及总部楼宇经济、电商平台经济的"3+2"现代城市产业体系初步形成。

5. 宜居城区。以"现代化城市核心区"定位，全方位推进城市化进程，东海、城东、北峰三大新片区开发建设和中心市区旧厂房改造同步推进，全域城市化基本实现。全面推行"一核引领·多元一体"城市基层党建工作机制，实施教育提质扩容、医疗卫生惠民、文体事业利民等一批民生工程，荣获"中国人居环境范例奖"。

2016年全区实现GDP518.2亿元，增长8.3%；固投295.3亿元，增长6.7%；社消246.8亿元，增长15.9%；居民人均可支配收入46991元，增长6%；一般公共预算总收入31.8亿元，一般公共预算收入21.7亿元；三次产业比重为0.3：34.8：64.9，是全市首个服务业占GDP超60%的县（市、区）。2017年1—7月全区实现GDP306.7亿元，增长8.9%；限上社消82.5亿元，增长20.8%；一般公共预算总收入20.1亿元，增长7.6%。

洛江区

洛江区于1997年6月经国务院批准设立，同年9月泉州中心城市区划调整时成立，位于泉州中心市区东北部洛阳江畔。区域面积374.81平方公里，辖3个镇2个街道1个乡、86个村（社区），2016年末常住人口21.2万。

生态环境优美。日照充足，雨量充沛，常年气候温和，温热湿润，冬无严寒，夏少酷暑，干湿分明。地势北高南低、东南面临海。地貌以丘陵为主，在马甲、河市、罗溪形成部分河谷盆地。全区依山傍海临江，生态条件良好，森林覆盖率达62.6%，绿化程度93%，空气优良率长期保持在99.2%以上。

人文资源荟萃。辖区内有"海内第一桥"之称的宋代洛阳古桥，是中国古代四大名桥之一；有誉为"八闽名胜无双境，绝顶蓬莱显九仙"的仙公山，是道、释、儒三教并存的宗教名胜；有俞大猷纪念堂及蔡襄祠等名人胜迹；有非物质文化遗产20项，其中"陈三五娘传说"被列入国家级非物质文化遗产，"妆糕人""俞家棍"等4项为省级非遗代表性项目。

发展势头良好。主导产业加快向智能制造转变，洛江智能装备产业园获批省级智能制造试点示范基地，2个"数控一代"项目获国家科技支撑计划和省科技重大专项立项。创新驱动成效明显，现有国家火炬计划重点高新技术企业4家，高新技术企业15家，省级创新型（试点）

企业11家，市级以上工程（行业）技术中心31家，院士工作站及博士后工作站5家。生态旅游业快速发展，马甲仙公山景区、泉州海丝野生动物世界游客众多，泉州植物园、石龙谷等项目加快建设，旅游收入年均增长77.9%。产业多元拓展，已形成机械装备、纺织鞋服两个百亿产业集群，建筑业增加值年均增长13.2%，一批重点商贸物流项目和汽车4S店建成，经济新增长点加快形成。

城区宜业宜居。建成区面积达20.77平方公里，城镇化率55%。"三纵八横"对外通道基本形成，紧邻沈海高速泉州互通、泉州火车站、福厦高铁泉州站，境内有泉三高速南惠支线双阳互通、沈海高速复线罗溪互通，324国道横贯区内。城市化改造和城市更新成效明显，教育、医疗、文体等优质资源加速集聚，知名度、美誉度进一步提升。推动房地产业健康发展，一批精致宜居楼盘相继建成。投入7000多万元推进美丽乡村建设，建成一批省级特色景观旅游名镇名村和市级美丽乡村示范线、美丽乡村示范村、新农村示范村，2个村荣获"泉州十佳美丽乡村"称号。

侨亲心系故里。海外侨胞约18.8万人，港澳同胞1.22万人。众多侨亲情系桑梓，热心公益，如印尼黄奕聪先生及其子黄志源先生捐资助学已超亿元，香港蔡金榜先生、新加坡杜南发先生等重要侨亲捐资均超千万元。爱国华侨吴庆星先生个人投资兴建的仰恩大学是全国第一所具有颁发国家本科学历证书和授予学士学位资格的民办大学。现有台侨资企业150多家，投资总额5.8亿美元。

近年来，洛江区深入贯彻党的十八大、十八届三中、四中、五中、六中全会精神，坚决落实习近平总书记系列重要讲话精神和治国理政新理念新思想新战略以及对福建工作的重要指示，紧紧围绕"四个全面"战略布局，积极融入建设"新福建"和"五个泉州"发展大局，努力建设智造生态新城区，经济社会发展和党的建设取得良好成效。2016年全区完成地区生产总值154.3亿元，是建区时的17倍，增幅位居全市前列；人均地区生产总值7.37万元。实现规模以上工业产值387.63亿元、第三产业增加值35.32亿元、一般公共预算总收入13.9亿元、一般公共预算收入8.67亿元，年均分别增长17.2%、7.6%、6.8%、7.6%。居民人均可支配收入25114元，近五年年均增长8.8%。

泉港区

泉港区于 2000 年 4 月经国务院批准设立，同年 12 月挂牌成立，辖 6 个镇、1 个街道、1 个国有盐场，现有陆域面积 321 平方公里，海域面积 105 平方公里，常住人口 41.9 万人。近年来，全区上下坚持"四个全面"战略和"创新、协调、绿色、开放、共享"发展理念，以实现"三个率先"（率先建成海丝战略重要支点、率先建成产城融合示范新区、率先建成全面小康幸福社会）为目标，以推动产城融合建设为抓手，着力打造"135"产业体系和"四星拱月"城市格局，争当"石化强省"排头兵，打造绿色石化港口新城升级版，加快建成活力泉港、宜居泉港、和谐泉港。

泉港是中国石油化工园区、国家循环经济示范试点园区和福建省十大新增长区域、千亿产业基地之一，这些年我们致力打基础、上规模，推动区域发展从"小地方"向"大基地"跨越。2016 年实现地区生产总值 407.39 亿元、增长 8.1%，工业增加值 257.08 亿元、增长 8.9%，固定资产投资 227.64 亿元、增长 16.1%。一般公共预算总收入 110 亿元，连续两年突破"百亿"大关。一般公共预算收入 30 亿元、增长 38.6%，增幅位居全市第一。2017 年 1—6 月份，实现地区生产总值 244 亿元、增长 9%，工业增加值 184.77 亿元、增长 9.1%，一般公共预算总收入 59.4 亿元、增长 8.61%，一般公共预算收入 17.44 亿元、增长 29.1%，增幅保持全市第一。泉港石化工业区升格为省级经济开发区，规划面积 29.6 平方公里，已建成 14.53 平方公里，2016 年石化产值 643.54 亿元，连续五年跻身中国化工园区 20 强，成为当前福建公用配套最完善、物流条件最优越、产业生态最成熟的石化基地。

泉港是国家一类口岸、首批对台直航点和福建省"两集两散"重要港区之一，这些年致力高站位、大手笔，推动口岸功能从"小渔港"向"枢纽港"崛起。已建成码头泊位 10 万吨级 2 座、7 万吨级 1 座、5 万吨级 3 座、3 万吨级 1 座和一批千吨级，在建 5 万吨级泊位 3 座，基本形成以油气化工储运为特色，以深水泊位码头为主体，配套比较完善、功能比较齐全的码头泊位群。2012—2016 年，累计完成港口吞吐量 2 亿吨、年均增长 13.6%，海关税收 430 亿元、占泉州关区的 72.9%。

泉港是新兴城市、首批国家级产城融合示范区之一，这些年泉港致力扩体量、抓配套，推动城乡面貌从"小村镇"向"新城区"变迁。泉港由原惠北地区的 4 个乡组成，城市建设基本从零起步。建区以来，区委、区政府坚持基础设施先行、基本配套先上，累计投入 80 多亿元，构筑交通、市政、通讯、能源等基础设施网络，具备了承接大规模开发建设的良好条件。突出"港城、石化、滨海"特色，城市建设从条状开发向块状开发、片区开发滚动，基本建成 12 平方公里城市南部生活区，城镇化率提升至 50.9%，森林覆盖率达 41.19%，7 个镇（街道）全部获评国家级生态镇。经济社会统筹发展，荣获全国首批义务教育发展均衡区、全国科技进步先进区、全国科普示范区、全国青少年普法教育示范区、中国长寿之乡、中国海港文化之乡、中国北管音乐文化之乡、中国水密隔舱福船文化之乡、中国海盐文化之乡、福建森林县城、福建平安先行区、福建双拥模范城（四连冠）、福建民族团结进步示范区等一系列荣誉称号。

石狮市

石狮市 1987 年 12 月经国务院批准设市，1988 年 9 月正式挂牌成立，现辖宝盖、灵秀、蚶江、永宁、祥芝、鸿山、锦尚 7 个镇和凤里、湖滨 2 个街道办事处，共 102 个村 25 个社区。石狮位于环泉州湾核心区南端，全市陆域面积 160 平方公里，海岸线长 64 公里，行政管辖的毗邻海域面积 968 平方公里。全市户籍人口 31.7 万，外来人口保持 40 万左右。近年来，石狮充分发挥独特的区位、产业、港口、市场、侨台、人文优势，推动石狮实现超常规、跨越式发展。2016 年，全市生产总值 703.7 亿元、公共财政总收入 60 亿元、公共财政预算收入 40.3 亿元，综合经济实力位居全国中小城市科学发展百强第 16 位、保持全省第 2 位；人均 GDP、城镇居民人均可支配收入、农民人均纯收入、城镇化率等指标居全省县市前列。先后荣膺全国县级文明城市提名城市、中国十大活力县级城市、国家义务教育发展基本均衡市、国家计生优质服务先进市、全国科技进步先进市、全国文化先进市、全国双拥模范城、国家生态市、中国大陆最佳商业城市等，跻身全国中小城市新型城镇化质量百强县市第 22 位、全省首位。

中国休闲服装名城。石狮以服装闻名于世，荣获首批全国纺织模范产业集群、全国服装产业十大示范集群称号。20 多年来，已形成一条完整的纺织服装产业链，涵盖纺织原料、纺纱织布、漂染整理、成衣加工、辅料生产、研发设计、市场营销等各领域，是我国重要的纺织服装生产基地和集散地之一。以海峡两岸纺织服装博览会、海西国际时装周为平台，以石狮服装城、国际轻纺城、世茂摩天城构筑"三城一体"的中央商务区，以纺织服装产业发展基地、新型染整产业循环发展园、星期 Yi 服饰创意博览园、甲骨文纺织服装创新发展云等为平台，融合鸳鸯池布料市场、塔前服装辅料市场、洋下服装辅料面料综合市场、塔前服装机械市场，构成独具特色的石狮纺织服装商贸区。

工贸产业发展迅速。石狮坚持先进制造业和现代服务业双轮驱动，巩固提升纺织鞋服产业，培育发展海洋经济、智能产业、电子信息、新型材料、节能环保等新产业，加快发展现代商贸、港口物流、电子商务、全域旅游、体育健康等现代服务业，民营经济创造的产值占全市经济总量的 90%。2016 年，全市工业总产值 1237.7 亿元。

港口区位优势突出。石狮拥有国家一类口岸、内贸集装箱码头五强、泉州港中心港区——石湖港，已建成 3000 吨、1 万吨、3 万吨、5 万吨、10 万吨级泊位各 1 个。2016 年，石湖港货物吞吐量超 2600 万吨，集装箱吞吐量超 130 万标箱。此外拥有 1 个国家中心渔港，国家一级、二级、三级渔港各 2 个。全力打造临港产业繁荣带，规划石狮高新技术产业开发区，加快建设智能产业园、港后物流园、五金印刷园、保税物流市场等，跻身国家知识产权试点园区。

人文历史悠久深厚。拥有海浪沙滩、海蚀地貌构成的绚丽滨海风光，海丝文化、服饰文化等特色文化，及舞狮、灯谜、南音、泼水节等民间文化。以黄金海岸度假区、永宁古卫城为龙头发展优化永宁文化旅游产业，启动永宁古卫城修复系列工程。完善提升宝盖山生态公园、灵秀山森林公园，规划建设海湾湿地公园。融合闽台对渡文化节暨蚶江海上泼水节、永宁古卫城暨城隍文化节、祥芝渔民文化节等文化旅游节庆，扩大世茂茂险王主题乐园等旅游效应，打造特色滨海旅游精品和旅游休闲集聚区。

著名侨乡对台窗口。旅外华侨和港澳同胞 30 多万人，祖籍石狮的台湾同胞 30 多万人，海外石狮人分布在世界 42 个国家和地区。广大侨胞和港澳台胞秉承爱国爱乡的优良传统，积极捐资投入教育、医疗卫生、基础设施等。建市以来，石狮大力提升外向型经济发展水平，与 190 多个国家和地区建立经贸关系，年出口商品总值达 22 亿美元。

城市建设加快推进。按照"一市一城"思路规划、建设和管理，实施交通质量提升、景观风貌提升、水系环境综合治理行动计划，建设数字化城管系统，推进智能精细管理。城市建成区面积 37.5 平方公里，城镇化率 77.8%，居全省县级市首位。先后建成一批水、电、道路、港口等基础设施，全市供电能力达 162 万千伏安、日供水能力达 71 万立方米，在全省率先实现村村通自来水、电话、公交车、公路、数字电视。大力推进重点领域改革，坚持以人为本推进新型城镇化，启动市属国企实体化改革。率先实行与居住证相配套的新市民积分管理制度。

民生社会事业全面发展。加大民生投入，先后建成一批社会事业项目和公益性设施，科技、教育、文化、医疗卫生、体育、人口计生、社会保障等各项事业显著提升，医改工作被列为全国试点，平安建设、民主法制和精神文明建设持续加强，社会事业发展指数保持全省和泉州市前列。侨台外事、民族宗教、双拥、统计、人防、档案、广电、老干老龄等各项工作均取得新进步。

站在新的起点上，石狮将深入贯彻落实习近平总书记系列重要讲话精神和治国理政新理念新思想新战略，坚持"四个全面"战略布局，深入实施"创新转型、实业强市"发展战略，全力打好改革争先、产业升级、全域统筹、生态宜居、幸福共享"五大攻坚战"，在更高水平上率先全面建成小康社会，把石狮建设成为更具发展质量、更富创新活力的宜居宜业滨海城市。

晋江市

晋江因西晋永嘉年间，中原百姓避战乱南迁，据江居住而得名。

1992 年撤县设市，辖 13 个镇、6 个街道，393 个行政村（社区），户籍人口 113 万，外来人口 118 万，县域经济基本竞争力排在全国第 5 位。

1. 自然情况。晋江地处福建省东南沿海，东濒台湾海峡，西和南安市接壤，南与金门隔海相望，北同鲤城区、丰泽区毗邻，东北与石狮相连，境内陆地面积 649 平方公里；三面临海，海岸线长 121 公里。与台湾一衣带水，距金门仅 5.3 海里，是海峡两岸交流合作的"桥头堡"。

2. 历史名城。唐开元六年（718）置县，中原文化、海洋文化、宗教文化等多种文化相互交融，是海上丝绸之路的重要起点城市。拥有 3 项世界级、4 项国家级非物质文化遗产，9 处国家级和 13 处省级文物保护单位，历史上出过 11 位文武状元、16 位宰相。

3. 著名侨乡。晋江"人稠山谷瘠"，自古有"造舟通异域"的创业冲动，促使晋江人逐渐走向海外，"十户人家九户侨"是晋江最大的特色之一。旅外晋江人人数众多，晋江华侨、华人多达 300 万，是晋江本土人口的 3 倍，加上百万外来人员，故有"海内外 500 万晋江人"之说；分布甚广，晋江华侨、华人遍布世界 60 多个国家和地区，特别东南亚最多。

4. 对台湾地区的地理优势。距金门 5.3 海里，是内地与金门距离最近的地方，祖籍晋江的台湾同胞 100 多万人。安海的千年古刹龙山寺是台湾 450 多座龙山寺的祖庭。闽台合作项目晋华存储器集成电路生产项目列入国家"十三五"重大生产力布局。

5. 经济强市。三大特色：①民营经济，民营企业数量、创造的产值、税收、就业岗位占全市企业比重在 95% 以上；②实体经济，按照"先进制造业立市、高新产业强市、现代服务业兴市"的思路，构建"制造与创造融合、传统与新兴并重、二产与三产并举"的新实体经济产业体系，实体经济对地区生产总值的贡献占比超 60%；③品牌经济，拥有 7 个超百亿产业集群、46 家上市公司和国家体育产业基地、中国鞋都、世界夹克之都等 14 个区域品牌。县域经济基本竞争力位居全国第 5 位，综合经济实力位居全省县域首位。

6. 宜居城市。是全国新型城镇化试点，定位打造"国际化创新型品质城市"和"全国中小城市发展样板"，中心城区建成区 109 平方公里，城镇化率 65.2%。引进树兰医疗集团、福州大学晋江科教园等一批名院名校，五店市传统街区等文化聚集区成为城市新地标，荣膺国家园林城市、国家生态市。

7. 成果民享。坚持"待遇均等化、保障全覆盖""城里人乡下人一个样、本地人外来人一个样"，每年把 60% 以上本级财力投入民生领域，构建完善就业、教育、医疗、住房、安全、环境和社会保障等 7 个民生体系，流动人口本地化、居住证制度等做法持续走在全国、全省前列。

南安市

南安市位于福建省东南沿海，1993 年 5 月经国务院批准撤县设市，现有人口 157 万，土地面积 2036 平方公里，历史上曾是闽南地区政治、经济和文化中心。南安是全国中小城市综合实力百强县，荣获全国科技进步先进市、公益慈善五星级城市、中国宜居宜业典范市、最美中国旅游目的地城市、国家生态市、国家知识产权试点市、全国创建新能源示范城市等荣誉称号。

南安是千年古郡。于公元 260 年建制，建制至今已有 1757 年，曾孕育出"开八闽文化先河"的福建第一位科举进士欧阳詹、宋代改革家吕惠卿和发明家苏颂、明代思想家李贽、民族英雄郑成功、新中国开国上将叶飞等杰出人物。境内名胜古迹星罗棋布，有见证海上丝绸之路的九日山摩崖石刻、"天下无桥长此桥"的五里桥、闽南建筑大观园——蔡氏古民居建筑群、气势宏伟的郑成功陵园等 8 处国家级重点文物。

南安是著名侨乡。目前拥有 350 多万遍布 40 多个国家和地区的海外南安人，诞生了诸多杰出人物，如李光前、李引桐、黄仲咸、陈水俊等著名侨领。广大南安籍华侨华人在外建功立业，同时心系桑梓，他们或捐资捐物支持家乡公益事业，或投资兴业参与家乡建设，并创下了全国唯一侨捐资金连续 23 年超亿元的记录。

南安是产业强市。石材产业占中国石材产量的 60% 和石材产品市场份额的 70%，是全球重要的石材产业基地之一，成为国家外贸转型升级专业示范基地；水暖厨卫产业入选"中国百佳产业集群"，位居中国三大水暖产业基地之首。装备制造产业规模位居福建省前列，是省级装备制造新型工业化产业示范基地；光电产业在日趋激烈的竞争中，成为国家科技部和福建省政府重点扶持的产业基地。此外，南安泛家居产业联盟和"泉州芯谷"南安高新技术产业园区异军突起，已然成为海内外关注的新兴产业。

南安是商贸之都。南安拥有 50 多万遍布全国各地的工商实业人士，目前已建立 68 个异地商会，分布在 9 个国家、全国各省（市、自治区）和澳门特别行政区，总数位居全国县级市首位。在市域内，拥有"中国石材城""中国水暖城""中国粮食城"等国字号市场，市场、基地、产业的良性互动，成为南安产业集群和县域经济的特色名片。

南安是文化名城。南安是闽南文化重要发祥地之一，历史文化遗存丰富，现入选国家级、福建省级、泉州市级非物质文化遗产名录项目分别有 2 个、5 个、34 个，是"首批国家级非物质文化遗产"高甲戏发源地，"海丝文化"、"凤山文化"、"郑成功文化"等在海内外影响日益扩大。近年来，南安市着力推动"文化南安"建设，荣膺全国文化先进市、全国生态文明建设试点市、全国双拥模范城"三连冠"、全国群众体育先进市等荣誉称号。

近年来，南安市深入贯彻党的十八大、十九大精神，认真贯彻习近平总书记系列重要讲话精神和治国理政新理念新思想新战略以及对福建工作重要指示，主动适应和引领新常态，沉着应对，科学作为，聚焦聚力现代创业创新型经济强市建设，收获了来之不易的发展成果。2016年，全市完成地区生产总值898.14亿元，增长8.6%；一般公共预算总收入66.28亿元、一般公共预算收入38.47亿元，分别稳步回升至正增长5.6%和5.1%，固定资产投资558.16亿元，比增12%，社会消费品零售总额385.47亿元，比增10.6%。

2017年，南安市将全力实施创新引领、产业升级、动能培育、城市提质、开放融合、绿色发展、幸福升级等"七大工程"，加速建设机制活、产业优、百姓富、生态美的现代化新南安。1—6月，南安市地区生产总值完成比增8.0%，一般公共预算总收入、一般公共预算收入分别完成38.85亿元、21.88亿元，比增14.6%和10.2%，固定资产投资比增24.2%, 社会消费品零售总额比增10.1%。

惠安县

惠安县位于泉州湾与湄州湾之间, 依山临海, 与台湾隔海相望, 自北宋太平兴国六年(公元981年)置县以来, 已有千余年历史, 是福建省著名侨乡和台湾汉族同胞祖籍地之一。全县陆域面积576.67平方公里, 海域面积1725平方公里, 现辖12个镇218个行政村(社区), 人口78.75万人。陆海交通便捷, 自然风光优美, 人文名胜荟萃, 旅游资源丰富, 素有"石雕之乡"、"建筑之乡"、"渔业强县"之美誉。

近年来, 惠安县主动融入海西建设大局, 坚持稳中求进、好中求快, 经济社会保持良好发展态势; 2016年全县完成GDP 588.33亿元、比增7.9%, 公共财政总收入83.98亿元、比增-34.5%, 公共财政预算收入34.08亿元、比增34.7%, 全体居民人均可支配收入25882元。今年1—7月份, 完成GDP403.47亿元、比增8.4%, 一般公共预算总收入46.95亿元、比增-17.6%(扣除中化因素, 一般公共预算总收入27.44亿元、比增7.3%), 一般公共预算收入23.82亿元、比增13%(扣除中化因素, 一般公共预算收入16.32亿元、比增0.5%)。县域经济连续23年跻身福建省县域经济"十强", 位居2016年度全国中小城市综合实力百强县第37位, 2015年2月列入全国首批县级文明城市提名城市, 先后荣获世界石雕之都、中国石雕之都、中国民间艺术(雕艺)之乡、中国建筑之乡、全国文明县城、食品工业强县、水土保持生态环境建设示范县、科普示范县、科技进步先进县"六连冠"、科技进步示范县、绿化模范县, 国家生态县、国家可持续发展实验区、国家级食品安全示范县、计生优质服务先进县、国家园林县城和福建省党建先进县、文化先进县、生态县、双拥模范县"六连冠"、优秀旅游县、最佳旅游目的地等称号。

安溪县

安溪土地面积3057.28平方公里, 辖24个乡镇、472个村(社区），与"四市六县"（泉州的永春、南安，厦门的同安，漳州的长泰、华安，龙岩的漳平）接壤，四条高速从境内穿过，通车里程150公里，10个互通口，现有人口120万。

自然条件优越。安溪是泉州"母亲河"——晋江的发源地，山清水秀，生态良好，森林覆盖率65.8%，有30多万亩原始森林、次生林和4000多种野生动植物，荣获中国十佳宜居县、全国十佳生态文明城市、中国十大最美茶乡、国家级生态县、全国义务教育发展基本均衡县，以及福建十大醉美县城、省级文明县城、森林县城、优秀旅游县等称号。

历史沿革悠久。置县于五代后周显德二年（公元955年），迄今已有1062年，素有"龙凤名区"之美誉，清代名相李光地、《口技》作者林嗣环，全国政协原副主席庄希泉、罗豪才，全国侨联原主席庄炎林、现主席林军，《延安颂》作者莫耶等都是安溪人的杰出代表。

文化积淀深厚。积极呼应泉州海上丝绸之路和东亚文都建设，依托本地独特茶文化、工艺美术、历史人文、朝圣文化等文化优势，形成茶文化、家居工艺、宗教朝圣等特色文化产业。境内拥有享誉内外的清水岩、秀甲江南的安溪文庙、名冠八闽的城隍庙等名胜古迹。

港澳侨台乡亲众多。1985年被国家批准为首批沿海对外开放县之一，旅外侨、台港澳同胞400多万人，其中台湾安溪籍乡亲250多万人，占台湾地区总人口的11.7%，是全省乃至全国台胞最多的县。台湾的王永庆、许胜发，新加坡的唐裕，马来西亚的林梧桐，印尼的李尚大、李陆大等，祖籍都在安溪。

先行先试优势明显。结合安溪实际，选准主攻方向，重点推进茶叶生产经营体制、行政管理体制、金融服务实体经济等12项有基础、有条件、有特色的改革项目。

近年来，安溪县全面贯彻党的十八大、十九大精神以及习总书记系列重要讲话和来闽考察重要讲话精神，瞄准"跻身全市发展第二方阵""争当全省山区县排头兵""进入全国百强前50名"目标，以新型工业化、新型城镇化、农业现代化和信息化为主轴，强化项目、园区、茶业、城市"四轮驱动"，团结带领全县各级党组织和广大干部群众，主动适应新常态，有为应对新挑战，成效可圈可点，面貌焕然一新。2016年，全县完成GDP466.37亿元，增长8.0%；一般公共预算总收入

37.22 亿元，增长 7.7%；一般公共预算收入 24.31 亿元，增长 1.4%；固定资产投资 326.41 亿元，增长 16%；其中，一般公共预算总收入、工业投资、商品房销售面积增幅均居泉州市第一；县域综合实力提升至全国百强县第 67 位、投资潜力百强县第 29 位。

2017 年，安溪县将深入贯彻落实省、市部署要求及市党代会、经济工作会精神，积极适应发展新常态，坚持稳中求进总基调，扎实推进供给侧结构性改革，突出项目为大、园区为要、茶业为本、扶贫为重、和谐为基，全面做好稳增长、促改革、调结构、惠民生、防风险各项工作，推动经济社会发展再上新台阶，为全市发展大局多作贡献。1—6 月，预计完成 GDP217.16 亿元，增长 8%；一般公共预算总收入 21.81 亿元，增长 8.6%，一般公共预算收入 14.42 亿元，增长 10.2%，增幅均居全市第四；固定资产投资 189.91 亿元，增长 18%。

永春县

永春，素有"万紫千红花不谢，冬暖夏凉四序春"之美誉，全县幅员 1468 平方公里，辖 22 个乡镇，236 个村（居）委会，总人口 59.78 万人。永春县主要特点有：一是生态环境良好。森林覆盖率 69.5%，比全省平均高 5 个百分点，福建省森林覆盖率为全国第一；绿化程度达到 95%，气候宜人，多年来凭借良好的生态和历届精心打造，荣获了国家生态县、全国绿化模范县、国家主体功能区建设试点示范县、国家生态文明建设示范区、国家生态保护与建设示范区等称号，去年又荣膺"中国生态文明奖"先进集体，入选国家重点生态功能区。二是物产资源丰富。拥有国家 A 级景区 9 个，其中 4A 级景区 1 个、3A 级景区 6 个、2A 级景区 2 个，是全省县（市、区）中拥有 A 级景区最多的县之一。去年，入选全国首批"国家全域旅游示范区"创建单位。是中国芦柑之乡，习总书记曾经给永春芦柑点赞；是中国名茶之乡，全国最大的佛手茶生产和出口基地；是全国生产燃香类产品四大主产区之一，2014 年获得"中国香都"称号；蜚声世界的永春老醋，是全国四大名醋之一。另有漆篮、纸织画、南音等珍贵的文化遗产，中华民间艺术的璀璨明珠之一的白鹤拳源于永春，目前在全球各地拥有众多练习者。三是人文底蕴深厚。是著名侨乡，旅居海外的华侨华裔、港澳台胞达120万人，在东南亚至今仍有"无永不开市"之说；地灵人杰、英才辈出，"马兰精神"林俊德院士、乡愁诗人余光中、新加坡原总理吴作栋、教育家梁披云、广东省原省长梁灵光、国际规划大师刘太格等都是永春乡亲。四是区位优势明显。泉三、莆永高速开通后，我县境内设有5处落地互通，是福建中部重要交通枢纽。随着厦沙高速公路、兴泉铁路的推进，届时我县承启东西、连接山海的区位优势将更加突出。

近年来，在省委、市委的坚强领导下，我县坚持以党的十八大和十八届三中、四中、五中、六中全会精神为指导，深入贯彻落实习近平总书记系列重要讲话精神，准确把握新的形势和任务，紧紧围绕建设"乡愁故里、生态桃源、美丽永春"，深入实施"全面转型、全境美丽、全域旅游、全员招商、全速崛起、全民幸福、全力保障"七大行动等重大决策部署，团结带领广大党员和干部群众，凝心聚力、拼搏奋进。2016年全县实现GDP329.62亿元、工业增加值161.35亿元、一般公共预算总收入16.14亿元、一般公共预算收入10.75亿元、固定资产投资129.04亿元，分别是2011年的1.61倍、1.61倍、1.25倍、1.33倍和3.17倍。绩效考评连续四年位居全市前列，其中，2012年全市排名第一，2013年全市排名第四，2014年全市排名第二，2015年全市排名第一。荣膺全国文明县城、国家卫生县城等20多项国家级荣誉。

2017年，永春县将继续立足自身优势、找准争先潜力，团结一心、拼搏奋进，深入实施"全面转型、全境美丽、全域旅游、全员招商、全速崛起、全民幸福、全力保障"七大行动，加快创新转型，推动绿色崛起，为新一轮发展蓄积了能量。今年1—5月，全县实现工业增加值71.79亿元，增长7.0%，规上工业增加值68.28亿元，增长7.4%；

德化县

德化是千年古县，位于福建省中部、泉州市北部，后唐长兴四年（933年）置县，取名"德化"，有"以德化民"之意。县域面积2232平方公里，户籍人口33.6万，辖18个乡镇、214个行政村（社区）。2016年，全县完成GDP194.8亿元，增长6.2%；一般公共预算总收入

15.63 亿元，一般公共预算收入 10.95 亿元。今年 1—7 月，全县实现 GDP108.5 亿元，增长 8.3%，一般公共预算总收入 10.98 亿元，增长 4.2%，一般公共预算收入 7.57 亿元。有以下五个特色：

世界陶瓷之都。陶瓷制作始于新石器时代，与江西景德镇、湖南醴陵并称我国三大古瓷都，是民窑的典型代表。德化陶瓷以"白"见长，瓷雕技艺享誉天下，早在宋元时期就成为"海上丝绸之路"的重要出口商品，被誉为"中国白的故乡、瓷艺术的摇篮"，被列入国家首批非物质文化遗产保护名录。现有陶瓷企业 2600 多家，从业人员 10 多万人，2016 年产值 199.5 亿元，是全国最大的陶瓷工艺品生产和出口基地、国家级出口陶瓷质量安全示范区，获评中国瓷都、中国民间文化艺术之乡、中国陶瓷历史文化名城，荣膺全球首个"世界陶瓷之都"。

最佳生态旅游县。素有"闽中屋脊"之称的戴云山脉主峰（1856米）绵亘境内，森林覆盖率 78.4%、居泉州市首位；空气质量接近国家一级标准，环境空气质量综合指数排名全市第一，饮用水源水质达标率 100%。拥有"五区两园"（戴云山国家级自然保护区、岱仙湖国家级水利风景区、石牛山国家 4A 级旅游景区、九仙山国家 4A 级旅游景区、云龙谷国家 3A 级旅游景区、石牛山国家地质公园、石牛山国家森林公园）7 块"国"字号生态旅游品牌，获批创建国家全域旅游示范区，获评全国绿化模范县、国家生态县、国家生态文明建设试点示范区、中国最佳生态旅游县。

大城关发展典范。20 世纪 80 年代末开始实施"大城关"发展战略，率先撬开城镇化大门，目前城区建成区 26 平方公里、人口 21.3万，常住人口城镇化率 74.1%，集中了全县三分之二多的劳动力、经济总量、税收和 95% 的中小学生，开创了以产兴城、以城聚人、产城融合，全国为数不多的"大城关"发展模式，被中央党校作为典型案例编成课题丛书，被列为福建省首个统筹城乡发展试点县、新型城镇化试点和国家智慧城市试点县。

电子商务百佳县。2016 年，全县电子商务运用企业 6700 多家、交易额达到 70.8 亿元，占据全国 80% 的网上茶具销售市场，拥有 3 个淘宝镇、11 个淘宝村，是全国最大的陶瓷电子商务产业基地，连续两年位列"中国电子商务百佳县"第 9 位、全省第 2 位，连续三年跻身全国大众电商创业最活跃十佳县，位居阿里"2016 年跨境电商创业最活跃的 25 个县"第 20 位、福建省首位，网商数据应用 50 强县全国第 7 位，电商发展经验被阿里研究院作为案例在全国推广，获评福建电子商务示范县、国家电子商务示范基地。

特色农业示范县。优越的自然生态环境孕育了"三黑三黄三宝"等生态安全绿色农产品（"三黑"指黑鸡、黑羊、黑兔；"三黄"指黄花菜、德化梨、茶油；"三宝"指棘胸蛙、黄花远志、淮山），拥有黑鸡、黑兔、淮山、黄花菜、十八学士茶花等 5 个国家农产品地理标志，获评中国早熟梨之乡、中国油茶之乡、中国竹子之乡。

金门县

金门县位于福建省东南沿海，处于台湾海峡西部，与大陆相距 2000 米左右，由金门岛等十几个岛屿组成，面积 151.656 平方公里，人口 12.07 万人，辖 3 镇 3 乡。

金门高粱酒是金门特产，近年来积极拓展大陆市场。一段时期以来，金门利用其特殊的历史文化和地理位置，致力于发展两岸交流，成为两岸间政策的先行试验地点，促进交流与合作。金门与南安石井有"泉金航线"客轮通航。

泉州经济技术开发区

泉州经济技术开发区地处泉州南大门，是泉州南冀新城的重要组成部分，2010 年 6 月升格为国家级经济技术开发区，经国务院批准纳入国家级开发区范围的包括清濛园区 9.5 平方公里、出口加工区 3 平方公里。另外，与晋江市合作开发的泉州特种汽车基地 4 平方公里，与南安市政府合作开发的官桥园区 15 平方公里。

目前，全区共有各类市场主体 5932 家，注册资本总额达 217.33 亿元，形成了纺织鞋服、电子信息、机械制造、医药食品等四个主导产业，现有高新技术企业 23 家，拥有中国驰名商标 12 件，省著名商标 42 件，17 家企业作为主要起草单位参与国家行业标准制定。全区年产值超亿元企业 49 家；税收超千万元企业 17 家，超亿元企业 2 家。全区已有 8 家企业在深圳、上海以及香港、新加坡等境内外资本市场成功上市，已有 3 家企业转板到新三板，诺奇公司成为全国首例成功重组的 H 股上市企业。园区先后荣获了全国模范劳动关系和谐工业园区、国家火炬计划电子信息特色产业基地、国家新型工业化产业示范基地（轻纺产业）等称号。

2016 年，开发区完成 GDP136.33 亿元，比增 8.2%；工业增加值 120.56 亿元，比增 8.5%；一般公共预算总收入 12.75 亿元，比增 1.1%；一般公共预算收入 7.12 亿元，比增 29.7%；第三产业增加值 15.77 亿元，比增 6.5%；全社会固定资产投资 20.35 亿元，比增 21.04%；社会消费品零售总额 51.18 亿元，比增 9.1%；实际利用外资（验资口径）6342 万美元，比增 42%；外贸出口 53512 万美元，比增 8%。其中，全社会固定资产投资增速居全市第一，外贸出口增速居全市第二，实际利用外资（验资口径）已提前 5 个月完成年度目标。在全省各类开发区综合实力排名中位居第五名，建区以来首次挤进全省前五名，是前五名中唯一正处级建制的开发区，其余四名均为厅级规格。

近年来，泉州经济技术开发区在市委、市政府的正确领导下，牢固树立五大发展理念，认真贯彻落实"四个全面"战略部署，全面融入"新福建"和"五个泉州"建设大局，主动作为，开拓进取，推动产业转型升级提质增效，园区创新发展进位升级。呈现以下几个特点：

持续优化供给结构，转型升级亮点纷呈。紧抓供给侧改革这一经济工作主线。全力支持四大主导产业做大做强。纺织鞋服产业实现"传统中的不凡"，涌现一批行业龙头企业，九牧王公司西裤销量连续 16 年全国第一，特步公司成为泉州市功勋企业，杰米熊、红孩儿等品牌是全国十大童装品牌。医药食品产业实现"有中生强"，区内医药企业均通过新版 GMP 认证，产值占全市三分之一；太平洋制药为全省第一家通过认证的企业，拥有全市最多的 GMP 生产线 19 条；安记、友臣等重点企业突破功能性食品方面的关键技术，拓展产业链条，壮大食品产业，其中，安记公司是泉州市首家国内 A 股上市的调味品企业。新能源汽车产业实现"有中生特"，英国莲花汽车制造公司总部落户开发区，西虎汽车是全市唯一拥有整车生产资质的生产企业，艺达车用电器是一汽大众、厦门金龙等品牌车企的零部件核心供应商。互联网＋电子信息产业实现"有中生大"，已初步形成了数字视听、移动通信、智能及软件开发等电子信息产业体系，产值、税收连年实现翻番。锐驰公司全国首产智能无屏电视，与中国电信建立战略合作。天地星公司成功研发高清推送卫星接收播放机，市场占有率达75%以上。神州电子公司成功研发无人机摄像头系统、飞控系统集成模组，

大力实施创新驱动，经济发展活力焕发。全区拥有国家工程研究中心、国家级高新技术企业孵化基地、国家级生产促进中心各1家。"国字号"科技品牌51项，科技小巨人企业24家，省级科技小巨人领军企业8家。累计承担国家、省级科研项目45个，每万人发明专利拥有量26.43件，位居全市前列，高新技术产业产值占全区工业总产值的62.8%。

全面深化金融改革，区域市场声名鹊起。创建泉州股权投融资服务中心、海峡股权泉州交易中心和海峡金融资产交易中心等三个平台，在全国率先开展委托债权投资业务，率先开展挂牌企业投融资路演，率先与全国股转系统公司建立战略合作关系，在全省率先开展林权、排污权专场交易业务。累计推动472家企业在海交泉州中心挂牌，实现直接融资32.76亿元，海金中心融资118.33亿元，为多家银行完成68.43亿元信贷资产、不良资产挂牌流转服务。

打造高效服务品牌，助推发展新招迭出。立足"小政府、大社会"、"机构精简、五脏俱全"的特点。推进"智慧园区示范区"建设，建设智能政务管理系统。健全"一个窗口办理"的服务机制，简化审批环节，提高工作效率，构建全省首个全区域全覆盖全天候上门服务企业中心，为企业提供从审批、动工、投产到产中、产后的全过程、立体型的上门优质服务。开通24小时政务快递服务专线电话，一个工作日内上门服务，打造"月嫂式体贴服务，快递式上门服务"品牌。

城市功能不断完善，发展环境宜居宜业。初步形成了汇集300多家商城、酒店和汽车商贸走廊为主体的商贸街；建成了奥林匹克花园、锦绣江南等6个品位高、配套齐的商住小区及实验学校、幼儿园、国际运动城等一批高水平、高质量的公共服务设施，正在推进泉州二实小开发区校区建设；创办并规范了一批民办医疗机构，形成了以综合医院为龙

头、门诊部为骨干、社区卫生服务站为基础的医疗服务网络；实施总投资 5.56 亿元的美丽园区建设，持续提升园区景观绿化、亮化、美化，中心市区卫生考评连续 5 年全市第一名，环境品味不断提升。治安高清监控视频实现全覆盖，密集度居全市第一名。近两年实现一般及以上等级的安全生产事故零发生。

"十三五"期间，泉州开发区将着力打造"腾笼换鸟示范区、人才集聚示范区、智慧园区示范区、金融改革示范区、高效服务示范区"，努力发展成为城市与产业一体开发、先进制造业与高端服务业融合发展的现代化产业新城。

泉州台商投资区

泉州台商投资区位于泉州中心市区东部，辖洛阳镇、东园镇、张坂镇、百崎回族乡 4 个乡镇和省级开发区惠南工业区，面积 218 平方公里，常住人口约 23 万。2010 年 3 月 8 日，福建省政府正式批准同意设立泉州台商投资区管委会，作为省政府的派出机构。2012 年 1 月，国务院正式同意设立泉州台商投资区。同年 7 月，中央编办批准泉州台商投资区为副厅级机构。自然条件优越。依山傍海，沿江拥湖，临港近城，拥有江岸线 20.8 公里、海岸线 24.8 公里，可建 12 个以上 10 万吨级码头、多个万吨级码头，有被誉为"全国八大最美的海岸线"之一的崇武至秀涂海岸带和被称为"海上森林"的 6000 亩红树林。同时得山海之利，拥有洛阳江子鱼、獭窟鱼签鱼饼、油焗红鲟、百崎回族"糍涸"等众多独居特色的地方风味。区位优势凸显。地处泉州 980 平方公里环湾城市核心区域，区域外围有沈海高速公路、国道 324 线、泉州绕城高速、福厦铁路、宁漳高速铁路、泉州晋江机场，石湖港区等海、陆、空立体化交通网络布局，交通四通八达，极为便捷。文化积淀浓厚。以"唐雕、宋桥、元港、明回"享誉海内外："唐雕"即发源于唐代的传统木石雕工艺、"宋桥"即始建于北宋的国家级重点文物保护单位洛阳古桥、元港"即古泉州重要港口秀涂港、"明回"即兴盛于明代的百崎回族风情等古老人文遗存。还拥有百崎回族郭仲远墓、留公陂、昭惠庙、义波祠、云盖寺、秀峰岩摩崖石刻、陈三坝古水利工程等 43

处县级以上文物保护单位。中国著名歌唱家和作曲家、世界十大民歌之一《康定情歌》的采集者和改编者吴文季，被称为"中国木雕第一人"的工艺大师黄泉福等文化名人均出自泉州台商投资区。侨台资源丰富，是全国著名侨乡和台湾汉族同胞主要祖籍地之一。本土常住人口仅20多万人，而旅居在外的华侨华人、港澳同胞达36万多人，其中港澳同胞67000多人。华侨华人主要分布在新加坡、马来西亚、菲律宾等东南亚国家，以及澳大利亚、新西兰、美国、英国、加拿大等欧美国家。先行先试优势明显，是福建省政府派出机构，拥有国家级台商投资区、国家经济技术开发区、国家高新技术产业开发区三块"国"字号招牌，实行"小政府、大社会"管理体制，享受市一级审批权限，拥有国家"金改区"、"民综改革试点"、"21世纪海上丝绸之路先行区"、"海上合作战略支点"的特殊优惠政策，并专门研究出台促进台商投资与台资企业发展、鼓励台资企业入驻的政策措施，在招商选资上实行一条龙服务制度和"保姆式24小时七天全方位"服务承诺制，政策优势非常明显。

2016年，全区实现地区生产总值230亿元，全区产值超亿元企业157家，实现地区生产总值231.38亿元，增长8.5%，增速位居全市第二；工业增加值156.61亿元，增长7.8%，其中规上工业增加值145.67亿元，增长8.2%；固定资产投资216.16亿元，增长17.8%，增速位居全市第二；社会消费品零售额66.98亿元，增长13.8%，增速位居全市第三，其中限额以上社会消费品零售额21.23亿元，增长22.8%，增速位居全市第二；省市重点项目投资99.87亿元，完成年度计划的113.4%，其中在建省市重点项目投资97.32亿元，完成年度计划的121.7%，进度位居全市第一。

2017年，泉州台商投资区将继续围绕"走前列 争一流"的目标，加快"一心两桥三城四园五产"建设（一心即"百崎湖核心区"，两桥即"金屿大桥、百崎大桥"，三城即"湖东片区、蓝色经济培育区、亚艺园北片区"三个城市片区，四园即"高新园区主园区、杏东片区、张坂片区、惠南片区"四个产业园区，五产即"新材料、绿色智能交通、健康医疗养生、文化旅游服务、高端装备制造等五大特色主导产业"），立足新起点、争创新优势，力争实现新跨越。